U0500707

KEY RESEARCH INSTITUTE IN UNIVERSITY

红色文化资源研究

Studies of Red Cultural Resources

主　办　　教育部人文社会科学重点研究基地：井冈山大学中国共产党革命精神与文化资源研究中心

江西省2011协同创新中心：井冈山大学红色文化研究与传承应用协同创新中心

江西省高等学校人文社会科学重点研究基地：井冈山大学井冈山研究中心

顾　问　张泰城

主　编　肖发生

副主编　陈　岭　韩　曦

编　委（按姓氏笔画排序）

王伟年　吴　强　张玉莲　时玉柱

肖海鹰　龚奎林　廖同真

第15辑

江西人民出版社

Jiangxi People's Publishing House

全国百佳出版社

红色文化资源研究

红色文化资源研究

【红色文物与博物馆研究】

【红色文化资源研究动态】

Studies of Red Cultural Resources

Studies of Red Cultural Resources

新民主主义革命时期中共“二七”纪念话语之嬗变

——以党报党刊为例

卢　鹏，俞祖华

（鲁东大学历史文化学院，山东　烟台　264025）

【摘　要】新民主主义革命时期“二七”纪念的主题随时代发展而不断变化。大革命时期围绕“国民革命”主题宣传国共合作共同反帝反封建，即对内打倒北洋军阀、对外反对支持直系、皖系军阀的英美帝国主义与支持奉系的日本帝国主义；苏维埃革命时期，围绕“苏区革命”主题号召反对国民党新军阀，在九一八事变后强调反对日本帝国主义；全面抗战时期，围绕“全面抗战”主题，号召建立以国共合作为基础的抗日民族统一战线，开展全面抗战、全民族抗战；抗日战争胜利后，争取和平民主成为时局的关键，成为“二七”纪念的主题；内战爆发后，“二七”纪念围绕反独裁、反内战主题，宣传反对国民党反动派与美帝国主义的扶蒋反共政策。

【关键词】新民主主义革命时期；“二七”纪念话语；嬗变

1923年2月，京汉铁路工人在中国劳动组合书记部的领导下，为保障工人的政治权利以及成立京汉铁路总工会，实现“争民主，争人权”的目标，高擎反帝反封建的旗帜，举行了震惊世界的“二七”大罢工，成为中国共产党领导的中国工人运动第一次高潮的顶点。法国社会学家哈布瓦奇曾指出，“历史记忆是社会文化成员通过文字或其他记载来获得的”，且“须通过公众活动”才能“保持新鲜”，“人们如何构建和叙述过去在极大程度上取决于他们当下的理念、利益和期待”。[1](P111-112)从大革命时期、苏区革命时期、全面抗战时期再到抗战胜利后，直至解放战争，中国共产党人都给予“二七”纪念足够的重视，并不断结合时代发展阐发“二七”精神，赋予“二七”纪念以新的内涵。目前学界对于“二七”纪念的研究相对较少，主要集中在大革命失败前中共早期领导人对于“二七”纪念的著述，鲜有对新民主主义革命时期“二七”纪念话语演变的研究。①

[收稿日期]2023-01-07

[项目基金]国家社科基金学术社团主题学术活动项目“文本、诠释与传播：百年来中国共产党人的中华民族复兴话语研究（1921—2021）”（项目编号：20STA032）。

[作者简介]卢　鹏（1999—），男，山东莒县人，硕士研究生，主要从事中共党史研究。

俞祖华（1964—），男，浙江永康人，博士，教授，博士生导师，主要从事中国近现代思想史研究。

① 目前学界主要代表性成果：李良明、黄飞《中共早期领导人与大革命失败前的“二七”纪念》，《中共党史研究》2013年第11期。

一、大革命时期的"二七"纪念话语

"二七"大罢工爆发后，中共早期领导人陈独秀、罗章龙、瞿秋白等随即开展"二七"的宣传，开了"二七"纪念活动的先河。大革命时期，因国际国内政治形势的发展，中共将纪念话语聚焦于当时最急迫的问题上——打倒军阀及背后的帝国主义、完成国民革命，反帝反封建军阀的国民革命是这一时期"二七"纪念的主题。大革命时期"二七"纪念话语要求符合时局，中共早期"二七"纪念话语的基调与纪念体系的形成，奠定了其后"二七"纪念的基本范式。

（一）强调"打倒列强除军阀"

1924年至1927年，中国处于国民革命的热潮中，封建主义、帝国主义是中国革命的主要敌人，反帝反封建是这一时期的主题，内部敌人——封建主义主要指直、皖、奉等北洋军阀三大派系；外部敌人——帝国主义主要指支持直系的英、美等国与支持皖系、奉系的日本。因此，早期共产党人纪念"二七"时，将话语聚焦于打倒封建军阀及英、美、日帝国主义，完成国民革命上。1924年2月20日，《向导》刊登"二七"纪念文章，指明了"残杀工人和卖国殃民的直系军阀"正"勾结英美，仇视苏俄"，号召全国工人及民众"应当快去反抗他们到底，速起革命"，"促进国民革命的发展"，"一齐担起国民革命的大事业"。[2]中共在纪念时指出，这一时期的帝国主义指的是英、美，封建军阀指的是直系军阀。1925年2月7日，《向导》在纪念文章中指出，"军阀与工人阶级在其阶级利益上，已是绝对不能调和的仇敌，若遇到真正的利益冲突时，不是你死，必是我亡"。[3]同日刊登了陈独秀的文章，指出了"中国国民革命之敌人——帝国主义者军阀及其走狗"，"压迫中国人民阻碍中国人民发展的帝国主义者与军阀，非革命是不能使他们屈服的"。[4]随着国民革命高潮的到来，中共的"二七"纪念话语更直接地将矛头指向北洋军阀及其主子帝国主义，且言辞越趋激烈，革命色彩越显鲜明，且直接点出吴佩孚、张作霖等北洋军阀要人与交通系等派别是国民革命的对象。其后，直系军阀吴佩孚采取了联奉、讨冯的策略，针对这种情况，《向导》周刊1926年2月10日刊登了《中国共产党中国共产主义青年团为吴佩孚联奉进攻国民军事告全国民众》，呼吁"全中国一切革命的民众""打破吴张的联合""打倒吴佩孚""打倒张作霖""打倒英日等帝国主义"。[5]1927年2月，陈独秀指出，目前"吴佩孚仍旧在郑州屠杀工友，其余各路都全部归到奉张鲁张苏孙这些军阀严重压迫之下，工友们处在以前所未有的普遍的严重压迫中，又加以交通系重重险谋破坏，连秘密的工会都不易存在了"。[6]并且指出了"交通系的局长员司始终是你们最切近的死敌"，呼吁全国各路的工友同志们"破坏军阀的战斗力"和"肃清交通系"。[6]其将直系吴佩孚、奉系张作霖、山东军阀张宗昌、控制江苏等地的孙传芳与交通系，定位为国民革命的"死敌"，号召将其打倒。

（二）号召建立"民主的联合战线"

"二七"斗争是京汉铁路工人为争取成立京汉铁路总工会和工人的政治权利而爆发的，工人阶级的团结联合是打倒封建军阀、完成国民革命的必备条件，同时，"二七"大罢工的失败表明，单靠工人阶级的力量无法战胜强大的敌人，必须建立革命联合战线。因此，中共早期领导人号召工人建立工会组织、加强工人团结、建立"民主的联合战线"以推动国民革命发展，这是大革命时期"二七"纪念话语中的另一重点。1925年2月7日，《向导》刊登了《中国共产党祝全国铁路总工会代表大会》，文章中祝贺"贵大会工友们竟以艰苦奋斗之结果能在两年前惨遭巨变之同地同日召集全国代表盛会”[7]，同日刊登了《向导周报社祝全国铁路总工会代表大会》，指出了“现在的全国代表大会，又在国民运动的高潮中表示最集合的力量”[8]。中共在“二七”纪念中通过祝贺全国铁路总工会代表大会的胜利召开，来呼吁工人及民众建立组织、凝聚力量。瞿秋白还指出，“一九二五年的二七，是全国铁路工人大结合的日子”，北方铁路工人“在二七那天开全国铁路工人总工会；各地工会都加入国民会议促进会”。[9] 1926 年 2 月 10 日，《向导》刊登了罗章龙的文章，指出“直到今天，我们全国铁路工人还是扬眉振臂，牢守着森严的战垒—工会—无情的向敌人猛攻。并且在今日，我们的决胜还在一天一天的发展，我们营垒还在一天一天的如星罗棋布增加起来，我们的战友也就如火如荼各为着他们的主义和目标不断的争斗！”[10]中共通过报道“二七”后工人在成立工会组织上取得的成就与国共合作的发展，强调要取得国民革命的胜利，必须加强工人阶级的联合，并建立“民主的联合战线”。

（三）阐明中国革命的世界意义

“二七”大罢工凸显出中国无产阶级的强大力量与中国革命的国际影响。十月革命后，中国革命成为世界无产阶级社会主义革命的一部分；中国革命对世界革命也产生了重要影响。“十月革命的口号是颠覆世界的资本主义，颠覆世界的帝国主义，用这种口号唤起全世界的无产阶级，唤起他们在世界革命的阵线上联合起来。”[11]因此，将中国无产阶级革命与世界无产阶级社会主义革命联系起来，将人民解放、民族解放与全人类解放联系起来，以世界无产阶级革命视阈审视中国革命，也是中共早期领导人“二七”纪念话语的重要内容。1925 年 2 月 7 日，《向导》指出，“中国工人阶级由二七斗争的证明，是中国民族革命之唯一先锋军，领导者，并且使世界无产阶级革命军之一支有力军队”。[3] 此为中共首次将中国无产阶级革命与世界无产阶级革命联系起来，其后郑超麟指出，“二七流血之有国际的意义，中国职工运动之为国际职工运动一部分，与国际职工运动的命运息息相关”，同时说明了“中国职工运动今后应如何密切地与先进国职工运动联合起来，应如何利用先进国职工运动的经验”，中国无产阶级应“与国际职工运动革命潮流联合起来，与先进国无产阶级遥相呼应”。[12]郑超麟详细地说明了中国职工运动与世界职工运动的关系，以及中国职工运动如何与世界职工运动相联系。1926 年 2 月 10 日，《向导》刊登了罗章龙的文章，他指出“一九二五年是世界工会统一运动发展最高之际，殖民地的民族运动如潮般的汹涌起来。远东近东的弱小民族各高擎革命的大旗一步一步向着帝国主义的阵门闯进，帝国主义的反攻愈凶猛，民族革命的火焰愈爆裂，如此相激相荡，便造成一个革命的世界，影响及于中国，就造成一个革命的中国”，同时指出了目前中国铁路工人正“走上世界工会潮流的大道”并且“注重国际的联合”，他们将“与世界革命战壕的无产阶级战士为亲密的联合，实行向国际资本主义，作一最后的决斗”，“此外全国铁路总工会复在这个运动中与欧洲各国的工人为深切的联络，对世界无产阶级揭破黄色国际与帝国主义同恶共济之真正面目”。[10]罗章龙更进一步阐述了中国革命与世界革命的联系，此时期国际间的联合更为密切。

二、苏区革命时期的“二七”纪念话语

苏区革命时期，国共关系发生了逆转，国民党从与中国共产党同属“民主的联合战线”的友党，反转成为对手与敌人。这对“二七”纪念话语的发展、转换产生了深刻的影响。

（一）号召打倒国民党新军阀

国共合作破裂后，中共成为“地下党”，苏区

革命时期中共需要进一步强化其政治合法性，赢得社会支持与认可，此时中共将反封建主义的矛头指向国民党新军阀，将国民党视为“反动派”，将国民党政府视为投靠帝国主义的“反动政府”“卖国政府”，因此，打倒国民党反动派是这一时期反封建的中心任务。九一八事变发生后，日寇侵略中国，这一时期的帝国主义除了支持蒋介石集团的英、美帝国主义，主要是指日本帝国主义，中日矛盾上升为主要矛盾。1932年2月3日，周恩来指出“中国地主资产阶级国民党军阀的各派政府久已四分五裂，是到了穷途末路，现在更将表演其投降帝国主义出卖中国的惯伎”，“国民党军阀秉承帝国主义的意旨，已经在各处压迫工人反帝罢工，解散抗日救国会，屠杀反帝群众，禁止组织义勇军，解雇和压迫目前与日军作战的白军士兵；加紧派兵进攻苏区与红军，广东国民党政府更宣称，‘赤祸甚于日祸’‘对日必先剿共’，足见反革命在他们自己火并时永远不会忘记进攻革命的一致和必要”，从而号召“苏区的工农劳苦群众及红军及在此时更应积极的向外发展，开展革命战争，夺取中心城市”，“来促进投降帝国主义的国民党统治的最后死亡”。[13]周恩来在纪念“二七”时，将国民党视为投靠帝国主义的地主资产阶级，从而号召民众推翻国民党政府。1933年2月7日，《红色中华》刊登“二七”纪念文章，指出“国民党侮辱民族，出卖民族利益，将东三省和上海出卖与日本帝国主义，现在又积极出卖华北，拥护帝国主义强盗瓜分中国的整个计划，企图获得帝国主义更多的帮助”。[14]中共在“二七”纪念文章中指出了国民党将国家利益积极出卖给帝国主义，将其视为帝国主义的傀儡。1934年2月9日，《红色中华》刊登了《中华全国总工会为援助开滦总罢工宣言》，说明了开滦五矿数万名工人“每天都在与帝国主义国民党的武装及一切压迫与出卖罢工的官僚工贼进行残酷的生死的肉搏”，从而指出了只有“一致向帝国主义国民党这个共同的仇敌奋斗，才能挽救中国民族的危机”，才能“打倒帝国主义国民党”。[15]中华总工会反复强调“帝国主义国民党”这一称谓，向广大民众说明国民党的本质就是帝国主义。

（二）武装反抗国民党

大革命失败前，中共没有给予武装斗争足够的重视，“二七”纪念中并没有提到武装斗争，对武装斗争认识不足。但在大革命失败后，中共通过总结经验教训，逐渐认识到武装斗争的重要性，开始建立自己的武装，故在土地革命战争时期，号召工人及民众加入红军，与国民党反动派及帝国主义展开武装斗争，粉碎国民党发动军队的“围剿”，成为了这一时期纪念话语的重要内容。1932年2月3日，周恩来在纪念文章中，“号召全中国群众自动武装起来”[13]。1933年2月7日，《红色中华》刊登纪念文章，指出“目前我们是要集中一切力量为了战争，在扩大红军的运动中，我们必须特别加紧对于工人群众的动员，吸引大批的工人到红军中去”[14]。同日报道了会昌区“二七”纪念大会盛况，“县工联代表号召工人纪念‘二七’当红军去，加强红军中无产阶级的领导”[16]。此时中共开始注意到加强红军中工人领导的重要性，开始动员工人参加红军，进行武装斗争。

（三）支持与保卫苏维埃政权

党在领导各地武装起义后，着手开辟农村革命根据地，建立苏维埃政权。在各根据地普遍建立起工农民主政权的基础上，1931年11月7日在江西瑞金举行了“中华苏维埃第一次全国代表大会”，建立“中华苏维埃共和国”，划清了同国民党政权的界限，与国民党反动政府形成了对峙。苏维埃政权建设赋予了“二七”纪念以新的内涵，号召工人及民众投身苏维埃政权建设、支持与保卫苏维埃政权，是土地革命战争时期“二七”纪念话语的又一重要主题。1932 年 2 月 3 日，周恩来指出“要反对帝国主义国民党必须站在苏维埃旗帜之下”“只有中国的英勇红军与工农群众自己的武装组织以及不受国民党资产阶级指挥而反对国民党军阀的民众义勇军和白军兵士，齐集在苏维埃旗帜之下才能真正与帝国主义作战，驱逐日美及一切帝国主义出中国”，因此，“广大的农民与一切劳苦群众”要“坚决地站在无产阶级及其先锋队——共产党与苏维埃中央政府领导之下”“争取苏维埃革命在全中国的胜利”。[13]周恩来说明了红军与工农群众齐聚苏维埃下，拥护共产党的领导，才能打倒帝国主义和国民党，实现民族解放。1933 年 2 月 7 日，《红色中华》刊登“二七”纪念文章，指出“苏维埃与红军的发展是中国革命的主要标志”“在中国存在着两个不同的政权：一个是代表工农劳苦群众利益的苏维埃；一个是豪绅地主资本家的国民党政府。前者是日益发展和巩固，而后者则趋没落与死亡”，因此，“中国革命只有在无产阶级的领导之下，高擎着广州公社所揭起的苏维埃巨纛，坚决勇敢的奋进，才能获得最后的胜利，才能将广大的劳苦群众由贫困，饥饿，失业，死亡中解放出来”。[14]1933 年 2 月 10 日，《红色中华》刊登了“二七”纪念文章，指出“只有在苏维埃的政权下，才能从层层压迫下解放出来，只有苏维埃才是我们解放唯一的旗帜”[17]。中共借助“二七”纪念，向民众传达了目前中国有两个政府，成敌对状态，国民党政府为反动政府受到全国人民的抵制，而共产党领导的苏维埃政府正逐渐强大，从而号召民众加入苏维埃政权中。

三、全面抗战时期的“二七”纪念话语

全面抗战爆发后，中华民族所面临的危机加剧，以国共合作为基础的抗日民族统一战线正式建立。在中华民族与日本帝国主义的矛盾上升为最主要的矛盾、全国军民奋起抗击日本帝国主义侵略的背景下，包含“二七”纪念在内的各种政治文化资源都被融入以抗日为主题的语境下。

（一）聚焦反对日本帝国主义话语

在民族危机日益严重的情况下，“二七”纪念逐渐成为中共凝聚人心、激发民族情感、反对日本帝国主义的宣传武器。这一时期的“二七”纪念话语以挽救民族危机，反对日本侵略为核心。1938 年 2 月 10 日，《新中华报》刊登了《陕甘宁边区总工会为“二七”十五周年纪念宣言》，陕甘宁边区总工会号召全国工人及民众应以“抗战高于一切”为原则，以“抗日救国和共同创造民族独立民主自由民生幸福的新中国”为共同目标，“一致团结起来，组织起来，武装起来，拥护国民政府蒋委员长，坚决抗战到底，并帮助军队抗战，争取抗战的最后胜利”。[18]陕甘宁总工会纪念宣言说明了，目前最重要的任务是抗日，一切都应为抗战服务，摒弃前嫌，与国民党合作。1939 年 2 月 7 日，张浩在纪念“二七”时指出，目前要“共同反对共同的敌人——日本帝国主义及国际法西斯蒂军阀！”[19]1940 年 2 月 28 日，邓发在“二七”纪念大会上指出，“在抗战中平汉路同津浦路正太路等工人，为反抗日本帝国主义，继续了过去精神加入游击队，破坏交通同日本帝国主义进行坚决的斗争”[20]。1942 年 2 月 7 日，《解放日报》刊登社论指出，目前必须“组织中国工人阶级一致起来，反对侵略中国的法西斯强盗日本帝国主义”。[21]边区工人开会纪念“二七”十九周年时，在八路军大礼堂一致喊出：“纪念‘二七’为自由而战，为人权而战的精神，打倒法西斯蒂保卫民主自由。”[22]1943 年 2 月 7 日，《解放日报》刊登的邓发的代论指出，“在沦陷区那里只有野蛮而无自由，只有屠杀而无人权，要完全实现烈士们的理想，唯有将日本帝国主义打到鸭绿

江边”,“没有民族的完全独立,一切自由人权,是无从获得的,要取得民族完全独立,不打倒日本帝国主义,也将成为空话”。[23] 1945 年 2 月 7 日,《解放日报》刊登社论指出,“日本法西斯依然占领着我们大块土地和中心城市,无数同胞仍受其凌辱,因此反法西斯斗争的胜利仍须我们最后努力”,“为了加速法西斯的死亡,目前各解放区职工们,应当加紧生产,积极参加反对敌人的武装斗争”。[24] 在“二七”纪念中,打倒日本法西斯反复出现,虽然国民党的反动统治还在持续,但中共以民族利益为出发点,号召民众在国民政府领导下打倒日本法西斯,赢得民族解放。

(二)反对国民党顽固派与投降派

抗战进入相持阶段,亲日派“投降反共”情绪高涨,因此,中国共产党利用“二七”纪念来戳穿投降亲日派的阴谋,号召民众反对分裂、坚持抗战成为了这一时期的“二七”纪念话语。1941 年 2 月 6 日,林伯渠在纪念“二七”时指出,投降亲日派“既已具有全面破坏与彻底投降的决心,而敢于公然消灭共产党领导下的坚决抗战的新四军,那么今后阴谋的刀锋必随时有砍向任何一种革命势力所在地区的可能”,因此,“全边区的二百万革命民众,在今天纪念伟大‘二七’纪念节日的时候,必须把保卫抗战全国策源地的边区的任务,当作空前的具有历史意义的严重的政治任务看待”。[25] 在亲日投降派大举进攻解放区的背景下,中共通过“二七”纪念,向民众说明了国民党分裂统一战线的企图,号召民众保卫边区,反对分裂。1941 年 2 月 9 日,邓发发表“二七”纪念文章指明,“‘九一八’以来隐藏在国民政府内部一贯进行投降反共活动最积极的汪精卫,就打着‘反共’的招牌,公开背叛了中华民族,投降了日寇,成为出卖中华民族的无耻汉奸;目前,亲日派阴谋家何应钦等,又在‘反共’的口号之下,策动内战,捕杀共产党及抗日人士,破坏抗日,阴谋投降卖国”,“决心破裂统一战线”,“这些倒行逆施,无法无天的罪行,都是亲日派打算为投降肃清道路,结束抗战局面,好及早与汪精卫合流投到日寇的怀抱”。[26] 邓发通过“二七”纪念将目前亲日派的反共行为与汪精卫集团的汉奸行为相联系,说明目前亲日派就是过去的汪精卫集团,动员民众打倒汉奸亲日派,维护抗日民族统一战线。

四、从“和谈”到“内战”与“二七”纪念话语转换

抗日战争胜利后,中华民族开始由衰败走向振兴,是实现民族复兴的重要枢纽,但是国民党政府却一意孤行,不顾人民的根本利益,打着假和平的旗号,妄图实现其独裁统治,这一阶段中共极力争取和平建国、避免内战,其通过“二七”纪念,敦促国民政府实现和平建国的方针。随着蒋介石撕毁“双十协定”,大举进攻中原解放区,和平建国的愿望成为泡影,随着从争取和平民主到全面内战爆发的转变,中共“二七”纪念话语实现了相应转换,号召民众推翻国民政府,建立自由民主的新中国。

(一)反映全国人民和平、民主的心声

战后的中国已是千疮百孔、满目疮痍、百废待兴,亟需实现国内和平以转向国家建设;但国民党加紧抢夺胜利果实,坚持维护大地主大资产阶级专政。国内各方政治势力积极呼吁和平建国,要求避免内战;呼吁实现民主,反对国民党一党专政与蒋介石个人独裁。因此,实现和平、民主成为各界人民的普遍心愿,中共顺应时势与人民意愿提出了和平民主建国方针,1946 年的“二七”纪念话语适时围绕和平民主建国主题进行宣传。1946 年 2 月 7 日,《解放日报》刊登社论,指出目前“政治协商会议确定了改组政府,通过了和平建国纲领与修改宪草原则以后,中国工人与

中国人民才能看到关于中国经济建设前途的新希望"，"现在的问题就是要不折不扣地在全中国实现它"，"现时中国工人的任务，就是用和平的方法牢固这个胜利，争取已经通过的国家民主化方案的完全实现"。[27]中共借助"二七"纪念，说明了虽然政协会议通过了和平建国纲领，但工人及民众还需督促国民政府尽快实行民主建国的方针。同时，《解放日报》指出工人阶级要"在民主化的基础上，联合其他阶层的人民共同争取中国的工业化"，"使中国变为一个工业发达的富强国家"，"因此，中国工人与中国人民在纪念今年'二七'的时候，应该庆祝自己争取国家民主化的已得胜利，应该准备自己争取国家工业化的远大前途"。[27]并且中共还通过"二七"纪念，说明了工人及民众不光要争取民主，还要为国家实现工业化而奋斗。1946年2月12日，《解放日报》刊登了张家口、宣化两万余工人隆重纪念"二七"的盛况，"宣化龙烟铁厂二千六百余工人高举'巩固国内和平、实现民主改革'的大旗"。[28]同时也刊登了博山市两千余工人代表集会热烈纪念"二七"的盛况，大会"庆祝政治协商会议胜利闭幕"，"并通电要求政府立即解散伪军，严惩战犯，允许工人代表参加国大，制定民主平等劳动法"。[28]还刊登了滨海区"二七"纪念大会盛况，"到会代表一致拥护政治协商会议之决议案，愿意和全国人民共同起来督促政府，迅速实现各种民主实施"。[28]中共寄希望于国民党能够履行承诺，和平民主建国，避免内战，通过刊登"二七"纪念盛况，宣传了全国民众期盼和平民主，反对战争的愿望。

（二）号召打倒国民党反动派

1946年6月，国民党撕毁《双十协定》，大举进攻中原解放区，全面内战爆发，和平建国方案以失败告终。打倒国民党及美帝国主义，呼吁广大工人及民众积极参加解放战争，成为这一时期"二七"纪念的主题。1947年2月7日，《解放日报》第一版刊登社论指出，目前"美国帝国主义却代替了日本帝国主义来灭亡中国，蒋介石代替了汪精卫来作出卖中国的汉奸"[29]。同时指出了"今天我们祖国最迫切的问题，是从美帝国主义魔掌中解放出来。美货的充斥和美国及其买办资本的垄断正扼断我国民族工业的喉管，使工人与民族资本家同归于尽。中国人民，包括工人阶级在内，今天最迫切的任务，就是建立和巩固反对美国帝国主义及其走狗的民族统一战线"。[29]中共向民众说明了现阶段对外主要反对美帝国主义，对内打倒国民党反动派，与其抗战后和平建国时期敦促国民党实行民主政治所不同。

五、结语

综上所述，新民主主义革命时期"二七"纪念话语在凸显这次斗争反帝反封建精神总基调的同时，不断根据革命发展阶段调整纪念话语的议题与重点，体现了弘扬革命传统与追踪时代精神的有机统一。中国工人阶级在"二七"大罢工中体现出的反帝反军阀的大无畏革命精神，在中国新民主主义革命的不同时期得以薪火相传，并不断根据时代发展增添新的内涵。新民主主义革命不同时期的"二七"纪念，彰显了中国无产阶级及其政党为民族谋复兴、为人民谋幸福、为人类谋大同的初心使命，同时又体现出其与时俱进的政治品格。不同时期的纪念话语，都突出了在"二七"大罢工中得到初步表现的中国无产阶级及其政党坚决反帝反封建的大无畏精神与坚定争取民族解放人民解放的伟大情怀，贯穿了致力实现中华民族伟大复兴的历史主题。同时，纪念话语又反映了党在不同阶段历史任务的差异，体现出在建党之初即投身中国工人运动、中国国民革命的中国共产党人始终站在时代的最前列，站在为民族解放与人民解放斗争的最前列。中共在每个阶段所面临的政治问题及历史背景有关,中共从自身政治立场出发,借助"二七"纪念为其服务,体现了历史与现实相结合的思想。大革命时期,对内主要为反对直系、奉系封建军阀,对外则反对封建军阀背后的英美帝国主义;苏区革命时期,国共合作破裂,日寇入侵,此时对内主要反对国民党,对外除反对支持国民党的英美帝国主义外,还包括了日本帝国主义;全面抗战时期,国共建立统一战线,中华民族与日本帝国主义的矛盾高于其他矛盾,但在进入相持阶段后,投降的亲日派逐渐抬头,这一时期的纪念话语随之聚焦在打倒分裂抗战的投降派上;抗战胜利后,全国人民要求实现和平民主、和平建国方针,敦促国民政府实行民主政治成为这一时期的主题;随着和平愿望破裂,全面内战爆发,这一时期的纪念话语对内则反对国民党,对外则主要反对支持国民党发动内战的美帝国主义。在不同时期,中共"二七"纪念话语总会围绕着此时期特定的历史任务,将"二七"纪念当作宣传政治思想的重要载体,根据不同的历史时期建构起相对应的纪念话语,对新民主主义革命时期中共的革命理念宣传以及社会动员起到巨大的促进作用。

参 考 文 献

[1]陶东风,等 主编. 文化研究:第1辑[M]. 天津:天津社会科学院出版社,2000.

[2]为人. 为"二七"纪念告国人[J]. 向导,1924,(53、54).

[3]彭述之. 二七斗争之意义与教训[J]. 向导,1925,(101).

[4]陈独秀. 中国国民革命运动中工人的力量[J]. 向导,1925,(101).

[5]中国共产党中国共产主义青年团为吴佩孚联奉进攻国民军事告全国民众书[J]. 向导,1926,(145).

[6]陈独秀. "二七"纪念日敬告铁路工友[J]. 向导,1927,(187).

[7]中国共产党祝全国铁路总工会代表大会[J]. 向导,1925,(101).

[8]向导周报社. 向导周报社祝全国铁路总工会代表大会[J]. 向导,1925,(101).

[9]瞿秋白. 一九二三年之二七与一九二五年之二七[J]. 向导,1925,(101).

[10]罗章龙. "二七"三周年纪念日追溯一年来中国铁路工会运动的发展[J]. 向导,1926,(145).

[11]守常. 十月革命与中国人民[N]. 晨报副刊,1922-11-07(01).

[12]郑超麟. 二七纪念与国际职工运动[J]. 向导,1925,(101).

[13]周恩来. 今年的"二七"纪念与中国工人阶级的中心任务[N]. 红色中华,1932-02-03(02).

[14]纪念"二七"与我们的中心任务[N]. 红色中华,1933-02-07(01).

[15]中华全国总工会为援助开滦总罢工宣言[N]. 红色中华,1934-02-09(04).

[16]飘梨. 会昌示威群众二千余,二十八人当场入红军[N]. 红色中华,1933-02-16(04).

[17]工友们! 积极参加革命战争争取更大的胜利! [N]. 红色中华,1933-02-10(03).

[18]陕甘宁边区总工会为"二七"十五周年纪念宣言[N]. 新中华报,1938-02-10(01).

[19]张浩. "二七"与抗战[N]. 新中华报,1939-02-07(2、3).

[20]邓发同志在"二七"纪念大会上的报告[N]. 新中华报,1940-02-28(5、6).

[21]"二七"对于中国职工运动的经验教训[N]. 解放日报,1942-02-07(01).

[22]"二七"十九周年,延安工人集会纪念[N]. 解放日报,1942-02-09(04).

[23]邓发. 响应生产号召开展赵占魁运动[N]. 解放日报,1943-02-07(01).

[24]为独立与民主而战，准备成立中国解放区职工联合会[N].解放日报，1945-02-07(01).
[25]林伯渠.纪念二七，坚决保卫边区[N].新中华报，1941-02-06(03).
[26]邓发.发挥“二七”精神反对反共投降亲日派[N].新中华报，1941-02-09(04).
[27]纪念“二七”二十三周年[N].解放日报，1946-02-07(1、2).
[28]要继续开展大规模生产运动，张宣等工人纪念“二七”[N].解放日报，1946-02-12(01).
[29]中国工人阶级今天的任务[N].解放日报，1947-02-07(01).

The Transformation of the CPC's Discourse on the Commemoration of the "February 7 General Strike" in the New Democratic Revolution Period

——Take the Party's Newspapers and Magazines as an Example

LU Peng, YU Zu-hua

(School of History and Culture, Ludong University, Yantai 264025, China)

Abstract: The discourse of the commemoration of the "February 7th General Strike" during the New Democratic Revolution changed constantly with the development of the times. During the Great Revolution period, it centered on the theme of "National Revolution" to publicize the anti-imperialist and anti-feudalist cooperation between KMT and the CPC, i. e., to overthrow the Northern Warlords internally, and to oppose the British and American imperialism supporting the warlords of the Zhili and Anhui cliques and the Japanese imperialism supporting the Fengtian clique externally. During the period of the Soviet Revolution, it centered around the theme of "Soviet Area Revolution", calling for opposition to the new warlords of the KMT, and emphasizing opposition to Japanese imperialism after the "September 18th Incident". During the period of All-out war against Japanese Aggression, it called the establishment of a united Front based on the cooperation between the KMT and the CPC to carry out a comprehensive and all-nation resistance. After the victory in the War of Resistance against Japanese Aggression, the struggle for peace and democracy became the discourse of the commemoration; after the outbreak of the civil war, the discourse centered on the theme of anti-dictatorship and anti-civil war, publicizing the opposition to the pro-Chiang and anti-communist policies of the KMT reactionaries and the U. S. imperialists.

Key words: the new democratic revolution period; Discourse on the Commemoration of the "February 7 General Strike"; transformation

【责任编辑：张玉莲】

继承与超越:中央苏区的传统文化与革命文化

李文靖[1],王　伟[2]

(1.上海电子信息职业技术学院马克思主义学院,上海　201411;2.南阳理工学院马克思主义学院,河南　南阳　473000)

【摘　要】革命文化是中央苏区新民主主义文化群众化的早期实践。在中央苏区革命文化与传统文化的博弈、破除旧的文化传统和重建新的革命文化过程中,革命文化会出现曲折反复,旧有传统隐隐约约地不断再现,革命文化与传统文化之间存在着千丝万缕的联系。革命文化对传统文化有一定的继承,又形成冲击,二者相互影响,有一定的融合。中国共产党善于利用传统文化方式宣传马克思主义,创新传统文化宣传方式,阐释革命文化理念,促进革命文化不断发展。马克思主义与中国国情相结合,还要与传统文化相结合。革命文化以马克思主义为指导,马克思主义在中央苏区的运用与发展,有一个中国化与大众化的过程,需要借助传统文化的传播方式。以传统文化传播方式的"老瓶"装进革命文化的"新酒",适合苏区民众的认知心理,让革命话语逐渐走进民众的内心世界,推进革命文化的茁壮成长。

【关键词】中央苏区;革命文化;传统文化

井冈山精神与中央苏区精神是中央苏区革命文化的精华,将马克思主义与地域文化等融合起来,形成了中国共产党革命新的文化形态。马克思主义与中国国情相结合,还要与传统文化相结合。革命文化以马克思主义为指导,马克思主义在中央苏区的运用与发展,有一个中国化与大众化的过程,需要借助传统文化的传播方式,以传统文化传播方式的"老瓶"装进革命文化的"新酒",适合具有一定保守意识的苏区民众的认知心理,让革命话语逐渐走进民众的内心世界。中央苏区位于闽赣粤三省交界处,农民的文化水平比较低,受自给自足的小农经济的制约,以儒家思想为核心的传统文化观念对长期生活在农村的农民影响深远。革命文化是在中央苏区的土地上新民主主义文化群众化的早期实践,是整个中央苏区革命机器中的重要齿轮和螺丝钉,推动着中央苏区革命事业的发展。革命文化对传统文化有一定的继承,又形成冲击,二者相互博弈,相互影响,有一定的融合。根据革命斗争的需要,党组织创新传统文化传播方式,不断

[收稿日期]2023-06-20

[项目基金]国家社科基金重大项目"中华苏维埃共和国国家制度与治理体系实践探索研究"(项目编号:20ZDA003);上海市高职高专思想政治教育专项课题"上海红色资源融入中高职思政课一体化教学研究"(项目编号:23SZZX0001)。

[作者简介]李文靖(1984—),女,河南新蔡县人,讲师,博士,河南师范大学博士后,主要从事中共党史研究。

王　伟(1972—),男,河南息县人,副教授,博士,主要从事中共党史研究。

宣传革命理念，宣传解释革命道理，传播革命文化，促进苏区民众对革命文化的理解与接受。

一、中央苏区革命文化对传统文化的传承

中华优秀传统文化，积淀着中华民族的精神追求。中央苏区传统文化塑造了苏区民众的思维方式和行为方式，扎根于苏区民众的内心世界里，为革命文化的产生提供了根基沃土。中央苏区革命文化源于传统文化，含有传统文化因素，又超越了传统文化；中央苏区传统文化是传播革命文化的载体与中介。

（一）传统文化是传播革命文化的载体与中介

在革命斗争实践中，共产党人对传统文化的认识逐步趋于理性，对农民文化、民俗文化、民间文艺等部分传统因素加以革命性改造，作为文化动员的手段，融入党的意识形态话语，加以创造性发展，传承优秀传统文化。传统戏剧、歌谣等苏区大部分民间艺术得到了传承与发展，并且经过革命熔炉的铸造，焕发出新的生机与活力，并成为传播革命文化的载体。以红色歌谣为例，苏区红色歌谣是苏区党组织启迪群众革命思想的较好的文化动员方式。苏区党组织在长期的马克思主义宣传实践中，发现传统歌谣在苏区的影响，为了让革命文化的宣传更加接地气，对传统歌谣加以改造，把马克思主义意识形态容纳进去，转变成红色歌谣，以通俗易懂的方式在群众之中广泛传播革命文化。深奥的道理，转化成群众的生活话语，有助于群众领悟马克思主义的基本原理，增强革命意识，升华思想觉悟，志愿投身到革命实践中去。传统文化在中央苏区的农村有强大的影响力，革命文化在革命斗争中得以淬炼，逐步超越传统文化。苏维埃的新文化价值体系要想得到有效传播，就不能不考虑当地人民的文化传统。因为苏区经济基础发生深刻变革时，旧有的文化传统不会立即烟消云散，在一段时期里还会或隐或显、此起彼伏、盘根错节地融入民众的社会生活之中，但新的经济基础又必然要求上层建筑与之相适应，于是，苏区文化运动便肩负起改革旧意识形态的内容与形式的双重任务。要完成这一使命必然要通过文化传统这一中介环节，因为旧意识形态的东西许多是通过文化传统得以沉淀，并通过文化传统加以表现出来。苏区的革命文化“属于苏维埃的主导意识形态，它体现出一种新的精神力量，它与经济基础之间的关系不是直接对应的关系，而是通过一些中介环节来实现它们之间的作用与反作用。在这些中介环节中，民间的文化传统占据相当成分”。[1](P182)这样，革命文化必然要与文化传统发生相互间的互动关系，这一地区文化传统中积极因素与苏维埃文化运动融汇为一体，并以文化传统的外在形态传播新的思想，为广大民众所接受，为苏区社会变革提供精神动力。

（二）革命文化源于传统文化

苏区革命文化是以共产主义思想为核心，集中展现苏维埃主导意识形态的先进文化。然而，一种意识形态的形成与发展也具有一定的历史传承性，任何意识形态的创造都不可能离开它自身的历史传统。由于传统文化在社会结构中的独特位置，传统文化不仅集中表现出某一区域民众世代相承袭的许多不成文的传统生活方式，而且承载了人们的传统价值观念，时刻左右着人们对新观念的接受程度和方式，文化传统在深层起着潜在的制约作用。中央苏区的革命文化与区域传统文化的关系密切，客家文化中的团结奋斗精神、刚强反抗精神，容易融入革命文化，成为中国共产党革命精神的组成部分。潇湘文化中的知行统一传统，与毛泽东等共产党人的求实精神相统一，井冈山革命道路的探索，是落实实事求是精神的典范。庐陵文化中的海纳百川风格，有利于井冈山群众对外来革命者采取包容的态度，

井冈山群众对毛泽东带领的革命队伍持欢迎态度。中央苏区有大量的客家人参加革命，客家人来源于为了躲避战乱而大批南迁的中原居民，将中原地区较为先进的思想文化和生产技术带到赣西南、闽西和粤东北，有力地推动和促进了这一地区的开发和社会经济文化的进步。客家人在与当地恶劣环境的长期斗争中，形成了“不畏艰险、勇于开拓，勤劳俭朴、吃苦耐劳的优秀品质和认同宗亲，团结对外的传统。由于聚族而居，客家人较好地保留和发扬了中原祖先热情好客、乐于助人等传统，形成了自己较为独特的文化传统”。[2](P10)中央苏区处于浓厚的客家文化氛围之中，“经受过大革命的洗礼的赣闽粤客家民众居住区域，成为了马克思主义传播的理想基地，也成为了建立革命根据地的理想地方，客家的传统人文氛围为中央苏区的文化动员提供了良好的基础”。[1](P22-23)

(三)革命文化超越了传统文化

一种新的文化不可能凭空产生，它同传统必定有着千丝万缕的联系。作为革命文化的精髓，中央苏区精神延续了中华传统文化中的价值理念，是对中国传统文化的超越，其本质是革命性的。从文化深层次内涵分析，中央苏区精神坚持与发展了古代中国人的理想。以中央苏区推行的土地革命政策为例，土地革命在某种程度上也是文化领域的革命。传统伦理观念中体现与维护宗法制度的部分，在土地革命过程中被清除。另一方面，中华传统文化中的精华被继承，成为中央苏区革命文化的一部分。革命文化的传承，离不开对传统文化的延续。如果革命文化理念与传统社会的固有文化理念距离过远，革命文化的传播就会受到影响。革命文化的内涵之一就是平等，这种价值理念与中华传统文化中的民本、平等观念具有一定的相通之处，民为贵、兼爱、等贵贱、均贫富等理念沉淀于中华民族传统文化之中，在苏维埃革命实践中得以发展，这种平等观念在革命文化中得以升华，经过马克思主义理论改造，超越了传统平等观念的局限性。在传统文化中，平等观念表现为墨子的兼爱说与儒家的爱有差等，对两千多年农民起义产生深刻影响，农民领袖喊出了反映平等理念的口号，这种平等文化的种子被中国共产党的理想主义所激活，平等理念植根于中华传统文化，在中央苏区革命实践中得以创造性转化，[3]为中央苏区群众接受马克思主义准备了条件。从大的方面看，党的土地革命总路线是为了满足农民对土地的需求，与历代中国农民起义的“均贫富，等贵贱”的平均主义思想有着一定的历史渊源，苏区的土地政策体现了中国传统的土地文化观念。但两者“在革命性质上却有着本质的区别，苏区的土地革命是在无产阶级政党的领导下所开展的一场史无前例的革命运动，自始至终都渗透着浓烈的无产阶级先进的思想内涵，可以说是在更高层次上对中国传统土地文化的继承与革新”。[1](P117)

二、中央苏区革命文化对传统文化的发展

中央苏区党组织领导群众，以马克思主义为指导，推动优秀传统文化创造性转化和创新性发展，以优秀传统文化为革命文化的发展提供丰厚的滋养，以革命文化育人，培育民众的马克思主义价值理念，以文化动员方式宣传革命意识形态话语，促进民众认同革命文化。革命文化对传统文化产生一定的冲击，中央苏区革命文化的传播打破了传统文化对民众观念的束缚，推动了中央苏区革命文化的繁荣兴盛。

(一)革命文化对传统文化产生一定的冲击

中央苏区的意识形态建构来源于初步具有共产主义思想的知识分子的早期实践。五四运动的爆发，新文化运动的参与者开始分化，李大钊、毛泽东等激进的民主主义者逐步转变为革命

者,大革命失败之后,革命知识分子带着马克思主义的理想与信念来到中央苏区,领导与组织广大人民群众进行了一系列的实践探索,把五四新文化运动的观念转化为活生生的现实,苏区群众接受新文化的过程,也是一个破除旧文化观念束缚的过程,在这个过程中必然对传统文化造成一定的冲击。革命文化加入了很多苏俄革命的因子,并以铲除旧有封建文化为己任,在某种程度上给传统文化造成了强烈的冲击。毛泽东在《新民主主义论》一文中指出:“革命文化,对于人民大众,是革命的有力武器。”[4](P43)邹谠对革命文化的理解与毛泽东的观点有相似之处,邹谠认为,“中国社会革命以阶级斗争为指导思想,从阶级观念中引申出群众的观念……在革命的过程中,中国人民参与政治的格式引起了数千年以来第一次的根本变化,农民及贫苦大众下层阶级都变成政治生活中的重要角色”。[5](P4-5)中央苏区党组织建构的意识形态话语体系以“革命”为旗帜,以阶级斗争为工具,着重于阶级的划分,设定阶级斗争的对象。中共照顾并依靠广大的弱势阶层,在经济上平均分配土地,在政治上实行工农兵代表大会制度,满足群众当家作主的愿望,以利益的满足和权益的保障为驱动,以文化动员为手段,强化群众的革命意识,推动农民及贫苦大众积极参加革命。在伟大的斗争实践中,群众对“土地革命”的真正含义有了真正的理解,也逐步接受了革命文化。共产主义的愿景,通过党组织的多次宣传,逐步进入群众的脑海里;美好生活的憧憬,经过不断的描述,嵌入了民众的脑海中,革命文化理念得到广泛传播。传统文化作为旧的意识形态,是旧的经济基础的体现,受到了革命文化的巨大冲击。

(二)中央苏区革命文化的传播打破了传统文化对民众观念的束缚

在国民党统治区则“实行反动的武断宣传,以消灭被压迫阶级的革命思想,一方面实行愚民政策,将工农群众排除于教育之外……对于革命文化思想则采取极端残酷的白色恐怖”。[1](P183)与国民党的做法不一样,中央苏区党组织利用传统文艺形式进行文化动员,用马克思主义武装民众的头脑,提高民众的政治文化水平,打破封建思想对民众的束缚,让民众在实际斗争中相信马克思列宁主义的革命原理,并在斗争中抛弃旧习俗传统,其目的是启发民众为自身的解放而斗争。仅仅从实际斗争中让群众相信共产主义是不够的,还要进行系统的马克思主义教育,把马克思列宁主义的基本原理深入到广大群众的意识中,替代旧的封建意识。尽管当时苏区处在战争环境中,但苏维埃政府仍竭尽全力加速进行革命文化建设,以打破传统文化对民众观念的束缚,推动民众投身到革命洪流中。革命文化的传播在一定程度上起到思想解放的作用,但并不是一帆风顺。在中央苏区,革命受旧秩序的制约和陈旧观念的阻挠,甚至受到反革命势力的破坏,有悖于革命精神的旧观念在中央苏区仍然顽强存在,依然在起破坏作用。1932 年 1 月,《文化教育工作决议案》记述:“赤色占据数年来的永新莲花一切迷信及封建遗物还有不断的发现,永新列宁小学还有反革命性的教材,好多列宁小学的教员是 AB 团改组派分子及八股先生,儿童的阶级认识特别模糊。”[6](P51)扩大革命话语的传播与影响,需要一个逐渐的过程,把党的意识形态话语渗透到苏区群众的日常生活中。对革命文化的宣传,要具体化,要把革命精神融合于文化动员方式中,充分利用革命歌谣、戏剧等开展宣传,阐释革命理念,推动群众理解革命文化的新内涵,把群众从旧的传统文化观念中解放出来。

(三)以文化动员方式宣传革命意识形态话语,促进民众认同革命文化

农民在赣南、闽西农村中的社会文化生活节

奏,在相当长的时期内很少受西方社会制度的直接影响;新文化运动以后,农民的恬淡宁静的田园文化生活逐步受到了西方文化观念的冲击,在革命者的引领下,农民在众多的西方学说中渐渐接受了马克思主义的话语体系。中共善于利用传统文化的形式宣传革命性意识形态话语,打造了中国新文化的关键起点,促使传统文化在社会转型时期爆发出新的生机和蓬勃的活力。汤林森认为,“大多数代表都强调人们对于其文化认同的意识日见增长……他们也应相互敬重彼此的文化,包括弱势少数族群的文化”。[7](P137) 革命文化的内涵不同于汤林森的文化理念,但是汤林森强调文化认同有一定的借鉴意义。推动群众认同革命文化,需要苏区党组织开展文化教育,提高群众的文化水平与政治意识,以文化动员方式对群众传播党的意识形态话语,塑造革命话语体系,强化群众的阶级观念,从而增强群众对革命文化的认同。1930 年 11 月 24 日,《江西省行委通告 第十一号——加紧团的工作号召广大青年群众实行阶级决战与团目前的工作》指出:“普遍设立农村夜校识字班及多开办劳动学校。一方面既可以提高他们的文化程度,另一方面又能增进他们对革命的认识。”[6](P3) 中央苏区党组织促进群众对革命文化的认同,主要是把群众的政治权益、经济利益与党的意识形态话语密切结合起来,以文化动员为手段,用群众喜闻乐见的戏剧、标语、口号、楹联等文艺形式巧妙地把党的意识形态通俗化、形象化,把中共宣传成群众利益的代言人,把国民党、地主豪绅等反动势力塑造成危害群众利益的凶恶敌人,让党的意识形态话语滴灌到群众的脑海中。

三、革命文化与传统文化的内在逻辑

革命文化与传统文化相互影响,相互作用,革命过程中所产生的问题有着新旧两种文化的痕迹。在长期的中央苏区革命过程中,革命文化与传统文化联系密切,你中有我,我中有你,二者之间有着内在的逻辑关系。传统文化的地域性制约与影响了革命文化的宣传,对革命文化的宣传与阐释工作,往往借助于传统文化的形式;如果割裂传统文化因素,革命文化的传播受到消极影响。

(一)割裂传统文化因素,革命文化的传播受到消极影响

在中央苏区,中共试图在农村改造、创新传统文化,消除部分传统文化的负面影响,构建党的意识形态话语权,由于苏区的群众受宗法制度体系文化的影响,中共采取的文化动员又借助了传统文化形式,中共的革命文化实践又容易被农民理解为传统形式的文化活动,阻碍了党的意识形态话语的传播。革命文化与传统文化是相互冲击,相互影响,二者有一定的融合。“大体上看,中国现代化文化在整体、内容、价值观念、目标……都是外来的,而部分内容与形式、具体的生活方式、方法……大都是从传统中来的。”[5](P44) 维克托尔在《旧制度与大革命》中强调革命的初衷是要扫除旧的传统,对社会制度与意识形态进行全新的改造。中央苏区经历了革命文化与传统文化的博弈。在破除旧的文化传统和重建新的革命文化过程中,革命文化会出现曲折反复,旧有传统隐隐约约地不断再现,革命文化与传统文化之间存在着千丝万缕的联系,简单地把二者一刀两断,会带来许多问题,产生“后遗症”。中央苏区时期,中共对于如何挖掘传统文化的积极因素并运用于革命实践有一个探索过程,在这个过程中难免会出现一定的偏差,存在着把传统文化简单等同于封建文化的现象,并制定了一些否定传统文化的政策,这种极“左”政策割裂了传统文化与革命文化的关系,事实上影响了革命文化的传播。在中央苏区的革命初期,对革命的认识忽视了中国国情,由于受共产

国际的影响而趋于教条化，对旧有的文化和制度的历史延续性认识不到位，采取简单扫除的方法，结果发现，以马克思主义为核心的意识形态话语的传播并不顺利，意识形态宣传工作的实际效果有限。

（二）传统文化的地域性制约与影响了革命文化的宣传

在中央苏区革命过程中爆发的事件和涌现出的思想，虽然外在形式有着区别，但是在中国历史长河中也有类似的情况。随着苏区文化教育事业的发展，一种崭新的革命文化形成，受赣南、闽西的政治、经济等因素的制约，革命文化的发展，受到所在区域自然环境和人文环境的影响。传统文化本身具有一定的地域性，有着自己独特的风俗、习惯、伦理、道德等传统。传统文化具有连续性和相对的稳定性，深刻地影响着当地民众的性格特征，塑造了当地社会生活的天然秩序观念与当地民众的基本心理特征，深深地影响着民众对意识形态的认同感和对文化生活的归属感。因此，苏区革命文化的发展，要想获得广大群众的认同与支持，就必须尊重原有的区域传统文化，充分挖掘和利用它所蕴含的价值理念与人文传统。在苏区革命的后期，苏区党组织利用戏剧、山歌等赣南、闽西旧的文化传统形式宣传党的意识形态话语，取得了良好的效果。在重建新的文化和制度的过程中，建构党的意识形态话语，往往有效地借助原有的文化传统。赣南、闽西地区的山歌、小调、地方戏曲等传统艺术形式，在苏区文化发展过程中都得到广泛的利用。继承与改造民间传统艺术，使之为革命文化发展服务，可以说是苏区革命文化的显著特征。随着革命进程的不断推进，马克思主义在中央苏区广泛传播，以宗法制度为核心的传统文化理念受到了质疑，儒家意识形态在传统文化中的绝对统治地位受到挑战，党的意识形态话语在群众脑海中扎根发芽。

（三）对革命文化的宣传与阐释工作，往往借助于传统文化的形式

黄道炫认为：“如果我们先定存在着一种革命趋势的话，或许就在历史的这些重重迷雾中，革命已经在不断添加着自己的砝码。”[8](P57) 幼年时期的中共对马克思主义暴力革命理论的认识还有一个过程，共产党人对革命内涵的认识比较模糊，新的术语“土地革命”“苏维埃政权”对民众来说是一个陌生的概念，民众对革命文化的理解与认同，同样需要一个过程，仅仅对革命理念进行疾风骤雨般的呐喊与宣传，产生的实际效果有限，还需要在广大群众中对革命文化进行和风细雨的宣传与阐释，而这种宣传与阐释工作往往借助于传统文化的形式。“充满着宗法农民意识的文化是中国民族文化的核心，但不是全部。中国传统文化中相当一部分是颇具民族特色的，有着和其他民族相区别的特征。”[1](P24) 意识形态具有相对独立性，文化传统的形成有一个较长的历史过程，对历史文化传统的认同需要较长时间的文化浸润与教育灌输，同样新的文化理念被理解接受也需要一个过程，对革命意识形态的认同非一日之功。实现新文化的变革，需要广大群众的生活体验，还需要从日常生活的点滴之功开始。以马克思主义为指导的革命文化，在中央苏区不断发展的过程中，充分汲取传统文化的精华，从思想观念方面扬弃和剔除那些与民主革命不相适应的传统文化中的糟粕。广泛吸收世界先进文化，尤其是苏联无产阶级文化的优秀特质，传播党的意识形态话语与革命术语，逐步在中央苏区确立和发展革命文化。中共在中央苏区的革命中心是赣南、闽西的农村，农民是革命的主力军，革命要取得成功，需要以革命文化传播为手段提高农民的文化水平与思想政治觉悟，促进农民认识到革命的价值，调动农民参与革命

的热情，激发农民在革命中的巨大能量。

革命文化是在中央苏区的土地上新民主主义文化群众化的早期实践，是整个中央苏区革命机器中的重要齿轮和螺丝钉，推动着中央苏区革命事业的发展。中央苏区经济文化相对落后，许多群众处在文盲或半文盲状态，受封建的旧式教育影响，群众的精神生活十分贫乏，无形中加重了中央苏区革命文化传播的难度。"当时苏区正处在旧的社会体制被打破，而新的思想文化体制正在构建的时期，那么，如何在最短时间里，提高苏区人民的整体文化水平和思想素质……有力地进行苏区社会革命……就成为苏区建设的一项重大任务。"[1](P160) 中央苏区革命文化建设经历了革命战争的洗礼，群众接受党的意识形态也有一个激烈的博弈过程。开展旨在争夺群众的意识形态斗争具有鲜明的革命性，锋利的战斗性，极大的鼓舞性。共产党人高举马克思列宁主义的旗帜，不断清除传统文化的负面影响，传统文化的消极因素在苏区逐渐消退，而中共善于利用传统文化方式（如戏剧、歌曲）宣传马克思主义，革命文化如新生儿一般朝气蓬勃，不断发展。马克思主义中国化与大众化，同样在经受了传统文化的洗礼，中央苏区革命文化与传统文化相融合需要一个过程。在这个过程中，革命文化从传统文化的胚胎中孕育而生，吸收了传统文化的精华，传承了传统文化的价值理念，又从马克思主义中获得滋养，从而发展与超越了传统文化。革命文化与传统文化相互影响，相互作用，二者之间有着内在的逻辑关系。

参 考 文 献

[1]王予霞，汤家庆，蔡佳伍. 中央苏区文化教育史[M]. 厦门：厦门大学出版社，1999.

[2]余伯流，凌步机. 中央苏区史[M]. 南昌：江西人民出版社，2001.

[3]彭景涛，彭雪琴. 从苏区精神看中国式现代化的文化重建[J]. 红色文化学刊，2022，(4).

[4]中共中央文献研究室. 毛泽东文艺论集[M]. 北京：中央文献出版社，2002.

[5]邹谠. 二十世纪中国政治：从宏观历史与微观行动的角度看[M]. 香港：牛津大学出版社，1994.

[6]赣南师范学院. 江西苏区教育资料汇编：第六册[M]. 南昌：江西省教育科学研究所，1985.

[7]汤林森. 文化帝国主义[M]. 冯建三 译. 上海：上海人民出版社，1999.

[8]黄道炫. 张力与界限：中央苏区的革命[M]. 北京：社会科学文献出版社，2011.

Inheritance and Transcendence: Traditional Culture and Revolutionary Culture in the Central Soviet Area

LI Wen－jing[1], WANG Wei[2]

(1. School of Marxism, Shanghai Technical Institute of electronics and Information, Shanghai 201411, China;

2. School of Marxism, Nanyang Institute of Technology, Nanyang 473000, China)

Abstract: Revolutionary culture is the early practice of the massification of new democratic culture in the Central Soviet Area. The Central Soviet Area has experienced a struggle between revolutionary culture and traditional culture. in which traditional culture is broken down and the revolutionary culture is established. Daring this process, there remains an inextricable link between the two cultures. Revolutionary culture has a certain inheritance and impact on traditional culture, and the two influence each other with a certain fusion. The CPC is good at utilizing traditional cultural methods to propagate Marxism, innovating traditional cultural propaganda methods, explaining the concept of revolutionary culture, and promoting the vigorous and continuous development of revolutionary culture. Revolutionary culture is guided by Marxism, and the application and development of Marxism in the Central Soviet Region has a process of sinicization and popularization, which requires the use of traditional cultural dissemination methods. The "old bottle" of traditional culture dissemination method is filled with the "new wine" of revolutionary culture, which is suitable for the cognitive psychology of the people in the Soviet Union, so that the revolutionary discourse gradually enters the inner world of the people, and promotes the growth of revolutionary culture.

Key words: Central Soviet Area; revolutionary culture; traditional culture

【责任编辑:陈　岭】

论抗洪精神在共产党人精神谱系中的价值定位

王昕伟，吴志平

（中南大学马克思主义学院，湖南　长沙　410083）

【摘　要】抗洪精神是中国共产党领导人民在抗洪抢险的伟大斗争中铸就的伟大精神。作为第一批纳入中国共产党人精神谱系的伟大精神，抗洪精神是全党全军全国各族人民齐心协力战胜特大洪水灾害的独特精神标识，在精神谱系中有着独特的地位。通过客观分析就会发现，抗洪精神的孕育形成丰富发展了精神谱系的结构样态，它的生成地域有力地提升了精神谱系的辐射力度，它的科学内涵全面凸显了精神谱系的特质属性，它的传承弘扬深刻彰显了精神谱系的时代价值，从而在新时代中国共产党人精神谱系的赓续传承中更加熠熠生辉。

【关键词】抗洪精神；中国共产党人精神谱系；价值定位

习近平总书记在庆祝中国共产党成立100周年大会上的讲话中指出："一百年来，中国共产党弘扬伟大建党精神，在长期奋斗中构建起中国共产党人的精神谱系，锤炼出鲜明的政治品格。"[1](P8)中国共产党人精神谱系是由一代代中国共产党人在领导中国人民为实现中华民族伟大复兴的接续奋斗中所铸就的一系列伟大精神形态构筑而成的科学体系，生动地诠释了中国共产党人"为中国人民谋幸福，为中华民族谋复兴"[2](P1)的初心和使命。2021年9月，党中央批准了中宣部梳理的第一批纳入中国共产党人精神谱系的伟大精神，抗洪精神位列其中。抗洪精神是中华儿女面对1998年来势汹汹的长江、嫩江、松花江等地区的特大洪水考验之际，在党的坚强领导下凝心聚力同舟共济进行抗洪抢险的伟大斗争中所熔铸而成的伟大精神形态。抗洪精神深刻凸显了中国共产党一以贯之的思想路线和价值追求，彰显了改革开放和社会主义现代化建设新时期中国共产党人的思想境界和人格风范，反映了中华民族应对重大洪涝灾害时的精神状态和奋斗姿态。无疑抗洪精神在中国共产党人精神谱系中有着独特的地位。精准、系统地把握抗洪精神在中国共产党人精神谱系中的特点、价值和定位，既是贯彻落实习近平总书记传承红色基因重要论述的题中之义，也是我们坚定历史自信、把握历史主动的内在要求，对于我们今天更好地学习弘扬抗洪精神，传承中国共产党人精神谱系，增强防风险、攻难关、迎挑战、抗打

[收稿日期]2023-12-07

[项目基金]湖南省哲学社会科学基金项目"中国共产党人精神谱系百年构建的内在机理、内容结构及经验启示研究"（项目编号：2022YBM03）。

[作者简介]王昕伟（1994—　），男，博士，讲师。

吴志平，男，硕士，中共株洲市委党史研究室二级调研员，湖南工业大学马克思主义学院教授。

压能力，凝聚起团结奋进新征程的磅礴力量等具有重要的理论和现实意义。

一、抗洪精神的孕育形成丰富发展了中国共产党人精神谱系的结构样态

抗洪精神作为中国共产党带领中国人民在改革开放和社会主义现代化建设新时期团结一致顽强拼搏战胜前所未有的洪涝灾害所铸就的一种具体的精神形态，在中国共产党人精神谱系中有着独特的地位，特别是抗洪精神在内容指向和具体形态方面丰富发展了中国共产党人精神谱系的结构样态，使得中国共产党人精神谱系呈现出新的历史特点，从而更具代表性和时代性。

（一）抗洪精神的孕育形成反映了中国共产党应对洪灾的精神风貌

“抗洪精神”是 1998 年 9 月 29 日江泽民同志在全国抗洪抢险总结表彰大会上的讲话中正式概括提出的，旨在褒扬在中国共产党的领导下全国军民众志成城降服洪魔赢得抗洪斗争伟大胜利所展现出的英雄气概和精神品质。正是凭借着这种伟大精神，中国人民取得了 1998 年“同历史上罕见的大洪水展开了一场波澜壮阔的斗争”[3](P222)的全面胜利。然而抗洪精神却并不只是产生于 1998 年的这一次抗洪抢险斗争之中，而是酝酿于中国共产党领导中国人民改造自然和社会、实现中华民族伟大复兴的辉煌实践之中。习近平总书记指出：“一百年来，在应对各种困难挑战中，我们党锤炼了不畏强敌、不惧风险、敢于斗争、勇于胜利的风骨和品质。这是我们党最鲜明的特质和特点。”[4](P423)而党带领人民群众同自然灾害做斗争，特别是同洪涝灾害斗争的实践更是贯穿着中华民族实现站起来、富起来、强起来的全过程。中国共产党从群众中走来，始终代表人民群众的根本利益，时刻把人民群众的疾苦挂在心上。因而早在新民主主义革命时期就十分重视修塘筑坝、兴修水利、防治洪涝灾害。如 1931 年夏，长江中下游发生百年未遇的大水灾，湘鄂西苏区 60% 的区域受灾，党领导苏区军民在同时面对敌人“围剿”的异常艰苦环境下开展了抗灾自救斗争，成功战胜了这次罕见的大水灾，并迅速恢复了苏区灾后生产。新中国成立后，社会主义建设迅速展开，然而各种严重的灾害仍旧不断发生，特别是党和人民不得不时刻准备应对来势凶猛的洪水灾害的严峻考验。为此，党和政府把抗洪救灾作为一项重要工作，带领各地军民竭尽全力打赢了新中国抗洪第一战——1954 年长江中下游地区百年不遇的特大水灾。此外，在社会主义革命和建设时期，还先后战胜了 1950 年的淮河大洪灾、1963 年的海河大洪灾以及 1975 年的河南大洪灾等局域性大洪灾。改革开放后，我们又先后征服了 1991 年江淮地区特大洪灾，以及 1998 年的这次长江特大洪涝灾害。而我们之所以能够取得一次次抗洪抢险的伟大胜利，究其缘由正是归结于中国共产党的坚强领导、中国特色社会主义制度的优势、人民群众的广泛参与支持，以及得益于这种不断孕育形成的抗洪精神的支撑引领。可以说，抗洪精神的孕育形成集中反映了中国共产党带领中国人民战胜洪水自然灾害及各种艰难险阻的勇气和力量，充分体现了改革开放新时期“中国人民的强大凝聚力、革命英雄主义气概、坚强意志和必胜信念”[3](P230)，在中华民族发展史上书写了新的壮丽篇章。

（二）抗洪精神的孕育形成增添了中国共产党人精神谱系的新形态

“人无精神则不立，国无精神则不强。唯有精神上站得住、站得稳，一个民族才能在历史洪流中屹立不倒、挺立潮头。”[4](P347)中国共产党一贯重视精神的力量，一百多年来中国共产党人牢记初心使命、传承弘扬伟大建党精神，在团结带领全国各族人民战胜克服各种艰难困苦、风险挑

战中，顽强拼搏、迎难而上、奋发图强，逐步实现了救国、兴国、富国、强国的奋斗目标，取得了新民主主义革命、社会主义革命和建设、改革开放和社会主义现代化建设、新时代中国特色社会主义的伟大胜利和巨大成就。同时也在实现中华民族伟大复兴的百年奋斗中孕育铸就了一系列伟大的精神形态并逐步构建起中国共产党人的精神谱系。中国共产党人的精神谱系全面反映了中国共产党人在不同历史时期一脉相承的价值追求、思想路线、优良传统、人格风范等观念意识层面的核心内容，是中国共产党人精神图谱和中国共产党百年奋斗内在精神理路的集中展现。抗洪精神作为改革开放和社会主义现代化建设新时期所铸就的伟大精神，极大地丰富了中国共产党人精神谱系的内容范畴，使得中国共产党人精神谱系的代表性进一步增强。在抗洪精神正式提出之前，中国共产党人精神谱系的内容范畴主要侧重于社会革命和自我革命的内容，如在新民主主义革命时期，中国共产党领导人民弘扬伟大的建党精神先后塑造的井冈山精神、苏区精神、伟大长征精神等革命精神形态，推动中国共产党人精神谱系初步形成，激励中国人民勇往直前取得新民主主义革命的胜利；在社会主义革命和建设时期，又先后塑造了抗美援朝精神、“两弹一星”精神、雷锋精神等一系列精神形态，丰富了中国共产党人精神谱系，激励中国人民意气风发投身社会主义建设事业。然而除却社会主义革命和建设时期形成的大庆精神（铁人精神）、红旗渠精神、北大荒精神、塞罕坝精神、“两路”精神、老西藏精神（孔繁森精神）等精神形态的内容指向部分涉及改造自然的实践活动外，在抗洪精神形成提出之前的中国共产党人精神谱系中，并没有反映党领导人民群众万众一心战天斗地战胜自然灾害的精神形态。毫无疑问，抗洪精神的孕育形成使得中国共产党人精神谱系内容指向的辐射面更加广阔，从而能够更好地展现中国共产党人的实践活动，体现中国共产党敢于斗争的鲜明特质。同时，也充分彰显了改革开放新时期中华民族的精神风貌和时代品质。

二、抗洪精神的生成地域有力地提升了中国共产党人精神谱系的辐射力度

抗洪精神的生成地域极其广阔，涉及1998年遭受不同程度洪涝灾害的29个省（区、市），以及在此之前中国共产党带领中国人民进行抗洪抢险的其他地区，直接或间接涵盖了参与抗洪斗争的全国各地军民。作为中国共产党人精神谱系的重要组成部分，抗洪精神的生成地域极大地拓宽了精神谱系的空间范畴，有力地增强了精神谱系的典型性，使得精神谱系更具影响力、感召力和辐射力。

（一）抗洪精神的生成地域反映了中国共产党精神提炼形成的典型性

中国共产党精神是党和国家的宝贵精神财富，根植于中国共产党领导人民进行革命、建设、改革的伟大实践之中。作为中国共产党一种具体的精神形态要被党和人民所概括提炼、并广泛认可、传承弘扬，必须具备特定的条件、达到一定的要求并遵循内在的逻辑。纵观党在一百多年非凡历程中概括提炼并广泛认可的一系列伟大精神形态，就会发现这些具体精神形态的提炼形成都兼顾着时间、地点、人物、事件、影响等五大方面。在时间上，中国共产党精神形态必然是在持续较长的一个时期或一定时间段内孕育形成的，通常属于历史时间轴上的重要节点；在地点上，中国共产党精神形态必然是在中国共产党人集中活动的地域区间范围内，一般而言是国内的某个地区或城市等；在人物上，中国共产党精神形态必然是中国共产党带领人民群众所孕育的，往往其中的先进个人、典型代表群体或集体在精

神形成中发挥了重要作用；在事件上，中国共产党精神形态必然是在改造社会与自然的具体实践中塑造的，主要体现在阶级斗争、生产斗争和科学实验这三项伟大革命运动中；在影响上，中国共产党精神形态必然能够跨越时空、历久弥新，无论过去、现在，还是将来都是鼓舞和激励全党全国各族人民的强大精神动力。而抗洪精神的提炼形成完全符合中国共产党精神具体形态的这些共同特点。1998 年我国长江、嫩江、松花江等全流域地区发生特大洪水，全国共有 29 个省(区、市)遭受了不同程度的洪涝灾害，特别是“湖北、湖南、江西、安徽、江苏、黑龙江、吉林、内蒙古等省区沿江沿湖的众多城市和广大农村，经济社会发展和人民生命财产安全都受到洪水的严重威胁”。[3](P223)因而开展抗洪抢险直接关乎着2.23 亿受灾人口的生命财产安全，关乎保卫改革开放现代化建设成果。在这惊心动魄的紧要时刻，全党全军全国人民紧急行动起来支援受灾省区，团结奋战、力挽狂澜，同洪水进行了殊死搏斗，最终把这场特大自然灾害的损失和影响降到最低，取得了抗洪抢险的胜利，“书写了洪水无情人有情的人间大爱”[5]，形成并彰显了伟大的抗洪精神。毋庸置疑，抗洪精神的生成地域较很多其他精神形态更为广阔，覆盖了整个中国，直接牵动着亿万中华儿女的心弦，使得其自身具有广泛的群众基础、情感基础、实践基础，从而展现了中国共产党精神提炼形成的典型性。

(二)抗洪精神的生成地域拓宽了中国共产党人精神谱系的空间范畴

一百多年来伴随着中国共产党接续奋斗的伟大实践，以伟大建党精神为源头的中国共产党人精神谱系得以构建并发展起来，逐步形成了层次鲜明、内容丰富、逻辑严密的多维立体的精神谱系整体样态。回溯中国共产党百年历史，中国共产党人精神谱系在历史时空的变换中，紧扣不同历史时期的时代主题循序展开。[6]特别是注重结合中国共产党人奋进实干的社会事件、地域实践、榜样典型、凝练归纳提炼塑造具体的精神形态，不断充实丰富精神谱系的具体内容。在抗洪精神形成提出前，中国共产党通过选择社会事件提炼塑造的精神形态，就有伟大建党精神、长征精神、遵义会议精神、抗战精神、抗美援朝精神等；依据地域实践提炼塑造的精神形态，有井冈山精神、苏区精神、延安精神、西柏坡精神、照金精神、南泥湾精神、太行精神(吕梁精神)、大别山精神、沂蒙精神、老区精神、大庆精神、北大荒精神、塞罕坝精神等；通过挖掘榜样典型提炼塑造的精神形态，有张思德精神、东北抗联精神、铁人精神、雷锋精神、焦裕禄精神、孔繁森精神、王杰精神等；通过凝练归纳提炼塑造的精神形态，有红岩精神、老区精神、“两不怕”精神、“两路”精神等。这些具体的精神形态，除去抗战精神、抗美援朝精神等少数依托重大政治事件而提炼塑造的精神形态得以在生成地域上辐射全国外，其他大多数精神形态在生成地域上普遍局限于一省或几省之内，因而其群众基础、社会影响等也会相对有限。而抗洪精神是中国共产党带领中国人民在抗洪抢险战胜特大洪水灾害的伟大斗争中孕育形成的，“从坚守荆江大堤到抢堵九江决口，从会战武汉三镇到防守洞庭湖区，从保卫大庆油田到决战哈尔滨”[3](P225)，抗洪精神的生成地域不仅涉及我国天南地北的各受灾省市，而且涵盖整个中国。来自祖国四面八方积极投身抗洪斗争支援抗洪抢险的人民解放军和武警部队官兵、医疗卫生工作者、科技工作者、新闻工作者，还有通信、铁路、交通和其他战线的同志，以及不计其数的无私支持灾区的普通人民群众。从而在“中国大地上涌动起全民族同心同德、团结战斗的澎湃热潮，展现出全民族万众一心战胜洪涝灾害的壮丽画卷”。[3](P226)因而，抗洪精神以其生成地域的广阔性极大地拓宽了中国共产党人精神谱系的地理空间，使得囊括抗洪精神在内的精神谱系更加深度融入我们党、国家、民族、人民的血脉之中。

三、抗洪精神的科学内涵全面凸显了中国共产党人精神谱系的特质属性

抗洪精神作为以伟大建党精神为源头构建起的中国共产党人精神谱系中的关键一环，是党领导人民应对重大自然灾害事件所铸就的原创性、时代性的伟大精神形态。江泽民同志在讲话中将抗洪精神的科学内涵凝练概括为："万众一心、众志成城，不怕困难、顽强拼搏，坚韧不拔、敢于胜利。"[3](P230)抗洪精神充分继承了中国共产党人薪火相传的信仰追求，以其科学内涵全面凸显了中国共产党人精神谱系的属性特质，丰富了中国共产党人的精神谱系的基本内容。

（一）抗洪精神的科学内涵昭示了中国共产党人一以贯之的信仰追求

习近平总书记指出："我们共产党人的根本，就是对马克思主义的信仰，对共产主义和社会主义的信念，对党和人民的忠诚。"[7]心中有信仰，脚下有力量。坚定共产主义远大理想和中国特色社会主义共同理想激励着一代代中国共产党人在中国革命、建设、改革的具体实践中不懈奋斗。共产主义作为无产阶级理想的社会制度和科学的思想体系，更是一种影响世界的社会运动和追求平等、公正和团结的崇高精神。中国共产党成立后，为共产主义、社会主义而奋斗毅然决然被确立下来，并深深地植根于党"把马克思主义基本原理同中国具体实际相结合、同中华优秀传统文化相结合"[1](P13)的不懈探索与实践中，成为我们党初心使命的深刻诠释。同样，在同凶猛洪水搏斗中铸就的抗洪精神，也集中展现了中国共产党人一以贯之的信仰追求。"万众一心，众志成城"，贯穿着共产主义的思想灵魂。面对1998年突如其来的特大洪水，举国上下同心勠力，在与洪涝灾害的搏斗中，党旗所指、民心所向，中华儿女凝心聚力空前团结。30多万解放军、武警部队官兵，800多万干部群众奋战在抗洪一线，其中200多万人直接服务于抗洪抢险。根据统计抗洪期间长江沿线上堤抢险的干部群众高峰时达670多万人，县级以上领导干部1.5万多人。还有不计其数的人民群众在后方通过捐款捐物、组织慰问前线官兵等各种方式奉献着爱心。中国人民在党的领导下用实际行动生动诠释了团结互助、无私奉献的共产主义精神；"不怕困难、顽强拼搏"，彰显着中国特色社会主义的制度优势。邓小平同志指出："社会主义同资本主义比较，它的优越性就在于能做到全国一盘棋，集中力量，保证重点。"[8](P17)中国人民能够有条不紊地组织抗洪抢险并成功战胜百年不遇的特大洪水凭借的正是中国特色社会主义制度。共产党员身先士卒、"全民皆兵"抵御洪峰的组织动员，一方有难八方支援的组织协调，争分夺秒救灾抢险的应急能力，物资调拨任务配置的统筹管理……无不充分体现我国社会主义制度的显著特征和我党应急处突的卓越能力；"坚韧不拔、敢于胜利"体现了中国共产党人的坚定信念。面对来势凶猛的洪水，中国共产党人毫无畏惧，在抗洪前线树立起一块块生死牌"誓与大堤共存亡"，用钢铁般的意志和勇气筑起一道道坚固的人墙抵挡着滚滚洪水，用生命和信仰谱写了一个个奋不顾身、舍生忘死的英雄故事。也正是这样的信念支持着中国共产党在百年光辉历程中由小变大、由弱变强，并带领中国人民在实现中华民族伟大复兴之路上踔厉奋发砥砺前行。

（二）抗洪精神的科学内涵展现了中国共产党人精神谱系的基本属性

"历史川流不息，精神代代相传。"[1](P8)中国

共产党人精神谱系蕴含着百年大党的成功密码，为中国共产党领导人民群众全面推进中华民族伟大复兴提供着强大的精神动力、科学的方法论断、成功的经验总结和生动的工作方法。虽然中国共产党人精神谱系是由党在百年奋斗历程中所塑造的一系列内涵独特、特征鲜明的具体精神形态构建起来的，但中国共产党人精神谱系终究又是一个科学系统的有机整体，它以伟大建党精神为源头，具有一脉相承、交融互通的基本属性，这就是党性与人民性的统一、民族性与时代性的统一、科学性与实践性的统一。而抗洪精神的科学内涵则充分彰显了中国共产党人精神谱系的基本属性。“万众一心、众志成城”彰显了党性与人民性的统一，生动诠释了党的初心和使命，反映了人民群众的心声和意愿。习近平总书记指出，“人民立场是党的根本政治立场，全心全意为人民服务是党的根本宗旨，党同人民风雨同舟、生死与共是党战胜一切困难和风险的根本保证。”[9](P11)面对特大洪水对人民群众生命财产和改革开放成果的严重威胁，党中央立即部署，全国上下步调一致，哪里最紧迫、哪里最危险，哪里就有共产党员冲锋在前，党领导人民在同洪魔的较量中，谱写了党和人民血肉联系的动人篇章；“不怕困难、顽强拼搏”彰显了民族性与时代性的统一，既传承了民族精神、民族传统，又赋予了时代精神、时代特征。在抗洪抢险中，以爱国主义为核心的民族精神得到全面升华，同甘共苦、同舟共济的宝贵精神和自力更生、自强不息的豪迈气概不断展现，同时，全中国人民在党的坚强领导下，“把集体的智慧和力量最大限度地集中起来，最充分地发挥出来”[3](P229)，充分依靠改革开放带来的生产力的飞跃、科学技术的进步、综合国力的提升，以及对国外有益经验的学习吸收，夺取了抗洪斗争的胜利，充分凸显了以改革创新为核心时代精神的力量；“坚韧不拔、敢于胜利”彰显了科学性与实践性的统一，始终坚持马克思主义科学理论的指导，在抗洪抢险的具体实践中淬炼升华。“领导我们事业的核心力量是中国共产党。指导我们思想的理论基础是马克思列宁主义。”[10](P350)在抗洪抢险中，党员干部和人民群众始终坚持党的全面领导，坚持马克思主义科学理论指导，坚持解放思想与实事求是，把对党和国家的忠诚、对人民的热爱，铭记在思想灵魂中、落实在具体行动上，认真执行党和政府的各项部署安排，战胜了一次又一次洪峰。

四、抗洪精神的传承弘扬深刻彰显了中国共产党人精神谱系的时代价值

抗洪精神是中国共产党和中华民族的宝贵精神财富，作为中国共产党人精神谱系的重要组成部分，抗洪精神承载着中国共产党人不变的初心和使命，跨越时空、历久弥新。传承好抗洪精神为我们不断经受各种考验、砥砺前行提供着精神支柱和不竭动力。同时，抗洪精神的传承弘扬也有力推动了中国共产党人精神谱系的赓续发展，使之焕发出新的时代光芒，更好地构筑新时代中华民族共有精神家园。

（一）抗洪精神的传承弘扬为我们不断战胜各种艰险凝聚磅礴力量

抗洪精神是中国人民抗洪抢险实践的产物，融汇于中国共产党人践行初心担当使命的奋斗历程之中，承载着中国共产党带领中国人民抗御洪涝灾害的经验与成就，成为当代中国人民战胜自然灾害以及各种艰难险阻的精神符号。“我国是世界上自然灾害最为严重的国家之一，灾害种类多，分布地域广，发生频率高，造成损失重，这是一个基本国情。”[11](P119)其中洪涝灾害又是我国最主要的自然灾害，中华民族自古以来就饱受洪涝灾害的威胁和侵扰。以黄河为例，两千多年来史上有记录的水灾就达 1500 多次，重要改道

达26次之多；长江流域1300多年来，有记录的水灾就达200多次。从某种角度而言，中华民族5000多年的文明史也正是中华儿女不断同洪涝灾害做斗争的历史。然而在新中国成立之前，由于落后的生产力水平和社会制度的束缚，在来势凶猛的洪水面前往往无能为力，人民群众的生命财产安全不可避免地遭受严重损失。直到中国共产党成立后，这种无力的局面伴随着党的发展壮大迅速得以扭转，并不断创造人类与自然灾害斗争史的一个个壮举，特别是战胜了1998年史上罕见的特大洪水，铸就了伟大的抗洪精神。数十年来，抗洪精神早已深深融入中华民族的灵魂血脉之中，不断激励着中华儿女继续战胜洪涝灾害和各种艰难险阻。在这种精神伟力的支撑引领和驱动下，中国人民先后成功应对了2012年华北地区百年一遇特大暴雨、2013年东北地区嫩江、松花江、黑龙江大洪水、2020年中国南方洪涝灾害，以及2023年海河特大洪水等大型洪涝灾害；先后战胜了2003年的"非典"疫情，打响了感天动地的2008年汶川抗震救灾战斗，打赢了新冠疫情防控阻击战；成功应对了国际金融危机巨大冲击；坚决破除了一切顽瘴痼疾……党中央团结带领全党全军全国各族人民"经受住了来自政治、经济、意识形态、自然界等方面的风险挑战考验，党和国家事业取得历史性成就、发生历史性变革，推动我国迈上全面建设社会主义现代化国家新征程"。[12](P6) 而新征程所面临的各种不确定的隐患和挑战也进一步凸显：错综复杂的国际形势、敏感多变的周边环境、艰巨繁重的改革发展稳定任务，以及各种弱化党的先进性、损害党的纯洁性因素的不断增加，使得我们面临的考验危险更加复杂严峻。这就要求我们必须传承好抗洪精神，大力弘扬中国共产党人精神谱系，保持战略定力，增强斗争本领，从而"为了实现人民对美好生活的向往、实现中华民族伟大复兴知重负重、苦干实干、攻坚克难"[11](P223)，进行具有许多新的历史特点的伟大斗争。

（二）抗洪精神的传承弘扬推动中国共产党人精神谱系的赓续发展

"精神是一个民族赖以长久生存的灵魂，唯有精神上达到一定的高度，这个民族才能在历史的洪流中屹立不倒、奋勇向前。"[13](P6) 抗洪精神的传承弘扬为我们筑牢共产党人的精神家园提供了丰厚滋养，极大地彰显了中国共产党人精神谱系的鲜亮底色、本质属性和精髓要义，有力地推动了中国共产党人精神谱系的赓续发展。抗洪精神孕育于中国共产党领导人民抗洪抢险的伟大斗争，与伟大建党精神一脉相承；磨砺于实现中华民族伟大复兴的历史进程，凸显民族精神和时代精神；贡献于实现好、维护好、发展好最广大人民根本利益，贯穿中国共产党人的政治灵魂。数十年来，我们有效地传承抗洪精神，大力弘扬以伟大建党精神为源头的中国共产党人精神谱系，砥砺踔厉奋发的不竭动力，在坚决战胜一切政治、经济、文化、社会等领域和自然界出现的困难和挑战的斗争中，不断铸就、提炼出一系列新的精神形态。如在政治经济方面，先后形成改革开放精神、特区精神、青藏铁路精神、脱贫攻坚精神、丝路精神等；在社会风尚方面，先后形成劳模精神（劳动精神、工匠精神）、女排精神、科学家精神、企业家精神、"三牛"精神等；在科技创新方面，先后形成载人航天精神、探月精神、新时代北斗精神等；在应对风险挑战方面，先后形成了抗击"非典"精神、抗震救灾精神、抗疫精神等。这些具体的中国共产党精神新形态，充分继承了抗洪精神等精神形态所蕴含的价值目标、情感导向和理想追求，在中国特色社会主义现代化建设的具体实践中增添了新的科学内涵、时代特征和现实意义，从而实现了中国共产党人精神谱系的与时俱进和赓续发展。在新的历史起点上，我们需要大力推动抗洪精神等具体精神形态的传承弘扬，不断增强中国共产党人精神谱系的生命力、吸引力和影响力。为此，必须要顺应新潮流，通过新颖的表达形式、文化创意和“吐故纳新”的再创造，阐发抗洪精神的时代内涵，彰显中国共产党人精神谱系的时代价值；依托新技术，积极搭建中国共产党人精神谱系的数字化学习平台，打造传承中国共产党人精神谱系的立体化实践平台，不断完善多元化传播体系，拓宽中国共产党人精神谱系传承新空间；立足于新征程，在坚持和完善党的领导中，在世界文明的交流共鉴中，进行伟大斗争，建设伟大工程，推进伟大事业，实现伟大梦想，不断推动抗洪精神和中国共产党人精神谱系的传承创新发展，让中国共产党人精神谱系在新的历史条件下焕发出新的时代光芒。

参　考　文　献

[1] 习近平. 在庆祝中国共产党成立 100 周年大会上的讲话[M]. 北京：人民出版社，2021.

[2] 习近平. 决胜全面建成小康社会 夺取新时代中国特色社会主义伟大胜利——在中国共产党第十九次全国代表大会上的报告[M]. 北京：人民出版社，2017.

[3] 江泽民文选：第二卷[M]. 北京：人民出版社，2006.

[4] 习近平. 习近平著作选读：第二卷[M]. 北京：人民出版社，2023.

[5] 坚持改革开放坚持高质量发展 在加快建设美好安徽上取得新的更大进展[N]. 人民日报，2020-08-22(02).

[6] 王易. 中国共产党精神谱系的百年流变、精髓要义及赓续发展[J]. 马克思主义研究，2021，(5).

[7] 时时铭记事事坚持处处上心 以严和实的精神做好各项工作[N]. 人民日报，2015-09-13.

[8] 邓小平文选：第三卷[M]. 北京：人民出版社，1993.

[9] 习近平. 在纪念朱德同志诞辰 130 周年座谈会上的讲话[M]. 北京：人民出版社，2016.

[10] 毛泽东文集：第六卷[M]. 北京：人民出版社，1999.

[11] 中共中央党史和文献研究院. 习近平关于防范风险挑战、应对突发事件论述摘编[M]. 北京：中央文献出版社，2020.

[12] 习近平. 高举中国特色社会主义伟大旗帜 为全面建设社会主义现代化国家而团结奋斗——在中国共产党第二十次全国代表大会上的报告[M]. 北京：人民出版社，2022.

[13] 习近平. 在纪念红军长征胜利 80 周年大会上的讲话[M]. 北京：人民出版社，2016.

On the Value Orientation of the Flood-Fighting Spirit in the communist Spiritual spectrum

WANG Xin-wei, WU Zhi-ping

(School of Marxism, Central South University, Changsha 410083, China)

Abstract: The spirit of fighting flood is a great spiritual form formed by the Communist Party of China leading the people in the great struggle of flood fighting. As one of the first great spirits to be included in the spiritual pedigree of Chinese Communists, the spirit of fighting the flood is a unique spiritual symbol of the whole Party, the army and the people of all ethnic groups to work together to overcome the devastating flood disaster, and has a unique position in the spiritual pedigree. Through objective analysis will find the flood spirit form rich development of the structure of the spectrum pattern, the generation of regional powerful promoted the spirit of lineage radiation, its scientific connotation highlights the characteristics of the spirit of spectrum attributes, its inheritance deeply highlights the spirit of the spectrum of value of times, thus in the new era of Chinese communists spirit lineage continuously inheritance more yi yi is unripe brightness.

Key words: flood-fighting spirit; spiritual spectrum of Chinese Communists; value orientation

【责任编辑:陈　岭】

井冈山斗争时期增强党的政治领导力的历史经验探析

范国盛

（中国井冈山干部学院教务部，江西 井冈山 343600）

【摘　要】政治领导力是组织引领党员干部群众为实现共同政治愿景所构成的政治号召力、政治组织力和政治执行力等影响力要素的集合。井冈山斗争时期，我们党通过左手拿宣传单，右手拿枪弹，提高了党的政治号召力；恢复和建立党组织增强了党的政治组织力；加强党团教育训练整顿提高了党的政治执行力。新时代加强党的政治领导力要坚持以人民为中心、创新组织建设工作、建设堪当民族复兴重任的高素质干部队伍，才能以中国式现代化全面推进中华民族伟大复兴。

【关键词】井冈山斗争时期；政治领导力；政治执行力

党的二十大报告指出，"走过百年奋斗历程的中国共产党在革命性锻造中更加坚强有力，党的政治领导力、思想引领力、群众组织力、社会号召力显著增强"[1](P2)。井冈山斗争时期，毛泽东把党的政治领导力锻造作为红色政权存在的必要条件之一，并概括为"共产党组织的有力量和它的政策的不错误"。回顾和总结井冈山斗争时期我们党增强党的政治领导力的历史经验，对于推进新时代党的建设新的伟大工程具有重要历史借鉴意义和启示意义。

一、概念界定

（一）领导力

领导力是被人们广泛运用，但其含义仍然是众说纷纭的概念。领导力的研究起源于西方，英文翻译为"Leadership"，表示一种关系身份或所具备的品质或状态。国内学者刘建军认为，领导力是领导者对社会和民众施加影响生成的公共力量。[2](P19)管理学与领导学研究者李友玺、朱磊认为，领导力是领导者号召团队并与他们一起将想法落实到行动的高效执行力。[3](P215)郭庆松认为，领导力与领导主体、领导客体、领导过程、领导行为、领导理论、领导能力和领导环境等紧密联系，在人与人之间的互动关系中生成与发展。[4]美国学者约翰在《开发你内在的领导力》认为，领导力就是影响力。[5](P1)新西兰学者布莱德·肯恩认为，领导力决定了一个人以何种"方式影响他人和自己"。[6](P9)美国西密歇根大学传播学院领导学教授彼得指出，领导力是个人影响团队实现共同目标的过程，它的维度由多种分类

[收稿日期]2023-06-27

[项目基金]中国井冈山干部学院项目"红色文化涵养党员干部初心使命研究"（项目编号:22yb01）。

[作者简介]范国盛（1979— ），男，江西峡江人，博士，讲师，中国井冈山干部学院教务部教学管理处副处长、三级调研员，主要从事中共党史和干部教育研究。

体系所定义。[5](P1)综合上述学者的观点，领导力通俗意义上指的是双方的一种关系状态，是领导者获得追随者的能力。

（二）政治领导力

现代政治学认为，政治领导力既包括领导者个人影响力，同时兼顾组织机构即集体领导的影响力。在本文中，政治领导力指的是政治领域的领导力，即中国共产党的政治领导力。学者吴波和朱霁认为政治领导力包括广义和狭义两个方面：广义上，政治领导力涵盖了思想引领力、群众组织力和社会感召力；狭义上，它指把握方向的能力。[7]刘波认为政治领导力是政党对政治力量、政治现象产生的正影响力。[8]吕剑新认为政治领导表现为党的胜任力、执行力、凝聚力与影响力。[9]王炳权认为政治领导力的内涵指的是把握政治方向、驾驭政治局面、完成政治任务、提升政治本领、凝聚政治共识、动员政治力量。[10]综合上述学者分析，政治领导力指的是马克思主义政党对执政规律的主动探索和追求，具体表现为中国共产党提出正确政治目标，采取正确政治领导方式方法，组织引领党员、干部、群众为实现共同政治愿景所构成的号召力、组织力和执行力等影响力要素的集合。通俗地说，党的政治领导力是由号召力、组织力和执行力构成的三位一体的综合能力。如果说号召力是政党发现群众需求借以寻求人民支持和政治认同的政治许诺，那么组织力和执行力就是政党组织力量实现政治诺言的能力。

二、井冈山斗争时期增强党的政治领导力的主要经验

（一）左手拿宣传单右手拿枪弹，提高党的政治号召力

毛泽东率领秋收起义失利队伍刚上井冈山时，只有不足一千人，并且“红军每到一地，群众冷冷清清”。[11](P77)红军到达三湾时，当地群众都吓得跑到山上躲藏起来了，如何宣传教育群众，把群众吸引凝聚起来组织在我们党的周围，形成铜墙铁壁是战胜强大敌人的重要法宝。争取群众，一方面要通过宣传教育，启发提高群众觉悟，让革命的主义为群众所理解、接受和欢迎，从而让群众自觉地参与和拥护革命，另一方面就要给人民群众以看得见的物质利益，因为“一切空话都是无用的，必须给人民以看得见的物质福利”，人民才会把自己的命运和革命紧紧地连在一起。

1928年10月5日，毛泽东在宁冈步云山召开的湘赣边界党第二次代表大会决议案中专门提出了要重视革命宣传教育的问题，他说：“过去边界各县的党，太没有注意宣传工作，妄以为只要几支枪就可以打出一个天下，不知道共产党是要在左手拿宣传单，右手拿枪弹，才可以打倒敌人的。”[11](P70)毛泽东明确指出红军不是单纯的武装军事集团，而要肩负起“打仗、筹款子、做群众工作”的三大任务。“红军的打仗，不是单纯地为了打仗而打仗，而是为了宣传群众、组织群众、武装群众，并帮助群众建设革命政权才去打仗的，离了对群众的宣传、组织、武装和建设革命政权等项目表，就是失去了打仗的意义，也就是失去了红军存在的意义。”[12](P51)

井冈山的群众，一方面受“好男不当兵，好铁不打钉”的长期封建传统影响，对于“丘八”没有什么好印象；另一方面国民党反动派对共产党“杀人放火、共产共妻”的污蔑宣传也使人民群众对共产党产生恐惧、排斥心理。共产党只有宣传教育群众，破除敌人的污蔑才能让群众了解共产党，并追随共产党。为此，我们党在部队里专门组织了宣传队，在地方，特委成立了教宣委员会，制订工作计划，对群众进行识字文化教育。“文盲是处在政治之外的。”[13](P200)只有群众有一定的文化基础，才能理解和接受革命主张。为了使人民群众知道我党的性质宗旨和政治主张，毛泽东特意指示陈正人要用老百姓听得懂的语

言来起草遂川县工农兵政府临时政纲,了解我们党的主张,了解我们是要建立一个什么样的政府。为增强宣传教育效果,我们党采用编排文艺节目的鲜活方式,如曲艺春锣词《毛委员带兵打文家市》、莲花闹《反对帝国主义》、渔鼓词《推翻国民党最后得解放》、话剧《活捉萧家璧》等。通过广泛深入的宣传教育,广大群众了解了我党的主张,知道红四军是代表工农大众利益,反抗统治阶级的革命军队,是一支与旧式军队截然不同的工农革命军队,知道红军是为着老百姓利益的,是为群众谋福利的。

马克思说:“人们奋斗的一切,都与他们的利益相关。”毛泽东在调查研究中发现,边界土地的百分之六十以上掌握在占总人口5%以下的地主手里,百分之四十以下的土地才掌握在广大劳苦大众手中。为了解决农民最为关心的土地问题,毛泽东领导工农革命军打土豪分田地,实行“三大纪律”“六项注意”,开设红色圩场,执行保护工商业的政策,贫苦农民在政治上翻了身,不再受土豪劣绅压迫。即便是对于国民党俘虏兵,也是实行优待政策,这使得不少国民党士兵倒戈参加红军。这些实实在在的政治利益、经济利益,使群众、士兵真正相信了共产党。杜修经在《关于红军情形、湘赣边界特委情形、湘南情形的报告》中曾这样评价打土豪分田地,他说:“民众在打土豪后相信毛司令,在分田地后相信党相信苏维埃。”

面对共产党的巨大吸引力,国民党也在加紧他们的反动宣传。邓乾元在《湘赣边界五月至八月工作对中央的报告》中说,敌人因为共产党的到来,被迫采取了一些改良主义的手段,如在宁冈给群众买耕牛,自首的既往不咎。但由于国民党反动派的阶级本质,不久之后就暴露了他们的凶残本性。他们对群众拉夫抓差、强行掳掠、收取沉重的苛捐杂税,并且要求民众交一元钱加入国民党,不入者视同“共匪”。因此尽管国民党也在天天宣传,散传单演讲,为民众谋幸福,解除痛苦,可是事实却戳破了他们的谎言,只能激起民众更加的愤恨。

我党的深入宣传和为人民谋幸福的实际行动,发动了群众,壮大了队伍,瓦解了敌军,毛泽东说:“就连杨池生(国民党赣军第九师师长)的《九师旬刊》,对于共产党和红军的这种办法有‘毒矣哉’的惊叹。”[11](P68)

(二)恢复和建立党组织,增强党的政治组织力

大革命失败后,“红军到达边界各县时,只剩下若干避难藏匿的党员,党的组织全部被敌人破坏了”。[11](P71)“各县完全没有了党的组织,地方武装只袁文才、王佐各六十支坏枪在井冈山附近,永新、莲花、茶陵、酃县四县农民自卫军枪支全数缴给了豪绅阶级,群众革命情绪已经被压下去了。”[11](P71)之前边界各县的农协、工会、学联、妇女联合会等,都被国民党反动派的血腥镇压摧残殆尽。为此,毛泽东开始完善军队组织建设,制定军队党帮助地方党发展的方针,恢复和建立边界党群团组织,以提升组织力。红军中的党组织,由上到下,设军委、团委、营委,连设支部,各班建小组,这种做法非常适合战争,因为作战大都以连为单位,每个作战单位一个支部,加强了组织的力量,使得红军即便打了败仗也不至于溃散。1927年10月15日,毛泽东主持水口建党,陈士榘、赖毅、李恒、欧阳健、鄢辉和刘炎6名士兵宣誓入党,成了首批战士中的共产党员,这是人民军队的第一个连队党支部,使三湾改编支部建在连上的基本原则和制度得以落实落地,确保了党对军队的绝对领导。地方的党组织,1927年11月,毛泽东在茅坪象山庵主持召开宁冈、永新、莲花三县党组织负责人联席会议,谋划湘赣边界各县党组织的恢复和重建工作。象山庵会议后,毛泽覃在桥林乡发展党员建立党支部,1928年春,大陇乡成立党支部,其后,茅坪、河桥、社背等乡也陆续建立党支部。宁冈县委成立后，全县分为龙市、古城、新城、大陇四个区，辖39个乡，每个乡都建立了党的组织，区设区委，乡有支部。全县党员发展到2400余名。从秋收起义上山到1928年2月，宁冈、永新、茶陵、遂川都建立了党的县委，酃县建立了特别区委，莲花建立了特别支部。

为加强党的集中统一领导，朱毛会师后，边界成立了中共湘赣边界特委，统一并极大地加强了对边界各县党组织的领导。毛泽东在湘赣边界一大对"红旗到底打得多久"做了系统、科学的回答，制定并执行了正确的政策措施，以至于当敌人在南方的统治暂时稳定、湘赣两省敌军频频前来"进剿"、兵力往往数倍于我的时候，仍出现"割据地区一天一天扩大，土地革命一天一天深入，民众政权一天一天推广，红军和赤卫队一天一天扩大"的喜人局面。11月6日，重新组织前委，以毛泽东为书记。11月14日红四军六大选举朱德为军委书记。特委及军委统辖于前委。前委设秘书处、宣传科、组织科和职工运动委员会、军事委员会。通过恢复和建立党组织，加强党的集中统一领导，增强了党的政治组织力。毛泽东说："共产党组织的有力量和它的政策的不错误"，指的就是共产党严密强大的组织体系建设，以及根据湘赣两省不同敌情制定适合红军和井冈山根据地发展的正确政策策略。

（三）加强党团教育训练整顿，提高党的政治执行力

边界各县的党，由于机会主义、地方主义、土客籍矛盾、投机分子反水等，导致党的政治执行力软弱。机会主义表现为斗争不坚决及流于盲目的暴动；地方主义表现为支部会议简直同时就是家族会议。在这种情形下，"斗争的布尔什维克党"的建设，真是难得很。土客籍矛盾表现为内部不团结，容易被敌人分化击破。投机分子反水表现为党内投机分子增多不但没有增强党的战斗力，反而削弱了党的战斗力。

为提高党的政治执行力，我们党加强了思想政治教育，注意用无产阶级思想教育党员。毛泽东亲自办起了军官教导队和党团训练班，通过教育培训，讲党课等多种形式对党员干部进行思想政治教育，提高党员干部的马列主义思想政治水平和无产阶级觉悟。1927年12月，毛泽东在宁冈龙市办起了军官教导队。军官教导队主要培养下级军官和地方武装干部，学员都是从部队及地方武装中选派，对象是班长或积极分子。课程主要是军事和政治。1928年10月，边界特委在井冈山茨坪举办边界党团训练班。由特委委员宛希先负责，规定每期各县按乡选派党团员各一名，红军连队每连选派党团员各一名，学习一至两个月。仅当年10月份这一期，就培训学员300多人。[14](P161) 1928年12月，边界党的二大决定，特委组织宣教委员会，制定教材，计划每周的训练工作。各地党组织遵照特委决定，纷纷举办党团训练班，集中时间对党团和基层干部进行训练，"竭力铲除一般同志的机会主义思想和封建小资产阶级思想，确立无产阶级革命人生观"。训练班以区为单位，每期学习至少一两天或三四天，多者两周。人数二三十人，由各乡党支部选送，县委派人指导和讲课。

"八月失败"之后，鉴于党内组织不纯的严重危害，1928年9月开始"厉行洗党"。宁冈、永新两县的党组织全部解散，重新登记，对党员成分严格加以限制，解散问题比较严重的党组织，用重新登记的方法进行整顿，发展和吸收思想进步、忠实、勇敢的工农优秀分子入党，并在党的各级领导机关中增加工人和贫农的成分，根据边界党的工作实际情况，党的组织由公开转为秘密。通过9月"厉行洗党"，纯洁了党的组织肌体，提高了党的战斗力，党员人数虽然更少了，但党的战斗力更强了，建设了坚强有力的"布尔什维克"。

三、增强党的政治领导力的历史启示

井冈山斗争时期,“边界红旗子始终不倒”,加强党的政治领导力建设是一个重要原因。以毛泽东为代表的中国共产党人,面对几乎完全陌生的环境,通过广泛的宣传教育和为人民谋利益的实际行动,迅速打开局面,让群众接受了党和红军,提高了党的政治号召力;通过恢复和建立地方、军队党组织,健全组织体系,提高了党的组织力;通过加强党团教育训练整顿,提高了党的执行力。新时代加强党的政治领导力要坚持以人民为中心,提高党的政治号召力,创新组织建设工作,增强党的政治组织力,建设堪当民族复兴重任的高素质干部队伍,提高党的政治执行力。

(一)坚持以人民为中心,提高党的政治号召力

中国共产党要得到最广大人民群众的根本支持,就必须坚持以人民为中心的发展思想,想百姓之所想,急百姓之所急,才能号召动员起最广泛的力量朝着全面建成社会主义现代化强国,实现中华民族伟大复兴的伟大目标前进。近代以来,中国逐步沦为半殖民地半封建社会,国家蒙辱、人民蒙难、文明蒙尘,中华民族遭受了前所未有的劫难。井冈山斗争时期,“打土豪、分田地”“三大纪律、六项注意”等朗朗上口的口号,让群众了解了我们党和红军,赢得了人民群众的广泛支持;抗日战争时期,“只有全民族实行抗战,才是我们的出路”建立了抗日统一战线;解放战争时期,“打倒蒋家王朝,建立新中国”呼应了人民群众对建立新中国的期盼;建国初期,“抗美援朝、保家卫国”使得亿万男儿雄赳赳气昂昂跨过鸭绿江;改革开放时代“保证国家的,留足集体的,剩下的都是自己的”“时间就是金钱,效率就是生命”“发展是硬道理”等口号的广泛宣传,深入人心,解放了生产力、发展了生产力。

中国特色社会主义进入新时代,以习近平同志为核心的党中央正确把握我国社会主要矛盾的变化,顺应人民群众对美好生活的期盼,提出“人民对美好生活的向往,就是我们的奋斗目标”;顺应中国人民对强起来的期盼,党的二十大擘画了全面建设社会主义现代化国家,全面推进中华民族伟大复兴的宏伟蓝图,凝聚了最广泛的社会共识;出台“中央八项规定”“ 全面从严治党”“打虎”“拍蝇”“猎狐”“坚持群众路线”“不忘初心、牢记使命”等,这些新时代的口号和做法树立了党在人民群众心中的光辉形象,以党风带动了政风、社会、民风的根本好转。新时代,中国共产党要团结带领亿万人民群众朝着党的第二个百年奋斗目标奋勇前进,就一定要深入群众中间,收集民情民意,了解人民群众的所思、所想、所急、所盼,才能号准时代的脉搏,把握时代的最强音,从而牢牢占领思想舆论高地,提高党的政治号召力,增进人民群众对党的政治认同、思想认同和情感认同。

(二)创新组织建设工作,提升党的政治组织力

党的二十大报告指出:“严密的组织体系是党的优势所在、力量所在。”井冈山斗争时期,我们党恢复和建立健全党的组织体系,形成一个严密高效的组织系统。毛泽东总结成功的秘诀,“红军所以艰难奋战而不溃散,‘支部建在连上’是一个重要的原因”。[11](P73)其后,我们党继续加强组织体系建设,用严格的纪律保障组织的高效顺畅运转,保障了革命、建设、改革和新时代取得伟大胜利。习近平总书记指出:“我们党是按照马克思主义建党原则建立起来的,形成了包括党的中央组织、地方组织、基层组织在内的严密组织体系。这是世界上任何其他政党都不具有的强大优势。党中央是大脑和中枢,党中央必须有定于一尊、一锤定音的权威,这样才能‘如身使臂,如臂使指,叱咤变化,无有留难,则天下之势一矣’。”[15](P259)

新时代创新组织建设工作,要"坚持从巩固党的执政地位的大局看问题,把抓好党建作为最大的政绩"。坚持大抓基层的鲜明导向,以提升组织力为重点,突出政治功能,持续整顿软弱涣散的基层党组织,全面提高各级党组织以及新经济组织、新社会组织、新就业群体的党建质量,坚持"三会一课"制度,创新党的基层组织设置和活动方式,抓好党务队伍人才建设,充分发挥党员的先锋模范带头作用,把企业、农村、机关、学校、科研院所、街道社区、社会组织等基层党组织建设成为有效实现党的领导的坚强战斗堡垒,全面提升党组织的凝聚力、战斗力和创造力。

(三)建设堪当民族复兴重任的高素质干部队伍,增强党的政治执行力

全面建设社会主义现代化国家、全面推进中华民族伟大复兴,关键在党,在于建设一支"堪当民族复兴重任的高素质干部队伍"。井冈山斗争时期,我们党通过加强干部教育培训、"九月洗党"纯洁党的组织肌体提高了政治执行力。重视干部教育培训,是我们党的一大政治优势。[16]进入新世纪以来,我们大规模培训干部,大幅度提高干部素质。尤其是进入新时代以来,我们党先后开展了党的群众路线教育、"三严三实"专题教育、"两学一做"学习教育、"不忘初心、牢记使命"主题教育、党史学习教育,现在我们党正在开展习近平新时代中国特色社会主义思想主题教育,通过集中学习教育,以及大规模的干部教育培训、全面从严治党等,提高了党员干部的思想政治素质,增强了党的政治执行力。

增强党的政治执行力,必须建设"一支政治过硬、适应新时代要求、具备领导现代化建设能力的干部队伍"。政治过硬要求"必须自觉在思想上政治上行动上同党中央保持高度一致"[17](P27),坚决拥护"两个确立"、增强"四个意识"、坚定"四个自信"、做到"两个维护"。适应新时代要求、具备领导现代化建设能力要求加强干部教育培训,提高干部解决实际问题的能力。要有针对性地加强对干部的思想淬炼、政治历练、实践锻炼、专业训练,选择正确的培养途径和方式,克服干部教育培训中的形式主义,全面提高党员干部推动高质量发展本领、服务群众本领、防范化解风险本领,激励担当作为,增强党员干部的政治执行力。

中国共产党要在政治上领导亿万人民群众实现党的第二个百年奋斗目标,就必须提高党的政治领导力。党必须深入群众中间,善于发现群众需求,把党的奋斗目标与群众需求相结合,变成党和群众的共同奋斗目标,从而赢得亿万人民群众拥护、支持和参与,与此同时党还必须加强和创新党的组织工作,培养建设一支堪当民族复兴重任的高素质干部队伍,以强大的政治组织力和政治执行力才能保障党和群众的共同政治愿景得以实现,才能以中国式现代化全面推进中华民族伟大复兴。

参 考 文 献

[1]习近平.高举中国特色社会主义伟大旗帜 为全面建设社会主义现代化国家而团结奋斗:在中国共产党第二十次全国代表大会上的报告[M].北京:人民出版社,2022.

[2]刘建军.领导学原理——科学与艺术(第三版)[M].上海:复旦大学出版社,2007.

[3]李友玺,朱磊.领导影响力12法则[M].北京:北京理工大学出版社,2017.

[4]郭庆松.中国共产党的领导力:抗击疫情的核心密码[J].毛泽东邓小平理论研究,2021,(1).

[5][美]约翰·马克思韦尔.开发你内在的领导力[M].邓郁 译.上海:上海人民出版社,2005.

[6][新西兰]布莱德·杰克森,肯恩·帕里.简单有趣的领导力[M].叶红卫 译.上海:上海交通大学出版

社,2012.

[7]吴波,朱霁.论增强党的政治领导力[J].中国特色社会主义研究,2019,(4).

[8]刘波.政治领导力、思想引领力、群众组织力、社会号召力,建设新的伟大工程须统筹增强“四力”[J].人民论坛,2018,(11).

[9]吕剑新.新时代中国共产党政治领导力建设探析[J].广西社会科学,2018,(7).

[10]王炳权.中国共产党政治领导力的核心意蕴[J].甘肃社会科学,2021,(4).

[11]毛泽东选集:第一卷[M].北京:人民出版社,1991.

[12]井冈山革命根据地党史资料征集编研写作小组,井冈山革命博物馆.井冈山革命根据地(下)[M].北京:中共党史资料出版社,1987.

[13]列宁.列宁全集:第42卷[M].北京:人民出版社,1987.

[14]梅黎明.茨坪记忆[M].北京:中国发展出版社,2015.

[15]习近平.论坚持党对一切工作的领导[M].北京:中央文献出版社,2019.

[16]习近平.在全国党校工作会议上的讲话[J].求是,2016,(9).

[17]中共中央关于党的百年奋斗重大成就和历史经验的决议[M].北京:人民出版社,2021.

An analysis of the historical experience of strengthening the party's political leadership during the struggle in Jinggang Mountains

FAN Guo-sheng

(China Executive Leadership Academy, Jinggangshan 343600, China)

Abstract: Political leadership is a collection of influential factors, such as political appeal, political organizing power and political executive power, which is composed of organizing and leading party members and cadres to realize the common political vision. During the period of the struggle in Jinggang Mountains, our party raised its political appeal by holding leaflets in its left hand, restored and established its organization, and strengthened its political organization Strengthening the party league education and training to improve the party's political execution. In the new era, to strengthen the party's political leadership, we must insist on people - centered, innovative organizational construction, and build a high - quality cadre team that is worthy of the task of national rejuvenation, to fully advance the Chinese Dream with chinese - style modernization.

Key words: The struggle in Jinggang Mountains; political leadership; political execution

“赶考”精神赋能“不忘初心、牢记使命”制度建构的逻辑脉络、辩证关系和实现路径

孟晓东[1],罗 邈[2,3]

[1. 辽宁科技大学马克思主义学院,辽宁 鞍山 114051;
2. 中共河北省委党校(河北行政学院)报刊社,河北 石家庄 050061;
3. 中共中央党校(国家行政学院)中共党史教研部,北京 100000]

【摘 要】中国共产党第一代领导人在进京执政前提出了“进京赶考”这一论断并形成“赶考”精神,给党留下了宝贵的精神资源。党的十九届四中全会提出要建立不忘初心、牢记使命的制度,在此契机下,中国共产党要发掘和弘扬“赶考”精神,廓清它对“不忘初心、牢记使命”制度的逻辑脉络,探赜“赶考”精神赋能“不忘初心、牢记使命”制度建构的可行路径,并在制度建构的关键节点进行深度思考,推动新时代党的建设高质量发展。

【关键词】“赶考”精神;“不忘初心、牢记使命”;制度构建

1949年春,新民主主义革命胜利在望之际,毛泽东与周恩来谈话时提出了共产党人“进京赶考”这一比喻,这一提法是共产党人在进京执政前的对历史经验的深刻反思和对未来执政挑战的自我勉励。一定意义上说,是对“两个务必”思想的具象化比喻。几十年间,中国共产党人秉承“赶考”精神,经历了一次又一次的高难度、无参照的大考,取得了一系列令世界叹为观止的成绩,践行了“我们绝不当李自成”的诺言。

在新时代,习近平总书记指出:“中国共产党人的初心和使命,就是为中国人民谋幸福,为中华民族谋复兴。”[1](P1) 2019年党的十九届四中全会提出建立不忘初心、牢记使命的制度。习近平总书记在党的二十大报告中提出“务必不忘初心、牢记使命,务必谦虚谨慎、艰苦奋斗,务必敢于斗争、善于斗争”[2],“不忘初心、牢记使命”作为“三个务必”中的第一项,其政治意义和学理价值自然是不言而喻的。在此背景下,辨析“赶考”精神与“不忘初心、牢记使命”的逻辑关系,发掘其在赋能制度建构方面的巨大潜能,对深入

[项目基金]辽宁省教育厅基本科研面上项目“习近平总书记关于底线思维重要论述研究”(项目编号:LJKMR20220652),辽宁省社会科学规划基金(高校思政专项)“运用马克思主义经典原著提升思政课思想引领力研究”(项目编号:L22BSZ042);中共河北省委党校(河北行政学院)创新工程科研项目“基层社会治理视域下毛泽东推广典型经验研究(1949-1976)”。

[作者简介]孟晓东(1985—),男,河北沧州人,副教授,主要从事党的建设研究。
罗 邈(1990—),男,河北三河人,中共河北省委党校(河北行政学院)报刊社责任编辑,中共中央党校(国家行政学院)中共党史教研部博士研究生,主要从事中共党史研究。

推进新时代党的建设伟大工程具有一定的学理意义。

一、"赶考"精神与"不忘初心、牢记使命"制度构建的逻辑脉络

"赶考"精神与"不忘初心、牢记使命"制度建构二者在出现时间、所处背景上存在很大的差异，但都是中国共产党人践行初心、履行使命的产物，存在着千丝万缕的纵向联系，也有着色彩鲜明的逻辑脉络，主要包括以下三个方面：

（一）"赶考"精神与"不忘初心、牢记使命"在理论上的内在契合

1949年3月，在中共中央机关从河北西柏坡搬迁至北平前夕，毛泽东对周恩来说：今天是进京的日子，进京赶考去。周笑答，我们应当都能考试及格，不要退回来。毛泽东说，退回来就失败了。我们决不当李自成，我们都希望考个好成绩。[3](P470)"赶考"精神自此诞生。2017年10月党的十九大决定在县处级以上领导干部中开展"不忘初心、牢记使命"主题教育。2019年5月31日，中央在北京召开"不忘初心、牢记使命"主题教育工作会议，习近平总书记发表重要讲话。同年10月党的十九届四中全会提出建立"不忘初心、牢记使命"的制度。

两个论述前后相差多达70年，时间跨度不可谓不长；但时间跨度无法掩饰它们理论上的内在契合。一方面是它们都保持了强烈的革命意识，警惕承平年代里的自我懈怠甚至蜕化。在七届二中全会上，毛泽东提出："可能有这样一些共产党人，他们是不曾被拿枪的敌人征服过的，他们在这些敌人面前不愧英雄的称号；但是经不起人们用糖衣裹着的炮弹的进攻，他们在糖弹面前要打败仗。"[4](P1438)习近平在"不忘初心、牢记使命"主题教育总结大会上强调："当今世界正经历百年未有之大变局，我国正处于实现中华民族伟大复兴的关键时期，我们党正带领人民进行具有许多新的历史特点的伟大斗争，形势环境变化之快、改革发展稳定任务之重、矛盾风险挑战之多、对我们党治国理政考验之大前所未有。"[5](P8)一方面是展现了强烈的进取心态，要在新的历史条件下向着共产主义理想不断探索，完成好自己这代人应该做好的事情。毛泽东在《论人民民主专政》中说："严重的经济建设摆在我们面前，我们熟悉的东西有些快要闲起来了，我们不熟习的东西正在强迫我们去做。"[6](P687)习近平总书记指出："我们党作为百年大党，要始终得到人民拥护和支持，书写中华民族千秋伟业，必须始终牢记初心和使命，坚决清除一切弱化党的先进性、损害党的纯洁性的因素，坚决割除一切滋生在党的肌体上的毒瘤，坚决防范一切违背初心和使命、动摇党的根基的危险。"[7]"赶考"精神是老一辈革命家在执政之初对古代历史的深刻反思，"不忘初心、牢记使命"的制度构建是在中国共产党长期执政面临百年未有之大变局条件下的自我完善，它们在理论上内在契合是共产党的性质决定的，也是中国共产党人革命和建设实践所需要的。正是由于这一理论契合性的存在，所以形成了逻辑上的下一环。

（二）"赶考"精神对"不忘初心、牢记使命"制度构建的价值逻辑

"赶考"精神为"不忘初心、牢记使命"制度构建奠定了精神基调。"赶考"精神提出于遍地狼烟的战争年代，这个充满了文化气息的词汇包含了忧患意识，这种忧患意识是中国共产党百年来历经曲折，由小变大、由危转安的重要精神保障，它为新时代"不忘初心、牢记使命"制度的构建提供了不可替代的精神基调——那就是知道自己从哪里来要往哪里去，在这一过程中务必料敌从严之态、保持奋发上进之心。唯有精心保持这一精神基调，才能在系统的制度构建中实现内

驱力和有效性的匹配性,避免陷入建章立制中常出现的活力不足进而流于形式的窠臼。“赶考”精神蕴含的精神基调必将成为引领“不忘初心、牢记使命”制度构建的重要文化基石。

“赶考”精神是“不忘初心、牢记使命”制度构建中的重要文化资源。“不忘初心、牢记使命”制度构建不是纸面上罗列条文后的完事大吉,也不是实践中搞搞活动应付了事,而是继承历史上的成熟经验、整合现有成功做法、吸纳外部合理因素、使之制度化、体系化、规范化,让共产党员永葆初心践行使命的系列举措。这一过程是一个主观客观全方面作用的复杂过程,需要调动各方面积极因素为之所用。因此,需要深度发掘红色文化资源,用文化资源赋能制度构建。“赶考”精神无疑是首屈一指的一个红色文化资源。它既是微观层面“不忘初心、牢记使命”制度中宣传教育环节的一个重要节点,再现特定历史时期共产党人的精神风貌,还是宏观层面检验“不忘初心、牢记使命”制度构建实效的一个重要参照,检视党员尤其是领导干部是否具备奋斗意识和忧患意识。

(三)“不忘初心、牢记使命”制度构建是“赶考”精神的实践载体

“赶考”精神作为一种意识形态,它的弘扬和传承需要合适的载体,唯有如此才能让思想层面的东西通过人这一中介力量改造世界。“不忘初心、牢记使命”制度构建是一项系统的社会工程,也是在新时代发扬光大“赶考”精神的重要载体。

一方面,“不忘初心、牢记使命”制度构建为党员践行“赶考”精神提供了制度平台。从实践上看,重大时间节点或领导人讲话提及后往往会出现某某精神或事件的高光时刻,迎来理论阐释和宣传推广的高潮。这种波浪式推广状态,虽有其合理之处,但也有改进的空间,其中一个办法就是重要的价值符号制度化和常态化。“不忘初心、牢记使命”制度构建可以让“赶考”精神学习融入基层党组织建设之中,进而实现时间上的常态化、避免空间上的地域化,让这一宝贵的革命精神在发扬光大中持续发挥其巨大的理论价值和激励作用,服务于新时代党的建设伟大工程。

一方面,“不忘初心、牢记使命”制度构建为继承弘扬“赶考”精神提供外源性动力。“赶考”精神的继承弘扬动力有内生性和外源性两种。一般而言,熟稔“赶考”精神来龙去脉,并为之感动者容易形成内生性动力,具有牢固度高持续度久的优点。外源性动力往往来自上级组织要求或定向灌输,具有推广面积大、传导速度快等优点。“赶考”精神纳入“不忘初心、牢记使命”制度构建可以借助制度的力量,为之提供源源不断的外源性动力,做好理论深度发掘和宣讲阐释,使之更好地入脑入心,指导党员在各自岗位上永葆初心牢记使命更好地发挥先锋队的积极作用。

二、“赶考”视角下“不忘初心、牢记使命”制度构建中的三对关系

“不忘初心、牢记使命”制度建构过程中,为保持制度架构的有效性和制度落实的可行性,在架构设计过程中应处理好一些必须直面的矛盾关系,在达成平衡的过程中实现制度的张弛有度和落地生根。

(一)制度建构的内容设置问题:严密与疏松

“不忘初心、牢记使命”制度建构是一项系统的社会工程,制度内容则是这个工程的主体,也是需要重点关注的部分。内容本身应“坚持解决问题又坚持简便易行,采取务实管用的措施切中问题要害”。[5](P16)这就要求处理好制度框架密与疏的关系。毋庸置疑,制度设计严密有其天然优势,推行过程中只需要“照方抓药”往往就

能做到有模有样，取得立竿见影的效果。但由于设计者的有限理性等主观条件和时代局限等客观条件制约，必定存在百密一疏、缺乏弹性、过于烦琐等问题，呈现出制度空转。制度框架疏松只在大方向上泛泛而谈，缺乏针对性和可操作性。制度落地究竟效果如何，不仅取决于这套制度本身，更取决于实际操作这套制度的人。一旦在人的环节出现问题，就会出现"牛栏关猫"的问题，让整个制度失去应有的约束力和导向性，呈现出制度失灵。

可以说，严密与疏松的问题，不仅仅是一个操作层面的技术问题，也是关系到制度生死的战略性问题。平衡二者关系的支撑点就在于在制度设计中疏密得当。要达到疏密得当从思维方法上首先要坚持好系统思维。"系统思维就是从系统与要素、要素与要素以及系统与环境的相互联系、相互作用中把握社会。"[8]从外部视角看，将制度建构置于一个宏大叙事的场景中赋予其独特的价值意蕴，呼应高层级制度、协同同层级制度，重合之处侧重于疏，空白之处侧重于密；从内部视角看，将制度建构涉及的诸多要素用一个强力底层逻辑予以整合，兼顾可行性与方向性两个维度，可行性高的领域密，方向性强的领域疏，做到"既坚持目标导向又坚持立足实际，力求把落实党中央要求、满足实践需要、符合基层期盼统一起来"。[5](P16)其次是发挥好辩证思维，重点解决制度落地后面临的现实困境。在制度设计上以实效作为决定疏密的参照标准，在顶层高度重视、基层反映强烈的环节做到密中有细，突出可操作性，重点解决主要矛盾、切中问题要害。反之，则侧重指导性，适当留白，给基层落实提供必要的空间。再次是运用好底线思维，为制度做一个保驾护航性的设计。底线思维是一种着眼于最差情况，提前做好万全准备，力争最好结果的思维方式。在实际工作中有着不可估量的存在价值。在制度建构中运用底线思维，就要保持忧患意识，预判制度空转或失灵的高发地带，在制度上标明底线并辅以明晰的惩戒措施和密织的预防措施；在追求上限的部分则安排以疏的形态，保持适度弹性以力争最好结果。

（二）制度建构的效能转化问题：优势与效能

"不忘初心、牢记使命"制度构建是一个把党内制度优势转化为党建治理效能的过程，通过制度架构的引导与规范让党员逐渐形成路径依赖，进而不断自我完善、自我革命、自我超越。制度优势向治理效能的转化内在逻辑在于：制度优势是一种静态的趋势，源自制度本身设计的精妙和制度背后的权威力量。它本身是一种潜在的能量，不具有直接现实性，它需要通过介质转化为治理效能，通过高绩效的治理证明其优势的现实性。治理效能作为实践的结果性描述，其存在有赖于主观性力量和客观性力量的合力，而制度优势在这股合力中毫无疑问要占据一席之地。

在制度优势向治理效能转化的过程中，有三个要素不可小觑。其一是制度优势形成集体愿景。"不忘初心、牢记使命"制度构建要着眼于打造党员对初心和使命的集体愿景，在不断认知强化中形成同频共振，降低海量个体对既定制度不断短"破防"、全领域"滥用"、大面积"敷衍"的概率。以做好思想工作为突破口降低制度运行成本，提高制度向效能的转化率，达到牛栏也能关得住猫的效果。其二是组织权威不断保驾护航。制度作为一种意识形态，背后必须有强力支撑才能运转，否则就是一纸空文。"不忘初心、牢记使命"制度优势的形成有赖于党中央的支持、优势的发挥要依靠各级党组织做到"两个维护"。只有在党中央的指引和护航下，"不忘初心、牢记使命"制度优势才能得到充分释放，沿着有效路径有序转化为党内治理效能。其三是治理实践形成有效反馈。检验一项制度有没有优势、有多大优势的试金石是长时间跨度下的实践反馈。在实现制度优势向治理效能转化过程中，一方面通过增添专项制度设计强化对治理实践的量化考察，借助现代信息技术让反馈结果准确化和及时化，使之成为制度优势的有机构成。一方面立足于治理实践反馈的海量数据，根据实际需要调节转化的方向、力度、节奏，保持制度的灵活性和有效性，推进制度优势同治理实践无缝衔接。

（三）制度建构的持续更新问题：稳定与变迁

历史反复证明，一项制度不论体量大小、规格高低，都有其生长周期，在无外力干涉情况下，大致要经历一个应运而生的草创、不断完善的丰富、重要节点的修正、日益落伍于时代、归于废止或新生的过程。因此，如何实现高质量持续更新是制度建构中一座无法绕过的山峰。若要让一项具体的制度拥有绵长的生命力并在漫长的时日里迸发出强大的改造力，就要在时间维度上把握好制度稳定与变迁的辩证关系，根据实际需要和外部条件，做到稳中有渐变，变化不变质。

落实到“不忘初心、牢记使命”制度上，保持稳定不变的是承载其价值追求、体现其根本性质的根基部分，保持开放性处于变迁的是涉及具体职能功效的四梁八柱和边边角角。唯有根基部分的稳定不变才能锚定制度的价值属性，让“不忘初心、牢记使命”制度“确保全党遵守党章，恪守党的性质和宗旨，坚持用共产主义远大理想和中国特色社会主义共同理想凝聚全党、团结人民”。[9]避免在不断地变迁中淡化价值属性，出现“忒修斯之船”的悖论。唯有四梁八柱、边边角角的应势而变才能保持制度的工具属性，完成好不同时段不同场域的新任务。具体来说就是在党中央的领导下，根据新时代党的建设实际需要，将党建活动中存在可复制性、有推广价值的做法经过理论加工纳入制度体系，做到守正创新；将制度中被实践尤其是基层实践证明存在不当的部分及时修正，做到于事简便；随着世情、国情、党情的变化，将脱离基层党建实际的部分及时替换或删减，实现与时俱进。

三、“赶考”精神赋能“不忘初心、牢记使命”制度构建的现实路径

理论虽包罗万象但万源归宗于实践，并以服务主体、成功改造世界、发扬光大为荣耀，“赶考”精神也不能例外。“赶考”精神赋能“不忘初心、牢记使命”制度构建既是服务于中国共产党这一主体的客观需要，也是激发理论活力实现自我推广的主观要求。具体表现有以下三点：

（一）发扬“赶考”精神，在意识形态领域主动出击，实现“不忘初心、牢记使命”学习教育制度化

马克思主义的观点认为，只要国家和阶级存在，意识形态斗争就不会消失。在革命时期，强势的意识形态能带来巨大的组织凝聚力和宣传向心力，能大幅抵消政治对手在人力财力物力上的相对优势，是革命胜利的重要保证，这一点已经被党的历史反复证明。在和平年代，意识形态工作同样不容忽视。80年代中后期苏共主动淡化弱化意识形态工作，是苏共失去执政地位的重要内部因素，历史教训不可谓不深刻。

放眼当下的中国共产党，外部面临着百年未有之大变局，内部面临着大党长期执政面临的共性问题，在此背景下，发扬“赶考”精神，在“不忘初心、牢记使命”主题教育制度设计中突出思想强党，做到意识形态领域强势出击。

首先，要提高主流意识形态宣传教育实效性。主流意识形态被称为“红色”意识形态，是中国共产党治国理政的思想武器。“赶考”精神

蕴含的奋进意识要求党在“不忘初心、牢记使命”主题教育制度设计中需要提高实效性，重点克服形式主义痼疾：例如进行学习教育只为完成上级任务，不关心主题教育后党员干部的收获；主题教育过分求稳求全，不敢直面现实生活中的尖锐问题或争议问题。学习教育既要重视宣传教育的过程，实现理论宣传供给侧质量提升，做到引人入胜；也要关照宣传教育的效果，把学习教育活动参与者的个人评价纳入评价体系，做到持续改进和迭代创新，把中国特色社会主义理论最新成果与党员群众工作生活有机融合，讲到党员群众心坎里，回应党员群众的呼声，满足人们的理论期待，达到正本清源的目的。

第二，整合中间地带意识形态的无序状态。“不同的人信奉不同的意识形态，这是人类社会的普遍现象。”[10](P61)中间地带意识形态介于主流意识形态和反主流意识形态之间，也被称为灰色意识形态，具有数量庞杂、良莠不齐、稳定性差的特点，它是考验意识形态斗争水平高低的竞技场、也是考察意识形态建设成效的试金石。“赶考”精神蕴含的忧患意识要求共产党人必须谨慎对待体量庞大且充满变量的中间地带，整合中间地带意识形态的无序状态。在“不忘初心、牢记使命”主题教育制度设计中要突出主流意识形态的引导作用，合理使用大数据技术实现对社会思潮的精准化掌控和预判，进而在观点交流中实现价值引领、督促规范、指导改进，引领各种社会思潮向进步有序方向发展。

第三，反击“黑色”意识形态的腐蚀瓦解。意识形态斗争没有战时与平时之分，每天都在或明或暗地进行。反主流意识形态也被称为“黑色”意识形态，它对主流意识形态具有很大的腐蚀瓦解作用，它与主流意识形态是一种此消彼长的关系。“赶考”精神蕴含的敢于迎难而上的斗争意识要求党在“不忘初心、牢记使命”主题教育制度设计中要与反主流意识形态硬碰硬，做到斗中有破：揭露其危害人民、有悖事实、违背科学的本质，分析共产党员尤其是领导干部背离初心的深层动机；在斗中有破的基础上实现斗中有立，借此增强党性、涵养初心，增强使命。

（二）继承“赶考”精神，在找差距中自我检视，实现“不忘初心、牢记使命”整改制度化

共产党员继承“赶考”精神，就要保持革命本色，强化自己赶考者的身份意识，注重党性修养和业务能力的提高。党性修养的弱化会淡化“初心”丢掉政治本色，业务能力弱化则难以达成崇高“使命”。党员干部要以找差距为自我提升的抓手，赓续“赶考”精神，践行为中国人民谋幸福，为中华民族谋复兴的初心使命。习近平指出：“找差距，就是要对照新时代中国特色社会主义思想和党中央决策部署，对照党章党规，对照人民群众新期待，对照先进典型、身边榜样、坚持高标准、严要求，有的放矢进行整改。”[11]

以找差距为抓手的“不忘初心、牢记使命”整改制度建构，主要从以下两方面展开：

一方面是由内而外的自我对标。内因是事物发展的第一动力，它对于个体行为的塑造作用最为强劲和持久，是制度建构过程中优先考虑和必须考量的要素。究其原因无外乎是因为由内而外的自我检视、对标和整改是成本最低、效果最好的一种行为塑造路径。制度设计过程中必须面对的一个严肃的事实是自我检视、对标和整改需要一个强大的原始推力和自洽的底层逻辑推理，否则就是水中月镜中花，美好的构想抵不过现实的无奈。“不忘初心、牢记使命”整改制度建构必须解决好原始推力和底层逻辑自洽问题。“赶考”精神强烈的使命意识无疑满足了上述两个要件。“赶考”精神里的“我们决不当李自成”——避免自我懈怠失去斗志功败垂成的自我警醒，一定程度上解决了原始推力的问题。

"我们都希望考个好成绩"——强烈的进取心在逻辑上要求向上对标,在行动上自我检视和整改,用自身的不间断优化和阶段性提升来接近崇高宏大之目标和达成念念不忘之初心。

一方面是由上而下的巡检整改。在科层制结构中,借助组织内由上而下的权力传导,进行巡检整改是一种常规操作,但实现高质量巡检整改却是一项复杂操作。究其原因,排除组织架构、规模体量、沟通成本等外在因素,最大的制约因素可能是在组织内上层缺乏巡视的坚定决心和配套措施使之固定化和有效化,中下层缺乏整改的内驱力,往往是畏于上级权力而开展,为了一己之私避重就轻的改,结果让整改落入形式主义的窠臼。有鉴于此,"不忘初心、牢记使命"整改制度建构必须直面上述两个无法绕道德制约因素。破局的一个关键点就在于找到一条主线,打通组织的各层,使之成为一个抓手,让巡视整改落地有声。"赶考"精神自身蕴含的积极进取的态度无疑是在组织内整合人心和激励士气的一剂良药,它一方面让高层在初心使命的激励下不断优化顶层设计,完善"回头看"等配套措施,提供源源不断的推力;一方面让基层提高政治站位,增加自我改进的内驱力,配合巡检,主动"找差距",积极整改,让这一举措发挥出应有的价值。进而在经过无数良性循环的实践后不断修正,最终实现"不忘初心、牢记使命"整改的制度化和有效性。

(三)恪守"赶考"精神,在活动评价上精准施策,实现"不忘初心、牢记使命"激励表彰制度化

回顾历史,行之有效且影响深远的制度往往能立足于特定时空下的实然性条件,合理树立应然性目标,巧妙敷设激励性要素予以保障,最终以一个相对稳定的架构而存在,长期服务于特定组织。激励性要素中首当其冲的部分就是激励表彰。激励表彰作为对正面典型的集体性肯定,是任何一个组织必不可少的环节,它包含随机性表彰和制度性表彰两种基本形式。随机性表彰包括口头嘉奖、题字表彰、实物奖励等形式,最大的特点是主观性和偶然性色彩强烈,具有很大的不可预期性。一般来说,制度性表彰由于其架构的相对稳定性及其衍生的可预期性,往往是撬动群体心理的重要支点,因此它也成为组织建设中屡屡被高度重视的要素。

高水平的激励性表彰往往会用较少的资源,形成一石激起千层浪的效果。低水平的表彰激励包括但不限于以下具体形态:表彰覆盖面不合理,常见的情况是覆盖面过窄造成多数人觉得表彰与自己相去甚远所以漠不关心,还有一种情况是口头性的大范围表彰,多数人觉得平淡无奇,内心毫无波澜;缺乏对受表彰者深度关切的激励内容无法给受表彰者带来足量的心理满足,难以激发起受表彰个体对组织的感激之心和忠诚意识,让表彰行为本身流于形式,达不到对组织自身的强力建设作用;组织失察或少数领导干部公器私用造成表彰对象名不副实,形成错误的行为导向,这种不合理的表彰行为对组织公信力构成巨大的腐蚀。

"不忘初心、牢记使命"激励表彰制度建构必然要面对上述问题。重提"赶考"精神则为这一问题的解决提供了有效的抓手。具体包括三方面:首先是弘扬"赶考"精神,增强使命意识,形成人人想干事业的氛围,增加表彰的势能差,形成良好的表彰氛围。"赶考"精神是共产党人对自己执政的政治激励与自我提醒,要求在权力的诱惑面前牢记自己的政治底色,不忘自身的政治使命。在新时代,共产党员在各条战线上形成肯谋事、能干事、干成事的工作氛围,在实践中造就了无数的先进人物,客观上为"不忘初心、牢记使命"激励表彰制度营造了足够的势能。

其次是恪守"赶考"精神，精准识别以发掘真正的典型人物。在中国共产党开启"赶考"之旅治国理政的伟大实践中，涌现了无数正面典型人物。一方面是这些正面典型人物的确有过人之处，值得表彰肯定，一方面是有无数伯乐慧眼识才及时推送树立典型。"不忘初心、牢记使命"激励表彰制度的建构需要形成慧眼识才的机制。这一精准识别机制要把可量化的业绩考核与非量化的群众风评相结合、把个别推荐与群众投票相结合、把日常工作表现与重大节点的贡献相结合、把传统的人事定性考察与现代信息统计方法相结合。最终实现精准识别选出实至名归受表彰者，杜绝表彰名额私相授受等违纪现象，苏共在这方面可谓教训深刻："深谙权术的勃列日涅夫还把勋章变成了笼络人心和取悦亲信的工具，对他本人的支持和忠诚、纯粹的个人关系代替了政绩、品行。"[12]再次是丰富"赶考"精神，做到精准投放，精准奖励受表彰者。

最后，从实践上看，党内对受表彰者的奖励一般包括三类：精神鼓励、政治激励、经济奖励，具体组合为三者兼而有之、三居其二（细分为精神鼓励和政治激励、政治激励和经济奖励、精神鼓励和经济奖励）、单独一项。"不忘初心、牢记使命"激励表彰制度的构建须要解决有效满足受表彰者综合需求的问题，做到精准投放。一般而言，奖励过多过重耗费组织大量的资源后大水漫灌未必能起到预期的效果，究其根源就是不能对症下药，难以满足受表彰者的最紧迫最直接的需求。

"不忘初心、牢记使命"激励表彰制度就要抓住"不忘初心、牢记使命"这个主题，"要突出功绩导向，坚持以德为先，以功绩为重要衡量标准，严格掌握标准，做到宁缺毋滥，经得起实践、人民、历史检验"。[13]要用"赶考"的心态，把表彰视为赶考路上的一个重要环节精心谋划，根据受表彰者的现实状况，精准化差异化地予以奖励，做到有效激励和树立榜样，给受表彰者营造印象深刻受益匪浅的主观感受，借此强化其初心观念和使命意识，继续走好下一段"赶考"路。

总　结

"不忘初心、牢记使命"制度构建是新时代党的建设的一个重要环节，也是建章立制制度治党的一项重大举措，是中国共产党自身建设进程中的具有里程碑意义的一件大事。在百年未有之大变局的背景下，中国共产党以"赶考"精神赋能"不忘初心、牢记使命"制度构建，形成于法周延、于事简便的制度体系，对宏观层面的治国理政与微观层面的党员发展都有莫大的裨益。作为中国共产党人"赶考"的一部分，"不忘初心、牢记使命"制度构建本身也要经历实践、时间的双重考验，在自我建构中完成好历史使命，交出自己进京赶考的"答卷"。

参　考　文　献

[1]习近平谈治国理政：第三卷[M].北京：外文出版社，2020.

[2]高举中国特色社会主义伟大旗帜 为全面建设社会主义现代化国家而团结奋斗——在中国共产党第二十次全国代表大会上的报告[N].人民日报，2022－10－26.

[3]中共中央文献研究室.毛泽东年谱（下）[M].北京：中央文献出版社，2013.

[4]毛泽东选集：第四卷[M].北京：人民出版社，1991.

[5]习近平重要讲话单行本（2020年合订本）[M].北京：人民出版社，2021.

[6]毛泽东著作选读（下）[M].北京：解放军出版社，1986.

[7]在“不忘初心、牢记使命”主题教育总结大会上的讲话[N].人民日报,2020-01-09.

[8]陶文昭.习近平治国理政的科学思维[J].理论探索,2015,(4).

[9]中共中央关于坚持和完善中国特色社会主义制度 推进国家治理体系和治理能力现代化若干重大问题的决定[N].人民日报,2019-11-06.

[10]包刚生.政治学通识[M].北京:北京大学出版社,2015.

[11]习近平在“不忘初心、牢记使命”主题教育工作会议上强调守初心 担使命 找差距 抓落实 确保主题教育取得扎扎实实的成效[N].人民日报,2019-06-01.

[12]张新平,李义男.苏联的勋赏体系及其历史启示[J].俄罗斯东欧中亚研究,2017,(6).

[13]新华网.习近平对党和国家功勋荣誉表彰工作作出重要指示[EB/OL].(2016-5-18)[2022-11-19]http://www.xinhuanet.com/politics/2016-05/18/c_1118890603.htm.

The spirit of "Driving for the examination" enables to "Staying true to the original aspiration and Bearing in mind the Mission"The logical vein, dialectical relation and realization path of system construction

MENG Xiao-Dong[1], LUO Miao[2,3]

[1. College of Marxism, University of Science and Technology of LiaoNing, Ansan 114051 China; 2. China Newspaper agency of Party School of Hebei Provincial Committee of CPC(Hebei Academy of Governance), Shijiazhuang 050061, China; 3. Party School of the CPC Central Committee, Beijing 100000, China]

Abstract: The first generation leaders of the Communist Party of China put forward the judgment of "entering Beijing to rush for the examination" and formed the spirit of "rushing for the examination" before coming to Beijing to take office, leaving precious spiritual resources for the party. The fourth plenary session of the party's 19 offered to build system of don't forget to keep in mind that the mission of his mind, under the opportunity, to excavate and carry forward the spirit of "descend" of the communist party of China, the paper dissects its system of "don't forget the beginner's mind, keep in mind that the mission" the logic of the context, ground moraine "descend" spirit fu can "do not forget to beginner's mind, keep in mind that the mission" the feasible path of system construction, At the key point of system construction, we should think deeply and promote the high-quality development of party construction in the new era.

Key words: Driving for the examination; Staying true to the original aspiration and Bearing in mind the Mission; system construction

红色文化资源融入“大思政课”建设的理论逻辑、现实样态和路径指向

陈 刚[1],张旭坤[2],张泰城[1]

(1. 井冈山大学中国共产党革命精神与文化资源研究中心,江西 吉安 343009;
2. 深圳大学马克思主义学院,广东 深圳 518060)

【摘 要】“大思政课”是新时代高校思政课改革创新的方向,拓深了思政课的教学场域,拓宽了思政课的教学时空范围,拓展了思政课的教学途径。红色文化资源作为高校教育教学的优质资源融入“大思政课”具有其独特的理论逻辑,是“大思政课”建设的任务要求,能够有效实现赓续红色血脉、塑造时代新人的目标,更能满足思想政治教育优质资源库建设的需要。红色文化资源融入“大思政课”取得了一些成绩,但在实践中亦遭遇了认识不到位、协同性不强、供需错位、教育形式单一等现实困境。新时代条件下红色文化资源融入“大思政课”建设要做好顶层设计,利用社会大课堂、网络大平台等,实现立德树人根本任务。

【关键词】红色文化资源;红色资源;红色文化;大思政课

习近平总书记在看望参加全国政协会议的医药卫生界教育界委员时指出,“思政课不仅应该在课堂上讲,也应该在社会生活中来讲……‘大思政课’我们要善用之”。[1]习近平总书记关于“大思政课”这一重要命题的提出,迅速成为高校思想政治教育领域的研究热点。“大思政课”建设成为新时代高校思想政治理论课教学改革的重要方向,是思想政治理论课从学校小课堂延伸到社会大课堂的重要方式。红色文化资源作为中国共产党百年艰辛而辉煌奋斗历程的见证,是我们党和国家最宝贵的精神财富,具有多样化的载体和表现形态,是价值性与知识性统一的人文社会资源[2],能够有效地推进“大思政课”建设的高质量发展。红色文化资源融入“大思政课”建设有其内在的基本遵循,深刻认识和把握红色文化资源融入“大思政课”建设的理论逻辑及现实样态,是推进“大思政课”建设,实现高校思想政治教育协同发展的重要前提。

一、红色文化资源融入“大思政课”建设的理论逻辑

要分析红色文化资源融入“大思政课”建设

[收稿日期]2023-11-02
[项目基金]深圳大学马克思主义理论与思想政治教育专项资助(项目编号:24MSZX05)。
[作者简介]陈 刚,(1990—),男,江西崇仁人,讲师,博士,主要从事红色文化资源与思想政治教育研究。
张旭坤,(1989—),女,江西泰和人,博士、特聘副研究员、助理教授,主要从事中国特色社会主义理论与实践研究。
张泰城,(1954—),男,江西泰和人,教授、博士、博士生导师,主要从事教育学、经济学研究。

的理论逻辑，首先必须对“大思政课”有基本的认识。对于“大思政课”，学术界进行了诸多研究。沈壮海认为鲜活的实践、生动的现实就是极具教育效力的“大思政课”[3]。叶方兴以“大思政课”的出场语境为逻辑出发点，认为“大思政课”是推动思想政治理论课的社会延展，“大思政课”的提出指向思政课建设的社会格局与社会支撑。[4]徐蓉等认为“大思政课”是立德树人系统工程中思想政治理论课的新形态，是对思政课建设经验和建设规律长期认知的凝结，突出表现出大使命、大格局、大目标的特征，将成为新时代思政课建设的新探索。[5]朱旭认为“大思政课”是一种科学理念，其注重“社会即课堂”的现实观照，强调国内国际两个大局相结合的全球视野，倡导构筑多元主体共同参与的协同育人新格局，要求思政课更加富有活力和魅力，回答了思政育人的内在规律，是新时代推进思政课改革的重大理论创新。[6]赵春玲等认为“大思政课”是新时代思政课改革创新的重要方向和着力点。[7]史宏波等则认为中华民族伟大复兴战略全局和世界百年未有之大变局交汇的时代背景、人民群众推进中国发展的鲜活实践、古今中外彰显中国之治的生动现实，构成了“大思政课”的三重基本要义。[8]石书臣则从习近平关于思政课的重要论述中把握其内涵和要求出发，认为“大思政课”是一种育人理念，其本质是要围绕思政课进行改革创新，作为思政课的新形态，同传统思政课相比，最突出的特质就是“大”，要义在于把思政小课堂与社会大课堂相结合。[9]从这些对“大思政课”内涵的认知，可以发现，“大思政课”作为一种科学的育人理念，拓深了思政课的教学场域，拓宽了思政课的教学时空范围，拓展了思政课的教学途径，倡导思政课要走出教室、走向国情社情一线，在观照现实中阐释真理的力量，形成科学、正确的价值观，为我们推进思政课改革创新、提升思政课教育教学的针对性和感染力提供了重要启发。

红色文化资源是中国共产党艰辛而辉煌奋斗历程的见证，是最宝贵的精神财富，代表着中国共产党走过的光辉历程、取得的重大成就，展现了中国共产党人的梦想和追求、情怀和担当、牺牲和奉献，蕴含了中国共产党伟大革命精神和高尚道德情操，承载了中国共产党人坚定信念和优良作风，汇聚成了中国共产党人的红色血脉，是中国共产党政治本色的集中体现。[10]其鲜明的价值引领、多样化载体形态及其丰富的思想内蕴，与“大思政课”建设的特点相契合、目标相统一、内容互补，能够为“大思政课”建设提供优质资源和有效载体。深入推进红色文化资源的融入是“大思政课”建设的任务要求，是赓续红色血脉，实现塑造时代新人的目标需求，更是优质资源库建设的需要。

（一）“大思政课”建设的任务要求

教育部等十部门印发的《关于全面推进“大思政课”建设的工作方案》（以下简称《方案》）提出了当前“大思政课”教学存在的问题，认为有的学校对实践教学重视不够，有的课堂教学与现实结合不紧密……有的学校第二课堂重活动轻引领，课程思政存在“硬融入”“表面化”等现象。对于如何解决这些问题，《方案》从改革创新主渠道教学、善用社会大课堂、搭建大资源平台、构建大师资体系、拓展工作格局和加强组织领导等六个方面提出了解决方案，其中特别指出，“要充分挖掘地方红色文化、校史资源，将伟大建党精神和抗疫精神、科学家精神、载人航天精神等伟大精神，生动鲜活的实践成就，以及英雄模范的先进事迹等引入课堂，推动党的创新理论和历史融入各学段各门思政课”，要“通过建立健全兼职教师制度，形成英雄人物、劳动模范、大国工匠等先进代表，以及革命博物馆、纪念馆、党史馆、烈士陵园等红色基地讲解员、志愿者经常性进高校参与思政课教学的长效机制”。[11] 从《方案》的相关精神来看，红色文化资源的融入是“大思政课”建设的基本任务要求，在进行“大思政课”建设的过程中，红色文化资源的融入是不可或缺的部分。

全面推进“大思政课”建设的目的是聚焦立德树人根本任务，推动用党的创新理论铸魂育人，不断增强针对性、提高实效性，实现入脑入心。红色文化资源是中国共产党人在不断推进马克思主义中国化历程中遗留下来的历史遗存，是马克思主义中国化的历史见证，生动记录了中国共产党追求真理、揭示真理、笃行真理的过程，承载了马克思主义中国化的理论成果，充分展现了中国共产党人坚持以马克思主义为指导，运用其科学的世界观和方法论解决中国问题的优良传统，能够有效地用党的创新理论铸魂育人。同时红色文化资源具体不完全知识性、非传递性、情境性、体验性等教育特质[12]，十分适合理想信念、道德情操、意志品格的教育，能够不断增强思想政治教育的针对性、实效性，实现党的创新理论入脑入心。因此，红色文化资源的融入能够有效地推进“大思政课”建设目标的实现。

（二）赓续红色血脉的目标需求

自中国共产党成立以来，红色血脉始终贯穿于其百年的奋斗历史之中，成为党不断前进、发展的不竭动力。红色文化资源作为中国共产党百年奋斗的历史见证，以其多样态的形式跨越时空的界限，深刻烙印着党的光辉历程和革命精神。这些资源不仅承载着历史的记忆，更是中国共产党政治本色的具体体现，彰显着共产党人崇高的理想信念、高尚的道德情操、优良的工作作风和高贵的意志品格。革命博物馆、纪念馆、党史馆、烈士陵园等是党和国家红色基因库。[13] 革命博物馆、纪念馆、展览馆等场馆作为红色文化资源的重要载体，保存和展示着大量珍贵的革命文物和历史资料，为后人提供了直观了解历史的窗口，是传承红色基因、赓续红色血脉的重要途径和方式。

《方案》指出，教育部、国家文物局要联合设立革命文化专题实践基地，要利用好现有基地（场馆），开展现场教学专题。运用革命博物馆、纪念馆等开展“大思政课”教学是一项具有深远意义的举措。通过将革命博物馆、纪念馆、展览馆等红色文化资源融入教学，可以让学生们更加直观地了解历史、感受革命精神，从而激发他们的爱国热情和社会责任感。在当今时代，我们更应该充分挖掘和利用红色文化资源，发挥其独特的育人功能，为培养担当民族复兴大任的时代新人贡献力量。习近平总书记“每到一地，重温那一段段峥嵘岁月，回顾党一路走过的艰难历程，灵魂都受到一次震撼，精神都受到一次洗礼。每次都是怀着崇敬之心去，带着许多感悟回”。[14] 红色文化资源作为中国共产党百年奋斗历程的宝贵财富，不仅承载着深厚的历史记忆，更凝聚着我们不忘初心、接续奋斗的精神力量。在新时代新征程的背景下，“大思政课”教育被赋予了更深远的教育任务，需要集合各种思想政治教育资源，实现博物馆与学校的紧密合作，一同担当起红色文化资源的发掘、传承和推广者的角色，传承红色基因，赓续红色血脉。

（三）大资源平台搭建的重要内容

目前我国“大思政课”教学仍面临一些挑战，其中就包括“大思政课”教学的教育教学资源的品位不高，类别不多，形态不够，内涵不足等，迫切需要建设“大思政课”教学的优质资源库。《方案》指出，各地各校要“充分挖掘地方红色文化、校史资源……推动党的创新理论和历史融入各学段各门思政课……要加强思政课教学资源库建设”。[11] 近年来，我国各地利用丰富的红色文化资源建设了大量的革命博物馆、纪念馆、展览馆及长征文化公园等，这些地方不仅承载着厚重的历史记忆，更蕴藏着丰富的红色文化资源。这些资源作为历史的见证和文化的积淀，是极其宝贵的思想政治教育素材。国家及地方政府为此投入了大量的人力、物力与财力，以确保这些红色资源的建设与保护。令人遗憾的是，在开发利用这些资源的过程中，并未有效地将其纳入“大思政课”教学的育人体系，导致红色文化资源的利用与育人的目标之间存在明显的脱节。

红色文化资源融入“大思政课”教学能够有效地构建起“大思政课”教学的优质资源库。红色文化资源作为中华民族宝贵的精神财富，其丰富性和多样性为实践教学提供了广阔的素材库。这些资源不仅承载了革命历史和英雄事迹，还通过红色文学作品、革命歌曲和革命遗址等形式，传递了深厚的革命精神和历史文化价值。通过系统的整理与分类，红色文化资源可以形成一个结构清晰、内容丰富的教学资源库。这样的资源库不仅包含了传统的教学案例，还可以融入教学视频、教学课件等多种形式的资源。这些多样化的教学资源可以极大地丰富实践教学的形式和内容，使其更加生动、具体和深入。例如，革命历史的资料和英雄事迹的叙述可以作为教学案例，让学生深入了解革命背景和英雄人物的生平事迹。红色文学作品和革命歌曲则可以作为教学资源的一部分，通过阅读和演唱，让学生感受革命精神的魅力和力量。同时，革命遗址的实地参观也可以成为实践教学的一部分，让学生亲身感受历史的厚重和文化的瑰丽。这些资源的整合与利用，不仅可以为实践教学提供丰富的素材，还可以促进教学方法的创新和教学效果的提升。通过多样化的教学资源，实践教学可以更加生动、具体地展示革命精神和历史文化，从而激发学生的学习兴趣和参与度，提高实践教学的质量和效果。

二、红色文化资源融入“大思政课”的现实样态

红色文化资源作为中国共产党百年奋斗历程中的精神瑰宝，体现了党的初心使命和革命精神。这些资源不仅是中国共产党带领中国人民在革命、建设和改革实践中所创造出的物质、信息和精神文化的总和，更是党在风雨兼程中经受住各种考验、不断从胜利走向胜利的制胜法宝。中国共产党深刻认识到红色文化资源所蕴含的价值、所承载的思想，高度重视红色文化资源的开发利用。党的二十大报告提出，“弘扬以伟大建党精神为源头的中国共产党人精神谱系，用好红色资源，深入开展社会主义核心价值观宣传教育，深化爱国主义、集体主义、社会主义教育，着力培养担当民族复兴大任的时代新人”[15](P44)。用好红色文化资源成为全党全国各族人民的基本共识，也成为“大思政课”教学优质资源和重要发展方向，取得了丰硕的成果。但在利用红色文化资源融入“大思政课”的过程中也存在一些需要改善的问题。这些问题不仅影响了红色文化资源的有效利用，也制约了“大思政课”的教学质量提升和大学生价值观的教育。如认识上对红色文化资源的不重视，制度上没有建立健全完善的体制机制，研究上还不够深入，协同性上思政课、课程思政、“大思政课”各自为战，协同性不强。这些都是制约红色文化资源融入“大思政课”建设的重要问题。

（一）红色文化资源融入“大思政课”建设认识不到位

虽然，党和国家颁布了诸多相关指导文件，为红色文化资源融入“大思政课”教学结合指明了方向。然而，在高校的实际工作中，认识不到

位的现象仍存在于红色文化资源融入“大思政课”中,这主要表现在以下两个方面。第一,部分高校并不十分重视红色文化资源融入“大思政课”教学。这在一定程度上反映了“重智轻德”的教育观念仍然存在。这种观念可能导致学生的人格发展和价值观念的形成受到忽视,从而无法全面培养具有正确思维观念和社会责任感的公民。为了改善这一状况,高校需要加强对红色文化资源价值的认识,明确其在塑造学生正确价值观、培养健全人格方面的重要作用,从而在课程设置、教育教学资源分配等方面给予更多的支持。第二,部分教师对红色文化资源融入“大思政课”教学的认识还存在一定的局限性。红色文化资源不仅是传授知识的媒介,更是落实立德树人教育目标的关键环节,它承载着历史、文化和精神的多重价值,具有深远的教育意义。但部分教师可能仅将其视为教学内容的一部分,而未深入挖掘其育人功效。这种表面化的处理方式无法充分发挥红色文化资源的育人作用。因此,加强对思政课教师的培训和教育至关重要,以确保他们能够全面理解红色文化资源的丰富内涵和育人价值,并有能力在教学中加以有效运用。

(二)红色文化资源融入“大思政课”建设协同性不强

在整合红色文化资源进入“大思政课”教学的过程中,部分高校显现出了对统筹各类社会资源的意识淡薄和技术不足的现象,主要表现在课程整合和组织合作两个层面。首先,课程间的协作程度不足是一大症结。红色文化资源的融入要求跨越课程的知识界限和学科隔阂,以促进思政课程与其他课程的深度汇合。但实际情况是,高校内部尚未构建起有力的协同教育框架,思政课教师与专业课教师之间的沟通合作并不充分,因而思政课程无法有效地与各类课程相融合,教学与育人的无缝对接、传授知识与解答疑惑的结合受到了限制。为了解决这一问题,高校应建立跨学科、跨课程的协同育人机制,促进思政课程与专业课、通识课等各类课程的有机融合,形成育人合力。其次,组织协同性不强也是一个亟待解决的问题。高校在红色文化资源融入“大思政课”教学中需要与外界力量构建长效的育人机制。尽管高校与社会在联合培养人才方面展现出一定的探索,但当前的合作体系尚显不足,尽管部分诸如爱国主义教育中心和革命纪念场馆被确立为高校红色文化教育的实践平台,然而,由于实际条件的多重挑战,如交通不便、资金短缺以及安全考量,这些实践平台往往陷入表面化运作,未能充分挖掘并实现其在协同教育中的实质性价值。为了改善这一状况,高校应加强与政府、企业、社区等社会各界的合作,共同构建红色文化育人实践平台,形成资源共享、优势互补的协同育人格局。

(三)红色文化资源融入“大思政课”建设供需错位

在运用红色文化资源融入高校思想政治教育,特别是“大思政课”教学的过程中,供需错位现象普遍存在,这主要体现在两个方面。首先,教育界的眼光似乎并未充分聚焦于教师与学生的交互动态平衡。这种忽视造成了供需双方在寻求理想契合中的困难。如今的学生对思想政治教育的需求超越了基础知识的传授,他们追求的是对世界本质的理解,对人生路径的导向,以及对困扰问题的深度解析,而非浅尝辄止。然而,由于供需错位,学生的需求往往无法在现有的思想政治教育中得到满足,他们不得不寻求其他途径来满足自身的精神引导需求。其次,红色文化资源的供应与学生需求之间存在不匹配。中国共产党领导中国人民创造的文化是近代以来中华民族最灿烂的文化,这种内涵丰富的文化对于大学生具有强烈的吸引力、感召力和凝聚力[16]，学生对于这段辉煌的奋斗历程有着强烈的求知欲，希望能够从党的伟大征程中探寻党成功的"基因密码"。学生们对于红色文化资源的接受内容的形式、途径以及最终体验具有较高的期待。然而在当下的思想政治教育体系中，教师们的焦点常常落在理论知识的传授上，却相对忽略了针对学生实际需求的教学策略。这种失衡导致了优质教育资源的有效传递受阻，红色文化资源的潜力未能得到充分挖掘和利用，形成了实质性的资源闲置。

（四）红色文化资源融入"大思政课"教育形式单一

在将红色文化资源纳入"大思政课"教学的过程中，面临着显著的教育模式的局限性，主要体现在两个关键领域。首先，"大思政课"的教学目标显得过于同质化。尽管教师致力于传递红色文化资源的丰富内涵，但他们的教学重点往往过于集中在知识传授上，忽视了红色文化资源在塑造学生品格、激发责任感以及触动情感层面的重要性。这种对单一目标的执着，实际上限制了红色文化资源教育的深度和广度，未能充分挖掘其对学生全面发展的潜在影响。其次，教学方法的创新性有待提升。目前，大部分思政课程倾向于在课堂内进行理论讲解，缺乏实践性和互动性。这种传统的教学模式可能导致学生对红色文化资源的探索热情减退，同时削弱了他们通过亲身参与来理解和感受红色文化的机会，从而阻碍了红色文化教育资源的充分挖掘和利用。思政课教师应积极探索多样化的教学方法和手段，如案例分析、角色扮演、实地考察等，以增强学生对红色文化的体验感和学习兴趣。同时，还可以利用现代科技手段，如多媒体教学、网络教学等，打破传统课堂的时空限制，将思政小课堂拓展延伸至社会大课堂，为学生提供更加广阔的学习空间。

三、红色文化资源融入"大思政课"的路径指向

红色文化资源作为一种原生态的历史文化资源，蕴含着丰富的资政育人内容，是创新"大思政课"教育教学方式的有效载体。要有效发挥其在育人方面的独特作用，就需要采取一系列多样化、创新路径和策略，实现创造性转化和创新性发展。将红色文化资源深度融入"大思政课"教学中，进而将其内在的意志品德、优良作风等内化为受教育者的价值观念和行为习惯，最终外化为大学生的主动自觉行动。红色文化资源融入"大思政课"建设要做好顶层设计，利用社会大课堂、网络大平台等，实现立德树人的根本任务。

（一）做好顶层设计

红色文化资源作为中华民族宝贵的精神财富，其在"大思政课"教学中的融入，不仅是教育教学创新的需要，更是传承红色基因、培养时代新人的重要途径。为确保红色文化资源有效融入"大思政课"教学，必须稳抓大方向，做好顶层设计，使红色教育与党和国家的需要紧密相连，与时代的发展同步。首先，红色文化资源融入"大思政课"教学的关键在于与现实紧密结合。思政课的生命力在于其与现实世界的紧密联系。红色文化资源的融入不应仅仅停留在课堂讲授或课本内容上，更应结合生动的"大思政课"和现实需求，使红色教育直面时代之需、社会之要。通过引入社会现实中的红色文化资源，如革命历史遗址、英雄事迹等，让学生在实地考察、体验学习中亲身感受红色文化资源的魅力，从而增强其对红色精神的认同感和自豪感。

其次，红色文化资源融入"大思政课"教学应与国家发展大局相结合。在世界百年未有之大变局和以中国式现代化实现中华民族伟大复兴的背景下，红色文化资源融入"大思政课"教

学更具时代意义。教育者应站在党和国家事业发展的高度,通过红色教育引导学生深刻理解党的历史、理论和制度优势,坚定“四个自信”,自觉成为党和国家事业的建设者和接班人。

另外,将红色文化资源无缝对接“大思政课”活动,要求我们在兼顾“小课堂”的思政教育与“大课堂”的社会体验之间寻求平衡。高校党委会应强化其在红色文化资源教育教学中的主导地位,坚守理论引导与实践启迪并举的理念,促使思政课程、课程思政和“大思政课”相互融合,同步推进。通过构建多元化的红色文化资源融入体系,促进思政小课堂与社会大课堂的深度交融,从而营造出红色文化教育与学校整体发展相互驱动、互利共赢的繁荣景象。

(二)建立健全协同育人机制

“大思政课”中的“大”与“三全育人”中的“全”理念,在本质上追求的是资源整合与协同育人。这种内在统一性旨在汇聚各类教育资源,形成合力,共同构建协同育人机制。特别是在红色文化资源日益成为思政教育重要内容的背景下,协同配合的工作格局对于提升教育质量、培养时代新人具有不可或缺的作用。首先,要实现红色文化资源与“大思政课”的深度融合,全员育人成为关键所在。高校应积极推动不同育人主体间的沟通与协作,确保红色文化资源在顶层设计、育人价值及实施路径上得到全面体现。这不仅需要教学管理部门、学生工作部门、科研部门等多方参与,还需要专兼职教师队伍的积极参与。因此,高校需加强专兼职教师队伍的培训与管理,将红色文化资源融入其培训内容,提升教师队伍在红色教育方面的专业素养和积极性。

其次,必须将红色文化资源融入“大思政课”教育教学的全过程。高校应遵循教育教学规律、思想政治教育的规律和学生成长规律,确保红色文化资源教育教学不断线、红色育人不停歇。这要求我们将红色文化资源融入各类课程的始终,从课程设计、教学方法、考核评价等方面进行全面改革,形成红色教育的常态化、制度化机制。同时,高校还应注重将红色文化与专业教学、社会实践相结合,实现红色教育、专业教育、社会实践的有机融合,从而提升学生对红色文化资源的认知和理解。

最后,全方位育人也是红色文化资源融入“大思政课”建设的重要方向。高校应全面整合红色文化资源,将其渗透学生的线上与线下学习,以及校内校外的各项活动中,构建全方位的红色文化资源教育网络。这涉及改进课程结构,使红色文化资源能有机地融入“大思政课”中,确保思政理论课、课程思政、日常思政教学课程都蕴含红色元素,消除知识教育和价值观培养之间的鸿沟。同时,提高红色文化资源融入“大思政课”的协同合作能力,形成政府、社会、家庭等多方育人合力,共同推动红色教育的深入开展。

(三)营造网络教育平台

随着数字传媒的飞速发展,电子空间中的言论自由日益显著。这种自由交流信息的便利在为我们带来无限可能的同时,也对网络意识形态的把控提出了新的挑战。特别是对于高校而言,如何在这样一个多元、开放的网络环境中,有效地进行大思政课建设,成为了一个紧迫的课题。红色文化资源作为中华民族的精神瑰宝,承载着丰富的历史内涵和深厚的文化底蕴。在“大思政课”中,红色文化资源不仅是重要的教育资源,更是弘扬社会主义核心价值观的重要载体。面对网络时代的挑战,将红色文化资源引入网络思政课或“大思政课”教学,不仅可以增强学生的文化认同感和历史责任感,还能够有效提升社会主流意识形态在网络上的影响力,增强网络思想政治教育的实效性。为此,高校应积极探索将红色文化资源与网络“大思政课”相结合的教学模式,创新教学方法和手段,让学生在互动、体验中深入了解红色文化资源的精神内涵。同时,高校还应加强网络思想文化阵地的建设,通过多样化的宣传手段,让红色文化资源在网络空间中发出更响亮的声音,成为引领网络意识形态的强大力量。

一要构建互动性强的网络教育平台。网络教育平台应具备高度的互动性,让学生能够积极参与其中。可以设置在线论坛、讨论区、问答环节等,鼓励学生分享对红色文化资源的理解和感悟,同时吸引更多学生参与互动。这种互动模式不仅能够增强学生的参与感,还能够促进师生之间、学生之间的深入交流。二要运用多媒体资源丰富教育内容。网络教育平台应充分利用多媒体资源,如视频、音频、图像等,将红色文化资源以生动、形象的方式呈现给学生。这些多媒体资源能够帮助学生更加直观地了解历史事件、人物故事等,从而增强教育的感染力和吸引力。三要设计个性化学习路径。鉴于每个学生的独特性,网络教育体系应当灵活地构建适应个体差异的学习路径。学生有权利根据自身的兴趣导向、专业特长等因素,自主选择符合其需求的课程内容和学习节奏。这样一种以学生为中心的教学模式,能有效地激发他们的探索欲望和内在驱动力,从而提升学习成果的质量和深度。四要建立评价与反馈机制。网络教育平台应建立有效的评价与反馈机制,及时收集学生对红色文化资源的反馈意见,评估教育效果。同时,可以根据学生的反馈意见及时调整教育内容、方式等,满足学生的学习需求。

参 考 文 献

[1]"'大思政课'我们要善用之"(微镜头·习近平总书记两会"下团组"·两会现场观察)[N].人民日报,2021-03-07(1).

[2]陈刚,张泰城.论红色资源课程教学中的价值性和知识性统一[J].井冈山大学学报:社会科学版,2022,(2).

[3]沈壮海."大思政课"我们要善用之:思考与探索[J].思想政治教育研究,2021,(3).

[4]叶方兴.大思政课:推动思想政治理论课的社会延展[J].思想理论教育,2021,(10).

[5]徐蓉,周璇.善用"大思政课"推进教学改革创新[J].思想理论教育,2021,(10).

[6]朱旭."大思政课"理念:核心要义、时代价值与实践路径[J].马克思主义理论学科研究,2021,(5).

[7]赵春玲,逄锦聚."大思政课":新时代思政课改革创新的重要方向和着力点[J].思想理论教育导刊,2021,(8).

[8]史宏波,谭帅男.大思政课:问题指向、核心要义与建设思路[J].思想理论教育,2021,(9).

[9]石书臣.深刻把握"大思政课"的本质要义[J].马克思主义理论学科研究,2022,(7).

[10]习近平在中共中央政治局第三十一次集体学习时强调 用好红色资源 赓续红色血脉 努力创造无愧于历史和人民的新业绩[N].人民日报,2021-06-27(01).

[11]教育部等十部门关于印发《全面推进"大思政课"建设的工作方案》的通知[EB/OL].http://www.moe.gov.cn/srcsite/A13/moe_772/202208/t20220818_653672.html.

[12]张泰城.论红色资源的教育特质[J].井冈山大学学报:社会科学版,2015,(6).

[13]习近平:坚定信心埋头苦干奋勇争先 谱写新时代中原更加出彩的绚丽篇章[N].人民日报,2019-09-19(01).

[14]习近平.用好红色资源 赓续红色血脉 努力创造无愧于历史和人民的新业绩[J].求是,2021,(19).

[15]习近平.高举中国特色社会主义伟大旗帜 为全面建设社会主义现代化国家而团结奋斗——在中国共产党第

二十次全国代表大会上的报告(2022 年 10 月 16 日)[M].北京:人民出版社,2022.
[16]肖发生.多维视角下的红色文化资源[J].红色文化资源研究,2015,(1).

The Theoretical Logic, Realistic Pattern and Path Direction of Integrating Red Cultural Resources into the Construction of "Big Ideological and Political Course"

CHEN Gang[1], ZHANG Xun - kun[2], ZHANG Tai - cheng[1]
(1. CPC Revolutionary Spirits and Cultural Resources Research Center, Jinggangshan University, Ji'an 343009, China;
2. School of Marxism, Shenzhen University, Shenzhen 518060, China)

Abstract: The direction of reform and innovation in colleges and universities for ideological and political courses in the new era is to develop the ' Great Ideological and Political Course', which expands the teaching scope, time, and methods of ideological and political education. The integration of red cultural resources into this course is not only can fulfil requirement of the course to cultivate the new generation with revolutionary spirit, but also can meet the need of building a high-quality ideological political education resource system. While some progress has been made in integrating red cultural resources into the ' Great Ideological and Political Course', practical difficulties such as insufficient understanding, weak coordination, mismatched supply and demand, and limited educational forms have been encountered. In order to effectively integrate red cultural resources into this course in the new era, it is necessary to design at a top - level perspective while utilizing social classrooms and online platforms to fulfill its fundamental task of moral cultivation. "

Key words: red cultural assets; red resources; red culture; Great Ideological and political course.

【责任编辑:肖发生】

论闽南地区红色歌谣的创作特征与保护传承

李玮璟，韩卓璇

（河北大学历史学院，河北　保定　071002）

【摘　要】土地革命时期，闽南地区的文艺工作者为了配合中国共产党与红军的宣传工作，编写了许多的红色歌谣。他们所创作的歌谣内容揭露了旧社会的黑暗，抨击了旧礼教的丑陋，唤起广大工农群众的反抗心理，激发了群众和红军的高昂斗志，坚信革命终将胜利。在歌谣的编创上，他们采用了闽南民间小调、泉州南音的曲调，采用填词和改编山歌、采茶歌等方法，使群众和红军对红色歌谣的内容了然于胸、铭记于心。保护和传承红色歌谣，传递其历史价值和文化价值，具有重要的现实意义。

【关键词】闽南苏区；红色歌谣；创作特征；保护传承

闽南苏区依傍戴云山脉，毗邻闽西苏区，方圆百里崇山峻岭、山高林密，适合开展游击战，开辟红色革命根据地。在土地革命时期，这里的劳动人民深受官僚资本主义、封建主义、帝国主义三座大山的压迫与剥削，迫切希望翻身解放，因而此地的革命群众基础和组织基础较好。1927年八七会议之后，中共闽南特委陆续派共产党员到闽南地区发展党的组织，建立革命武装，同年11月，永春、德化建立党支部，次年二月，成立永春县委。1929年9月，成立永德县委。革命活动逐步向安溪、南安边境发展，1930年冬，建立了闽南安南永特区。[1]

1932年3月，在闽西根据地，福建省苏维埃政府与福建省委相继成立，标志闽西苏区进入新生时期。此后，为巩固和扩大中央苏区，苏区中央局在给中共闽粤赣省委并转省代表大会的信中指出："闽西的党应极宽广地发动深入群众的阶段斗争与反帝运动，来巩固和扩大苏维埃根据地。闽西苏区的发展……同时也应计算到漳泉两属与韩江上游苏维埃运动的发展和联系。"[2](P71) 1932年4月20日，毛泽东率领中国工农红军东路军攻下漳州城。在漳州城里，毛泽东与罗明、王海萍等共产党人商议，提出了"泉属游击建立中心区政权及分配土地"[3](P40)的战略目标。漳州战役促进了安南永德苏区的创建，助推闽南苏区与闽西苏区毗邻相连。

1933年8月4日，福建省苏维埃政府第四次执委扩大会提出："在白区或边远的区域——如饶和埔、闽南游击队游击区、大埔城——等必须有计划地立刻去做选举运动的工作"，"成立新区的正式苏维埃政府。"[4](P248)会上所提的"闽南游击区"主要是指安溪、南安、永春、德化四地区。

[收稿日期]2022-03-08

[作者简介]李玮璟(1997—)，男，福建泉州人，硕士研究生，主要从事历史文献研究。

韩卓璇(1998—)，女，黑龙江绥化人，硕士研究生，主要从事革命历史文化遗产的保护与开发研究。

笔者在搜集资料和田野调查中得到泉州老作家郑国宝先生的大力帮助，特此致谢。

根据建省苏维埃政府的要求，8 月 25 日，中共安溪中心县委在东溪召开安南永德工农兵代表大会，成立安溪、南安、永春、德化苏维埃政府，选举李剑光为主席。1934 年 1 月，中共安溪中心县委和永春、德化、南安苏维埃政府开展了轰轰烈烈的打土豪、分田地，标志着闽南苏区的正式形成。

此时，在闽南苏区的文艺工作者为了进一步配合党和红军的宣传政策，开始利用宣传标语、漫画、红色歌谣等形式对群众和战士进行有效的宣传革命思想。红色歌谣是当时最方便、最广泛和最有效的宣传手段，已然成为一种宣传武器。闽南苏区红色歌谣在所有苏区的红色歌谣中具有典型的代表，探索其创作特征对当下充分发扬红色文化的宣传与传承保护具有一定的积极作用。本文就闽南苏区红色歌谣的曲调来源、题材的主要内容、创作特征以及目前我们该如何对其进行传承保护进行了探讨。

一、追溯闽南苏区的红色歌谣

闽南地区的民间歌谣有着悠久的历史，是中原音乐与闽越音乐的结合体。秦始皇时期，征服百越，设立了“闽中郡”，此后北方居民陆续迁入闽南地区，并带来了北方先进的汉文化。据史料记载，闽南地区有四次大规模的移民迁入：西晋后期的永嘉之乱，衣冠南渡，八姓入闽；唐初，岭南道行军总管陈政奉诏率兵南下，入闽平定“蛮獠啸乱”，开发漳州地区，大批汉人随之南迁；唐末王审知入闽后，安置大批中原流民与官兵；靖康之变后，建炎南渡，此时许多北方士族为了避乱逃至南方，其中一部分进入闽南地区。因此，在闽南地区的民间音乐中，至今尚存留着许多北方民间音乐的遗音。

历史上大量的人口南迁使得经济重心南移为闽南民间音乐的形成奠定了坚实的基础。特别是南宋政权的南迁使原有的宫廷音乐也随之向闽南传播，并与闽南民间的音乐相融合。如梨园戏，据专家考证：梨园戏源自宋代，是南戏传入闽南地区并与当地的民间优戏杂剧相结合，形成了具有闽南特色的地方戏曲。闽南传统民间音乐种类丰富，包括了歌谣、锦歌、山歌小调、茶歌、歌仔戏等，但最具特色和代表性的则是泉州南音。其中，歌谣是最具影响力的大众文化，是普罗大众表达情感、沟通交流的重要手段。闽南地区悠久的民歌创作传统、丰厚的民间文化底蕴，为闽南苏区红色歌谣的诞生提供了广阔的舞台，成为孕育红色歌谣的母体。

土地革命时期的革命实践同样也促成了闽南苏区红色歌谣的创作。《尚书·舜典》云：“诗言志，歌咏言，声依永，律和声。”[5](P233) 可知，人们的心志会通过诗歌流露出来。然而，心志归根结底还是人民生活的反映。产生于闽南苏区的红色歌谣就是当地老百姓在革命生活中的真实写照与见证。民国政府建立后的十几年间，闽南地区长期处于三座大山的压迫统治下，人民生活在水深火热中，苦不堪言。又加之闽南地区土匪活动尤其猖狂，几乎每县都有匪类出没，其中以永春、德化、安溪的土匪最猖獗，他们烧杀抢夺，危害百姓，老百姓对其深恶痛绝。1929 年 8 月，朱德同志率领红四军二、三纵队进驻永春福鼎村六天，对闽南边区人民的斗争起到了很大的鼓舞和推动作用。[6] 1934 年 1 月后，闽南地区苏维埃政权的建立，党中央和红军带领百姓打土豪、分田地，开展武装斗争，极大地提高了当地百姓的革命热情，当地人民第一次真正意义上获得了解放。随着革命斗争的深入，老百姓对革命的认识不断提高，对红军的感情日益加深，歌谣就逐渐成为群众自觉地表情达意的最好渠道。[7] 土地革命推动了红色歌谣的创作，歌谣也在实践和宣传中得到发展，成为革命历史的真实写照与百姓心声的载体。后人可通过一首首红色歌谣，看出闽南人民的革命斗志，或表达对中国共产党和工农红军的歌颂，或表达踊跃参与革命的雄心壮志，或表达农民翻身后的喜悦以及人们对革命必胜的坚定信念。

二、闽南苏区红色歌谣的题材内容

闽南苏区红色歌谣歌词内容主要是反映土地革命战争时期,三座大山对农民的剥削与压迫;封建礼教对妇女的摧残与束缚;对党和工农红军为人民求生存、谋出路的讴歌,反映军民鱼水之情;鼓舞人民参军革命,坚信革命必将胜利等。其内容丰富多彩,深入人心。笔者通过田野调查与查阅资料等方式,收集到闽南苏区的红色歌谣共十五首,皆用当地闽南方言进行演唱。按内容可以分为以下三个方面:

(一)“三座大山”压迫下人民苦难的诉说

土地革命时期,民国军阀统治着闽南地区,统治手段残暴与野蛮,维护着大地主、大资产阶级的利益,人民受尽压迫与剥削,使得他们穷困潦倒。闽南红色歌谣有大量痛斥封建土地所有制关系下,地主、恶霸对农民的摧残。《农民歌》:“唱出农民有支歌:三百六日受拖磨!① 有作无吃着流汗②,受风霜,受饥寒。年冬好收打平过,年冬歹收阮③狼狈;田主收租提布袋,农民没法将子抓去卖!中国各地近年来,军阀战争真厉害,百姓凄惨受祸灾。国民党,专做歹,帝国主义做后台,争权夺利起相刣④,百姓欲求免祸害,要杀尽这般狗奴才!……”[8](P30-31)《诉地痞压迫剥削苦》:“地痞快活免做工,一身穿得‘水茫茫’⑤,农民种田累半死,冬天收成无米煮。”[8](P32)《反对剥削歌》:“第一剥削是捐税,一回没完又一回;捐税除外草鞋礼,土劣还要再私提。第二剥削是田租,欠工失肥无人助⑥;田主半丝不让步,农民才会大艰苦。……”[9](P30)

1840年,第一次鸦片战争打响,列强的坚船利炮撬开了中国的大门,中国逐渐沦为半殖民地半封建的国家。帝国主义在华扶持买办资本家,压榨与剥削工人。如《工人生活苦》:“咱是工人,不是铁打的铜。资本家大坏人,天天加班加点,各打人。工人生活够凄惨,何时可来做主人。”《工人歌》:“咱工人,有力量,创造世界人类衣食住。不劳动的资本家,共咱当作牛马打。”这些红色歌谣反映了工人们的艰苦劳作,受尽欺凌,饥寒交迫,疲乏拖垮了身体,积劳成疾直至去世的现实生活状况。

闽南地区大部分属于山区,受封建宗法思想和制度的束缚,该地区妇女长期被男尊女卑、三纲五常、三从四德这些传统的封建伦理道德所禁锢。因此,妇女在当时社会根本没有权利,从小缠足裹脚,养在深闺;婚姻均为父母之命,媒妁之言;婚后夫为妻纲,服从夫君与长辈。这些封建旧礼教犹如一股乌云笼罩在妇女的头上,他们迫切希望曙光来驱散这股乌云,使其得以翻身解放。如《誓把封建来推翻》:“过年过了是新正⑦,阮来念歌给您听,妇女裹脚真歹⑧命,险的路不敢行。万恶封建栽祸端,重男轻女坏习惯,父母将阮当买卖,受人鄙视不愿。”[8](P33)《诉妇女裹脚苦》:“裹脚妇女真歹命,险岭歹路不敢行,可恨封建罪恶重,害阮艰苦一世人。”[8](P32)《妇女歌》:“正月算来是新正,唱出妇女缚脚痛;自小缚脚真歹命,遇到危险路不敢行。二月算来春草青,年头拖磨到年边,有轻有重阮担当,好吃好穿

① 拖磨:劳累

② 有作无吃着流汗:流汗干着活也没饭吃

③ 阮:我

④ 相刣:互相杀戮

⑤ 水茫茫:漂漂亮亮

⑥ 欠工失肥无人助:缺乏劳动力,缺乏肥料,没人帮助

⑦ 新正:新年正月

⑧ 歹:不好

阮无见。三月算来人播田，做人渣母①真艰难；重男轻女坏习惯，父母事事看轻咱。……十二月算来是年兜，国民党狗做对头；帝国主义赶出去，共产主义早来到。”[9](P31-32)《反对旧礼教》：“第一反对旧礼教，压迫妇女站鼎灶②；一日着煮三顿吃，教我怎样会机巧。第二反对旧礼教，压迫妇女要梳头；头鬃梳来斤外重，教我怎样会轻松。……第六反对旧礼教，婚姻一切人强包；瞎眼破相无话讲，是咱歹命来对头。”[9](P32)《诉封建买卖婚姻苦》：“亲姐妹啊亲哎哎，阮今受苦您不知，阮厝父母太不该，将阮当作猪牛卖出来。……吃无穿破无钱开，又着给人做奴才。”[8](P32)

(二)对党和红军的讴歌

土地革命时期，中国共产党领导着广大的劳苦大众进行打土豪、分田地，建立人人平等的苏维埃政府。他们不仅翻身当主人，还有自己的土地、财产以及自由。老百姓个个拥护共产党，用歌谣来表达对党的感恩与热爱。《共产党真正好》：“共产党，真正好，起③学堂，人阿咾④；学堂起甲水当当⑤，大家欢喜拢⑥爱党。”

中国工农红军诞生以来都把为人民服务作为部队的宗旨，是劳苦大众的子弟兵，中国的革命是为了让广大人民群众获得解放、为了中华民族谋复兴、使其昂首阔步地走在世界民族的前列。红军队伍纪律严明、为民办事、为民解忧，赢得当时老百姓的广泛赞誉。《红军歌》：“红军纪律真严明，爱护老百姓，不打白士兵。公买卖，不相欺，保护小商人；工农俩兄弟，更加要相亲。说话要和气，开口不骂人；无产阶级劳苦群众个个都欢迎。出发与宿营，样样要记清：上门板、捆稻草，房仔扫干净；借物要送还，损失要赔钱，大便找厕所，洗澡避女人，三大纪律、八项注意大家要执行。”[8](P32)《红军买卖真公平》：“水仙开花黄金金，红军待咱一家亲。白军开口‘他妈的’，红军开口笑盈盈。白军买物不算钱，红军买卖真公平。白军入社门关紧，红军入社人欢迎。”[10](P11)这些歌词内容体现了人民群众拥护工农红军，红军爱护人民，军民鱼水情的情景。这类歌谣包括群众拥军歌谣和军爱民歌谣。

(三)表达参加红军的决心与对革命成功的信心

中国共产党自成立以来，为人民谋幸福，为民族谋复兴，所领导的红军纪律严明，爱护老百姓。老百姓对革命的胜利有着充分的信心，因此积极参加革命队伍，砸烂旧世界，建立人民当家作主的新世界。如《绣红旗》：“手拿红旗做标志，思想坚定志不移，刀山火海阮敢去，革命成功再相见。要干革命须真心，不怕霜雪满面淹，为民除害得安宁，劝咱父母免⑦挂心。千山万岭阮敢爬，艰苦革命为大家，彻底消灭反动派，革命红旗满天下。”[8](P33)《十劝妹》：“一劝妹，免想君，现在世界乱纷纷，各地百姓起红军；杀土豪，将伊田地拿来分，无空人⑧，大家起来共伊分。二劝妹，着罢休，现在世界无同样，土匪军阀遍地抢；无空人，受伊剥削千万样，不革命，后来危险要怎样。三劝妹，要想通，你哥现在走四方，天饥失顿受风霜；今仔日⑨，艰苦实在无话讲，全希望，革命早早得成功……十劝妹，亲爱呀，大家团结做

---

① 渣母：女人
② 站鼎灶：做饭
③ 起：建
④ 阿咾：夸赞
⑤ 学堂起甲水当当：学校建得漂漂亮亮
⑥ 拢：都
⑦ 免：不用
⑧ 空人：穷人
⑨ 今仔日：今日

起来，打倒一切反动派；工农兵，建设政权苏维埃，创造了，光明美丽的新世界。”[9](P30－31)《革命成功才返来》：“天上乌云滚滚来，天乱地乱雨成灾。穷人受苦无处诉，满腹仇恨深如海。十姐妹正为革命代，守在山林各所在。无暝无日①打游击，饥寒受苦众人知。早日打倒反动派，穷人翻身笑颜开。亲姐妹啊亲哎哎，革命成功才返来。”[8](P32)《参加红军好名声》：“日头出来红‘莹莹’②，红旗飘飘头前行，纪律严明军风正，参加红军好名声。日头出来红‘记记’③，人人要学革命理，为了工农参军去，革命胜利飘红旗。”[8](P33)

综上可知，闽南红色歌谣的歌词内容反映了当时社会黑暗的状况、群众和红军大无畏的精神面貌以及党领导人民同帝国主义、封建主义和官僚资本主义艰苦斗争的顽强，是解读革命文化的重要文本，是土地革命战争的悲壮历史画卷。

三、闽南苏区红色歌谣的创作特征

（一）歌词的任意性，曲调不变，讲究方言押韵

笔者实地走访闽南苏区，聆听各地演唱者的演唱，发现同一首红色歌谣在闽南苏区中的曲调是一致不变的。如：《妇女歌》曲调都是以闽南守节歌谣《雪梅歌》为主；《参加红军好名声》曲调都是以闽南俗语：日头出来红“记记”（红艳艳），兄弟各人顾自己，为调。但值得一提的是，在闽南苏区中，同一首红色歌谣的歌词具有任意性，不仅不同县同一首红色歌谣的歌词有区别，而且同县不同镇的歌谣歌词也有区别。如：德化县演唱的《农民歌》歌词：“唱出农民有支歌：三百六日受拖磨！有作无吃着流汗，受风霜，受饥寒。年冬好收打平过，年冬歹收阮狼狈……”；永春县演唱的《农民歌》歌词：“听唱闽南农民歌，三百六十日受拖磨（劳累）；有做无食白流汗④，经风受雨忍严寒。年冬好收抵平过，旱涝失收太狼狈……”，可以看出永春地区传唱的《农民歌》歌词跟德化地区传唱的《农民歌》歌词不一致。闽南苏区的红色歌谣在自己本县内部的不同地区歌词也有区别，如安溪湖头所传唱的《共产党真正好》：“共产党，真正好，起学堂，人阿咾；学堂起甲水当当，大家欢喜拢爱党。”与安溪感德所传唱的《共产党真正好》：“共产党，确实好，老百姓人人都阿咾；分田地，建学堂，大家拥护共产党。”歌词也不一致，但其内容所表达的意思是一样的，体现了闽南苏区红色歌谣歌词的随意性。红色歌谣歌词的任意性，可以调动广大人民群众的创造性，同时，人们传唱的时候不会被歌词的条条框框所拘束。

闽南苏区的红色歌谣都是用闽南方言来进行演唱的，也讲究声韵的韵律，基本上都是每句的末字押韵，有一韵到底，也有中间转韵，这样使得歌谣朗朗上口，容易记住与传唱推广。如：《红军买卖真公平》歌中就用庚青韵一韵到底，亲、盈、平、迎，在闽南方言中韵母都是[iŋ]。《十劝妹》是中间转韵的典型例子，一劝此句中的君、纷、军、分，押的是真文韵，在闽南方言中韵母都是[un]；二劝此句中的休、样、抢，押的是尤侯韵，在闽南方言中韵母都是[iɔŋ]；三劝此句中的通、方、霜、功，押的是东钟韵，在闽南方言中韵母都是[aŋ]，每劝都不同韵，可增加红色歌谣的韵律感与节奏感。

（二）以闽南民间小调、泉州南音为唱腔进行填词

闽南苏区的红色歌谣唱腔属于泉腔，以闽南

① 无暝无日：没日没夜
② 红“莹莹”：红彤彤
③ 红“记记”：红艳艳
④ 有做无食白流汗：干活没饭吃，汗水白流

民间小调、泉州南音融合而成。闽南民间小调《雪梅歌》《长工歌》《担水歌》《红灯歌》《廿四拜歌》《五更鼓》《守节歌》《十步送哥》《十二生肖》等等;泉州南音《十二更鼓》《三千两金》《直入花园》《因送哥嫂》《元宵十五》《梧桐叶落》等等;调式以商调式为主,宫、羽调次之,角、徵调最少。以五声音阶为基础,调门分洞管、品管两类。洞管以洞箫的管孔命名;品管以品箫(笛)的管孔命名;品管比洞管同一孔位的调高小三度。

闽南苏区的红色歌谣就以闽南民间小调、泉州南音的曲调为唱腔,然后进行填词,让闽南地区的人们一听到耳熟能详的旋律会备感亲切,也有利于人们对其进行传唱。如:《妇女歌》融入闽南民间小调《雪梅歌》;《十劝妹》融入泉州南音曲调《十二更鼓》。

(三)永春、德化还加入山歌小调,安溪还加入采茶歌

永春、德化的人们一直保留着几百年前唱山歌的习惯,目前尚存的山歌歌谱,最古老的已有百年的历史。永春、德化山林众多,正所谓“靠山吃山,靠水吃水”。该地区的人们开发山林,在劳动与闲暇时唱山歌来舒展心情。山歌曲调大致相近,可分为单唱和对唱两种,内容多为情歌。山歌语言朴素真挚,曲调流畅优美,反映了劳动人民的喜怒哀乐。永春、德化的红色歌谣加入当地的山歌元素,符合当地的音乐特征,更有利于红色歌谣在当地的传唱。

作为在闽南地区民歌家族中的一员——安溪茶歌,人们在茶园劳作中即兴创作的民歌形式,反映出了人们单调朴实的生活常态,起着调缓身心、抒情言志的社会功用。安溪茶歌也是由歌唱者根据自己的劳动状况与内心情感的变化恣意而发,并最终获得观众审美情感体验的认同,是当时最直接和最真切的交流沟通方式,早在唐宋时期便有迹可循。山高林密、茶香四溢的安溪,每逢采茶季节,茶园里就有茶农欢快地对唱着茶歌。安溪红色歌谣融入了当地采茶歌的特色,容易在当地演唱与传播。

四、闽南苏区红色歌谣的保护传承

土地革命时期,闽南人民在共产党的领导下,在这片土地上进行武装斗争把革命的火种点燃,抒写了可歌可泣的历史史诗,而闽南苏区红色歌谣正是这段历史的表达形式。无论是土地革命时期,还是新民主主义革命时期,红色歌谣都紧密地配合着中国共产党在各个历史阶段的革命斗争,充分发挥其宣传思想、鼓舞动员群众的重要作用,为我国革命事业的胜利做出了不可磨灭的贡献,在中国现代文学史上也产生了深远的影响。但是,近年来,随着老一辈无产阶级革命家的相继离世,红色歌谣也逐渐被忽略、被遗忘,逐渐远离当下的社会青年。保护和抢救红色歌谣,传承这一非物质文化遗产,是目前迫在眉睫的大事。习近平总书记强调:我们要用好红色资源,传承好红色基因,把红色江山世世代代传下去。这为我们保护、传承、发扬红色基因和红色歌谣指明了新的方向。笔者认为对闽南苏区红色歌谣的保护与传承,需做好以下两方面:

(一)正确认识红色歌谣的价值,是传承保护红色歌谣的前提

在文学发展的过程中,歌谣是人民的口头创作,最贴近生活,直接表达了人民的思想感情和意志愿望的民间文学。红色歌谣作为革命文学,产生于特殊的革命年代,因时事而作,为宣传革命和动员广大人民群众参与革命斗争带来了不可估量的作用。闽南红色歌谣在继承传统歌谣艺术形式的同时,采用了闽南民间小调、泉州南音的曲调,然后进行填词和改编山歌、采茶歌等方法,将红色革命主题蕴含其中,便于当地人的传唱与铭记,得到广大民众的广泛认同。闽南红色歌谣一方面是从传统歌谣的艺术形式汲取营养,另一方面也派生出了红色歌谣所特有的、新的艺术价值。当下社会，红色歌谣作为中国共产党重要的红色资源文化，有着重要的历史价值与当代价值。透过红色歌谣，我们能了解 20 世纪 30 年代中国社会的政治、经济、文化面貌；旧社会劳苦大众的艰苦生活；旧礼教对妇女的摧残与束缚；红军战士为人民服务、公而忘私、不怕牺牲、纪律严明的崇高品质。这些高尚的品质、优良的传统对当今社会的教育来说是非常珍贵的文本，传递着爱国爱党爱人民的人生观和价值观，对当代青年的思想政治教育具有重要意义。鉴于此，我们要正确认识红色歌谣的价值和教育意义，进一步的保护和传承。

当前，随着社会的发展，闽南红色歌谣面临消失的困境，因此，加强对这种非物质文化遗产的保护已迫在眉睫，让它能够顺利地传承下去，在新时代发挥新的作用，体现新的价值，具有更为深刻的现实意义。

（二）红色歌谣保护和传承的具体方式

第一，做好抢救性的收集工作，国家、省市课题立项多向这方面倾斜。随着老一辈革命家与当时历史见证者的相继去世，使得能传唱红色歌谣的人急剧减少，党史研究人员与高校音乐专家需增强责任意识，深入田野进行调查与录音收集工作。国家社科基金、省市课题基金应多向红色歌谣抢救收集工作的申请项目倾斜，加大经费的支持。让其成为一个项目后，结项可通过书籍和影音的方式将红色歌谣保存下来。一方面，可作为思想政治教育的重要资源；另一方面，也是红色文化研究的第一手学术资料，使得我们可以从红色歌谣入手，研究革命战争年代的社会政治、经济、文化的总体风貌，服务于当下社会，传承其文化价值，讲好中国的红色故事。

第二，根据红色歌谣的内容改编成舞蹈，并进入中小学课堂。闻一多先生曾说，“舞是生命情调最直接、最实质、最强烈、最尖锐、最单纯而又最充足的表现”。[11] 音乐作为艺术亦是如此。红色歌谣是当时老百姓对旧社会的痛斥、对旧礼教的抨击以及对党为人民谋幸福的赞颂和对红军服务人民的讴歌。根据红色歌谣的内容改编成舞蹈，可以更加直观地让人们了解当年的历史，易于将歌谣铭记于心。青少年是国家的未来，将红色歌谣引入中小学是十分有必要的。基于此，学校、音乐教师可以组织学生开展红色歌谣演唱比赛，促进学生们积极学习传唱红歌，在传统的生活生产活动中，加深对红歌的理解。教师也可以带领学生进行采风活动，亲身体验共同记录红色歌谣，甚至可以进行歌词或简单的随口哼唱的曲调创作。进行田野实践和实地采风的课堂，可以增加学生的体验，积累了素材，也增强了学生对红色歌谣的理解，提升了学习情趣。

第三，用好红色旅游资源，传唱红色歌谣，让红色歌谣世世代代传唱下去。闽南地区红色资源丰富，各县都有革命遗址和纪念馆，如“永春抗战历史纪念馆”“中共福建省委旧址（坂里）陈列馆”“安南永德苏维埃政府旧址”等，其中还包括一些珍贵的实物、文字等材料，红色歌谣就散见于各地纪念馆的文字资料当中。近年来，随着国家的重视，红色旅游热度持久不衰，当地政府应该利用此次契机，开发出更多的红色文化旅游线路，可以使旅游者观看红色遗迹时，聆听红色歌谣，深度体验红色文化的熏陶，感悟革命精神。

总之，闽南苏区红色歌谣不仅反映了当时闽南地区老百姓的苦难生活，也体现了中国共产党带领他们翻身解放的壮阔史诗，承载着工农红军的大无畏精神，蕴含着丰富的教育资源，是激励一代又一代青年人奋斗不息的重要力量，具有永恒的教育意义。所以我们要深挖红色歌谣中丰富的革命营养，从中汲取革命养分，有利于思想政治教育方式方法的创新，正确树立社会主义核心价值观，增强文化自信，为实现中华民族伟大复兴的中国梦提供精神动力。

参　考　文　献

[1]中共泉州市委党史工作委员会．“二战”时期安南永德边区游击战争概述[J]．福建党史通讯，1986，(11)．

[2]古田会议纪念馆．闽西革命史文献资料：第7辑[M]．内部资料，2006.

[3]福建省龙溪地区中共党史研究分会．中央红军攻克漳州资料选编(上册)[M]．内部资料，1982.

[4]古田会议纪念馆．闽西革命史文献资料：第8辑[M]．内部资料，2006.

[5]钟永圣.尚书通解[M]．北京：新华出版社，2018.

[6]中共泉州市委党史工作委员会．“二战”时期安南永德边区游击战争概述[J]．福建党史通讯，1986，(11)．

[7]姚莉苹．湘鄂西苏区红色歌谣生成原因探析[J]．吉首大学学报：社科版，2009，(6)．

[8]中国人民政治协商会议福建省德化县委员会文史资料工作组．德化文史资料：第6辑[M]．内部资料，1985.

[9]中国人民政治协商会议福建省永春县委员会文史资料委员会．永春文史资料：第7辑[M]．内部资料，1987.

[10]陈郑煊．闽南歌谣[M]．厦门：厦门市群众艺术馆，1985.

[11]孟丹．你从生命的源头走来——“舞”动生命[J].文化月刊，2014，(30)．

On the Creative Characteristics, Protection and Inheritance of Red Ballads in Southern Fujian Region

LI Wei - jing, HAN Zhuo - xuan

(College of History, Hebei University, Baoding 071002, China)

Abstract: During the period of the Land Revolution, literary and art workers in southern Fujian wrote many red ballads to cooperate with the propaganda work of the Communist Party of China and the Red Army. These ballads exposed the darkness of the old society, attacked the ugliness of the old rituals, aroused the rebellious mentality of the masses of workers and peasants, and stimulated the high fighting spirit of the masses and the Red Army, with the conviction that the revolution would be victorious in the end. In the creation of the ballads, they filled in the lyrics to the tunes of Quanzhou Nanyin and folk music in southern Fujian, or adapted mountain songs and tea - picking songs, so that the masses and the Red Army knew the contents of the red ballads by heart and mind. It is of great practical significance to protect and hand down the red ballads and transmit their historical and cultural values.

Key words: Southern Fujian Soviet Area; red ballads; creation characteristics; protection and inheritance

【责任编辑：龚奎林】

新国族形象的想象与建构

——20世纪中国红色戏剧工人形象的嬗变

贾冀川,常　周

(南京师范大学文学院,江苏　南京　210003)

【摘　要】20世纪中国红色戏剧中的工人形象契合时代脉搏,呈现多元样貌。苏区红色戏剧、国统区左翼戏剧、解放区戏剧中作为“反抗者”的工人形象彰显了斗争精神与革命意识;新中国成立后,工人响应党和国家的号召,积极投身社会主义建设,自觉升华为“国家的人”这一理想形象;新时期主流(主旋律)戏剧形塑了趋于平常与真实的新工人形象,呈现出工人回归平凡后的时代力量与崭新可能。作为投射国族想象的关键角色,众多丰富立体的工人在红色戏剧中讲述时代故事,展现个人风貌,成为以“抗争的人”“国家的人”“普通的人”等为内核建构的崭新国族形象谱系的重要组成部分。

【关键词】新国族形象;20世纪中国红色戏剧;工人形象

晚清以来,内忧外患战乱频仍,现代国族意识在无数仁人志士前仆后继地救亡图存的不懈努力下逐渐形成。相比于辛亥革命、五四运动、北伐战争,中国共产党领导新民主主义革命,历经社会主义建设和新时期改革开放,开启了以“抗争的人”“国家的人”“普通的人”等为内核的崭新的国族意识建构。

在我们党领导的红色戏剧①中,剧作家们通过塑造新国族形象、构建新国族形象谱系,将这种以“抗争的人”“国家的人”“普通的人”为内核的新国族意识具形化,从而打造出具有独特精神面相和灵魂旨归的新国族样貌。其中,由于工人阶级在领导中国革命中的特殊地位,工人形象是红色戏剧着力塑造的人物形象,当然也是新国族形象建构的主要内容之一。

[收稿日期]2023-02-28

[项目基金]国家社科基金项目“二十世纪中国红色戏剧文学研究”(项目编号:17BZW149)。

[作者简介]贾冀川(1972—),男,河北邯郸人,文学博士,教授,博士生导师,江苏省传媒协会副会长,主要从事戏剧史、影视理论研究。

常　周(1998—),女,河北保定人,2020级硕士研究生。

① 1927年大革命失败后,开始独自领导中国革命的中国共产党也开始领导中国文艺。其中,戏剧艺术作为一种可以及时反映社会变革并迅速向公众传播的艺术形式,受到我们党的高度重视,在党的领导下经历了苏区红色戏剧、国统区左翼戏剧、解放区戏剧、十七年社会主义戏剧、“文革”样板戏和新时期主流(主旋律)戏剧等不同形态戏剧样式的嬗变。尽管各个时期名称不一、形态有异,但这些戏剧都可以被视为广义上的红色戏剧。

一、抗争的人：作为“反抗者”的工人

新中国成立前，在苏区红色戏剧、国统区左翼戏剧、解放区戏剧中，“反抗者”是最主要也是最重要的工人形象类型。他们呈现出一种由巴西左翼戏剧家奥尔斯多·博亚尔（Augusto Boal）所创立的“被压迫者诗学”特征，“戏剧是一切被压迫的人们自己的节庆，是他们颠覆现存的不合理的社会秩序的有力武器”。[1](P1143)在尖锐的阶级斗争和抗日救亡的鲜明主题下，生动鲜活的反抗者形象可以经由直接呼喊以渲染情绪，直指底层人民内心反抗压迫的共同诉求，对当时的群众起到了极大的唤醒作用。

“反抗者”的抗争主要在三个层面上展开。

第一，积极参加革命斗争。苏区红色戏剧中，三场话剧《我们自己的事》（沙可夫，1933）里的铁路工人甲乙丙丁有较强的阶级觉悟，他们暗中破坏白军的铁路，被捕后他们和要枪毙他们的白军士兵一起起义，投奔红军。三幕话剧《牺牲者》（集体创作，1930）里的政治犯、两幕话剧《纱工》（闽浙赣省新剧团集体创作，1931）里的顾正红、七场话剧《父与子》（王林，1938）中的王振青是工人领袖，形象的塑造较为饱满。因为领导工人运动而被捕的政治犯慷慨赴死，他认为自己的死会鼓励志同道合的同志更加努力的勇气；顾正红是以工人运动领袖顾正红为原型，再现了他勇敢无畏带领工人们争取正当权利的事迹；王振青在狱中与担任监狱看守的父亲在情与理上进行了坚决斗争，他争取妹妹的同情和支持后与狱友们成功越狱逃离魔窟。从反映阶级斗争进一步到表现革命精神，这些作品旨在唤醒更多的工农群众参与到革命队伍中来。

第二，反抗帝国主义压迫。苏区红色戏剧中，两幕话剧《最后的胜利》（君行，创作时间不详）里的工人刘阿根形象较为鲜明，他在日寇的屠杀面前毅然拿起武器组织起抗日游击队，走上坚定的抗日救亡的道路。全世界无产阶级联合也是苏区红色戏剧的重要主题，三幕话剧《红光在前》（集体创作，1932）和两幕话剧《鞭痕》（中央教育部集体创作，1932）里都出现了日本工人形象，《鞭痕》里还有韩国工人。面对日本帝国主义的压迫，中国工人、日本工人还有韩国工人，团结起来一起反抗日本帝国主义。左翼戏剧中更塑造了一些觉醒的敢于反抗敌人压迫的工人形象。面对雪片飞来日本兵发动九一八事变侵占东北的各种电报，独幕剧《S. O. S.》（楼适夷，1931）中的沈阳无线发报员们有的退缩了，有的当了奸细，但以“李”为代表的发报员坚持把职工全体大会执委会拟定的宣言《告全世界民众书》在日本鬼子来到发报房前发了出去，然后，英勇地一跃冲向日本兵的枪口。《东北之家》（章泯，1936）里的妹妹积极参加工人运动，并和汉奸走狗的哥哥决裂，最后大义灭亲毒死了恶贯满盈的哥哥。

第三，个人的反抗。在左翼戏剧中，受苦受难的工人形象走向了对黑暗社会的个人反抗。在独幕剧《夜》（章泯，1936）里，与黄浦江边谈情说爱的摩登少女闹别扭要跳江的摩登青年相比，“失业者”因为欠印子钱还不上，因为做工折断了胳膊而失业，家中还有老婆孩子要养活，被逼走投无路要跳江。但“失业者”没有这样做，他要为老婆孩子活下去。独幕剧《黎明》（陈荒煤，1936）里的失业工人福生被诱惑去赌钱，把孩子治病的钱都输光了，他羞愤交加，杀死诱惑他赌博的人而被捕。《别的苦女人》（姚时晓，1936）里的阿英积极参加学校学习、参与抗日救亡的游行示威，面对父亲和舅父的阻拦、面对父亲和舅父为她包办的婚姻，面对父亲的殴打，她喊道：“你打好了，打好了，你打死我也不听你的话。我不是姊姊，可以服服帖帖让你去卖给人家，我绝

不由你做主。我是一个人,我要自由。”在这些小人物身上,现实的残酷被淋漓尽致地展现在观众眼前,个人的觉醒、反抗尽管显得微弱,但却是解放的希望。

苏区红色戏剧、国统区左翼戏剧、解放区戏剧通过再现解放区工人们受压迫被剥削的悲惨现实境遇,建构了革命反抗的必要性及合法性,进而完成了对一系列“反抗者”工人形象的塑形。“反抗者”工人形象在新中国成立后的革命历史题材戏剧中仍不断赓续着,比如革命样板戏《红灯记》(阿甲、翁偶虹,1964)中的铁路扳道工人李玉和,他是在抗战期间工人阶级中涌现出的一位平凡而伟大的反抗日本帝国主义的革命者。在工人“反抗者”形象身上所反映的不幸命运、斗争精神、革命信念,警醒着广大人民群众,激发出他们投身革命的热情。

二、国家的人:作为建设社会主义的主力

新中国成立之后,工人摆脱被压迫被剥削的状态翻身成为国家的主人,并且是国家进行社会主义建设的主力军。肩负历史使命的工人,从过去要通过抗争改天换日的、满怀革命热情的“反抗的人”一跃升华为投身集体的“国家的人”。

“国家的人”形象可以追溯到新中国成立前诞生于解放区石家庄的《红旗歌》(鲁煤、陈淼、刘沧浪等,1949),该剧被周扬称为“第一个描写工人生产的剧本”。[2](P19)在党的领导下,解放区已经开始了社会主义建设的实践。《红旗歌》讲述了一家纱厂的女工们克服矛盾进行生产竞赛争夺红旗的故事,塑造了一批工人、干部形象,表现了在以工业化为核心的现代化征程中,解放区初获解放的工人们展现出的积极投身生产建设的精神面貌,从而形塑了“国家的人”这一新工人形象的雏形。

在新中国成立后的社会主义建设初期,如何发展生产成为社会主义建设的主要矛盾。在个人、小集体和大集体之间,怎样平衡三者的利益关系,决定着社会主义建设事业的成败。崔德志的独幕话剧《刘莲英》(崔德志,1954)尽管写到了生产竞赛,但生产竞赛只是背景。而由于向乙班调人所反映的对于生产竞赛的态度和争论,形塑了刘莲英、张德玉和王娟三个新时代工人形象。刘莲英和张德玉本是一对相互爱慕但还未说破的恋人,王娟积极在二者之间穿梭传递沟通消息。在刘、张二人相互试探正打算约请对方周末看电影的时候,乙班由于小于的离开导致人员不足,需要从其他班组调人。刘莲英为了大家的团结、为了纱厂更好地完成任务,建议把自己所在的甲班里优秀的纱工王娟调去。但作为甲班落纱长的张德玉却由于担心增强了竞争对手的力量,导致竞赛中失去红旗而坚决反对。在激烈的争论中,两人的恋情也受到影响,闹到了眼看要分手的地步。尽管刘莲英和张德玉都不是为了个人,但一个站在班组的小集体利益之上,一个站在纱厂的大集体利益之上,境界的高低分野立现。好在张德玉及时从事实中认识到自己的问题并予以改正,使得两人的恋情在一场风波后得以重续。王娟作为张德玉带出的优秀纱工徒弟,积极为促成刘、张的恋爱关系而跑前跑后,俨然新时代的工人红娘。而她对于将自己调入乙班的安排,从不理解、抵制到无奈接受再到积极投入乙班生产,思想境界的成长成就了一个爱恨分明、活泼可爱的新时代少女纱工形象。而将个人归属于集体之中,将小集体归属于大集体之中,以集体利益为重的信念,在刘莲英身上得到了集中体现。王娟和张德玉在“成就大我还是小我”的先进与保守的对抗后,精神信念也得到了升华。最终,他们都实现了积极投身生产建设的“国家的人”的形象建构。

在社会主义思想文化建设上，作为“国家的人”，工人主人翁意识凸显，追求纯粹的无产阶级思想信念，自觉捍卫与巩固社会主义新政权。20世纪60年代初期，毛泽东提出“三项革命实践”，即“阶级斗争、生产斗争和科学试验”，是建设社会主义强大国家的三项伟大革命运动。[3](P702-703)在这种政治文化语境下，宣扬阶级斗争的“社会主义教育剧”[4](P193)出现。其中，描写工人生活的话剧如《千万不要忘记》（丛琛，1963）、《激流勇进》（胡万春、佐临、仝洛，1963）等是代表。《千万不要忘记》中出身工人家庭的丁少纯，受到来自其曾经营过鲜货铺子的丈母娘的思想灌输，逐渐失去理想抱负，开始追求吃喝享乐，全然不顾父亲丁海宽与好友季友良多次的批评提醒，最后险些酿成大错，好在有父亲的及时帮助，才避免了工厂事故的发生。丁少纯这才幡然醒悟，意识到自身的错误，决定痛改前非，注意思想改造，其妻姚玉娟也同丁少纯一起与姚母划清了界限。《激流勇进》中的欧阳俊拥有“成为一名有声望的工程师”的“理想”，于是不顾工厂实际情况强行试验，险些引发事故。副厂长王刚从一开始便对欧阳俊的设想提出反对，欧阳俊的女朋友黄萍也曾劝说过他不要在理想中掺杂个人因素。欧阳俊试验的失败颇具意义，意在告诫观众摒弃一己私欲，增强阶级意识，心无杂念地投入生产建设才是唯一正途。这些“社会主义教育剧”中的工人通常都是误入“歧”途，但知错就改，他们身上的“错误”可能在现实生活中随处可见，是观众共同具有的“问题”，因而更显真实，使得观众推“角色”及“自己”。因为“生活方式的冲突已经关涉到无产阶级思想和资产阶级思想的争夺战”。[5](P29-30)戏剧中的冲突不是个人意义的，而是阶级意义的，在丁少纯、其父丁海宽与他的丈母娘姚母，欧阳俊与副厂长王刚、欧阳俊的女友黄萍的鲜明对比中，强烈的阶级斗争意识得以展现。

如果说丁海宽、王刚、黄萍等工人形象在思想层面上拥有一颗红心，那么“文革”时期的工人领袖与时代楷模则满怀一腔炽热。“国家的人”身上的政治色彩愈发浓厚。革命样板戏《海港》（上海京剧院，1967）中的方海珍是装卸队党支部书记，是在社会主义建设进程中从工人阶级里涌现的时代楷模。她既干劲十足，又冷静缜密，她能率领装卸队工人们突击抢运，战斗动员、深夜翻仓，她又能发现散包、追查事故、找出阶级敌人。她慧眼识人，及时发现韩小强的思想问题，通过阶级教育展览会对韩小强进行了思想教育，纠正了韩小强思想里的私心杂念。她更慧眼辨认，在对韩小强进行思想帮扶的过程中，她见微知著，及时发现钱守维进行各种破坏的线索，从而早做准备，最后能够一举打掉阶级敌人钱守维的破坏活动。最终，历经艰险，方海珍领导装卸工人顺利完成装卸任务，支援非洲人民自力更生的稻种在海港早晨迎着初升的红日远航出海。方海珍有着高昂的斗志与明亮的色彩，是社会主义建设时期“新英雄”的典范。

诚然，投身社会主义建设的工人身上散发出的耀眼光芒映射出建设社会主义的巨大热情，也寄托着当时对社会主义美好生活的强烈向往，但工人形象中“人”的部分逐渐隐没在“工”所代表的阶级意识之下，人物形象趋于理想化、脸谱化。新中国肇始，工人阶级成为新中国的主人，为建设社会主义新型制度，生产斗争、思想斗争、政治斗争接踵而来。在个人色彩的淡化削弱与集体意识不断强化突出的社会语境中，工人自觉向社会主义对其进行的理想定位形象靠拢，完成了向“国家的人”的形象转变。

三、普通的人：回归平凡的崭新可能

到了新时期，我国踏上了现代化新征程，经

济建设成为国家的工作重心，而市场化改革使得中国社会结构发生了急剧转型。马丁·李普塞特(Martin Lipset)认为“分层的碎片化”是现时代社会发展存在的一种趋势，其结果就是挫败了阶级认同的建构。[6](P3)这导致工人强烈的阶级性质在新时期逐渐淡化，回到了“人”的本性上，工人形象从“国家的人”向“普通的人”回归。

远离了阶级斗争的政治场，新时期主旋律戏剧中的工人形象实现了突破，不再是通过对相对简单的先进与落后矛盾的处理来塑造角色，而是通过将新时期的工人置身于更为复杂的精神、情感和社会环境中，从而形塑了新时期的工人形象。

《报春花》(崔德志，1978)里的织布工人李红兰是党委书记兼厂长李键的女儿，在“文革”中因为父母的问题受了很多的苦。在父亲恢复工作后，她把父母的革命历史和在“文革”受难的经历当作资本，以僵化的观念对父亲进行感情的绑架，理所当然地争取劳模称号，并极力阻止父亲树立白洁为劳模的决定。技术员吴晓峰“文革”期间被关进监狱，白洁以未婚妻的名义多次去探望，两人种下爱情的种子。在新时代，面对堆积成山的卖不出去的次布，他坚决支持党委书记兼厂长李键树立五十万米无次布的白洁为劳模的决定，支持李键的改革措施，反对担任党委副书记的母亲钻进个人保险圈不思进取的思想，拒绝母亲撮合他与李红兰的婚姻安排，坚守与白洁历经风雨的坚贞爱情。相比较而言，全剧的聚焦点白洁形象却显得单薄一些。她工作上踏踏实实干出了无可比拟的成绩，但由于家庭的历史问题而不被信任，为是否树立她为学习典型，在厂子上下引起了巨大波澜。为了平息争议，她甚至把别人的次布算到自己头上自污。党的十一届三中全会的春风及时洗涤了人们的精神，李红兰认识了自己的错误而悔过自新；白洁的劳模称号得以确立，她饱受苦难的母亲被解放；吴晓峰与白洁的爱情也熬过了新时期刚开始的风雨。

无论是李红兰、吴晓峰还是白洁，在远离阶级性的囹圄后，他们都表现出普通人所欲所求，对荣誉的追求和放弃、对正义的探寻与思索、对爱情的渴望与坚守，他们是新时期真实而普通的工人。而与之不同，《街上流行红裙子》(马中骏、贾鸿源，1984)的陶星儿是从“劳模”身份寻求做一个普通人。

陶星儿是大丰织布厂的女工、劳模，她勤劳质朴、谦和善良、严于律己、乐于助人，但劳模的身份成了束缚她精神的枷锁。在看到阿香买来的红裙子时，她也忍不住偷偷地试穿。被好朋友葛佳看到后，两人有一个对话：

> 葛　佳 再漂亮你也不敢穿！
> 陶星儿 为什么？
> 葛　佳 因为你不敢穿。
> 陶星儿 我爱穿什么就穿什么。

尽管陶星儿嘴硬，但在值班长的真诚“关怀”下，陶星儿开始的时候始终不敢，也不能越雷池一步，导致同伴们误会和排斥。然而，在生活经历和时代的呼唤下，她逐渐苏醒了自我，摆脱了单调乏味的“加班—开会”的劳模生活方式，自由地追求更丰富多彩的美好生活。在陶星儿形象这里，不是先进落后的问题、不是生产竞赛的问题、不是劳模给谁的问题，而是新时代青年人如何真实地、真诚地生活的问题，正像陶星儿在广播里说的，“我不是劳模，我只是一个普通人，一个平平常常的普通人”。褪去了政治光环，劳模也是普通人，也能穿上漂亮的红裙子，尽情展现自我内在的精神气质。从这个意义上来说，陶星儿形象与以往高大全的工人形象完全不同，她开启了新时期新工人的崭新形象图谱，成了具有划时代意义的戏剧形象巨人。

如果说陶星儿身上还散发着理想主义气息，那么《黑色的石头》（杨利民，1986）里的工人形象则真正回归到了真实的“人”，展现了最真实的人性。在三江平原最蛮荒的土地上，钻井勘探队的柳明、老兵、大宝子、大黑、石海、庆儿、秦队长、胖子构成了一组个性鲜明的石油工人群像。地质员柳明留着长发、穿着牛仔裤、床头挂着世界名画“泉”，动不动就顶撞领导。架子工老兵是党员，带头打请调报告，为了解决妻子户口，厚着脸皮拎着东西去机关送礼。钻工大宝子拼命找关系要离开钻井勘探队。钻工大黑为保护农村妇女彩凤与人打架，后来与苦命的彩凤产生了一段感情。司钻（班长）石海被青梅竹马的女友抛弃，张口就是满腹的牢骚。十八岁的钻工庆儿年龄最小，工作之余救了一只受伤的小灰雁。秦队长张嘴就是老皇历，天天让大家发扬老传统。还有只会对领导拍马屁的管理员胖子。寂寞、枯燥、艰苦和几乎与世隔绝的生活，使得他们盼望着进城，见了女人就大喊大叫。但在秦队长的管理下，大家如剧中人石海说的，“守着大江，洗澡怕淹死；倒班进城，怕喝酒闹事儿；看录像怕中毒；找女人怕搞破鞋。剩下的，就是吃饭、打井、睡觉……”但是，在打到油气层井下出现异常时，大家都毫不含糊冲向井口。井架不稳，秦队长爬上去紧绷绳，掉下来光荣牺牲。这群石油工人就是黑色的石头，生活的磨砺、社会前进中的问题致使他们都不完美，但他们比金子还可贵。

新时期文艺上的思想解放修复了作品中“工”与“人”的割裂，舞台上的工人角色不再是一个高不可攀、光洁无瑕的理想人物，而是恢复“人”本性的普通“人”。台上角色与台下观众精神和情感更为接近，观众可以在舞台上投射自我，反思自我，追寻自我，感受新国族形象之工人形象回归平凡后的崭新可能与时代力量。但这些“普通的人”其实并不普通，有着做回自己的更多可能。无论是适应时代更迭、沐浴思想春风后身心转型的李红兰，还是兼具优秀品质与自我理想的陶星儿，抑或虽然有着小毛病却在困难期间彰显集体力量的钻井勘探队工人们，他们身上有着契合时代脉搏的热情，并始终在时代潮流中探寻自己的位置。

“文章合为时而著，歌诗合为事而作。”时代造就艺术，艺术创造人物，历史“大舞台”上的人都能在戏剧的“小舞台”上找到自己的身影。在20世纪中国红色戏剧中，一个个工人形象跃然纸上，他们或为反抗压迫、奋起革命前仆后继，或在党和国家的号召下、积极投身社会主义建设事业，抑或在为改革开放摇旗呐喊中彰显普通人的自我风貌和精神气质，从而成为新国族形象谱系中一道绚丽的景观。

在新世纪、新时代，党中央号召培养大国工匠、弘扬精益求精的工匠精神，并将工匠精神纳入中国共产党人精神谱系中。这对在新时代面临越来越多新技术、新理念挑战的工人阶级来说既是荣誉、更是激励，也为新时代的工人们注入了新的精神内核。习近平指出：“文化是民族的精神命脉，文艺是时代的号角。”[7]我们期待在戏剧舞台上能够塑造出更多符合时代要求、展现工匠精神的工人形象，从而继往开来再续新国族形象建构的时代新章。

参　考　文　献

［1］周宁. 西方戏剧理论史（下）［M］. 厦门：厦门大学出版社，2008.

［2］周扬. 周扬文集：第二卷［M］. 北京：人民文学出版社，1985.

［3］王进 等. 毛泽东大辞典［M］. 南宁：广西人民出版社；桂林：漓江出版社，1992.

[4]王新民. 中国当代戏剧史纲[M]. 北京:社会科学文献出版社,1997.
[5]丛深.《千万不要忘记》主题的形成[J]. 戏剧报, 1964,(4).
[6]陈周旺,汪仕凯. 工人政治[M]. 上海:复旦大学出版社,2013.
[7]习近平. 在中国文联十一大、中国作协十大开幕式上的讲话[N]. 光明日报,2021-12-15(002).

Imagination and Construction of the New National Image

——Transformation of the Image of Workers in Chinese Red Dramas in the 20th Century

JIA Ji-chuan, CHANG Zhou
(School of Chinese Language and Literature, Nanjing Normal University, Nanjing 210003, China)

Abstract: In the twentieth century, the workers in Chinese red dramas were in tune with the pulse of the times and showed a diverse appearance. The image of workers as "rebels" in the red dramas of the Soviet Union, the left-wing dramas of the Nationalist Region, and the dramas of the Liberated Areas highlights their spirit of struggle and revolutionary consciousness; after the founding of New China, workers responded to the call of the Party and the State and actively participated in the construction of socialism, and presented the ideal image of "people of the country"; the mainstream drama of the new era has created a new image of workers as ordinary and real, showing their strength and potential in the new era when they return to ordinary life. As key players in projecting the image of the nation, numerous rich and lively workers tell their stories of the times and display their personalities in red dramas, and become an important part of the new national image construlted by cores about "people of struggle", "people of the nation", and "ordinary people".

Key words: new national image; Chinese red dramas in the twentieth century; image of workers

【责任编辑:龚奎林】

川陕苏区红色体育开展的内容、特点与经验

罗春艺[1,2],王立冬[2]

(1. 中国社会科学院大学马克思主义学院,北京 102400;2. 成都体育学院马克思主义学院,四川 成都 610015)

【摘 要】川陕苏区的红色体育是中国共产党领导人民群众在川陕苏区时期积极组织、融合创造,并在实践中有序开展的一种特殊体育活动。川陕苏区红色体育的开展,主要包括了军事、群众、竞技、学校等方面内容,呈现出军事化、组织化、多样化等特点,形成了坚持党对红色体育工作的领导、坚持实事求是的原则开展红色体育、注重体育精神的培养与提高等经验,有利于新时代用好用优用准红色文化资源,不断增强实现文化强国、体育强国的精神力量。

【关键词】川陕苏区;红色体育;军事化;组织化;多样化

习近平总书记在党的二十大报告中指出要“用好红色资源”。[1] 川陕苏区作为重要的革命老区,具有优质的红色资源,承载着丰富的历史记忆,体现着鲜明的革命特色。川陕苏区的红色体育是中国共产党在土地革命时期领导体育工作的具体表现,是党凝聚群众力量共同为苏维埃建设而奋斗的重要途径,是丰富苏区群众文化生活的重要方式,也是红色资源的重要内容。具体而言,川陕苏区红色体育的开展,主要包括了军事、群众、竞技、学校等方面内容,呈现出军事化、组织化、多样化等特点,具有坚持党对红色体育工作的领导、坚持实事求是的原则开展红色体育、注重体育精神的培养与提高等经验,有利于新时代用好红色资源,不断增强实现文化强国的精神力量。

一、川陕苏区红色体育的概念界定

中国共产党人最早明确提出“红色体育”一词的是毛泽东。毛泽东在1934年1月召开的第二次全国苏维埃代表大会上指出:“群众的红色体育运动也是迅速发展的。现虽偏僻乡村中也有了田径赛,而运动场则在许多地方都设备了。”[2](P126) 从此,红色体育开始具有代表中国共产党在革命特殊时期领导体育工作的指称意义,随着实践和理论的发展,其内涵也随之不断丰富与完善,成为彰显红色文化发展的重要内容。从概念的角度看,红色体育是指在新民主主义革命时期,中国共产党领导人民群众积极组织、融合创造,并在实践中有序开展的一种特殊体育活动,为提高战士的身体素质、加强与人民群众的

[收稿日期]2023-06-29

[作者简介]罗春艺(1992—),女,四川宜宾人,博士研究生、讲师,主要从事思想政治教育基础理论与人的全面发展研究。

王立冬(1989—),男,河南南阳人,讲师,东北师范大学中国近现代史基本问题研究专业在读博士,主要从事中国近现代史基本问题研究、近现代体育史基本问题研究。

联系与团结、实现革命胜利和人民解放做出了体育贡献，具有鲜明的红色特征。

毛泽东对川陕苏区有过整体性的概括，指出："川陕苏区是中华苏维埃共和国的第二个大区域，川陕苏区有地理上、富源上、战略上和社会条件上的许多优势……在争取苏维埃新中国伟大战斗中具有非常巨大的作用和意义。"[3](P17)具体来说，川陕苏区是一个具有多重意义的概念。首先是一个地域概念，具有空间坐标，表示是四川和陕西两省边界建立的根据地；其次是一个时间概念，具有时间坐标，表示从红四方面军入川以来建立政权，到红军撤出根据地开始长征，整整存续了两年多时间，是中国革命史上的一个特殊时期；同时还是一个政治概念，表示是中国共产党建立的苏维埃政权之一，有效地支援了中央苏区的建设与发展。简言之，川陕苏区是指中国共产党于 1932 年 12 月到 1935 年 3 月，在川陕两省边界实现工农武装割据并成功开辟的存续了 2 年多时间的苏维埃革命根据地。红四方面军曾在这片热土上浴血奋战、英勇抗击，不断扩大根据地的范围，"在全盛时期的面积是四万二千平方公里"[3](P109)，在军事上、政治上取得了重大成就，在文化、教育、体育等方面也留下了极为宝贵的历史印记和史料，为我们从多角度研究川陕苏区提供了重要资源。

综上，川陕苏区的红色体育是指中国共产党领导人民群众在川陕苏区时期积极组织、融合创造，并在实践中有序开展的一种特殊体育活动。从主体来看，川陕苏区的红色体育是中国共产党领导人民群众共同开展的；从性质来看，是为着坚持和巩固苏维埃政权，满足社会革命和人民身体发展等多重需要，区别于白区带有阶级性的贵族体育；从内容来看，结合了时代特点、革命要求、地域特征等，开展了多种形式的体育活动；从结合来看，是中国传统体育和近代西方体育在特殊条件下的有机结合，是一种继承，也是一种融合，更是一种在特殊条件下的创新发展。

二、川陕苏区红色体育的开展内容

红四方面军的大举西征开创了川陕苏区。在这片地域上，革命形势的发展、红军战士的训练、工农群众的锻炼等，客观上都给中国共产党开展红色体育提供了条件与可能。结合川陕苏区的地理位置、川陕当地的风土人情、革命斗争形势和战略政策需要等，中国共产党领导群众开展的红色体育具有较为丰富的形式，其中最具代表性的是军事、群体、竞技和学校等体育。这也是川陕苏区红色体育开展的主要内容。

（一）红色军事体育的开展

红军发展和苏区建设是相辅相成的。苏维埃政权建设因为有了红四方面军的发展而有了稳固的基础与条件，红四方面军的发展因为苏维埃政权建设而有了更加明确的目标与方向。无论是红四方面军的发展，还是苏维埃政权建设，都需要实践主体具有一个良好的身体素质，这也就在历史条件下提出了红色体育的开展问题。因此，为了更好地服务于军队战斗需要和政权建设需要，这一时期红色体育以军事体育为主要内容开展着。川陕苏区军事体育的开展有着明确的目标与方向，就是要在特殊的革命环境中求生存、扩发展，就是要集中力量打退敌人、扩大领域，就是要为着巩固和建设苏维埃政权。具体来说，川陕苏区军事体育的开展主要表现为两个方面。

第一，注重军队课程学习，以提升战士技能。特殊的革命环境需要特殊的军事体育。"我红四方面军一般干部，平时不注意军事学习，实是最大缺点，今后加紧军事学习是第一等重要工作。"[4](P1025)在此背景下，军队颁发了针对红四方面军的《射击学习课程大纲》，进行步兵军事教育，明确规定了射击学习的办法和课程大纲，如表1。

表1 《射击学习课程大纲》内容

课程编号	课程标题	主要内容
第一课	枪支的认识	以连为单位，新兵每人均要学习认识枪上的各种机件，达到纯熟为止。
第二课	装退子弹	熟练掌握“装子弹—系袋子—取子弹”“装子弹—退子弹—修保险机”等流程。
第三课	瞄准演习	根据瞄准演习表实施；做到表尺缺口、准星及目标三点一线。
第四课	三角瞄准方法	用比赛方法，提升战士瞄准的准度与速度。
第五课	测量距离	新兵达到目测、步测10、50、100米达的近距离；根据不同地形、气候进行练习；以人为目标进行演习。
第六课	使用表尺	全员认识表尺数字；根据命令迅速取出表尺。
第七课	扳机	按步骤学习扳机方法：瞄准时扳机是否得法、扳机时枪机是否震动、是否用食指之第二节。
第八课	枪支偏差检查	准确识别好枪、偏差、坏枪，以及解决处理办法。
第九课	射击注意之点	聚焦在：风向、下雨与射击偏差的关系；天气、地形与测量距离的偏差关系；射击与停止呼吸的关系；如何处理行动目标的射击；调节心理、沉着射击。
第十课	射击指挥	注意射击军纪，依据口令而行；距离和取表尺之指示；射击区别；如何以火力援助领接部队。

资料来源：《射击学习课程大纲》。具体内容参见：西华师范大学历史文化学院. 川陕革命根据地历史文献资料集成（中册）［M］. 成都：四川大学出版社，2012：1025－1027.

本教学大纲明确规定了每一项课程都需要连长、指导员进行检查，并在全部课程结束后进行射击演习和射击比赛，让战士在比赛中提升技能，在实战演习中增加对射击的认识与理解。此外，西北革命军事委员会在1934年也颁发了《军事干部会议各种报告大纲》，其中的“军事教育计划大纲”指出要把体育运动和军事训练结合在一起，引导和教育战士“徒手教练、操枪、射击姿势，上下刺刀，定表尺，装退子弹、劈刺和体育运动”。[5](P10－11)《中共川陕省委关于保卫赤区运动周决议》（1933年）指出，目前军事要特别注意“军事训练”，练好射击瞄准。[3](P55)《红四方面军第一次党政工作大会的总结》（1934年）强调红四方面军参与军事学习，“抛手榴弹要达四十米以外的成绩，更要努力学习爬山，加紧卫生和体育运动，并力求战术上的大大进步”。[5](P2)这些都体现了我们党注重军队的课程学习，把军事学习作为军事体育的重要内容，在比赛练习中不断提升战士技能，满足作战革命需要。

第二，注重日常军事训练，增强战士体能。在条件困苦的革命年代里行军打仗，离不开军队里每一个战士的强健体魄。简言之，革命年代对战士的体能要求异常高。这就使得日常军事训练也成为了红四方面军开展军事体育的重要领域。在党和军队的众多文件中均有对战士进行日常军事体育训练的明确要求。比如，对于新兵而言，在训练中明确提出利用体育运动增强体能训练的要求。在西北革命军事委员会印发的《红军新兵基本训练纲要》（1934年）第二部分“体力训练与操场动作”中，明确指出，“必须多做体力训练动作，如：（1）多跑步、爬山。（2）多越沟、跳远、跳高……（4）早晨的柔软体操”。[6](P250)这既把日常体育和军事训练结合起来，同时也让新兵在熟悉的体能训练类型中加强对其的教育和管理。对于一般战士而言，要特别注重日常体能训练，把理论与实践相结合。《红军与地方武装决议草案》(1933年)中指出，"在各地俱乐部中，应有经常的军事演讲与军事技术训练和游戏"。[3](P82)《川陕省第二次全省地方武装大会决议案》(1934年)指出，"游击队员要学会各种武艺，多爬山、跑路"。[5](P40)《紧急关头的号召》(1934年)指出要"练习跑步、跳高、跳远与走路"。[5](P122)同时，在日常生活中，"各机关、各革命团体在每日晚餐后，各采用军事游戏和体育训练，如像打球、赛跑、跳高、跳远、翻杆子和翻越障碍物及使用武器射击瞄准、地形识别、距离测算等等"[3](P82)，把体育与军事训练悄然融入战士生活的方方面面，把训练与生活结合，把军事与体育联系。此外，还要注意方式方法，要"提倡唱歌运动、娱乐游戏，注意战士的修养时间"。[5](P81)可以看到，中国共产党在利用有限的条件、有限的资源开展军事体育，将体育融入战士的军事训练中，帮助红军提升技能，增强体能，为打倒四川军阀、抗击国民党的"围剿"、巩固和扩大苏维埃而努力。

(二)红色群众体育的开展

开展红色群众体育是中国共产党在领导川陕苏区体育工作中坚持群体路线、彰显人民性、体现体育为民的直接表现。群众体育的开展是对人的关注，是对人身体本身的重视，是把强健体魄的个体需要与革命战斗、巩固政权的社会需要有效结合，是把党的政策路线贯穿在群众生活生产中的重要方式。因此，群众体育是川陕苏区红色体育的重要方面，具体体现为两个方面的实践开展。

一是利用党团组织开展群众体育，推进红色体育理念的不断注入、活动范围的不断扩大、开展的程度不断加深。我们党是川陕苏区开展红色体育的领导力量，团作为党的助手也在积极推进党的群众体育工作。简而言之，党团组织的力量是苏区开展群众体育的重要力量。这种力量表现在主动组织、积极推进、有效完善红色群体体育的开展上。从党的角度看，我们党作为苏区的领导力量，利用各种体育场所来组织开展运动。在动荡不安的战争年代，一般的劳苦大众常常是在生死边缘徘徊，在饥饿困苦和阶级压迫中艰难存活。这种境遇就注定了他们难以注意到体育对于自身、对于民族与国家的重要意义，也难以注意到开展体育本身是实现自身权利的一种方式，也就难以在现实生活中去要求什么，争取什么。基于此，在大部分劳苦大众还未意识到这一点时，中国共产党就利用自身的领导优势，在实践中注入、培养和教育苏区群众注重体育、发展体育。比如《中共川陕省委关于反五次"围剿"中党的任务的决议草案》(1934年)指出要"建立广大的青年的文化教育工作红场、俱乐部、剧团、拳术等，党必须全力帮助这些建设"。[5](P24)借助党的组织与领导，在革命战争年代能够有效地推进红色群众体育的开展。从团的角度看，作为党的第一助手，团也要积极落实党关于开展群众体育的政策，并利用团自身的优势进行现实推进。比如《加紧团对青年工农的领导》中指出，"团应该加紧对一般青年群众的军事教育，如打野外战备、游击战、夜摸敌人等技术"。[5](P97)可以看到，党和团均用政策文件的形式推进川陕苏区群众体育的开展，让红色群众体育有了组织支撑和政策支持，这对于革命时期开展体育来说是一种重要的推动力。

二是建立和扩充运动场地，不断推进体育设施建设。体育设施的建设，是推进川陕苏区群众体育不断走向、贴近群众的基本保障。在川陕苏区存续的两年多时间里，各级区域里都在因地制宜，建设体育设施。一方面，利用政策文件推进运动场地建设。比如，《中共川陕省第三次党员代表大会对青年团工作决议案》（1934 年）中强调“各乡村要设立红场，布置跳高、跳远、翻杆等运动”[5](P22)；《中共川陕省委 1934 年红五月工作计划》强调“每乡办一个操场”[5](P28)；《怎样建立群众的共产主义青年团》指出“每乡建立一个青年红场，经常组织青年到红场与俱乐部中受文化、体育、教育工作”[5](P30)；《少共川陕省委关于青年文化教育决议》指出要组织全区青年练习“瞄准射击、劈刀、打拳”[5](P45)……这些政策的颁布与实施，使得川陕苏区的体育场所和设施设备实现了从无到有，不断发展。值得注意的一点是，红场成为了川陕苏区的红色群体体育开展的重要场所，这也反过来促进川陕苏区红场的不断设立。这一点，在川陕苏区的相关文献中极为常见。比如，《红军与地方武装决议草案》（1933 年）指出“各地要有红场的设备”[3](P82)；《中共川陕省第三次党员代表大会对青年团工作决议案》（1934 年）指出“各乡村要设立红场……号召青年、儿童去红场去玩耍”[5](P22)；《中国共产主义青年团川陕省第四次团员代表大会关于童子团工作决议》指出，“加紧童子团的军事学习，每乡要设立一个红场，多准备些运动器具，木枪、木刀、手榴弹等”[5](P47)；《怎样建立群众的共产青年团——川陕省第四次全省党员代表大会决议案》（1934 年）指出，“每乡建立一个青年红场”。[3](P149)红场成为了苏区群众开展体育运动、丰富日常生活的重要场所，有效地推进了党的体育工作走向群众。另一方面，我们党善于在群众中发起和设置体育运动的议程，引导工农群众在生活中开展体育。比如，《赤江城红场开始体育运动》（1934 年）指出，“赤江城红场，设备各种体育器具，于前日开始，规定每日下午三时至五时半为运动时间，参加打球、跳栏、赛跑、翻铁竿者极为踊跃”。[6](P376)可见，打球、跳高、赛跑等融入了苏区群众的日常，工农群众在生活中可选择的体育项目不断增多，体育文化生活不断丰富，同时也体现出党把工农群众的体育锻炼和党的阶段性中心任务结合在一起，引导群众锻炼身体去消灭军阀，巩固苏维埃。

（三）红色竞技体育的开展

竞技体育是直接彰显体育精神的一种类型。川陕苏区开展红色竞技体育，是在特殊环境中推进的，无论是战士，还是工农大众，都在有限的条件下去参与竞技，在竞技中理解拚搏，也在竞技中感受团结与合作，培养集体主义、爱国主义精神。川陕苏区红色竞技体育的开展主要表现为两个方面。

一是注重传统武术，结合工作需要，组织开展多种体育比赛。体育比赛的开展是检验体育训练成果的重要方式，也是提升军民士气的有效途径。革命战争年代开展体育虽然受到多种因素的制约，但我们党领导劳苦大众仍然能够因地制宜，因陋就简，有效融合，积极创新。比如，《川陕省军区指挥部条例（草案）》指出，“提倡武术，为伤病战士裹伤……各地要建立练武场，进行武术竞赛，主持赤色体育会”[5](P12)，充分传承和利用传统体育，用练习武术、组织竞赛的方式来提升军队士兵的体能，培养士兵的体能意识。《紧急关头的号召》（1934 年）指出要“天天比赛夜袭动作”[5](P122)，要在日常生活中常常开展军队里的训练比赛，让比赛经常化。《热烈拥护苏维埃，举行全省游艺体育大会》指出，“川陕苏区的工农弟兄们都要很好地练习体育，健强我们铁的身体去打倒刘湘”[5](P93)，在全省中开展体育大会，营造积极体育、有效运动的良好氛围。根据《射击比赛消息》和《射击比赛经过情形》中的记载可知，1934 年 3 月 21 日，红四方面军在庙垭场举行全军实弹射击比赛，参与选手有几百人，并对获奖选手进行了奖章、鞋袜、衣服等物品的奖励，“今日进行比赛，非常热闹！”[5](P123)在两个月之后,1934 年 6 月 4 日,红四方面军在赤江县举行了全军第二次射击比赛,共有军团选手 88 人,“靶场极热闹”。[6](P237) 射击比赛的成功举办,不仅大范围提升了战士的射击技能,节约了子弹,也在号召广大军民“要将瞄准射击,测量距离看为是彻底消灭刘湘的第一等重要”。[5](P124) 可以看出,川陕苏区的竞技体育和当时我们党和军队的中心任务紧密相连,充分发挥了体育在支持党完成中心任务进程中的积极作用。

二是设置体育比赛细则,不断提升体育比赛章程的规范化、体系化。竞技体育的开展,既依赖于物理的空间环境和体育设施,也离不开体育规则的制定与规范。为了更好地因地制宜开展竞技体育,我们党进行了多样规则的设计。一方面,我们党制定了总体性的比赛章程和条约。比如,《红四方面军各军工作比赛条约》(1934 年)把红四方面军的多项工作均纳入比赛内容当中[4](P1148),用军队之间相互比较争优的方式,进行三月工作的比赛。另一方面,制定了多种体育比赛的细则与规范。比如,《投弹射击比赛的几项标准》(1935 年)中指出了射击的距离、速度、命中率等几项标准。[4](P1175) 陈昌浩在《全军举行射击瞄准比赛中几件应注意的事》中指出射击瞄准的心态把握、射击习惯与本能,都是射击取得好成绩的重要方面。[4](P1043-1044) 这些比赛要求和注意事项,与今天的体育竞赛规范相比,较为简陋,但在革命战争年代中却显得弥足珍贵,是我党我军的有效尝试与积极作为,尽可能让体育竞赛能够有效可行地开展。

(四)红色学校体育的开展

川陕苏区成立之后兴办了大量的学校,不收取学费,实行了性质上有别于国民党反动的教育政策,真正实现了苏维埃宪法精神,赋予了劳苦大众及其子女享有受教育的权利。红色学校体育的开展依托于川陕苏区学校教育的发展,可以分为不同学校的体育运动。一是列宁小学①中开展的红色体育。列宁小学的课表中明确安排了体育课,如表 2。

表 2 川陕苏区列宁小学的课表

时间	上午			下午		
星期/课目	1	2	3	4	5	6
星期一	政治消息	国语	算术	国语	常识	体育
星期二	国语	算术	美术	国语	常识	劳动实习
星期三	国语	算术	音乐	国语	常识	体育
星期四	国语	算术	劳动实习	国语	常识	文艺
星期五	国语	算术	美术	国语	常识	体育
星期六	国语	算术	音乐	国语	常识	

资料来源:《文化教育》。具体内容参见:《川陕革命根据地历史长编》编写组. 川陕革命根据地历史长编[M]. 成都:四川人民出版社,1982: 515.

由此可知,这所列宁小学每周一、三、五的下午第六节课都为体育课,并且体育课的内容依据革命需要偏重于军体锻炼。“刺枪、劈刀、打野操、紧急集合、瞄准、打靶、扔手榴弹(练习)、练习运动战、遭遇战。”[7](P267) 这些都是列宁小学体育课中开展的体育内容,既有日常军事练习,也有实际作战要求,同时,“军体锻炼还经常进行比赛”。[7](P267) 可以说,经过军事类的体育锻炼,根据地儿童不仅在军事知识上有了更多的了解与认识,在自身的体能和军事技能上也都有了很大提升。二是中学及专科学校中开展的红色体育。学校的“军体课要求严格,每天天刚亮就起床下

① 列宁小学:川陕省的初级小学,各县各区均有建立,其教育内容主要包括文化教育、政治思想教育和军事锻炼。(参见:林超,温贤美. 川陕革命根据地史[M]. 成都:四川省社会科学院出版社,1988: 264.)

操……下午下操、跑步、打野操、学习夜战、步战、做游戏……平时学生要站岗、巡查。有木枪、马刀、刺刀等武器”。[7](P267)学校将体育运动融入了学生的日常学习生活中，有意识地组织开展体育，让运动在不知不觉中日常化了。三是干部学校中开展的红色体育。为了更好地培养组织力量，川陕苏区也非常重视干部教育，创办了苏维埃学校①、彭杨军事政治学校②、红军大学③等干部学校。在这些学校的教育中，中国共产党也同样注重开展红色体育。比如，在苏维埃学校中，所有学生每天早上出操，晚饭后下操做游戏；在彭杨学校中，所有学生都要进行军事训练；在红军大学中，所有学生都要学习现代技术和游击技术，一边学习一边运动。[7](P268－269)可以说，中国共产党不仅注重一般劳动学生群体的学校体育运动，也非常强调干部群体的学校体育训练，不仅有专门的军事体育运动，也有日常的早晚操等身体锻炼，尽可能地在有限条件下开展了红色学校体育。

三、川陕苏区红色体育的开展特点

川陕苏区开展红色体育，在满足革命需要的同时立足川陕地域的实际条件，在军事、群众、竞技体育的实践过程中体现出鲜明的特征，主要表现为体育军事化、组织化和多样化。

（一）体育军事化

川陕苏区开展的红色体育体现出军事化的特点，主要是基于体育目标的角度，是结合着当时革命与军事需要开展的体育运动。川陕苏区红色体育的开展有其特定的历史背景。红四方面军自入川开始建立根据地以来，四川军阀、蒋介石部队等反动势力就没有一刻停止过对根据地的骚扰和打击。为了巩固苏维埃政权，也为了不断提升红四方面军的战斗力，川陕苏区开展红色体育也体现出鲜明的军事化特点。在《中共川陕省第二次代表大会关于目前政治形势与党的任务决议案》（1933年）中明确提出要实行“普遍的军事化”[3](P65)，从干部人才、军事训练、征兵制度等方面普遍实施，体育也作为一种方式在不断地军事化。《少共川陕省委关于青年文化教育决议》强调要“实行业余苏区青年军事化”[5](P45)，把青年体育也纳入全苏区社会教育的体系中，成为社会教育的重要内容。总的来看，无论是党团体育的军事化，还是社会青年体育的军事化，聚焦的中心都是革命中心。也就是说，体育军事化具有鲜明的革命性导向，体育工作聚焦于、服从于、服务于党的阶段性工作重心。对于川陕苏区而言，刘湘是当时最大的四川军阀，也是苏维埃政权建设必须破除的威胁。所以，打倒刘湘成为当时苏区的重要工作，也成为红色体育开展的具体革命导向。“大家为锻炼身体去消灭刘湘啊”[5](P96)，“强健我们铁的身体去打倒刘湘”[5](P93)，这些口号标语都是对红色体育革命导向的历史体现。可以说，川陕苏区红色体育的开展，一直坚持党的政治领导，坚持中央苏区的正确指导，作为第二大苏区，在西北革命战线上不断开辟根据地，巩固阵地。

---

① 苏维埃学校：是专门培养地方干部的学校。在通江和巴中各有一所，均有男女学生。学生由各乡村苏维埃选拔入学，按照连、排、班编制。大部分学生毕业后分配到各地工作，少部分到彭杨学校深造。（参见：林超，温贤美. 川陕革命根据地史[M]. 成都：四川省社会科学院出版社，1988：268－269.）

② 彭杨军事政治学校：简称彭杨学校，后改为红军大学，是培养军队中下级军事政治干部和地方政治干部的学校。学生年龄在18—25岁之间，分为军事队学习和政治队学习。（参见：林超，温贤美. 川陕革命根据地史[M]. 成都：四川省社会科学院出版社，1988：269.）

③ 红军大学：是培养高级军事和政治干部的学校，1934年于通江县设立。学员是从红军中抽调的排连长，也有抽调的营团长和师长。（参见：林超，温贤美. 川陕革命根据地史[M]. 成都：四川省社会科学院出版社，1988：269.）

（二）体育组织化

川陕苏区红色体育的开展有着较为系统的组织机构和不断丰富的文件制度的指导，具有鲜明的体育组织化特点。川陕苏区红色体育的组织化是基于体育管理的角度，重点在于彰显体育管理的组织化、体系化，让红色体育的开展更加顺利、科学、有效。具体而言，体育组织化的特征呈现出政府与军队两个系统的不同发展。第一，从川陕省委来看，作为中央苏区的直属管辖省份，其红色体育组织的建立与发展必然要遵循中央政府的指导。《中华苏维埃共和国中央教育人民委员部训令第二号——关于建立和健全俱乐部的组织与工作》（1933 年）中指出，“在一切乡村，一切城市，一切机关，一切部队中，广泛地进行教育文化工作，最主要的机关，除识字运动委员会、夜校外，就是俱乐部”。[8](P51) 俱乐部也成为川陕苏区开组织红色体育开展的具体组织。俱乐部是什么呢？根据 1934 年 4 月中央教育人民委员部发布的《俱乐部纲要》指出，“俱乐部是苏维埃社会教育的重要组织之一”。[9](P83) 具体的设置为每一级政府、工厂、工会、合作社都要成立俱乐部，每一俱乐部之下都要成立列宁室，每一列宁室至少有识字班、图书室、墙报、运动场或游艺室。根据这样的组织设置，川陕苏区的红色体育的开展也依托于俱乐部列宁室的建设。《川陕省苏维埃组织法》（1933 年）指出，川陕省按照省、县、区、乡、村进行分级管理，每一级均设置有文化教育委员会（文化委员会）作为红色体育的组织开展机构，并且由省苏维埃政府这一级的文化教育委员会实现对各级的统一领导，层层有人负责文化教育工作。具体而言，从红色体育的领导机构来看，省级文化教育委员会下设三个机构，其中社会文化局直接负责俱乐部的工作。[10](P150-162) 也就是说，在川陕苏区时期，文化教育委员会是红色体育开展的最高领导机构，下设的社会文化局具体负责整个川陕省红色体育的组织与开展，并且承担着县、区、乡、村各级体育组织的管理工作，形成了一整个较为完善的体育组织体系，为红色体育的开展做好了组织准备。第二，从军队来看，中央政治部在 1934 年颁布的《红军中俱乐部列宁室的组织与工作》中明确规定了“红军中以师为单位设俱乐部，以连为单位设列宁室”[8](P228)，这就为军队体系下的体育组织建设提供了明确的依据。川陕苏区的最高军事管理机构是西北革命军事委员会，是“统一西北各省的军事指挥，红四方面军与川陕地方武装，完全受西北革命军事委员会的指导”[10](P162)，西北军区政治部则负责其具体政治工作。西北军区政治部在 1934 年颁布的《团政治处暂行工作条例》中指出，团政治处下设文化娱乐股，管理全团的俱乐部、列宁角，“提倡与组织各连之唱歌、下棋、演戏、体育运动及竞赛等”。[5](P8-9) 在 1934 年颁布的《军、师政治部工作暂行细则》中也指出，宣传科下设文化股负责军队的文化娱乐，其中明确指出的工作职责第 5 条就是负责“体育运动”。[5](P7) 由此而言，川陕苏区时期军队的体育工作也是依托于俱乐部、列宁室进行组织与开展，并且形成了从军事委员会到列宁室的多级体育管理组织，把体育训练、竞赛游戏融入军队战士的日常操练中，借用体育训练等方式深入政治教育，引导红军战士养成良好的生活习惯和身体素质，以创造铁的、善于攻击打退敌人的红军。总的来说，川陕苏区红色体育的开展依托于不断健全的组织机构，也制定和丰富着不断健全的制度政策，这种鲜明的组织性也不断促进红色体育的积极组织与有效开展。

（三）体育多样化

体育多样化是川陕苏区红色体育开展的另一突出特点，主要基于体育活动的内容、形式、参与人员等方面而言，红色体育在特殊的革命年代发挥出独样的作用。川陕苏区的开辟与扩大，是革命战争年代红色政权的现实建立，但敌人的“围剿”并没有随着政权建立而结束，反而愈加严重。同时，川陕苏区地处川陕两省边界，山高林密，其自然条件、地形条件非常适合战略防御，但其物质生产生活就不如中部富饶地区。简而言之，川陕苏区建设一方面受到外部力量的军事威胁，一方面受到内部环境的条件制约。这也使得川陕苏区红色体育的开展也不可避免地受到现实环境的影响。但是，群众的力量是伟大的。中国共产党带领人民群众因地制宜、因陋就简地开展体育运动，有什么条件就利用什么条件，想要什么器材就争取购买，如果买不到就自己动手做，最大限度利用现有条件，不让物质条件的匮乏影响到人们开展体育运动的兴趣。可以说，在中国共产党带领人民群众的共同努力之下，川陕苏区红色体育的开展在内容、形式、器材、人员等方面都体现出多样性的特点。从内容来看，川陕苏区开展了军事、群众体育，也开展了学校、竞技体育；开展了传统武术、打拳，也开展了爬山、跑步、跳高、跳远，更开展了瞄准、射击、劈刀、夜跑、测量距离等。从形式来看，有日常训练，有竞技比赛，也有结合军事开展的体育；有短期集训，也有长期教育。从器材来看，光是红场上的体育器械就有篮球场、足球场、跳高场、跳远场、杠架、平台、天桥等，同时还有军队训练中的沙坑、沙袋等。从参与人员来看，川陕苏区的儿童、青年、老人可以参与，男性、女性可以参与，军人、干部、群众也可以参与，可以说川陕苏区的红色体育不分年龄、不分性别，几乎是可以全员参与。这也是体育作为一项基本权利在苏维埃政权下得到实现的具体表现。

四、川陕苏区开展红色体育的经验

川陕苏区虽然仅存续了两年多时间，其红色体育的开展也随着政权的结束而成为一种历史性的存在。但中国共产党在川陕苏区时期领导红色体育的实践经验却是丰富的，对于新时代开展党的体育工作提供了宝贵的红色资源。

（一）坚持党对红色体育工作的领导

坚持党的领导，是川陕苏区红色体育开展的重要经验。在川陕苏区时期，无论是体育组织机构的创建与发展，还是体育规则的制定与完善，或是具体体育活动的策划与开展，无不彰显着党的领导。一方面，党领导、组织、开展红色体育是在复杂严峻的外部环境中帮助川陕苏区求生存、稳发展的重要手段。通过体育锻炼的方式，特别是军事体育锻炼，用体育军事化的做法让广大军民在提升军事技能的同时不断增强身体素质，体现出体育为军事，进而为革命服务。另一方面，党领导、组织、开展体育工作也是实现苏维埃军民基本权利的重要内容。参与体育、锻炼身体、提升体能是每个人的基本权利，同时也是《中华苏维埃共和国宪法大纲》（1931 年）赋予苏区劳苦大众的现实权利，这与白区的特权体育形成了鲜明的对比。因此，川陕苏区红色体育工作的开展都是在党的领导下进行的，党为其提供了组织、政策、制度、人员等保障，在体育为军事、为革命服务 的实践中体现出鲜明的苏维埃政权性质，也让军民在体育中真正实现权利、享受运动。这一点是要一以贯之，不断坚持、不断加强。

（二）坚持实事求是的原则开展红色体育

在革命年代开展体育不可能，也做不到像在和平年代一样。动荡的客观境遇也就决定了川陕苏区红色体育的开展有其特殊性，一贯地坚持了实事求是的原则。一方面川陕苏区需要体能技能都不断增强的战士来保卫苏维埃政权，但是大部分战士的身体素质、军事技能还有待提高，作战中子弹的命中率不高，在物资匮乏的年代必然造成了大量子弹的浪费，也影响了红四方面军的战斗力。因此，红色体育服务于革命需要，逐渐军事化。另一方面，川陕苏区是“工人和农民的民主专政的国家”[11](P464)，这是政权的性质。这也就决定了苏区广大的劳苦大众是政权的主人，是能够享有真实权利的人，人民需要体育、需要运动、需要身体素质的提升，也需要在生活中感受体育运动带来的文化体验。因此，红色体育在有限的条件下组织化、系统化、多样化，因陋就简制作体育器材，因地制宜开展红色体育。可以说，坚持实事求是的原则开展红色体育是革命所需、是条件所要，也是人们所求。

(三)注重体育精神的培养与提高

习近平总书记强调，“精神上强，才是更持久、更深沉、更有力量的”。[12]川陕苏区红色体育的开展也非常注重发挥红色体育的精神力量。在《少共川陕省委关于青年文化教育决议》中强调要“提高青年尚武精神”[5](P45)，在《中共川陕省第三次党员代表大会对青年团工作决议案》强调要“锻炼青年的体格和爱武的精神”[5](P22-23)，在《红军新兵基本训练纲要》中强调要“特别培养战士活泼战斗精神”。[6](P250)可以看到，无论是尚武精神、爱武精神，还是战斗精神，都是红色体育精神在当时的具体表达和现实呈现。在物资匮乏、条件艰苦的年代，精神力量的发挥显得尤为重要，推进了红四方面军和广大民众为了川陕苏区政权的巩固和发展而不断努力、不断奋斗的实践，在党的红色体育历史进程中留下了光辉的一页。同时，在两个大局的背景下，这也是新时代体育强国建设、红色资源传承的重要内容，共同助力中华民族的伟大复兴。

参　考　文　献

[1] 高举中国特色社会主义伟大旗帜 为全面建设社会主义现代化国家而团结奋斗——习近平同志代表第十九届中央委员会向大会作的报告摘登[N]. 人民日报,2022-10-17(02).

[2] 中共中央文献研究室,中央档案馆. 建党以来重要文献选编(1921—1949)(第11册)[M]. 北京:中央文献出版社,2011.

[3] 四川省社会科学院,陕西省社会科学院. 川陕革命根据地史料选辑[M]. 北京:人民出版社,1986.

[4] 西华师范大学历史文化学院,川陕革命根据地博物馆. 川陕革命根据地历史文献资料集成(中册)[M]. 成都:四川大学出版社,2012.

[5] 川陕革命根据地博物馆. 川陕苏区教育史文献资料选编(内部资料)[M]. 巴中, 1985.

[6] 刘昌福,叶绪惠. 川陕苏区报刊资料选编[M]. 成都:四川省社会科学院出版社,1987.

[7] 林超,温贤美. 川陕革命根据地史[M]. 成都:四川省社会科学院出版社,1988.

[8] 江西省文化厅革命文化史料征集工作委员会,福建省文化厅革命文化史料征集工作委员会. 中央苏区革命文化史料汇编[M]. 南昌:江西人民出版社,1994.

[9] 江西省教育厅. 江西苏区教育资料选编[M]. 南昌:江西教育出版社,1960.

[10] 中国社会科学院法学研究所. 中国新民主主义革命时期根据地法制文献选编:第2卷[M]. 北京:中国社会科学出版社,1981.

[11] 中央档案馆. 中共中央文件选集(一九三一)[M]. 北京:中共中央党校出版社,1983.

[12] 习近平. 在纪念五四运动100周年大会上的讲话[N]. 人民日报,2019-05-01(02).

The Content, Characteristics, and Experience of Red Sports Development in the Sichuan Shaanxi Soviet Area

LUO Chun-yi[1,2]; Wang Li-dong[2]

(1. School of Marxism, University of Chinese Academy of Social Sciences, Beijing 102400, China;
2. School of Marxism Studies, Chengdu Sport University, Chengdu 610041, China)

Abstract: The red sports in the Sichuan Shaanxi Soviet Area is a special sports activity that the CPC led the people to actively organize, integrate and create during the period of the Sichuan Shaanxi Soviet Area, and carried out orderly in practice. The development of red sports in the Sichuan Shaanxi Soviet Area mainly includes military, mass, competitive, and school aspects, presenting characteristics such as militarization, organization, and diversification. It has formed experiences such as adhering to the leadership of the Party in red sports work, adhering to the principle of seeking truth from facts to carry out red sports, and emphasizing the cultivation and improvement of sports spirit. This is conducive to the good use and optimization of quasi red cultural resources in the new era, continuously enhancing the realization of a cultural power The spiritual power of a sports powerhouse.

Key word: Sichuan Shaanxi Soviet Area; red sports; militarization; organizing; diversification

【责任编辑:陈 岭】

论伟大建党精神融入大学生党员教育的三重维度

张旭坤[1],陈　刚[2],胡欣楠[3]

(1.深圳大学马克思主义学院,广东　深圳　518060;2.井冈山大学中国共产党革命精神与文化资源研究中心,江西　吉安　343009;3.深圳大学法学院,广东　深圳　518060)

【摘　要】伟大建党精神是中国共产党人革命精神之源,蕴含丰富的党员教育内容,是大学生党员教育的题中之意。将伟大建党精神融入大学生党员教育有利于厚植大学生党员爱党爱国情怀,推进大学生党员党史学习教育,增强大学生党员使命担当。在准确理解伟大建党精神科学内涵的基础上,要把握伟大建党精神融入大学生党员教育的知识性与价值性、理论性与实践性、讲道理与讲故事相统一的原则。围绕新时代大学生党员党性教育目标特点,充分发挥高校党校课堂教学的主渠道作用,突出高校党校培训的实践性,创新教学方式方法,从而提升伟大建党精神融入大学生党员教育的实效性。

【关键词】伟大建党精神;大学生;党员教育

伟大建党精神是中国共产党精神之源,蕴含了中国共产党人坚定信仰的理论自觉、勇于担当的民族大义、舍生忘死的英雄气概、忠诚奉献的政治品格,贯穿着辩证唯物主义和历史唯物主义的世界观和方法论,充分体现了理论与实践、真理与价值、道德观与人生观、唯物史观与群众史观的辩证统一,是思想政治教育的重要内容。大学生党员是高校学生群体中的先进分子,更是党的伟大事业发展的后备力量,深刻理解并践行伟大建党精神是大学生党员教育的应有之义。正确的意识不是天生就有,也不会自然而然地产生,只有通过有效的教育才能内化于心、外化于行。将伟大建党精神融入大学生党员教育是一个系统性工程,应当在价值、原则和实践三个相互关联和内在统一的维度内实现。沿着这三个维度将伟大建党精神全过程融入大学生党员教育,对于在守正创新中做好大学生党员教育具有重要的价值。

一、伟大建党精神融入大学生党员教育的价值意蕴

价值作为对主客体关系的一种主体性描述,代表着客体的存在、属性和合乎规律的变化与主体尺度相一致、相符合或相接近的性质和程度[1](P79),是主体认识客观存在的重要维度。伟

[收稿日期]2023-11-09

[项目基金]深圳市教育科学"十四五"规划课题"改革开放精神与特区精神融入高校思想政治理论课教学研究"(项目编号:szjy22016);深圳大学党建研究重点课题"伟大建党精神融入高校大学生党员教育培训研究"(项目编号:2022DJYJ007)。

[作者简介]张旭坤(1989—),女,江西泰和人,博士,助理教授,主要从事中国特色社会主义理论与实践研究。

陈　刚(1990—),男,江西崇仁人,讲师、博士,主要从事红色资源与思想政治教育研究。

胡欣楠(2003—),女,江西九江人,本科生,主要从事思想政治教育研究。

大建党精神生成于马克思主义及其中国化的进程中，赓续传承了中华优秀传统文化，是争取民族独立和复兴奋斗实践的精神表现，内蕴了中国共产党和中华民族坚定的理想信念、优秀的精神品质和崇高的意志品格，集创新精神、爱国精神和进取精神的统一体。因此，伟大建党精神天然的是大学生党员教育的优质资源，能够有效地满足大学生党员主体的精神需要，有利于厚植大学生党员爱党爱国情怀，推进大学生党史学习教育的深入，增强大学生党员的使命担当，充分调动大学生党员学习、工作和生活的积极性和主动性。

（一）有利于厚植大学生党员爱党爱国情怀

厚植爱国主义情怀是新时代大学党员教育的重要内容。习近平总书记强调，厚植爱国主义情怀就是要“让爱国主义精神在学生心中牢牢扎根，教育引导学生热爱和拥护中国共产党，立志听党话、跟党走，立志扎根人民、奉献国家”。[2]精神属于社会意识形态，是人们社会实践的反映和产物。人们的社会实践总是与特定的时代背景、特定的社会活动内容紧密结合在一起。伟大建党精神就是在特定时代背景下，中国化时代化马克思主义理论成果与中国新民主主义革命实践相结合的思想结晶。伟大建党精神是在建党过程中形成的，是早期共产党人探索救亡图存之道、把马克思列宁主义建党学说与中国实践相结合、在创建中国共产党的过程中迸发出来的精神。1840年鸦片战争后，封建制度统治下的“天朝上国”被西方列强的工业文明冲开了大门，中国在西方列强无尽的压迫面前寸步难行，中华民族陷入濒临毁灭的悲惨境地。从此，各种救亡图存轮番登场，都没能改变近代中国的命运。俄国十月革命的胜利确证了马克思主义关于跨越“卡夫丁峡谷”重要论断的现实可能性。随着马克思主义的传播及其同工人运动的结合，建立工人阶级政党的时代任务被逐步提上日程。伴随着中国共产党的建党实践，伟大建党精神应运而生，这种内蕴在全体中华儿女普遍心理模式和大众集体记忆中的民族情怀和家国风骨的伟大精神，构筑起中国共产党人与民族国家之间深厚的思想基础，而伟大建党精神正是这一建党过程的深刻凝练和鲜明表达，也正是在这种精神的主导下中国共产党人以革命的实践运动绘就了一幅爱国主义教育的生动图谱。将这一精神融入大学生党员教育，能够激发大学生党员的深层思考，培养大学生为实现国家繁荣和人民幸福而努力奋斗的信念和决心，形成对国家和民族的认同感，厚植大学生党员爱党爱国的情怀。

（二）有益于深入推进大学生党员党史学习教育

习近平总书记指出：“党的历史是最生动、最有说服力的教科书。”[3]党史学习的政治性很强，必须坚持正确的政治方向，这是开展党史学习教育的根本前提。为此，新时代强化大学生党史学习教育，必须坚持以我们党关于历史问题的两个决议和党中央有关精神为依据，准确把握党的历史发展的主题主线、主流本质，正确认识和科学评价党史上的重大事件、重要会议、重要人物。同时，对于各种历史虚无主义思潮的蛊惑与侵蚀，要敢于亮剑、勇于斗争，坚决有力予以回击；要运用准确权威的党史资料，把历史事实说清楚、讲深入、搞明白。唯其如此，方能从中国近代以来从苦难走向辉煌、从沉沦走向复兴的不平凡历程中，进一步增强知史爱党、知史爱国的自觉性。通过学习伟大建党精神，学生能够深入了解中国共产党的历史和中国特色社会主义的发展道路，增强对国家制度和社会发展的认同感和归属感。中国共产党从最初仅拥有50余名党员发展到今天拥有9900多万党员的世界第一大执政党，党的历史就是一部波澜壮阔的斗争史和奋斗史。党的百年奋斗史，就是一部中国共产党人矢志践行初心谋发展的历史。始终为人民谋幸福、为民族谋复兴是中国共产党人的目标追求。新时代大学生出生于世纪之交、成长于物质条件较为丰富的新世纪，对党的历史的学习掌握不很全面。充分运用伟大建党精神进行党员教育培训，将其融入高校党员教育培训体系，有益于大学生党员从党的非凡历程中领会马克思主义是如何深刻改变中国、改变世界的，感悟马克思主义的真理力量和实践力量，是提升党史学习教育的实效。

（三）有助于增强大学生党员的使命担当

伟大建党精神是中国共产党的先驱们在建党实践中所体现出来的理想信念、责任担当、价值追求、精神风貌、政治品格的概括和凝练。从嘉兴南湖红船的风云际会到新时代夺取全面建成小康社会的伟大胜利，无数中国共产党人前赴后继、英勇奋斗、无私奉献，在中华大地上书写了一幕幕可歌可泣的壮丽篇章。这一切努力、斗争和牺牲清晰地记录了中国共产党人矢志不渝的奋斗和探索，生动地展现了中国共产党人初心系人民、使命为人民的责任担当。可以说，勇于担当是中国共产党人书写百年历史辉煌的力量源泉，也是中国共产党人不断取得新胜利的重要保证。新时代弘扬伟大建党精神对于大学生担当精神的培育具有深远意义。大学生作为青年一代的中坚力量，肩负着时代所赋予的历史责任和使命担当。为此，进一步提升大学生的国家意识、民族意识、责任意识，必然要充分发挥伟大建党精神对大学生责任担当教育的鞭策和引领作用。伟大建党精神所彰显的担当精神，不仅能促使大学生坚定民族使命、提升社会责任感，还有利于大学生树立积极的人生态度，自觉追求有意义的人生。

青年一代有理想、有担当，国家就有前途，民族就有希望。当代大学生出生在新世纪之交，他们的人生黄金期，同2035年基本实现社会主义现代化奋斗目标高度重合，他们将始终参与这个伟大历史进程。习近平总书记指出，“对我们共产党人来说，中国革命历史是最好的营养剂。多重温我们党领导人民进行革命的伟大历史，心中就会增添很多正能量”。[4]学习党史，传承伟大建党精神，大学生党员把自身理想同祖国前途、把自己的人生同民族的命运紧密相连，扎根国家，奉献国家，能够在民族复兴的伟业中为党和人民建功立业。

二、伟大建党精神融入大学生党员教育的基本原则

伟大建党精神是一个逻辑严密、层次清晰的整体，大学生党员的教育也是一项系统性和连续性的过程体系，两个系统的相融不仅要考虑整体性，而且要考虑内部元素；不仅要考虑伟大建党精神的形成机理、内涵意蕴和时代价值，还要考虑大学生党员教育的不同阶段、不同的对象，科学设置教育教学内容，提升授课内容的针对性和有效性。为此要深入研究如何按照一定的原则和逻辑将伟大建党精神安排在不同形式、课程和环节中讲授。同时，伟大建党精神是精神形态的教育教学内容，具有独特的教育特质，这种教育特质必然会对教育过程中的师生教学行为提出特殊要求，从而派生出必须遵循的教育教学规律。如精神的存在形态同理论的存在形态有很大差异，讲述精神的语言表述及方式方法，同讲述理论的语言表述及方式方法也迥然而异。因此，伟大建党精神融入大学生党员教育必须遵循独特的原则。

（一）注重知识性与价值性相统一

知识性与价值性统一是教育的手段与目的有机结合。习近平总书记指出：“知识是载体，价

值是目的，要寓价值观引导于知识传授之中。”[5]伟大建党精神承载了中国共产党的创建史，蕴含了中国共产党人精神之源的科学内涵，具有鲜明的知识性。同时，伟大建党精神表征了中国共产党人鲜明的政治品格，是中国共产党人理想信念、价值目标、意志品格和行为宗旨的生动体现，具有鲜明的价值性，是知识性与价值性的统一。伟大建党精神的这种特质对其融入大学生党员教育提出了特殊的要求和融入原则，即要求注重知识性和价值性的统一。

伟大建党精神融入大学生党员教育的价值性和知识性，既相互联系，又相互区别，二者有机统一于教学内容、内容载体以及教学方式之中；二者相互融合、相互渗透，直接体现在知识教育和态度、情感、价值观教育之中。但伟大建党精神融入大学生党员教育中价值性和知识性教育有所区分。其中，价值性在伟大建党精神融入大学生党员教育中居于主导地位，决定着教学的内容、载体和方式的选择，是知识性的旨归。[6]知识性是价值性表现的载体，为价值性服务，充分发挥伟大建党精神融入大学生党员教育的知识教育功能是为了更好地增强价值教育的实效。因此，在伟大建党精神融入大学生党员教育的过程中要坚持价值性与知识性相统一，既要注重知识教育，更要强化价值观的引导，将价值观的教育引导立足于科学知识教育之上。伟大建党精神融入大学生党员教育坚持价值性与知识性相统一，就是在立足中国共产党创建史上，将马克思主义及其中国化的理论成果、中国共产党的伟大革命历程讲清讲透彻，并充分运用其中蕴含的中国共产党伟大的革命理想、精神、意志品格感染人，震撼人，教育人，增强中华民族的凝聚力和向心力，为实现中华民族伟大复兴而奋斗。

（二）注重理论性与实践性相统一

伟大建党精神融入大学生党员教育必然导致学生的学习内容发生深刻变化。学生不仅要学习关于建党的相关理论知识，更要体悟其中蕴含的理想信念、初心使命和优秀品格。关于理论的学习与关于理想信念、意志品格等精神的学习既有相同处，也有相异处。理论学习更多是认知学习，强调价值中立、逻辑主导、静心思考；精神学习更多是体验学习，强调价值引领、情感体验、身体力行。学习行为变化必然要求教育行为发生相应变化。伟大建党精神不仅是以知识的方式存在，也以现场情境的方式存在，如中共一大会址、南湖红船等。因此伟大建党精神融入大学生党员教育就要将理论教育与实践教育统一起来，尤其是要加强实践性教育。如人们一走进中共一大会址，厚重的历史感就扑面而来，这是任何理论学习无法做到的，因而特别适合理想信念和价值观等人的内在精神的实践教学。[7]但是由于教学现场的内容是隐含的，教育主体就要投入大量时间精力收集和查阅相关文献资料，并进行深入细致的研究考证，提炼出合适的教育教学内容。现场的空间是展开的，不同于文本教材具有空间折叠性，这就决定了在进行实践教学时，需要根据现场教学内容的空间分布设计组合教学线路，现场教材的教学线路如同文本教材的页码，是教学次序的体现。现场教学不仅要注重现场的故事性，更要突出现场的思想性，将现场发生的人物、事件、故事等具体内容与革命理想信念、历史经验等理性思考结合起来，实现教育教学的理论性与实践性相统一。

（三）注重讲道理与讲故事相统一

“思政课的本质是讲道理，要注重方式方法，把道理讲深、讲透、讲活，老师要用心教，学生要用心悟，达到沟通心灵、启智润心、激扬斗志”。[8]如何提高高校党员教育的说服力、感染力，提高大学生党员的接受度和认同度，使之收到春风化雨、润物无声的效果，是摆在我们面前一个重大而紧迫的课题。我们感到至关重要的是坚决摒弃打官腔、说教式、灌输式的教育方式，多采用平等式、启发式、引导式、互动式、体验式等方式方法。伟大建党精神的教育内容同一般教材仅仅从理论的角度阐述不同，主要以人物故事、典型案例为主要表现形式，具有强大的亲和力、感染力和感召力。其蕴藏的教育内容同教材内容相得益彰、相互补充，不仅增强价值观教育的亲和力、感染力、针对性和实效性，还有利于实现讲故事与讲道理相结合，把深刻的道理寓于生动的故事之中，进而解决传统课堂枯燥无味、刻板沉闷等问题。通过生动的革命故事领悟深刻的道理，汲取信仰和精神的力量，达到触动心灵和滋养精神的效果。中国共产党历史波澜壮阔，蕴含着丰富智慧。党领导人民进行的革命、建设和改革事业成就辉煌，充满了感人的故事。一代又一代中国共产党人顽强拼搏、不懈奋斗，涌现了一大批视死如归的革命烈士、一大批顽强奋斗的英雄人物、一大批忘我奉献的先进模范，形成了以伟大建党精神为源头的精神谱系。每一种伟大精神都有可歌可泣的英雄壮举，用好革命遗址遗迹、纪念馆、博物馆等红色资源，讲好革命英烈、时代楷模的故事，既是传承红色基因，赓续红色血脉的重要途径，也是讲好伟大建党精神的重要环节。

三、伟大建党精神融入大学生党员教育的路径方式

在伟大建党精神融入大学生党员教育过程中，我们应首先树立正确的问题意识，准确认识和判断当前融入过程中面临的理论与实践难题，为完善实践机制奠定基础。为此，首先我们应当明确当前现有问题的界分，明晰基本理念和观点，实践路径的选择应结合现有问题和具体原因，使工作方法具有理论性和实践性。其次，当前伟大建党精神在大学生党员教育中呈现出政治宣示效果强、具体实施效果弱，教育体系与教育方式滞后于学生思想发展实际，实践匮乏等不足之处。因此，应当尽快形成配套的实施机制，从多维度创新其工作方法，加强伟大建党精神融入大学生党员教育的实践效果。要丰富伟大建党融入大学生党员教育的内容、创新教学方式、优化教育环境、完善后勤保障，来切实提高伟大建党精神育人的实效性。

（一）发挥高校党校课堂教学的主渠道作用

党校学习是高校教育培训大学生党员的主渠道，将建党精神融入课堂教学是最首要的任务。高校党委把提高党员的政治业务素质，作为新时代党的建设的一项战略任务，每周组织学术论坛或沙龙、每月组织党委理论学习中心组学习、每季邀请专家学者做辅导报告、每年开设春秋两季党校培训班。应当将伟大建党精神融入党校学习的课堂教学中。伟大建党精神是中国共产党的宝贵财富，是中国特色社会主义伟大事业的根本指导思想，也是中国共产党人的精神追求和行动准则。党校课堂作为大学生党员接受教育的主渠道，将伟大建党精神融入党校课程中，是新时代党员培育目标的现实需要，也是促进大学生理解伟大建党精神、认同中国共产党理念、宣传中国共产党人的精神谱系，使其在新时代大学生心目中生根发芽的关键一步。它有助于加强学生对社会主义核心价值观的理解和认同，培养其爱国主义情感和社会责任感。

在党员教育培训中，我们应该注重培养学生对伟大建党精神的认知。以强化入党前与入党时的思想教育为基点，通过讲授建党历程和红色文化，引导学生认识到中国共产党的理论基础和伟大历史功绩，理解和把握伟大建党精神的内核与精髓，从而增强学生的爱国主义情感和历史责任感，激励他们为国家和人民的事业做出贡献。

教育培训教材可以包括中国共产党的历史和发展、中国特色社会主义道路的探索和实践、中国共产党的先进性和纪律要求等方面的内容。同时，可以选用一些与建党精神相关的经典著作和重要文献，如《中国共产党章程》《习近平新时代中国特色社会主义思想学习纲要》等，以便学生更加深入地了解和学习建党精神。通过深入学习党的历史、党的奋斗历程和党的优秀传统，使学生深刻领会党的初心使命和为人民谋幸福的初衷。

（二）突出高校党员教育培训的实践性

高校党员教育多以讲授式的理论学习为主，没有充分发挥党员的积极性和主动性。高校应结合区域红色文化资源，深入挖掘其所蕴含的价值，不断探索新的宣传教育方式，丰富专题实践活动的形式和内容，在讲好党的故事、传播红色文化方面下功夫。例如高校各级党员可以开拓以“赓续伟大建党精神”为主题的系列活动。

第一，社会实践活动主题设置。把伟大建党精神融入社会实践，强调知行合一。重视除理论学习之外，体验式、鉴赏式的传播方式，使学生们内化于心，外化于行，做到“看听思悟行”融为一体。在组织社会实践活动时，可以将伟大建党精神作为主题之一。例如组织学生参观纪念馆、党史馆、红色教育基地等，了解党的光辉历程和伟大成就；开展党史知识竞赛、演讲比赛等，激发学生对党的热爱和敬意。

第二，组织学生参与社区服务、志愿活动，传承和弘扬党的优良传统和精神风貌；组织学生参与社会调研、社会实践项目，深入了解社会问题和发展需求，积极投身社会主义事业。重视农村振兴乡村教育，注重社会调研，推动大学生服务的普遍性。引导学生参与社会实践，组织学生参与社会实践活动，让学生亲身感受党的指导思想在实践中的指导作用，增强对党的认同和信仰，彰显时代性和社会影响力，培养学生的社会责任感与使命感。

第三，通过丰富多样的形式，如党史展览、党员风采展示等，营造浓厚的党建文化氛围，激发学生对党的认同感和自豪感。以伟大建党精神为主题，开展主题教育活动。组织开展“不忘初心、牢记使命”主题教育活动，引导学生深入思考党的初心使命和个人责任。除此之外，也可以通过多种渠道，如校园广播站、微信公众号等，大力宣传党的基本理论与精神。还可以建设党员先锋岗，在高校内设立党员先锋岗，鼓励党员教师和学生积极参与社会实践活动，亲身感受党的指导思想在实践中的指导作用。

（三）创新教学方式方法

精神的教学与理论知识的教学不同，需要兼顾认知与体验，体验必须亲力亲为才得以实现。伟大建党精神是在特殊历史背景、特定时空范围发生，并与特定的人物和事件紧密关联，这就要求创新大学生党员教育的方式方法。教学方式是指在教学过程中产生的包括教学手段、技术、步骤、程序等构成的教学样式。教学方式不仅受到教师与学生之间教与学的行为，还受到教学内容及教学场所环境的重要影响。如大班教学和小班研讨就需要不同的教学方式，课内理论课与课外实践课也需要不同的教学方式。多年的实践表明，学校育人最为基础和普遍的教学方式是讲授式教学方式。这种教学方式能够在短时期内使学生理解掌握基本情况和基础知识。但这种以教师为主导的单向交流，忽视了学生的主体性和创造性。

将伟大建党精神融入大学生党员教育中，我们要在发挥讲授式教学方式长处的基础上，创新适宜红色资源教育内容的教学方式。例如，可将展示式教学方式、体验式教学方式、参与式教学方式、音像式教学方式、访谈式教学方式等教学方式方法有机融入伟大建党精神的教学中。[9]以访谈式教学方式为例，教师通过邀请符合教学目标和内容的党史事件亲历者或直接关系人，采取问答谈话形式开展教学。在教学过程中，授课教师从主讲人变成了主持人，学生从聆听者变为了发声者。访谈式教学方式在理想信念和道德情操方面具有得天独厚的教育优势，让学生在与事件亲历者进行互动谈话中达到教育效果。

在数字化时代背景下，运用新技术赋能伟大建党精神的教育教学是新的趋势。我们要充分利用虚拟现实、增强现实、云数据、5G等现代信息技术手段，丰富伟大建党精神的感受方式和呈现形式，让伟大建党精神活起来、动起来。[10]运用现代技术手段，进行网络化、智能化、数据化处理，还原重现历史场景和党史故事，缩短建党精神与学生的心理距离，把音像媒体从传统的课外型转为课内型，融于教育教学全过程之中，有利于增强学生浸润感、互动性、参与度，不断提升对伟大建党精神的认同与自信，让伟大建党精神在跨越时空中绽放新的时代光芒。

伟大建党精神是中国共产党的宝贵财富，是中华民族伟大复兴的精神支柱。将伟大建党精神融入大学生党员教育培训，对培养大学生党员的爱国情怀、理想信念和责任担当具有重要意义。新时代，高校应准确把握伟大建党精神的本质意涵和价值旨归，自觉把伟大建党精神引入高校大学生党员教育培训中，以此激发大学生党员为实现中华民族伟大复兴而奋斗的热情和动力，引导大学生党员追本溯源，赓续红色血脉，夯实信仰之基，践行初心使命、增强斗争本领、站稳人民立场，成为民族可堪重任的时代脊梁。大学生党员要始终牢记伟大建党精神的价值追求和本真意涵，不断锤炼和磨砺自身，坚定信念、忍辱负重、坚韧顽强，努力成长为堪当民族复兴重任的时代新人。

参考文献

[1]李德顺．价值论：第2版[M]．北京：中国人民大学出版社，2007．

[2]习近平．坚持中国特色社会主义教育发展道路 培养德智体美劳全面发展的社会主义建设者和接班人[N]．人民日报，2018－09－11(01)．

[3]习近平．在党史学习教育动员大会上的讲话(2021年2月20日)[J]．求是，2021，(7)．

[4]习近平．调动干部和群众积极性 保证教育实践活动善做善成[N]．人民日报，2013－07－13(01)．

[5]习近平．思政课是落实立德树人根本任务的关键课程[J]．求是，2020，(17)．

[6]董雅华．论思想政治教育中的知识性与价值性[J]．贵州社会科学，2017，(2)．

[7]张泰城，张玉莲．红色资源研究综述[J]．井冈山大学学报：社会科学版，2013，(6)．

[8]习近平在中国人民大学考察时强调 坚持党的领导传承红色基因扎根中国大地 走出一条建设中国特色世界一流大学新路[N]．人民日报，2022－04－26(01)．

[9]张泰城，肖发生．红色资源与大学生思想政治教育[J]．教学与研究，2010，(1)．

[10]隋文馨．全媒体视域下高校的红色文化传播[J]．四川师范大学学报：社会科学版，2023，(4)．

On the Three Dimensions of Integrating the Great Party Founding Spirit into College Student Party Members' Education

ZHANG Xu - kun[1], CHEN Gang[2], HU Xin - nan[3]

(1. School of Marxism study, Shenzhen University, Shenzhen 518060, China; 2. CPC Revolutionary Spirits and Cultural Resources Research center, Jinggangshan University; Ji'an, 343009 China; 3. School of Laws, Shenzhen University, Shenzhen 518060, China)

Abstract: The great Party Founding Spirit is the source of the revolutionary spirits of the Chinese communists. It contains rich party education content, thus becoming the subject of college student Party member education. The integration of the Party Founding Spirit into the education of college student Party members is conducive to the cultivation of their love for the party and patriotism, to the promotion of their learning of the Party history, and to the enhancement of their commitment to take up the mission. On the basis of an accurate understanding of the scientific connotation of the Party Founding Spirit, it is important to, in the process of integration, grasp the principle of unifying knowledge with value, theories with practice, and reasoning with facts. This integration should be centered on the characteristics of party goals of college student party members in new era, give full play to the role of college party schools as the main channel of classroom teaching, highlight the practicality of the training of the party school in colleges and universities, and innovate the teaching methods, so as to enhance the effectiveness of integrating the great Party Founding Spirit into college student Party members' education.

Key words: the great Party Founding Spirit; college students; Party member education

【责任编辑:肖发生】

伟大建党精神“三进”路径研究

——以研究生公共课课程《新时代中国特色社会主义理论与实践》为例

王新燕，杨家希

（太原科技大学马克思主义学院，山西 太原 030024）

【摘 要】作为中国共产党人精神谱系源头的伟大建党精神“进教材”“进课堂”“进头脑”是研究生思想政治教育的重要内容。在研究生公共课《新时代中国特色社会主义理论与实践》中，教师通过分析研读伟大建党精神的内涵，找准不同精神内涵与章节内容的衔接点，与时俱进“进教材”；运用探究式学习法、体验式教学法、叙事教学法的多元教学方法生动形象“进课堂”；发挥教师主导作用、激发学生主体地位，开展“学生为主，教师为辅”的实践活动帮助精神内涵更好“进头脑”。

【关键词】“三进”；伟大建党精神；研究生公共课

习近平总书记在2021年的“七一”讲话中对伟大的建党精神做了概括，他指出：“一百年前，中国共产党的先驱们创建了中国共产党，形成了坚持真理、坚守理想，践行初心、担当使命，不怕牺牲、英勇斗争，对党忠诚、不负人民的伟大建党精神”[1]，这个伟大的精神是党精神领域的“领头羊”，贯穿于党的百年实践中。弘扬伟大建党精神对于提升研究生“四个自信”意义重大。当前，将研究生公共课《新时代中国特色社会主义理论与实践》与这一精神进行良好衔接是高效推进伟大建党精神“三进”工作的关键。

一、把握精神内涵，与时俱进“进教材”

伟大建党精神作为贯穿共产党建设发展过程的一根主线，其孕育于中国共产党建党初期，丰富和发展于党百年探索的历程中，并势必会在新时代奋斗历程中焕发出更加强大的力量。为提升研究生深入学习领会新思想、认清新时代新阶段新目标、树立远大抱负的能力，高校以本科生思想政治理论课为基础，设立了一门研究生公共课课程，即“新时代中国特色社会主义理论与

[收稿日期]2022-12-26

[项目基金]太原科技大学研究生思政示范课程项目“习近平新时代中国特色社会主义思想专题研究”（项目编号：KC2022017）；山西省高等学校教学改革科研项目（思想政治理论课专项）“概论课”推进习近平新时代中国特色社会主义思想“三进”研究（项目编号：2020JGSZ018）；太原科技大学研究生教育改革研究课题“马克思主义中国化前沿问题研究”（课题编号：XJG21037）。

[作者简介]王新燕（1977— ），女，山西文水人，法学博士，副教授，主要从事马克思主义中国化研究。

杨家希（1999— ），女，河北阳原人，硕士研究生，主要从事中国特色社会主义理论与实践研究。

实践”。为了推进伟大建党精神“进教材”工作的顺利进行，教师可以以公共课教材为依托，这里的教材实际上是教学材料的统称，教师通过认真研读伟大建党精神的内涵与实质，精准把握这一精神与各章节之间的衔接，从而不断丰富自己的教案内容，与时俱进“进教材”。

（一）“坚持真理，坚守理想”与教材的衔接

“坚持真理，坚守理想”是伟大建党精神中的“科学”追求。坚持真理，就是要坚持唯物史观，实现理想，就是要把实现共产主义的远大理想与中国特色社会主义的共同理想结合起来。[2]在《新时代中国特色社会主义理论与实践》教材中，“第二章第二节新时代坚持和发展中国特色社会主义的奋斗目标”分别从中国共产党的初心和使命、中国梦的内涵及实现路径、“四个伟大”的关系及意义三个方面说明了党的奋斗目标和远大理想，其中可以从中国梦这一部分入手，中国梦不仅仅是中国人民的梦想，更深深连接着世界人民的梦想，我们党提出“人类命运共同体”概念、提出“一带一路”的倡议等都证明了我们党始终坚守理想的决心；“第五章第二节新时代巩固和发展社会主义意识形态”鲜明地体现了“坚持真理”的科学性和必要性，这一章节主要从“为什么”和“怎么做”两个角度入手，从篇幅来看，课本主要聚焦于怎样在意识形态领域坚持马克思主义的领导地位，关于马克思主义的重要性只做了简要的概括，教师在推进“坚持真理”与这一章节的衔接时，可以从中国共产党选择、吸收并实践马克思主义的历史以及马克思主义的科学性方面入手。

（二）“践行初心，担当使命”与教材的衔接

中国共产党的初心和使命，就是为了中国人民的福祉，为了中华民族的复兴而奋斗，而这一目标的实现总是以发现矛盾、分析矛盾，最终解决矛盾而展开的。毛泽东同志在《矛盾论》中指出，“矛盾存在于一切客观事物和主观思维的过程中，矛盾贯穿于一切过程的始终，这是矛盾的普遍性和绝对性”。[3](P426)社会主义社会仍旧存在着矛盾，为了满足人民日益丰富的物质需求和精神需求，中国共产党始终坚持“以人为本”的思想，始终坚持着初心和使命。在《新时代中国特色社会主义理论与实践》教材中，第二章第二节第一部分专门讲述了“中国共产党的初心和使命”，教材在介绍基本内涵的基础上主要讲述了党的初心和使命的确立依据、本质以及中国共产党的历史实践，在这一部分的衔接中，教师可以直接引入“践行初心，担当使命”的精神；“第一章中国特色社会主义新时代”中有关我国主要矛盾的演变以及新时代以来，我们党以实现第一个百年奋斗目标为起点，开启了新的征程等内容都体现了我们党始终践行初心使命的决心和行动，针对此，教师可以从共产党践行初心使命的角度，梳理党的百年奋斗历程，完成这一精神与教材的衔接。

（三）“不怕牺牲，英勇斗争”与教材的衔接

“不怕牺牲，英勇斗争”精神体现在党不同历史时期克服艰难险阻的历程中，中国共产党领导人民进行了伟大的斗争，使中华民族摆脱了半殖民地半封建的命运，随后，我们党在新民主主义革命、社会主义革命、社会主义改革、建设方面都取得了巨大的成绩，中国在以习近平同志为核心的党中央的领导下，开创了一个新的时代，消灭了绝对贫困，完成了第一个百年奋斗目标。在新的道路上，我们仍旧面临着许多挑战。这一精神在教材中有直接对应的章节，比如“第二章第二节”第三个小标题描述了“四个伟大”的逻辑关系，阐明了进行伟大斗争的复杂性和长期性，正是这种敢于斗争、敢于胜利的意志使中国共产党具有无敌的力量；再如“第十章第三节推进新时代党的自我革命”中有关党靠着直面问题和刀刃向内的胆量，不断进行“四个自我”，以自我革

命引领社会革命等内容，体现出党敢于斗争的决心，且敢于斗争和自我革命具有紧密的联系，因此教师可以将这两个章节直接与“不怕牺牲，英勇斗争”精神相衔接。

（四）“对党忠诚，不负人民”与教材的衔接

“对党忠诚”体现着党性原则，忠诚度是衡量能否做成工作的重要一环，每个党员都要做到对党、对人民、对社会主义事业的忠诚。“不负人民”体现着党“以人民为中心”的理念和密切联系群众的工作作风。教材的“第四章第二节坚定不移走中国特色社会主义政治发展道路”和“第三节健全人民当家作主的制度体系”中有关中国特色社会主义政治建设的必然性、本质特征、“全过程人民民主”理念的阐释，以及构建和完善以人民为中心的人民当家作主制度体系等内容，都反映出人民在社会主义政治体制下的自主权，教师可以以十九届六中全会提出的“全过程人民民主”理念为切入点，对这一精神做更深入的讲解；“第六章第二节在发展中保障和改善民生”和“第三节加强和创新社会治理”中，有关经济发展与民生保障问题、共同富裕的扎实推动以及改进社会治理机制，建设更高水平的平安中国等内容，体现出我们党始终将人民放在心中。针对这一部分，教师可以从人民生活水平的不断变化出发，顺利推进“不负人民”精神与教材内容的衔接。

二、巧用多元教学方法，生动形象“进课堂”

伟大建党精神内涵丰富，层次鲜明，仅仅通过传统的灌输式教育无法取得良好的教学效果，且研究生阶段的学习倾向于自主思考、自我教育，采取传统的满堂灌形式极易造成学生走思、对课程提不起兴趣等情形。据此，采取探究式学习法、体验式教学法、叙事教育法进行教育，可以更好地提升教学效果，满足研究生自主学习、自主教育的需要。

（一）巧用探究式学习法，引导学生自主思考

探究式学习法，指教师在教学中创造一种适应于学术研究的情境，组织并引导学生自主思考，学生通过查找资料、分组交流的形式解决教师提出的疑问，在此过程中，教师务必发挥好良好的导向作用。这种教学方式强调学生的积极参与，旨在培养他们的自我探索能力。

在讲述《新时代中国特色社会主义理论与实践》第二章第一节有关“中国特色社会主义为什么是历史和人民的选择”这一部分时，教师可以模拟一个简易的学术讨论会，设置思考问题和讨论主题，规定学生自主阅读和自由讨论的时间，在学生积极交流和教师点评的过程中厘清中国特色社会主义的发展脉络，通晓一百年前中国共产党的正确选择和未来中国的发展方向，从而帮助学生更深入地理解“坚持真理，坚守理想”所包含的价值观念和远大理想。在学习第十章第三节“推进新时代党的自我革命”时，由于坚持党的自我革命是一个内涵丰富且逻辑清晰的知识体系，采用传统的讲授方法无法让学生明白其产生发展的逻辑，因此教师可以采用探究式教学法，引导学生理解我们党为什么坚持自我革命以及如何坚持自我革命这条宝贵的经验，教师在课上提出问题，为学生预留读书思考的时间，并在后续的问题回答中引导学生思考“自我净化、自我完善、自我革新、自我提高”四者的关系，通过引导回答的方式促进学生对党的自我革命的认识，加深对“对党忠诚”部分的理解。

（二）巧用体验式教学法，激发学生情感体验

体验式教学法，指教师利用多媒体教学资源，帮助学生从心理上进入“真实情境”中，学生在与教师的对话互动中达到其认知过程与情感过程的统一，激发起丰富的情感体验，从而在接受教育的过程中达到“自我教育”效果的教学法。

课程进行到第十章“新时代坚持和加强党的全面领导与全面从严治党”时，为了帮助学生把握党的自我革命精神，教师可以开展党的精神谱系专题讲座，通过图文结合的方式讲述在推进中国特色社会主义事业的过程中，共产党人所坚持的不畏牺牲的斗争精神和刀刃向内的自我革命精神。在讲座举办过程中，教师不光要善于运用丰富的语言艺术，还要加强与学生的互动，在互动过程中促进学生的自我思考，使其更好地体悟到“不怕牺牲，英勇斗争”的精神品质。在讲授第六章“新时代中国特色社会主义社会建设”特别是“在发展中保障和改善民生”这一小节时，为了让学生真切地感受我国民生建设取得的新成效新进展，使“践行初心，担当使命”“不负人民”更有效地“进课堂”，教师可以使用体验式教学法，在课堂上列举不同的生活情境，通过展示图片及视频的方式使学生对民生问题有更直观的了解，教师还可以设计有关民生的问题情境，让学生在一次次问答中体会我国民生的便利性。

（三）巧用叙事教育法，塑造学生价值观念

叙事教育法，是指教师在符合教学目标的范围内选取合适的故事，通过丰富的语言表达，将故事中的基本价值观念传递给学生，价值观念内化于心的程度取决于学生的认知水平和过往学习经验。运用这一教学方法需要注意两个方面，一方面，教师要做好故事筛选工作，关键在于选择合适的、具有教育意义且具有可讨论空间的故事；另一方面，故事的讲述形式以及引导学生在正确的方向上自我思考也至关重要。教师要努力讲好中国故事，全面挖掘蕴含其中的意义，做好“引路人”。

在讲述第六章有关“巩固拓展脱贫攻坚成果”的部分时，教师可以举办扶贫干部故事分享会，分享会分为前期准备、活动举办和活动总结三个步骤，前期准备主要是教师筛选典型扶贫故事，拟定活动大纲，分享会举办过程包括故事引入、故事讲解以及总结升华，最终的活动总结阶段主要是教师邀请学生分享观后感，并布置课下作业，以确保学生在课后查阅相关资料的过程中，对于共产党正在推进的扶贫事业和实现共同富裕的战略目标有更深的认识。在讲述第十章的时候，教师可以组织班级开展卡片讲故事活动，在不同颜色的卡片上写下几组关键词，如“忠诚”“首要标准”“具体行动”“共产党员”等，学生根据卡片上的关键词自行组成一段故事，故事背景、故事人物、故事结局均要体现活动主题，活动结束后给予优秀的故事以相应的课堂表现分数。通过生动有趣的讲故事环节，一方面充分激发学生的课堂参与积极性，锻炼学生的思维能力，另一方面能够有效地发挥故事的教育作用，使学生从故事中更加直观地理解忠诚于党的选择，对于伟大建党精神中“对党忠诚”部分的理解更加深刻。

三、挖掘师生内生力量，多措并举“进头脑”

推动伟大建党精神“进头脑”，就是要推动精神“入耳”“入脑”“入心”，增强学生对于其实质和价值的认同，树立起对于百年大党的理想信念、奋斗目标的敬仰，同时在人生的瓶颈期，能够发扬敢于斗争、坚定信念、践行初心、忠诚为民的精神品质，真正实现学而信、学而思、学而行。由于研究生学习注重知行合一、强调知识的实际应用，且在研究生培养阶段注重其独立研究能力和思维能力的提升，因而在“进头脑”的过程中，秉持“以学生为本”的教学理念，在这一理念指导下明确教师的主导地位，积极培养学生学习的自主性，通过榜样教育、树立“问题意识”、强化学生的“主人翁”意识以及开展多种形式的活动等方式，有效地促进伟大建党精神“进学生头脑”。

（一）“学而信”——充分发挥教师的主导作用

推进伟大建党精神“进学生头脑”的前提是进教师的头脑，实际上，教师的人格魅力、政治素养、理论功底以及日常工作生活中展现出的以身作则的品质都将直接影响理论的传导效果和说服力，因此，只有课程授课教师自身做到真信真学真用，提升个人教学素养，在日常工作生活中做好榜样教育，积极践行伟大建党精神，才能顺利推进“进学生头脑”工作。

第一，课程教师自身要做到真信真学真用，同时加强与学生之间的课前联系。学校要定期组织思政课教师培训工作，加强不同课程组教师的联系，《新时代中国特色社会主义理论与实践》课程组的教师可以同其他公共课的教师如《自然辩证法》的教师共同学习交流如何更好地促进伟大建党精神“三进”，在彼此交流中加深对建党精神的领会。教师还应在备课阶段浏览与“精神谱系”有关的著作和作品，拓宽知识获取渠道，加深对建党精神及共产党精神谱系的理解和认同，将其自然地衔接到课堂讲授之中。此外，教师在授课前还应对学生进行简单的问卷调查，尊重学生认知规律，了解学生个体差异，弄清楚学生对于建党精神的初步了解情况、兴趣点和困惑点，这样便于在授课过程中及时调整教学目标和内容次重点。

第二，加强榜样教育，为学生树立榜样模范。授课教师不仅是高校榜样教育的施教者，更是榜样行为的模范者，为了增强伟大建党精神的现实感染力和价值引领力，引导学生将其精神品质转化为日常行为标准，《新时代中国特色社会主义理论与实践》教师应当注重榜样教育的应用，“以模范行为影响和带动学生，做学生为学、为事、为人的大先生”。[4] 首先，充分挖掘更接地气、更具代表性的榜样力量进行教育，除了选取公认的经典榜样形象如董存瑞、雷锋等，还应挖掘新时代的先进模范，如“扶贫之花”黄文秀、“燃灯校长”张桂梅等，用先进榜样的英勇事迹激励学生；其次，做到知行合一，为学生树立起榜样模范。教师的个人价值观和行为方式将对学生的一言一行产生深远的影响，《新时代中国特色社会主义理论与实践》授课教师应将坚定信念、敢于斗争、无私奉献的价值观念贯彻至日常生活的每一件小事中，潜移默化地影响学生的价值观念；最后，积极发掘身边同学的榜样行为，发挥朋辈力量。选取学生身边的同学作为榜样，可以增强榜样与学生间的亲和力、加强榜样行为的模仿力，能够促进学生发自内心地认同、效仿。

（二）“学而思”——激发学生的主体作用

促进学生对建党精神从感性理解转化为理性认识，将其融入自己的知识体系和思维体系中，就要尊重学生的主体性，充分挖掘学生主动学习的积极性。从这个方向出发，帮助学生树立“问题意识”，强化学生的“主人翁”意识，对于推动伟大建党精神“入脑”十分有益。

第一，树立“问题意识”。习近平总书记提出，“要有强烈的问题意识，以重大问题为导向，抓住关键问题进一步研究思考”。[5] 教师在《新时代中国特色社会主义理论与实践》课堂上可以运用讨论教学法，将重点内容讲解完毕后，设置几个问题留给学生思考并分组讨论，由学生代表交流讨论结果，最后用专业的回答总结讨论结果，达到学生思考的效果。比如，想要学生理解“坚持真理，坚守理想”的思想内涵，教师可以在讲解第二章第一节有关中国特色社会主义道路的必要性问题上，提出“为什么中国特色社会主义是历史和人民的选择”的思考，从而可以引出中国共产党在风雨飘摇的旧社会选择了马克思主义作为指导思想的观点，在讲清楚知识点的同时，间接训练出学生的“问题意识”。持续地培养学生的“问题导向”能力，会极大地推动学生的学习自主性。

第二，强化“主人翁”意识。在教学过程中，一方面要引导学生强化“主人翁”意识，增强自主挖掘学习资源的能力，激发学生主动学习共产党精神谱系及党史的热情；另一方面，开展充分调动学生自主性的教学活动，如《新时代中国特色社会主义理论与实践》教学课堂可以借鉴“大学生讲思政课”“红色翻转课堂”的形式，将课堂学习主动权交给台下的研究生，让他们真正获得课堂话语权，在师生、生生课堂交流中增强对于伟大建党精神及《新时代中国特色社会主义理论与实践》各个章节的自主把握，提升课堂教学效果。再比如，教师可以在课后为学生布置贴合学习主题的课程任务，让学生自行设计伟大建党精神周年纪念图标，将设计创意度高的作品予以展示并给予相应的平时成绩。此外，建立和完善合理的激励机制是增强学生学习积极性、强化学生主人翁意识的必要环节，在《新时代中国特色社会主义理论与实践》课程的整个教学环节中，教师应始终秉持“严格考核，奖惩分明”的原则，坚持物质激励与精神激励相结合，对学生的课堂表现及课后任务的完成给予正面反馈。

（三）“学而行”——开展“学生参与为主，教师引导为辅”的实践活动

“纸上得来终觉浅，绝知此事要躬行。”为进一步延伸《新时代中国特色社会主义理论与实践》课堂教学的效果，推动建党精神“入心”，开展相对应的课外实践教育活动可以帮助学生更好地将伟大建党精神融进自己的价值体系中，将党的优良作风、坚韧品质真正落实到日常生活中。作为开展课外实践教育活动的主力军，授课教师应当充分利用课外教育资源，加强同学校其他职能部门的联系，注重发挥“关键”的效应，为学生提供形式多样的实践活动。

第一，加强与学校不同职能部门的合作，提供形式多样的实践活动。教师可以加强与院校党支部的联系，利用其丰富的教育资源，组织开展“共产党人精神谱系”主题党日活动，在党支部成立宣讲团的契机下，组织成立“伟大建党精神”学生宣讲团，利用《新时代中国特色社会主义理论与实践》课堂的课前或课间休息时间带领学生宣讲团进行主题宣讲。依托学校建造的校史纪念馆、图书馆等开展校史党史实践教育活动，在与相关管理人员沟通协商的前提下，利用馆内独特的教学资源，设计开展党史学习教育活动，如联合图书馆开展共产党人精神谱系系列图书推荐活动。同时，鼓励学生积极组织和参与弘扬伟大建党精神和百年党史的辩论赛和社团活动，通过生动有趣的社团活动，更加深刻地领会这一精神实质。

第二，利用好“关键”的效应。教师要充分利用好重要时间点、重要场所、关键人物、关键影视作品等对学生开展实践教学。比如，可以选择7月1日带领学生到周边的红色教育纪念馆参观学习，邀请老党员做伟大建党精神系列讲座，还可以在《新时代中国特色社会主义理论与实践》课堂上为学生播放《建党伟业》等经典影视作品片段，并引导学生在观看结束后撰写心得体会。通过“关键”效应的发挥，加深学生对伟大建党精神内涵实质的体悟，使得这一精神更加深入人心。

新时代开启新征程，新征程呼唤新精神。推动伟大建党精神“进教材、进课堂、进头脑”是推进研究生深刻理解其精神内涵从而能传承和弘扬精神品质的有效举措。“三进”是一个有机统一的整体，这一整体的有效推进离不开教师的能动作用，离不开线上线下、课内课外的协调配合，更离不开学生的自主参与。伟大建党精神“三进”的有效推进，能够帮助研究生更好地领会精神内涵、践行优良品质、参与建设更高水平的中国,为中华民族伟大复兴事业贡献更大的力量。

参 考 文 献

[1]习近平. 在庆祝中国共产党成立100周年大会上的讲话[N]. 人民日报,2021-07-02(002).

[2]燕连福,周祎. 中国共产党建党精神的形成基础、核心要义与鲜明特征[J]. 陕西师范大学学报:哲学社会科学版,2021,(5).

[3]毛泽东选集:第一卷[M]. 北京:人民出版社,1991.

[4]习近平在中国人民大学考察时强调:坚持党的领导传承红色基因扎根中国大地走出一条建设中国特色世界一流大学新路[N]. 人民日报,2022-04-26(001).

[5]习近平. 关于《中共中央关于全面深化改革若干重大问题的决定》的说明[N]. 人民日报,2013-11-16(001).

[6]马报,王建华. 中国共产党伟大建党精神的生成逻辑、结构维度及实现路径[J]. 新疆师范大学学报:哲学社会科学版,2022,(1).

[7]齐卫平. 伟大建党精神研究的四个视角[J]. 理论与改革,2021,(6).

[8]吴爱萍. 推进习近平新时代中国特色社会主义思想"三进"的思考——以"概论"课为例[J]. 学校党建与思想教育,2018,(3).

[9]田克勤,王心月. 当代中国马克思主义的"三进"与大众化[J]. 高校理论战线,2010,(11).

[10]黄蓉生,张国镛. 高校思想政治理论课推动科学发展观"三进"的若干思考[J]. 思想理论教育导刊,2009,(6).

Study on the Path of Incorporating the Great Party Founding Spirit into Textbooks, Classrooms and Students' Minds

——Taking *Theory and Practice of Socialism with Chinese Characteristics in the New Era* as an Example for Graduate Students' Public Course

WANG Xin-yan, YANG Jia-xi

(School of Marxism Studies, Taiyuan University of Science and Technology, Taiyuan 030024, China)

Abstract: As the source of the CPC's spirit, the Party Founding Spirit into textbooks, classrooms and student's minds is an important part of the ideological and political education for postgraduates. In the teaching of public course of *Theory and Practice of Socialism with Chinese Characteristics in the New Era* for postgraduates, teachers should incorporate Party Founding Spirit into the textbook by analyzing the connotation of the spirit and finding out its links to the chapters; into the classroom by using multiple teaching methods such as inquiry, Playing the leading role of teachers and Stimulating student's subjective experience and narration and into students minds by carrying out "student-oriented and teacher-assisted" activities.

Key words: "three entries"; the great Party Founding Spirit; graduate students' public course

【责任编辑:肖发生】

新时代革命文化资源开发利用的现状及对策研究

邵艳梅,刘晓宇

(河北工业大学马克思主义学院,天津 300401)

【摘 要】革命文化资源是中华民族宝贵的精神财富。积极推进革命文化资源的开发利用,有助于增强社会主义意识形态的凝聚力和引领力,从而为实现中华民族伟大复兴提供精神支撑。党的十八大以来,中国共产党对革命文化资源的开发利用卓有成效,为传承革命文化、建设社会主义文化强国奠定了坚实的基础。但是部分地区在革命文化资源开发利用的制度设计和实践探索方面存在尚需完善的地方,应进一步加强革命文化资源的保护性开发;创新传播方式,提高革命文化资源影响力;探索立体多元的教育体系,构建全方位的革命文化资源保护利用生态。

【关键词】革命文化资源;开发利用;对策

革命文化资源是中国共产党领导人民在长期的伟大实践中创造积累的宝贵财富。习近平总书记指出:"革命文物承载党和人民英勇奋斗的光荣历史,记载中国革命的伟大历程和感人事迹,是党和国家的宝贵财富,是弘扬革命传统和革命文化、加强社会主义精神文明建设、激发爱国热情、振奋民族精神的生动教材。"[1]包含革命文物在内的革命文化资源是中华民族宝贵的精神财富,是中国特色社会主义先进文化的重要组成部分。积极推进革命文化资源的开发利用,对于传承革命文化、建设社会主义文化强国、推进中华民族复兴伟业,具有重大而深远的影响。

一、革命文化资源开发利用的价值意蕴

"资源"的概念,源自经济学,是作为生产实践的自然条件和物质基础提出的,具有实体性。《辞海》中将资源概括为"资财的来源,一般指天然的财源"。[2](P1897)资源有狭义和广义之分。狭义上的资源指自然资源[3],即自然运动的产物。而广义上的资源种类繁多,除了自然资源外,还有社会资源、知识资源等[4],其中,社会资源是在社会经济活动中逐步形成,是社会经济活动的产物,知识资源指更高层次的资源,是以人力资源为基础和核心。在以上的自然资源、社会资源、知识资源中,当前人们社会经济生活中重点利用和开发的是知识资源。[5](P28-30)由此可知,"资源"的概念,应从资源的利用主体和资源的效用性两方面来理解。从资源的利用主体来看,很显然人是首要的主体,因为人类从事生产生活时,资源是必不可少的,所以人是资源利用的首要主

[收稿日期]2022-08-18

[项目基金]国家社科基金高校思政课研究专项项目"习近平总书记关于革命文化重要论述教育创新模式研究"(项目编号:19VSZ007)。

[作者简介]邵艳梅(1972—),女,河北青龙人,教授,硕士研究生导师,主要从事中国近现代史基本问题研究。

刘晓宇(1996—),女,山东潍坊人,硕士研究生,主要从事中国近现代史基本问题研究。

体。除此之外,动物、植物甚至微生物等也是主体,缘于它们的生长同样需要资源。但人与动物之间的差异旨在人能发挥主观能动性,自觉主动地开发利用资源,在数量和程度上,远非动物可比拟。因此,人类是资源利用的第一主体。从资源的效用上,资源一定是有效的,能够满足资源利用主体的需要。由“资源”的概念,引申出革命文化资源的概念,即指在革命文化教育过程中,能够被革命文化教育者开发利用,以实现革命文化教育目的的各种要素的总和。革命文化资源具有满足人们物质和精神需要的属性,具有经济导向、教育引导、历史见证等重要价值。

(一)经济导向价值

经济是发展的基础,革命文化资源可以为经济发展方向提供保证,并提供新的经济增长点。第一,革命文化资源是中国经济发展方向的重要保障。习近平总书记指出:“没有先进文化的积极引领,没有人民精神世界的极大丰富,没有民族精神力量的不断增强,一个国家、一个民族不可能屹立于世界民族之林。”[6](P137) 革命文化资源是中国特色社会主义先进文化的重要内容,蕴含着党的理想信念,体现党的方针政策。开发利用革命文化资源,有利于确保我国经济建设沿着中国特色社会主义道路前进。第二,革命文化资源为经济发展提供新的增长点。依托革命文化资源大力发展红色旅游,近年来已经成为助力革命老区脱贫攻坚的重要途径,为革命老区带来了可观的经济效益。赣南、沂蒙、大别山等革命老区依靠丰富的革命文化资源,不仅带动了革命老区红色旅游事业的发展,同时使制造业进一步升级改造,餐饮住宿业也同步得到了发展,从而增加了革命老区人民的个人收入,提高了他们的生活水平,出色完成了脱贫攻坚的任务,促进了革命老区的乡村振兴。井冈山革命老区,同样依托优势的革命文化资源,大力发展旅游事业,推进红色旅游融合发展,强化红色旅游扶贫人才培训,构建红色旅游精准扶贫机制,从而实现了革命老区贫困人员脱贫的目标。[7]

(二)教育引导价值

首先,有助于激发革命老区人民的斗志。革命文化资源中蕴含的艰苦奋斗精神、勇于拼搏精神,是中国共产党带领中国人民在长期奋斗过程中积累的宝贵财富。这种革命精神激励着老区人民砥砺前行、振兴发展。在精准扶贫战略规划中,革命老区成为重点扶贫对象,革命文化资源激发了老区党员干部和人民群众的坚强斗志和艰苦奋斗的精神,传承吃苦在先、享受在后的忧患意识,实现了老区的振兴发展。其次,有助于教育引导党员干部不忘初心、牢记使命。参观革命文化遗址、革命遗迹,使党员干部了解百年历史进程中党领导人民艰辛奋斗的光辉历史、感悟共产党人为民请命为国奉献的道德情操,从而增强党员干部的荣誉感、责任感和使命感。挖掘革命文化资源的内涵,利用早期共产党人的先进事迹感染、引导党员干部,使之牢记共产党人的初心和使命,从而坚定信仰信念,树立远大的理想。最后,有利于激励学生们矢志不渝,努力奋斗。革命文化资源是一种载体,又是一笔宝贵的财富,为学校开展思想政治教育提供优质资源。通过革命文化资源这一鲜活载体,可再现革命战争年代的生动场景,展现共产党人崇高的道德品质和高尚的革命精神,使学生感悟背后所蕴含的深刻的历史意蕴。将革命文化资源融入思想政治教育中,对学生进行理想信念教育、革命传统教育,以其生动性、真实性,更易于为学生们所接受,这种场域再造的效果更为显著,更有助于增强学生学习的主动性积极性,于日用不知、日用不觉中将爱国之志转化为报国之行。

(三)历史见证价值

革命文化资源是党带领人民在长期的实践

中形成的革命精神的重要载体,具有历史见证价值。例如,土地革命时期在川陕革命根据地各县分布的石刻碑文,留存至今,有的反映了中国共产党在根据地颁布的土地政策,有的内容呈现了根据地人民抗日的主张和打倒军阀的具体措施。这些石刻碑文原生态地把历史呈现给后人,使得人们对根据地的严峻的斗争形势和艰苦的革命环境有了更加直观的感受,对党领导的艰苦卓绝的革命斗争以及中国共产党的相关政策措施有了更加深入的了解,充分体现了革命文化资源的历史见证价值。

二、新时代革命文化资源开发利用的现状及问题解析

(一)革命文化资源的开发利用卓有成效

党的十八大以来,在党中央和各级党委政府的高度重视下,开发利用革命文化资源取得了巨大成就。

1. 革命文化资源开发利用已引起高度关注。习近平总书记先后到西柏坡、井冈山等革命圣地进行考察,对革命文物的保护和革命老区的乡村振兴做出了重要指示,为新时代革命文化资源的开发利用指明了方向、提供了遵循。2018 年中共中央办公厅、国务院办公厅印发的《关于实施革命文物保护利用工程(2018—2022 年)的意见》指出,要建设革命文物保护片区,这样为革命文化资源开发利用提供了制度保障。中宣部等相关部门组织实施"一号工程",重点资助延安等一批爱国主义教育基地,为基地建设提供了资金保障。中宣部又下发《关于加强和改进爱国主义教育基地工作的意见》,组织实施"533 工程",用五年时间,中央、地方、教育基地三方共同出资建设基地。目前,已对西柏坡会议纪念馆等更多教育基地进行了资助。可见,资金支持力度进一步增强、资助范围逐步扩大,为革命文化资源功能的发挥提供了重要保障。

2. 革命文化资源开发利用的方式日趋多元化。综合运用"声、光、画、电"等科技手段,再加上高素质讲解员的深度解读,使革命文化资源兼具政治性、思想性、艺术性,同时不乏观赏性,充分发挥了革命文化资源的经济导向、教育引导和历史见证价值。以长征文化资源为例,学者们将长征文化资源进行分类,有原始的长征革命文献档案与出版物,如长征时期发行的报刊书籍、发布的政策文件以及宣传用的标语口号等;长征沿线重要革命遗址、先辈旧居等;长征老战士遗留的革命实物、长征烈士遗物等;长征纪念馆等;长征回忆录、长征人物访谈资料等;以长征为主题的影视作品和红色歌曲等,以此对长征文化资源进行有侧重的开发利用,创新传播和宣教手段,真正对长征文化资源进行保护性开发。[8]

3. 革命文化资源与经济资源、旅游资源互利整合。《2016—2020 年全国红色旅游发展规划纲要》出台,为我国红色旅游产业发展做出了顶层设计和制度安排,凸显了新时代革命文化资源开发利用以经济利益为导向,努力动员社会力量有序参与,从而实现各种资源的互利整合。通过革命文化资源、经济资源、旅游资源的有机融合,寓革命文化教育于文化娱乐、观光游览之中,既有利于对广大人民群众加强革命文化教育,又有利于把红色旅游资源转变为经济优势,推动革命老区经济发展。以江西省为例,江西省有着光荣的革命历史,丰厚的革命文化资源,如八一南昌起义、井冈山革命根据地等革命遗址遗迹。但由于江西省多为山区、交通不便,便将本地区独特的地域特点与革命文化资源有机结合,以农家乐的形式进行开发,使江西省革命文化资源得到有效的开发利用。

(二)革命文化资源开发利用中存在的问题

党的十八大以来,中国共产党对革命文化资

源开发利用取得了巨大成就,为中国特色社会主义文化繁荣奠定了坚实的基础,但部分地区在革命文化资源开发利用的过程中,在制度设计和实践探索等方面存在一些不足。

1. 对革命文化资源开发利用不足,造成闲置浪费现象。在偏远地区,革命文化资源开发利用不足的现象较普遍。一些地方一直没有进行彻底的普查,具体多少资源没有摸清,有的资源甚至散落乡野,更谈不上开发。这就造成了革命文化教育中的矛盾现象,一方面是革命文化教育实践活动中缺少素材,难寻可供利用的资源,另一方面是革命文化资源本身开发利用不足,处于闲置状态。不管哪一种,都在事实上造成了资源的浪费,并对革命文化教育资源合理、高效地开发利用造成不利影响。造成这种局面的原因是多方面的,客观原因在于:资源具有隐形性、革命文化教育者认识水平不高,科学技术手段缺乏等;主观原因在于:一些文化遗产景点门票价格过高,弱化了文化遗产的革命文化教育功能,造成了革命文化资源的闲置浪费。

2. 对革命文化资源过度开发,导致庸俗化、低俗化现象。由于功利主义动机和市场经济等因素影响,再加上人们对革命文化资源的认识有待深化和提高,在开发利用革命文化资源的过程中,部分地区存在革命文化资源开发商业化倾向严重的问题,将开发利用革命文化资源仅仅看作是一种旅游促销的手段,忽视周边人文山水的合理开发,过分发展商业设施,使周边环境和革命遗址遗迹具有的庄严肃穆的氛围存在违和感。一些革命老区对革命文化资源开发过度,造成了庸俗化、低俗化现象。例如,革命文化旅游是一种大众化的文化消费活动,为了满足部分人群落后、低俗的需求,一些开发商在开发建设旅游项目景区时,无视当地革命文化资源的真实性,不惜将一些旅游项目庸俗化,使得原本真实的革命文化资源遭到毁坏,甚至有的导游为博取游客欢心,对革命文化讲解得不深、不透,甚至歪曲历史、玷污神圣的革命文化。

3. 对革命文化资源宣传推介不足,降低了革命文化资源的影响力。在宣传方面存在的问题,主要有:第一,革命文化教育主体重视不够,致使宣传不到位。政府作为革命文化资源开发利用的首要主体,应充分挖掘革命文化资源的内涵及价值,扩大革命文化资源的影响力,增强民众的知晓度。学校作为革命文化教育的主要阵地,在宣传上也存在不足。有些高校仅仅局限于思政课堂教学和大学生假期社会实践活动,并没有形成大思政的教育局面。有些高校没有意识到革命文化资源是校园文化建设的生动教材,对学校自身的革命文化资源挖掘的深度不够,并宣传不到位,有的甚至舍近求远地寻求革命文化资源,反而忽略了身边鲜活的素材,致使革命文化教育变得枯燥乏味,难以入耳入心,极大地削弱了革命文化资源功能的发挥。第二,宣传的内容枯燥,形式单一,致使革命文化资源的影响力减弱,尤其是弱化在青年中的影响力。如果在内容和形式上没有与时俱进创新发展,那么就不能满足不同群体的个性化需求,受教育对象学习的积极性自然不高。第三,宣传渠道较窄。在新媒体背景下,有些部门或单位运用互联网思维却相对薄弱,线上线下相结合的宣传做得不到位,如有的革命文化资源的公众号,只是摆设,缺乏专业的经营,很少见原创性文章,所发的文章阅读量较少、没有影响力,对舆论的引导力不够,互动能力更弱。

(三)革命文化资源开发利用存在问题的原因分析

1. 市场经济因素的影响。市场经济是一种利益驱动型经济,激发了人们对个人利益的追求,增强了人们的主体意识,但市场经济也是一把双刃剑,使个人利益本位和个人主义倾向不断抬头。有的人单纯追求眼前利益,忽视长远的精神道德层面的追求。这种注重个人利益的价值观念和革命文化资源的价值理念背道而驰,极大地弱化人们对革命文化的认同。市场的逐利法则更是越过了商业界限,泛化到政治领域和社会生活的方面,使得革命文化的影响力减弱。同时,市场经济坚持利益导向,一些人往往只会关注眼前利益而舍弃长远利益,因此,破坏革命文化资源,以获得短期经济效益。

2. 新媒体传播方式应用性不足。新时代,已进入信息社会,自媒体、融媒体被广泛应用,信息传播途径增多,传播方式更为多样,信息量也空前增加。在此背景下,受众接受信息的方式日趋多元,再加上受众综合素质普遍提高,有自己独到的见解和主张,难以接受教条式革命文化教育。因此,应随着时代发展而变革革命文化传播方式,实现从单向传播向双向互动的转变,但是,目前在革命文化资源的开发利用中,并没有及时有效地利用新媒体的传播方式,从而导致革命文化资源开发利用不足、革命文化教育实效性不高。

3. 革命文化教育模式创新性不足。新时代新媒体背景下,传统的填鸭式的教育模式已过时,人们从过去的“依附型”的主体变成独立的个体,具有主体意识、独立决断能力、自主推理能力,面对更加丰富的信息资源时,人们可以进行独立思考和自主判断,而不是直接被动地接受。特别是青少年,主体意识较强,个体本位凸显,不愿意盲从。那种热衷于沿袭传统的“照本宣科”式的课堂理论灌输,对于革命文化资源进行宣传教育的网络平台采取不闻不问的教育模式,已远远落后于时代,应进行创新发展。

三、革命文化资源开发利用中应秉持的原则和采取的策略

革命文化资源承载着中国共产党领导人民不懈奋斗的革命斗争史、社会主义建设史、改革开放发展史,其价值跨越时空、历久弥新。应针对革命文化资源开发利用中存在的问题,坚持社会效益与经济效益相统一、可持续性发展的原则,推进革命文化资源的保护性开发;充分运用现代传媒技术,提升革命文化资源知名度;积极探索立体化多层次的教育体系,构建全方位的革命文化资源保护利用生态。

(一)革命文化资源开发利用中应秉持的原则

原则是基础,为革命文化资源开发利用提供依据、指明方向。

第一,坚持社会效益和经济效益相统一的原则。由革命文化资源的本质属性所决定,应把社会效益置于首位。但在注重社会效益的同时也不应忽视经济效益,应将经济效益与社会效益紧密结合,充分发挥革命文化资源的优势,实现社会效益与经济效益的双赢。许多革命文化资源同时也是重要的旅游资源,对其进行挖掘与利用,能满足人们休闲娱乐的精神需求,产生良好的经济效益。更为重要的是,创新革命文化资源开发利用方式,提高革命文化资源的吸引力和感染力,增强人们对革命文化的思想认知和情感认同,从而坚定担负起建设文化强国的历史使命,实现革命文化资源社会效益的最大化。

第二,坚持可持续性发展的原则。开发利用革命文化资源,既要立足当下,协调各方,综合利用革命文化资源,实现其经济、教育、历史价值,也要从长远利益出发,重视革命文化资源的可持续性发展。可持续性发展理论源自人们对传统发展观的反思,是基于人类对自然资源的攫取无度,导致人类自身已濒临生存危机而产生的一种危机理论,此理论同样适用于革命文化资源的开发利用。因此,在革命文化资源开发利用的过程中,应坚持可持续性原则,尽量开发现有革命文

化资源,为未来保留足够的资源,做到在保护中开发,从而实现可持续性发展。

(二)加强推进革命文化资源开发利用的具体策略

策略是革命文化资源开发利用的关键问题。毛泽东同志曾指出:“不解决桥和船的问题,过河就是一句空话。”[9](P139)这里的“桥”和“船”就是策略或方法,过“桥”或划“船”是具体实践。针对新时代革命文化资源开发利用中存在的问题,应采取以下的策略。

1. 双管齐下,加强革命文化资源的保护性开发。由于革命文化资源的不可再生性和不可复制性,其保护性开发至关必要。从内涵上,革命文化资源包括物质文化资源、制度文化资源、精神文化资源。对于物质文化资源,要进行定时性修缮、保护性整理,延长其生命周期;对于制度文化资源,要描绘其历史细节、创新表达方式,使其承载的革命历史更加具体、形象、生动;对于精神文化资源,尤其是英雄人物,应结合史料注重研究他们的政治地位、历史贡献以及产生的社会声望,使英雄人物真正成为全社会的典型的示范、学习的楷模。为此,应双管齐下,从完善政策法规和加大财政投入两方面做起。

第一,完善相关政策法规,为革命文化资源开发利用提供政策依据。2018 年《关于实施革命文物开发利用工程(2018—2022 年)的意见》印发后,各地方纷纷制定革命文物开发利用合作协议,例如,2019 年川陕片区出台《川陕片区革命文物开发利用合作协议》《川陕片区革命文物开发利用总体规划》,这些为川陕片区革命文化资源的开发与利用提供了政策依据,也促进了中央与地方、地方与地方之间联合开发利用革命文化资源。尤其要注意的是,实施革命文化资源开发战略,要规定革命文化资源建设的原则任务与行动路径。例如,重庆市制定《长征国家文化公园(重庆段)建设规划》《八路军重庆办事处旧址开发规划》《红岩革命文物开发传承工程实施方案》,从维修保护革命文物、整治文物保护环境、防护革命文物安全等方面,开发利用红岩革命文物,有力地推动了红岩片区革命文物保护利用。[10]

第二,加大财政投入,为革命文化资源开发利用提供资金保障。政府作为革命文化资源开发利用的首要主体,要尽量提供充足的经费,为革命文化管理单位更好地开展工作提供资金支持。革命文化管理单位也要联合社会相关部门,定期开展活动,在提高社会效益的同时积累发展资金。同时,在社会主义市场经济的大背景下,积极探索市场化运作模式,引导社会资金有序参与革命文化资源开发利用。尤其要注意的是,具体操作时要以大局为重,不能损害革命文化资源的严肃性和革命文化教育基地的形象。

2. 创新传播方式,提高革命文化资源的影响力。马克思曾指出:“问题就是时代的声音。”[11](P289)革命文化资源的开发利用必然要与时代的发展同向同行,并彰显时代的特征,回应时代的主题。随着中国特色社会主义进入新时代,社会主要矛盾发生变化,人民对美好生活的需要越来越多,要求也日益提高,因此,革命文化资源的开发利用相应地要提升层面,在内容和形式上与时俱进,不断开拓创新。

第一,充分利用新媒体,加大革命文化资源的宣传力度。一般而言,革命文化资源的传播主要依托传统媒体,如报纸、杂志,传统媒体的受众稳定性、渠道权威性决定了其存在的合理性。但是,新媒体的出现,迅速冲击了传统媒体的地位,成为当今社会最具活力的传播方式。所以,应充分利用新媒体,用全新的互联网思维,对革命文化资源进行宣传推广和品牌打造。尤其要根据青年受众的思维方式和行为特点,选择能够激发他们浏览阅读和便于接受的传播方式，宣传推介革命文化资源。建设党史网、文化广电和旅游局等官方网站、开通相关官方微博，保证网站信息及时更新和反馈，为人们知晓革命文化资源提供权威信息。

第二，发挥手机媒体功能，多元立体化宣传革命文化资源。创建微信公众号，按时按量推送相关主题文章、日志，拍摄制作相关短视频，运用抖音、快手、微博等微媒体，发挥其受众广、传播快、影响范围广的优势，使人们深入了解革命文化资源，提高革命文化资源的知名度。同时，依托互联网大数据平台，精准分析不同受众的思维方式和行为习惯，借助手机媒体传播优势，加入和转换“网络流行语”以及时代元素，使其更加便于受众理解和接受。

3. 探索立体多元的教育体系，构建全方位的革命文化资源保护利用生态。革命文化资源是一种集理想信念、革命情怀、人生价值于一体的的社会化教育资源。为此，必须调动全体社会成员来进行革命文化教育实践，构建政府、学校、家庭、社会合一的教育体系。第一，发挥政府的主导作用。政府的政策指示、财政支出和社会动员是推动革命文化资源开发利用的重要推手。政府要尽量免费开放各类革命博物馆、纪念馆、展览馆、烈士陵园等公共场所，大力整改当前部分场馆市场化、逐利化的经营趋向，使其恢复爱国主义教育基地的初心。第二，发挥学校在革命文化教育中的阵地作用。如今许多学校已经把革命文化教育融入课堂，但是，很多学校的社会实践却流于形式，要真正使学生亲自参与社会实践，亲身感受革命时期的艰难困苦和当今幸福生活的来之不易，使学生们做到“知行合一”，真正成为有历史使命和责任担当的时代新人。第三，发挥家庭在革命文化教育中的重要作用。家庭是青少年走向社会的起点，家庭教育在青少年革命文化教育中发挥着至关重要的作用。父母应带领子女参观革命文化场馆，品读革命文化经典，进行革命文化实践体验，激发革命文化学习兴趣，增强革命历史教育、理想信念教育，从而使革命文化资源功能得以充分发挥。第四，发挥社区在革命文化教育中的作用。社区教育作为革命文化教育中的重要一环，对市民的教育更加亲近具体，社区应聚焦区域性革命文化资源，积极组织相关活动，为辖区内居民创造良好的教育环境，从而充分发挥革命文化资源的教育功能。

总之，革命文化资源是中华民族宝贵的精神瑰宝，凝聚了中国共产党人的核心精神及价值理念，为民族复兴提供不竭的动力支持。要充分发挥革命文化资源的优势，积极推进革命文化资源的开发利用，使其在新时期焕发新的时代光芒。

参　考　文　献

[1]新华社. 切实把革命文物保护好管理好运用好 激发广大干部群众的精神力量[N]. 光明日报，2021－03－31(01).

[2]《辞海》编委会. 辞海[Z]. 上海：上海辞书出版社，1979.

[3]孙鸿烈，等. 资源科学研究的现在与未来[J]. 自然科学，1998，(1).

[4]陈华洲. 思想政治教育资源论[M]. 北京：中国社会科学出版社，2006.

[5]李康平. 江西红色文化资源[M]. 北京：中国社会科学出版社，2011.

[6]中共中央文献研究室. 十八大以来重要文献选编[M]. 北京：中央文献出版社，2016.

[7]邓燕平. 精准扶贫视角下革命老区红色旅游扶贫研究——以井冈山为例[J]. 红色文化资源研究，2016，(2).

[8]户华为，等. 长征路上，凝结着我们的“根”与“魂”[N]. 光明日报，2016－10－21(005).

[9]毛泽东选集:第一卷[M].北京:人民出版社,1991.
[10]周琪,等.论新时代红色文化资源的现实境遇与创新实践[J].重庆社会科学,2020,(12).
[11]马克思恩格斯.马克思恩格斯全集:第40卷[M].北京:人民出版社,1982.

Current Situation and Countermeasures of the Development and Utilization of Revolutionary Cultural Resources in the New Era

SHAO Yan - mei, LIU Xiao - yu
(School of Marxism Studies, Hebei University of Technology, Tianjin 300401, China)

Abstract: Revolutionary cultural resources are valuable spiritual wealth of the Chinese nation. Actively promoting the development and utilization of revolutionary cultural resources helps to enhance the cohesion and leading power of socialist ideology, thus providing spiritual support for the realization of the great rejuvenation of the Chinese nation. Since the 18th National Congress, the Communist Party of China has been effective in the developing and utilizing revolutionary cultural resources, which lays a solid foundation for the inheritance of revolutionary culture and the construction of a strong socialist culture. However, in some areas, there is still room for improvement in the systematic design and practical exploration of the development and utilization of revolutionary cultural resources, where the protective development should be further strengthened, innovative dissemination methods should be used to improve the influence, and a three - dimensional and diversified education system should be explored to build an all - round ecology of the protection and utilization of revolutionary cultural resources.

Key words: revolutionary cultural resources; development and utilization; countermeasures

【责任编辑:王伟年】

长沙红色资源开发利用现状与进路

周伟东

（中共长沙市委党校党史党建教研部，湖南　长沙　410004）

【摘　要】长沙红色资源禀赋得天独厚，其红色精神地位显要、价值不凡。近年来，长沙红色资源科研出成果，教育很红火，设施大改善，旅游成规模，发展成效好。但长沙红色资源开发利用在制度建设、品牌建设和基础建设等方面仍大有潜力可挖。在党史学习教育常态化长效化背景下，要进一步用好长沙红色资源、传承红色基因，需要加强顶层设计、推进基础研究、讲好英雄故事、建设精品线路、办好红色学府、打造知名品牌。

【关键词】长沙；红色资源；开发利用；现状；进路

习近平总书记强调，“要教育引导全党大力发扬红色传统、传承红色基因，赓续共产党人的精神血脉”。[1](P515)红色基因是中国共产党为什么能的精神密码。要保持旺盛的生命力，百年大党红色基因必须代代相传。红色基因的重要载体是红色资源。在推动党史学习教育常态化长效化过程中，要用好红色资源，传承好红色基因，赓续好精神血脉。长沙是红色资源沃土，近年来红色资源开发利用取得显著成效，正以红色精神引领强省会战略向纵深发展。为了总结经验、推动新形势下更好地开发利用红色资源、传承红色基因，笔者对长沙红色资源发展现状与路径进行了专门研究，分四个方面阐述如下，供有关部门和各位同行参考。

一、长沙红色资源“矿藏”十分丰富

一般认为，红色资源是指新民主主义革命以来，中国共产党团结带领各族人民所形成的具有历史价值、教育意义、纪念意义的物质资源和精神资源。[2]长沙是“十步之内，必有芳草”的建党先声地，是伟人故里、将帅之乡、幸福之城，红色资源天赋异禀，具有开展党史学习教育极为雄厚的先天基础。

（一）红色资源禀赋得天独厚

长沙红色资源蕴藏丰富。据最近一次的普查数据，全市共拥有重要历史事件旧址和重要机构旧址、革命领导人故居、烈士墓等革命遗址总数275个，其中省级以上文物保护单位44个，省级以上爱国主义教育基地19处，以革命历史资源为主，宛若一座没有围墙的革命历史博物馆。新民主主义革命中涌现出大批政治家、革命家、思想家、军事家，为民族独立和人民解放建立了丰功伟绩。一是领袖人物多，有长沙经历的包括

［收稿日期］2022-08-01

［项目基金］长沙市哲学社会科学规划课题“长沙红色资源开发利用现状与进路研究”（项目编号：2022csskkt84）。

［作者简介］周伟东（1979— ），男，湖南岳阳人，副教授，博士，主要从事中共党史、红色资源研究。

毛泽东、刘少奇（长沙宁乡人）、任弼时、胡耀邦（长沙浏阳人）等。二是共和国将帅多，有长沙经历的共和国元帅有两位：彭德怀、罗荣桓，大将有四位：黄克诚、陈赓、萧劲光（长沙人）、许光达（长沙县人），上将有王震（长沙浏阳人）、邓华、甘泗淇（长沙宁乡人）、宋任穷（长沙浏阳人）、宋时轮、唐亮（长沙浏阳人）、陈明仁、陶峙岳（长沙宁乡人）、杨勇（长沙浏阳人）、李志民（长沙浏阳人）等10位。还有大批的中将、少将。三是革命烈士多，在30年的新民主主义革命斗争中，湖南有上百万群众惨遭敌人杀害，数十万革命志士牺牲，被政府追认为烈士的有15万之多，相当一部分是长沙籍或有长沙学习工作经历，例如最早提出中国共产党名称的蔡和森、中共一大代表何叔衡、毛泽东夫人杨开慧、断肠将军陈树湘等等。这么多英雄人物在长沙成长成才、参加革命工作，为国奋斗甚至牺牲，留下了大量的光辉足迹，值得后人去纪念、去学习、去挖掘、去传承。

长沙红色资源特点突出。一是分布广泛。长沙重要红色资源在除雨花区外的八个区县市都有分布，包括湖南一师旧址、清水塘、橘子洲、花明楼、文家市秋收起义纪念馆、胡耀邦故居、雷锋纪念馆等著名红色景点。二是知名度高。红色资源的知名度跟红色人物的知名度密切相关。单是领袖人物和元帅就有毛泽东、刘少奇、任弼时、胡耀邦、彭德怀、罗荣桓等六位。而且长沙发生的重大历史事件多，例如大革命时期的工农运动、北伐战争，土地革命战争时期的秋收起义，抗战时期的长沙保卫战等。三是影响深远。长沙红色资源的影响力也与红色人物的知名度密切相关。例如伟人母校湖南一师、橘子洲头、花明楼刘少奇故居等是全国红色旅游经典景区，加上地方特色小吃的吸引，长沙也成为网红城市。

（二）红色精神地位十分显著

长沙是“十步之内，必有芳草”的建党先声地，是伟大建党精神和党的精神谱系的重要形成地，其在革命、建设、改革和新时代各个时期形成的红色精神，在党史上有十分显赫的地位。以下几个方面的红色精神形成地最有代表性，最值得深入挖掘和利用：

一是伟大建党精神重要形成地。首先，长沙是“建党先声”的组织地。1918年4月，毛泽东、蔡和森、萧子升等在长沙发起成立新民学会。1919年底，蔡和森赴法勤工俭学，猛看猛译马克思主义著作，逐渐转变为马克思主义者。1920年夏，毛泽东在北京受《共产党宣言》等马克思主义著作影响转变为马克思主义者。1920年8月13日和9月16日，蔡和森写给毛泽东两封长信，第一封提出要成立共产党，第二封明确提出“明目张胆建立一个中国共产党”[3](P34)，这是党史上第一次提出“中国共产党”这个名称。新民学会会员在交流中发出了建党的第一个呼声，所以新民学会又被誉为“建党先声”。其次，长沙党组织是参加一大的八个地方早期党组织之一。长沙共产党早期组织于1920年11月成立，到一大召开前夕已有6名党员，是一大召开前成立的8个中共早期组织之一。1921年6月29日，毛泽东、何叔衡代表长沙共产党早期组织赴上海参加中共一大，和其他11位代表一起创立了伟大的中国共产党。所以，长沙是建党的重要策源地。再次，与长沙有深厚渊源的早期党员多达14位，超过中共早期党员58人名单的四分之一。其中，来自长沙早期党组织的有毛泽东、何叔衡、彭璜、贺民范、易礼容、陈子博等6位；来自新民学会且参加其他早期党组织的有李启汉、李中、罗章龙、刘清扬等4位；长沙籍非新民学会会员且参加其他早期党组织的有缪伯英、李梅羹、陈公培、吴雨铭等4位。新民学会、长沙共产党早期组织、有长沙渊源的早期党员是形成伟大建党精神的重要主体和载体。

二是“实事求是思想路线重要策源地”。实事求是既是中华优秀传统文化的精髓,也是湖湘文化最富特色的内涵。自宋代胡安国开始,历胡宏、张栻、王船山、曾国藩、谭嗣同、杨昌济至毛泽东,湖湘文化哲学思想形成了道德与事功相结合、主张经世致用的独特风格。张栻强调传道济民,王船山强调知而力行,曾国藩强调厚道务实,都是经世思想的体现。与此相应,实事求是精神得到提倡。1917 年,以原岳麓书院为校址的湖南工业专门学校的校长宾步程把“实事求是”四个大字挂在讲堂前作为校训,勉励学生崇尚科学、追求真知。这是“实事求是”最早作为学校校训的起点。在此游玩和居住过的青年毛泽东对此印象非常深刻。后来,他对实事求是的思想内涵进行改造和提升,成为毛泽东思想活的灵魂和我们党的思想路线。

三是毛泽东思想重要萌芽地。长沙是毛泽东的思想转变地、初心形成地、事业起飞地,是毛泽东思想的萌芽地。在第一师范学习工作期间,毛泽东实现了从民主主义者到马克思主义者、从爱国青年到职业革命家的伟大转变。在第一师范工作期间,毛泽东领导了中共湖南支部的工作,领导或参与领导了安源路矿工人罢工、粤汉铁路工人罢工、长沙泥木工人罢工等实际斗争,毛泽东的政治思想在第一师范时期开始形成,毛泽东思想的萌芽可以上溯到第一师范时期。

四是雷锋精神重要形成地。雷锋 1940 年出生于长沙望城县,在长沙生活了 18 年。雷锋于 1957 年在长沙入团,曾被评为望城县委机关劳动模范、治沩模范。在党的关怀和教育下,雷锋从一个穷孩子翻身得解放,受了高小教育,成长为一个具有共产主义思想的进步青年。雷锋精神在长沙已经初步形成。

另外,长沙还是新民主主义革命重要策源地、伟人将帅成长地、建军重要策源地、省会建政先河地、革命道路转折地,都在党史上具有重要地位。在新时代要高扬这些长沙“原产地”的红色精神,使之成为推动现代化新长沙发展的强大精神动力。

(三)红色资源价值不同凡响

红色资源只是载体,它的价值在于其中蕴含的红色精神。长沙红色资源具有深刻的党性教育价值,是中国共产党党性修养的集中体现。粗略梳理,至少有以下四个方面:

一是伟人风范,包括毛泽东的人格魅力和家风,刘少奇的党性修养,胡耀邦的为民情怀等等。伟人风范具有跨越时空的持久魅力和影响力。2013 年 11 月,习近平总书记在湖南视察时曾满怀深情地说:“湖南人杰地灵,毛泽东、刘少奇、任弼时、彭德怀、贺龙等老一辈革命家都诞生在这里,我们要弘扬老一辈革命家的崇高风范,增强广大干部群众对中国特色社会主义的道路自信、理论自信、制度自信、文化自信,以更加饱满的精神做好各项工作。”[4] 2020 年 9 月 18 日,习近平总书记在湖南考察时说道:“湖南是一方红色热土,走出了毛泽东、刘少奇、任弼时、彭德怀、贺龙、罗荣桓等老一辈革命家,发生了秋收起义、湘南暴动、通道转兵等重大历史事件,大批共产党人在这片热土谱写了感天动地的英雄壮歌。要教育引导广大党员、干部发扬革命传统,传承红色基因,牢记初心使命,走好新时代长征路。”[5] 习近平总书记的指示要求,对于用好红色资源、传承好毛泽东等老一辈无产阶级革命家的优良传统有重要指导作用。因此,要充分挖掘和利用好伟人风范这个宝贵资源,开展党性教育,使党的宝贵精神进课堂、进教材、进头脑。

二是斗争精神,包括毛泽东的斗争精神,杨开慧的牺牲精神,陈树湘的忠诚精神等。坚持敢于斗争是党的百年奋斗的宝贵历史经验。具体到长沙相关的毛泽东、杨开慧、陈树湘等党史人物，又非常鲜活，非常富有特色。例如长沙伢子陈树湘率领红三十四师在湘江战役中负责殿后，绝境中宁可从伤口掏出自己的肠子绞断而壮烈牺牲也绝不被俘。这种断肠明志的斗争精神感动了无数人。和平年代虽然很少面临你死我活的斗争，但同样面临着具有许多新的历史特点的伟大斗争，要赢得伟大斗争的胜利，我们新时代的共产党人仍然需要有敢于斗争的斗争精神，依靠顽强斗争打开事业发展新天地。因此，要从这些红色资源中汲取斗争精神，继续发扬斗争精神，走好新时代的长征路。

三是担当精神，包括毛泽东的以天下为己任的精神，王震的担当精神，雷锋的奉献精神等。一代人有一代人的担当。以毛泽东为代表的共产党人以天下为己任，担当起了那一代人该担当的责任。在新时代，伟大的历史使命呼唤新的担当，我们仍然要传承和发扬好毛泽东等革命先辈的担当精神，赢得新征程上的新的伟大胜利。

四是求实精神，包括毛泽东的实事求是精神，胡耀邦的务实精神，徐特立的求实精神等。求实精神从湖湘文化中传承下来，经毛泽东继承、发展、提升，转化为党的思想路线，是我们党极其宝贵的精神财富。我们依靠实事求是赢得过去，我们同样要靠实事求是赢得未来。要深度挖掘实事求是精神的来源、发展、意义，以实事求是精神指导新时代的奋斗实践。

二、长沙红色资源发展成效显著

近年来，长沙积极挖掘和利用红色资源开展党性教育和党史教育，研究成果层出不穷，红色教育不断发展，基础设施不断改善，红色旅游日益火爆，红色资源开发利用取得了较为显著的成效。

（一）研究成果层出不穷

近五年的主要研究成果有以下几类：一是关于长沙党史人物的文献资料陆续出版，主要有《讲堂录：青年毛泽东修身与国文笔记手迹》《刘少奇年谱增订本第2卷 1943—1949》《刘少奇选集》《胡耀邦文选》等几部。二是关于长沙红色资源开发的相关研究成果不断丰富，例如专著《湖南红色资源与高校思想政治教育的融合研究》，论文《湖南长沙：推进丰富红色旅游资源的聚合与联动》《红色文化资源的保护与开发新析——以湖南为中心的研究》等20余篇。三是关于长沙党史人物的研究成果较为丰富，仅专著就有《毛泽东与蔡和森》《党性教育读本》《延安时期党的纯洁性建设研究——以湘籍无产阶级革命家的思想和实践为视角》《解读青年毛泽东》《刘少奇与探索新中国之路 1949—1956》《梦回万里 卫黄保华——漫忆父亲刘少奇与国防、军事、军队（纪念版）》等几部。四是关于长沙重大历史事件的研究成果越来越多，例如关于秋收起义的主要有《湖南省纪念秋收起义90周年学术研讨会论文集》和知网论文30多篇。

（二）红色教育长足发展

在开发红色资源的过程中，以长沙市委党校为代表的红色教育机构深入挖掘红色资源的党性教育价值。一是课程体系不断完善。形成了比较齐全的“四史”系列课程，有“百年芳华——中国共产党与中国梦”等60多个课堂教学专题。形成了党性教育现场教学系列课程，有“建党先声——青年毛泽东信仰形成之路及启示”（新民学会旧址现场教学）等20多个现场教学专题。形成了长沙地方党史系列课程，有“中国共产党长沙历史与经验”等30多门课程。二是精品课程不断涌现。2018—2019入选全省党性教育精品课的有“革命理想高于天——青年毛泽东成长之路及启示”等8堂。2019入选市级党性教育精品课（优秀课）的有“传承耀邦初心 担当复兴使命”等8堂（全市共20堂）。2021年“许光达的‘三让’”入选全国优秀理论宣讲微视频。三是现场教学经典线路开始形成。全市党校系统打造了四条党史教育现场教学线路,即建党先声之路、秋收起义之路、党性修养之路、毛泽东游学调查之路,共有课程85堂,现场教学基地61个。仅长沙市委党校运用这些课程每年培训本市和外地学员10多万人。各区县市党校、市内高校、纪念场馆、中小学校等教学和宣讲机构开发的党史课程和培训量则更为可观。

(三)基础设施日益改善

一是交通日趋便利。长沙地处交通要冲,空港、高铁、高速、城铁、地铁设施四通八达,交通区位优势显著。最显著的优势是京广和沪昆高铁在此交会,市内六条地铁在地下穿梭。二是红色学府办学条件不断改善。2020年,望城区在区委党校基础上成立了湖南雷锋学院,可同时容纳1000人开班,在全国区县党校中首屈一指。2022年3月,长沙县委党校改扩建项目开工,新增用地面积50亩,将达到1000人的培训容量和800人的住宿容量。三是红色景区不断提质。2019年,长沙党史馆顺利建成开馆。2020年,湖南一师旧址、中共湘区委员会旧址暨毛泽东杨开慧故居、刘少奇故居和纪念馆等10个红色景点都已经按照《全国红色旅游经典景区三期总体建设方案》的要求完成改造提质。

(四)红色旅游渐成规模

2019年,全市红色旅游接待国内外游客5336.8万人次,实现红色旅游综合收入546.8亿元,分别同比增长18.5%和19.3%,占全省的比重分别为38%和42%。2021年长沙在全国红色旅游热门城市中排行全国第四,橘子洲景区和岳麓山风景名胜区在全国红色旅游热门景区中分别排名第一、二位。长沙红色旅游热度不断升高,主要有以下几点经验:一是资源不断整合。通过红红整合,长沙初步形成了6条红色旅游线路:以新民学会旧址、橘子洲、湖南一师旧址等为重点的“情怀体验”之旅;以回龙山、何叔衡故居等为重点的、青年毛泽东社会调查历程为内容的“社会调查”之旅;以秋收起义上坪会议旧址、胡耀邦故居为重点的“工农革命”之旅;以袁隆平杂交水稻、徐特立故居、许光达故居等为重点的“现代农韵”之旅;以王震故居、中共湘鄂赣省第一次党代会旧址、浏阳河漂流等为重点的“浏阳名河”之旅;以雷锋故居、刘少奇故里、灰汤温泉为重点的“修身养性”之旅。二是品质不断提升。继2012、2013年岳麓山橘子洲风景区和花明楼风景区晋级为5A级景区之后,刘少奇故居和纪念馆、杨开慧故居被列入全国30条“红色旅游精品线路”,湖南一师旧址等10个景点作为长沙市红色旅游系列景区(点)被列入全国100个“红色旅游经典景区”。三是影响不断扩大。近年来,长沙以毛泽东诞辰120周年、胡耀邦诞辰100周年、抗日战争胜利70周年、长征胜利80周年、建党100周年等为契机,积极促成《恰同学少年》《长沙保卫战》《共产党人刘少奇》等红色题材影视剧在长沙开拍,放大了长沙红色旅游的宣传效应。还通过举办各类文艺活动、红色主题展览、红色旅游博览会等形式拓展红色品牌市场影响。

三、长沙红色资源潜力有待挖掘

长沙在红色资源开发利用方面取得了显著成效,但是与时代要求相比、与长沙出类拔萃的红色资源禀赋应当承担的历史重任相比,长沙红色资源在制度建设、品牌建设、基础建设等方面仍有巨大的发展空间。

(一)制度建设有待完善

一是规划有待制定。长沙尚未出台关于红色资源的专项发展规划,在红色资源开发利用方面缺乏顶层设计。二是法规有待跟进。长沙尚未出台关于红色资源的保护和利用的法规,红色资源保护利用具体操作层面的制度供给不足。三是体制机制不够灵活。在红色教育方面,党校作为党委的重要部门不能面向市场办学,培训任务由组织部门下达,主要是对内培训,很难承接对外培训,党校的干部培训资源不能得到充分利用,传播党史知识、拉动红色旅游促进经济社会发展也因此受到制约。

(二)基础建设有待加强

一是基础设施总体比较落后。如市委党校学员接待规模不足300,无法满足大规模干部培训需要。不少红色遗址面积狭小,道路狭窄,无多媒体教室,无纪念场馆,餐位、厕位、床位、车位等公共配套设施不全。智能化、网络化、多媒体设施落后或者缺乏。二是基础研究有待深化。现有研究成果很少揭示长沙对党史人物性格、思想、命运的影响,对无产阶级革命家成长背后的湖湘文化因素分析不够,对过去为什么出现一大批英雄人物、今天湖湘人才群体却相对衰落缺乏深刻的分析。从事党性教育教学和红色纪念场馆宣讲的人员对长沙红色资源有深入研究的不多,没有吃透红色精神,对现有成果利用不够,挖掘不深,针对性不强。

(三)品牌建设有待优化

一是红色教育品牌不够响亮。优质课程总量、结构、质量都有待提升。同质化的多,有特色的少;质量一般的多,质量上乘的少;浅层表述的多,触及灵魂的少。长沙是青年毛泽东成长之地,但没有一堂关于青年毛泽东的国家级精品课。长沙有人数众多的将军和英模人物,但在全国叫得响的相关课程很少。二是红色旅游品牌定位不够清晰。长沙为什么这么红?到底红在哪里?尚未形成深入人心的鲜明观点和精确概括。需要根据其红色资源禀赋特色,有一个明确的定位和精准的提炼。三是品牌宣传策略不够有效。2020年长沙举行了中国红色旅游博览会,特色不是十分鲜明,加上疫情影响,影响不是太大,距打造知名品牌还有一段距离。

四、长沙红色资源开发大有可为

在党史学习教育常态化长效化背景下,总结近年来长沙红色资源发展经验,进一步开发利用好长沙红色资源,可从以下六个方面入手:

(一)加强顶层设计

一是健全领导体制。要从全省、全国的角度去谋划本地红色资源的发展思路。可成立市、区(县)两级红色资源开发利用领导小组,统筹宣传、党史、文物、旅游、退役军人事务、发改、财政、国土、建设、党校等部门的力量,共同开发利用好当地红色资源。二是制定发展规划。在进一步摸清红色资源家底的基础上,市本级和各区县要制定好本市、区(县)红色资源开发利用规划,使之和十四五经济社会发展规划相协调。三是建立健全制度。宣传好、执行好《湖南省红色资源保护和利用条例》,建立健全市级层面的红色资源保护和利用方面的法规制度,为红色资源的保护利用提供更为完备的法规制度保障。四是坚持特色发展。对不同的红色资源要突出特色,确定不同的教育主题,避免场馆建设千馆一面,形式与内容雷同。

(二)推进基础研究

一是进一步摸清资源家底。长沙现有275处新民主主义革命遗址,其中受到保护和开发利用的有93处。要摸清这些受到保护的红色资源还有哪些不足,暂时没有受到保护和利用的如何保护和利用起来。还要加强社会主义建设和改革开放时期的红色资源的调研和统计工作,把家底摸清摸透。二是深入研究长沙红色精神。有关部门要组织力量研究长沙红色精神谱系,对各种红色精神的提法、表述要精准分析,精确定位,尽快编写长沙红色精神谱系教材。专家学者要加强对长沙红色精神的深入研究、定性分析,提炼红色精神的核心要义、研究其基本构成,为红色精神谱系教材编写提供学术支撑。三是加大红色资源研究的支持力度。用好省会人才密集的优势,整合全市研究资源,加大研究力度,立项长沙重要党史人物、重大党史事件与红色资源开发相关课题,资助相关研究成果出版,开展相关征文活动和理论研讨会,推出一系列科研精品、理论精品。

(三)讲好英雄故事

一是加快培养党史师资队伍。有关部门和教育机构要加强师资培训,提高教师专业素质和史学素养,充分挖掘教育机构内部潜力。同时发掘更多人才,从社会上选聘优秀师资充实师资队伍。二是加强课程体系建设。建立健全以习近平论中共党史为核心,四史课程为骨干,专门史、地方史、人物史等为补充的党史教育课程体系。平衡四史课程体系结构,积极开发相对薄弱领域的专题。三是打造现场教学精品线路。根据资源集中程度和禀赋,提炼特色主题,挖掘好教育内涵,把有关联的各现场教学点整合为主题集中、特色鲜明的现场教学精品线路。长沙市委党校正在打造建党先声之路、秋收起义之路、党性修养之路、毛泽东游学调查之路四条红色线路,编印有关资料,开发相关课程,要形成影响,打造品牌,还要多方发力,共同推进。四是提高课程质量。加强集体备课和专家咨询,提升课程内容品质。积极组织教学比赛和精品课评选,通过比赛的方式提高课程质量。同时,需要面向全市全省乃至全国加强推广应用,在教学实践中磨炼提高。五是加强教学方法创新。深入推进教学改革创新,建立健全激励机制和经费保障机制,推动教师综合运用多种教学方式,加强互动式教学,改进现场教学,多运用激情教学、体验教学、情感教学、场景教学、讨论式教学、舞台剧表演、视频教学等教学方式。

(四)建设精品线路

一是立足长远改善基础设施。立足于常态化党性教育和党史教育需要制定建设规划,积极推进各级党校特别是基层党校基础设施建设,积极推进红色纪念场馆建设,优化配套设施,从总体上提高红色资源基础设施水平。二是推动智能化建设。注重智慧校园、智慧场馆建设,开拓网络阵地,打造网上公开课,建立党性教育基地虚拟展馆、微信公众号等网络平台,推动实体场馆向网上延伸。三是加大政策支持力度。高度重视红色资源综合开发利用,使红色资源开发与城市改造、乡村振兴相结合,争取红色资源基础建设项目优先立项。四是整合提质红色文旅线路。优化提质打造以湖南一师旧址、新民学会旧址、橘子洲等为重点的建党先声之路;以石仑关、云山书院、何叔衡故居等为重点的青年毛泽东游学之路;以岳麓书院、韶山毛氏宗祠、长沙党史馆等为重点的调查研究之路;以上坪会议旧址、文家市秋收起义纪念馆、胡耀邦故居等为重点的秋收起义之路;以毛泽东纪念馆、刘少奇故里、谢觉哉故居、雷锋故居、湖南党史馆等为重点的党性修养之路。以精品线路为重点,以特色景点为补充,有步骤地推进红色资源基础设施建设。

(五)办好红色学府

党校是干部培训的主阵地,也是用好红色资源、传承红色基因的一支不可多得的主力军,要不断壮大红色学府,发挥党校开发利用红色资源的主力军作用。一是坚持党委办党校。全面落实党委办党校、管党校、建党校的主体责任,明确党委书记是党校工作第一责任人。把党校工作纳入党委整体工作部署,每年至少召开一次专题会议研究部署党校工作,及时帮助党校解决改革发展中的重点难点问题。适时召开全市党校工作会议，交流经验，部署工作。二是坚持改革创新。坚持党校姓党，聚焦主业主课，着眼于高质量干部教育长远发展，使市委党校各项建设走在长沙市经济社会发展前面。适时在长沙市委党校挂牌成立主题鲜明的干部学院，借鉴红旗渠、井冈山、延安等地党校红色培训机制，采用更加灵活的办学体制机制，大规模地开展对内和对外干部培训，把长沙市委党校办成传承红色基因、培养"四铁"干部的全国省会城市一流党校，办成宣传推广长沙红色资源、促进地方经济社会发展的重要窗口。三是坚持统筹推进。由市委党校牵头，制定、完善并带头执行好全市党校系统十四五发展规划。在总体规划指导下，做好全市党校系统党史教育课程体系建设规划等子规划，加强市委党校对区县党校的指导。建好望城区委党校（湖南雷锋学院），发挥其特色示范作用。探索在红色资源富集的区县市，依托区县市党校办更多的特色党性教育学院或基地。四是坚持合作共赢。加强宣传部门、党校等红色宣教部门和旅游部门之间的合作，打通管理体制障碍，给党史教育宣讲团成员配发类似于导游证的通行证，使党校优质教师资源更好地进入现场教学基地开展党史教育。加强党校对纪念场馆党史教育课程开发的指导，同时在干部教育中注意用好红色场馆的优质现场教学课程。

（六）打造知名品牌

一是准确命名长沙红色精神。从中国共产党人精神谱系看，红色精神命名的方式大致有以下七种：象征物＋精神，如红船精神；地名＋精神，如井冈山精神；人名或外号＋精神，如雷锋精神；单位名＋精神，如抗大精神；群体名＋精神，如工匠精神；重大事件＋精神，如长征精神；重要会议＋精神，如遵义会议精神等。长沙的红色精神可参考以上方式，如命名为建党先声精神、橘子洲精神、长沙精神、青年毛泽东精神、新民学会精神、秋收起义精神等。建议组织专家深入研究论证，广泛发动群众建言献策，集思广益，充分讨论，形成共识。二是坚持文旅结合。将红色文化和红色旅游深度结合，是形成品牌的重要途径。如让游客在红色长沙住文创酒店，品湖南美食，览潇湘美景，听红色故事，看红色电影，观实景演出，赏曲艺节目，学伟人风范，悟德行修为，逛历史名城，购特色产品，可以更充分地发掘长沙红色资源拉动经济社会发展的潜力，进而打造红色文旅新高地。三是创新宣传机制。宣传是品牌营销的重要手段。创新各种方式，大力宣传本地红色资源和红色精神。在党报党刊和网上开辟红色资源或党史学习教育专栏，拍摄党史课系列短视频在政府官网、微信公众号、抖音等新媒体平台传播，策划党史教学比赛、党史教育论坛、党史文物网络会展、党史题材文艺会演、红歌快闪表演、当地百佳党史精品课评选等活动，宣传本地红色资源和精品课程，让红色成为长沙的鲜明印记。

结　语

党史学习教育要深入持久开展，离不开红色资源的持续开发利用。长沙是红色资源大市，近年来红色资源开发利用成效显著，在全国享有较高的知名度。如能进一步加强顶层设计、基础研究、宣讲创新、线路提质、党校建设、品牌打造，长沙红色资源将迸发更大的活力，成为促进强省会战略的强大红色引擎。

参 考 文 献

［1］习近平谈治国理政：第四卷［M］．北京：外文出版社，2022．

［2］上海市红色资源传承弘扬和保护利用条例［N］．解放日报，2021－05－31（11）．

[3]蔡和森文集(上)[M].长沙:湖南人民出版社,1979.
[4]杜家毫.继承英烈志 建设新湖南[J].湘潮,2019,(10).
[5]陈平其,王泽盛.党旗引领谱新篇——湖南加强党的建设走笔[J].新湘评论,2021,(13).

Current Situation and Progress of the Development and Utilization of Changsha Red Resources

ZHOU Wei - dong
(Department of the Teaching and Research of the Party's History and Construction, Party School of the CPC Changsha Municipal Committee, Changsha 410004, China)

Abstract: Changsha is uniquely endowed with red resources, and its red spirit has a prominent position and extraordinary value. In recent years, the development and utilization of Changsha's red resources have made great achievements in scientific research, education, facilities and tourism, but there is still a lot of potential to be tapped in terms of system construction, brand construction and infrastructure construction. In the context of the normalization of the Party's history learning and education, Changsha should further make good use of the red resources, inherit the red genes, strengthen the top - level design, promote the basic research, tell the story of the heroes, build the high - quality lines, run the red school, and create a famous brand.

Key words: Changsha; red resources; development and utilization; current situation; development

【责任编辑:王伟年】

红色文化氛围中敬畏情绪和国家认同对游客行为意向的影响

——一个双重中介模型

易滢滢[1],禹登科[2]

(1.湘潭大学商学院,湖南 湘潭 411100;2.湖南警察学院,湖南 长沙 410100)

【摘 要】红色旅游是一种精神性的主题活动,具有思想政治教育功能。在红色文化氛围下,以敬畏情绪和国家认同为中介,对旅游者行为意向的影响进行研究。以韶山毛泽东同志纪念馆为研究案例,构建红色文化氛围、敬畏情绪、国家认同、行为意向四者之间的关系模型,通过实证研究的方式,得出以下结论:(1)红色文化氛围有利于旅游者产生敬畏情绪,从而显著正向影响旅游者行为意向。(2)红色文化氛围显著正向影响旅游者的国家认同,并正向影响旅游者行为意向。(3)敬畏情绪对国家认同产生正向影响,且敬畏情绪和国家认同在红色文化氛围和旅游者行为意向之间同时起到中介作用。研究结果明确了红色文化氛围、敬畏情绪、国家认同、行为意向四者之间的影响机制,为红色旅游地的发展提供理论支持。

【关键词】红色文化氛围;敬畏情绪;国家认同;行为意向

引 言

红色旅游是具有中国特色的旅游活动,是红色文化与旅游的结合体,不仅具有经济功能和文化功能,更因为其特殊的主题内容而独具思想政治教育功能。2004 年,中共中央办公厅、国务院办公厅印发了《2004—2010 年全国红色旅游发展规划纲要》,红色旅游正式作为国家战略进入经济发展的主干道,红色旅游的思想政治教育功能也日益凸显。党的十八大以来,习近平总书记多次对文化和旅游工作做出指示,在红色文化资源的利用方面,习近平总书记更是强调:用好红色资源,传承好红色基因,把红色江山世世代代传下去。思想政治教育功能是红色旅游的核心属性,通过红色旅游能弘扬革命精神,坚定共产主义信念,进一步增加游客对国家认同的深度和广度。

随着国家对红色旅游的大力推广,以及新中国成立 70 周年和建党 100 周年等极具纪念意义年份的到来,2019 年全国红色旅游出游达到 14.1 亿人次,实现了自 2004 年以来的 10 倍增

[收稿日期]2022-07-25

[项目基金]湖南省社科基金项目“红色旅游情境下敬畏情绪对游客道德行为的影响机制研究”(项目编号:19DJ66)。

[作者简介]易滢滢(1981—),女,硕士,讲师,主要从事红色旅游、区域旅游与景区管理研究。

禹登科(1977—),男,硕士,讲师,主要从事红色旅游、旅游安全管理研究。

长；即使在疫情期间，2020 年我国红色旅游人数也突破 1 亿人次；2021 年 41.7% 的游客参加红色旅游的次数达到 3 次以上，其中 7.1% 的游客参加红色旅游的次数超过 5 次，40% 以上的游客经常、自主选择红色景区参观学习；单从游客数量来看，红色旅游已占据我国旅游产业逾 1/4 的份额［数据来源：《中国红色旅游发展报告（2021）》］。至此，红色旅游已成为人们旅游出行的一个重要选择。

近年来，学者们的研究大多集中在红色旅游内涵、红色旅游开发、红色文化与旅游产业的深度融合、红色旅游的思想政治教育功能、红色旅游景区转型提质、红色旅游评价等领域，对红色旅游中产生的敬畏情绪和国家认同的红色旅游政治效应研究还较少，虽然学者们都从各自的独立视角在红色旅游的社会效应、红色旅游的社会主义核心价值观培育方式、红色文化价值、红色文化与政党认同等方面做出了卓越研究[1]，但系统性综合研究框架仍未构建，即“环境—情绪—认同—行为”的连锁反应链还未建立，因此，对红色文化氛围、敬畏情绪、国家认同以及旅游者行为意向的相互关系进行研究，构建其影响机制的路径十分必要。

本研究将构建红色文化氛围、敬畏情绪、国家认同以及旅游者行为意向的综合关系理论模型，以经典红色旅游景区韶山毛泽东同志纪念馆为案例研究地，对四者间的影响路径进行分析，并运用多重中介效应模型进一步探究敬畏情绪和国家认同在红色文化氛围和旅游者行为意向之间的中介作用，为红色旅游思想教育功能的进一步发展提供理论依据。

一、文献回顾与研究假设

（一）红色文化氛围

氛围（atmosphere）一词作为学术应用，最早来源于营销学，Kotler[2]认为氛围是一种营销工具，能影响消费者的购买决策。氛围大多都体现在物化成分中，比如建筑、装饰、内部设计元素等。在学者们的进一步研究中，氛围逐渐加入了被具象化的无形元素，如音乐、光线、气味等，氛围成了有形的和无形的环境的结合。[3]至于文化氛围，虽然学界没有形成统一的概念，但学者们对图书馆、大学、酒店、企业的研究过程中，都将文化氛围当成是文化与氛围的结合体，其特征是可以被感知，并由具象载体呈现。

许春晓和朱湘平（2016）[4]认为旅游地的文化氛围是基于旅游地文化，依托旅游地物化与意识形态的内容而形成的能为游客所感知的特色环境，并将旅游地文化氛围分成物质文化氛围、精神文化氛围和制度文化氛围。本研究中涉及的红色旅游文化氛围，则是在旅游地文化氛围中加入了红色旅游这一特殊主题文化元素。红色文化氛围中的具象依托物是红色旅游景区及其相关周边物品，旅游者参观景区历史遗存、了解景区历史人物和事件、购买景区红色文创产品等活动的过程，即感受红色旅游氛围的过程。

（二）敬畏情绪

敬畏情绪是作为一种积极情绪进入研究者视野的，它的复杂性在于混合了困惑、钦佩、惊奇、服从等很多感觉。[5]2003 年心理学家 Keltner 和 Haidt 的研究[5]，通过原型方法（prototype approach）对敬畏情绪做出科学的界定，使敬畏情绪逐渐受到多研究领域的关注。Shiota、Keltner[6]等认为敬畏情绪通过强化旅游者的体验来影响其对旅游活动的感知、评价和忠诚，并起到积极作用。随着旅游情景的加入，不同旅游情境下产生的敬畏情绪也开始进入旅游研究者的视野。吕丽辉[7]等对山岳型旅游景区进行研究，发现由此引发的敬畏情绪对游客行为意向均能产生正向影响。且这些旅游研究者的研究结论中都无一例外地提到了敬畏情绪的中介作用。但从研究对象来看，旅游研究者对自然旅游地研究较多，对人文旅游地研究较少。范玉强等[8]以延安为例，研究红色旅游情景下敬畏情绪对游客满意度的影响，得出敬畏情绪通过中介作用对游客满意度产生正向影响，是为数不多的有关敬畏情绪在人文旅游地的研究成果。

（三）国家认同

国家认同是其成员在主客观上区别于其他群体的一种归属感，是个体对国家本身和与之相关事物的爱国情感，且这种情感在群体意识中具有排他性。[9]因此，国家认同从本质上说属于政治范畴。在研究国家认同的概念时，众多学者均从国家宏观层面进行考量。Smith[10]认为国家认同是包括对历史领土、历史记忆、公众文化以及法律权利在内的一种内在信仰。陈达云[11]认为，国家认同包含内部和外部两个部分，内部指个人主观上对自身国家归属的心理依恋感，外部指人们对自身国民身份的认同和归属。类似地还有，曹毅[9]将爱国主义作为国家认同的核心，认为国家认同是一国公民的感情依附，以及在认知上对本国文化、制度、主权等的趋同。

在国家认同的测定上，学者们从多维度出发展开了研究。管健[12]编制了适用于中国公众的成人国家认同量表，将国家认同的内容概括为国家承诺、情感归属、世界倾向、国家倾向、信息探索。Pollmann[13]将国家认同划分为公民国家认同（civic national identity）、民族国家认同（ethnic national identity）、国家自豪感（national pride）、超国家归属感（supranational attachment）4 个维度。吴鲁平[14]等利用国际社会调查项目数据 ISSP（2003）进行定量分析，认为国家认同可分为国家认同标准和国家自豪感两个维度，其子成分分别为传统标准与公民标准和国家政治自豪感与国家文化自豪感。参考以上研究结果，本研究将国家认同的维度分为功能维度和内容维度，从功能维度来说，国家认同的衡量标准是民众对国家状况的认识、接纳和欣赏的程度，即国家归属感；从内容维度来说，国家认同的衡量标准是归属感在历史、文化、经济、政治等方面的程度展现，即文化认同感。余秋雨先生在中国文化必修课的公开课中曾对文化做过这样的定义：文化是一种成为习惯的精神价值和生活方式，它的最终成果是集体人格①。因此，这里所提及的文化认同感即包含对集体人格的认同。

随着对国家认同的研究深入，旅游过程中所产生的国家认同也逐渐进入研究者视野。Worden[15]研究了马六甲的遗产旅游市场，认为遗产旅游产品是构建国家认同的核心标志。Soper[16]在研究了毛里求斯的旅游业后得出结论，认为要进一步发展毛里求斯的文化遗产旅游，必须提高对毛里求斯国家认同的认识。由此可以得出，旅游与国家认同在互动中彼此促进。

红色旅游领域与国家认同结合也十分紧密。赵志峰[17]等从红色旅游的社会效益角度得出结论，认为红色旅游有助于国家认同的增强。张红艳[18]认为红色旅游对旅游者的国家认同感产生显著的正向作用。张圆刚[19]在探寻了红色旅游资源地社会记忆、景区形象、感知价值和旅游体验后解释了国家认同的构建路径。王庆生[20]从文旅融合的角度对长征国家文化公园游客的国家认同进行实证分析，发现红色旅游对游客国家认同的产生有深远的影响。但从现有研究成果来看，研究者们大多立足于从单向视角探究红色旅游与国家认同的关系或构建路径，而未在红色旅游情境下将敬畏情绪、国家认同以及旅游者行为意向同时纳入一个整体理论框架下进行综合

① 2018 年余秋雨先生在喜马拉雅听书线上讲授了 290 期中国文化公开课。

讨论，因此会存在变量关系之间的局限性。基于此，本研究将在现有相关研究的基础上，构建红色文化氛围、敬畏情绪、国家认同以及旅游者行为意向的综合关系理论模型，并通过实证分析验证各变量间的链式关系和影响机制。

（四）研究假设

根据美国心理学家埃利斯的情绪 ABC 理论，旅游者在特定的旅游语境下会产生复杂的心理情绪，并对旅游情感和感知价值产生正向影响。在红色旅游活动中，旅游者能形成对外在环境和内在自我的感知评价，从而形成情绪，并通过情绪作用于自我个体的认知态度。因此，红色旅游文化氛围能使旅游者产生敬畏情绪，进而使个体减低了自我关注，提升了对周围事物的关注度，在关注周围红色旅游情境的过程中，个体通过先验判断增强了对国家认识、接纳和欣赏的程度，以及在国家历史、文化、经济、政治等方面的认可程度，从而唤起国家认同，即外在的文化氛围能对内在的情绪产生影响。

本研究在许春晓研究的基础上，结合红色旅游情景将红色文化氛围的维度分为红色物质文化氛围、红色精神文化氛围和红色制度文化氛围。并根据 Smith、管健、Pollmann 和吴鲁平等的研究成果，将国家认同的维度分为国家归属感和文化认同感。据此提出以下假设：

H1：红色文化氛围对敬畏情绪具有正向影响

H1a：红色物质文化氛围对敬畏情绪具有正向影响

H1b：红色精神文化氛围对敬畏情绪具有正向影响

H1c：红色制度文化氛围对敬畏情绪具有正向影响

H2：敬畏情绪对国家认同具有正向影响

H2a：敬畏情绪对国家归属感具有正向影响

H2b：敬畏情绪对文化认同感具有正向影响

根据 Arnold 的情绪“评定—兴奋”学说，个体的情绪来源于认知评价、生理因素和所处环境，并对个体动机和行为产生影响，且不同情绪的反应对行为意向的影响也不尽相同。[21] Packer J[22]通过对澳大利亚战争纪念馆和加里波利战争遗址的研究，得出结论认为，纪念馆和战争遗址的文化元素、历史故事、历史遗迹等显著影响着旅游者的国家认同价值观，且能促进民众的包容与和解。Alexander[23]在对比了智利地震灾害发生前后的情况后发现，一场灾害过后，人们对同胞的认同感更加强烈，国家身份认同水平明显高于地震前，且这种特定的身份认同形式有助于促进灾后工作进行，同时人们在民族认同下聚集在一起时，互相帮助的动机也有很大程度上的提高。此外，由于人们对同胞的强烈认同，他们的亲社会价值观以及事后提供的帮助类型，都有所增强和增加。

由此可见，环境、认同与行为意向之间存在一定的影响关系。据此，为弄清红色文化氛围、国家认同与旅游者行为意向之间的关系，本研究提出以下假设：

H3：红色文化氛围对国家认同具有正向影响

H3a：红色文化氛围对国家归属感具有正向影响

H3b：红色文化氛围对文化认同感具有正向影响

H4：国家认同对旅游者行为意向具有正向影响

H4a：国家归属感对旅游者行为意向具有正向影响

H4b：文化认同感对旅游者行为意向具有正向影响

许多学者对敬畏情绪和行为意向的关系提

出了研究成果。田野[24]认为,组织成员的敬畏感能提升成员的组织公平感,并使成员产生有利于组织的行为。黄秋珊[25]认为,产生敬畏情绪的个人在助人意愿和真实助人行为上明显增多,敬畏情绪对规范性道德行为和禁止性道德行为都有促进作用。在旅游研究领域,卢东[26]认为具有敬畏情绪的游客道德判断更严苛,由此社会责任意识和环境保护意识更强。

为验证红色文化氛围下旅游者产生的敬畏情绪和国家认同也将对旅游者的行为意向产生正向影响,且在"环境—情绪—认同—行为"的连锁反应链中,敬畏情绪和国家认同能起到中介作用,本研究提出以下假设:

H5:敬畏情绪对旅游者行为意向具有正向影响

H6:敬畏情绪在红色物质文化氛围和旅游者行为意向之间起中介作用

H7:敬畏情绪在红色精神文化氛围和旅游者行为意向之间起中介作用

H8:敬畏情绪在红色制度文化氛围和旅游者行为意向之间起中介作用

H9:国家归属感在红色物质文化氛围和旅游者行为意向之间起中介作用

H10:国家归属感在红色精神文化氛围和旅游者行为意向之间起中介作用

H11:国家归属感在红色制度文化氛围和旅游者行为意向之间起中介作用

H12:文化认同感在红色物质文化氛围和旅游者行为意向之间起中介作用

H13:文化认同感在红色精神文化氛围和旅游者行为意向之间起中介作用

H14:文化认同感在红色制度文化氛围和旅游者行为意向之间起中介作用

H15:敬畏情绪和国家归属感在红色物质文化氛围和旅游者行为意向之间起中介作用

H16:敬畏情绪和文化认同感在红色物质文化氛围和旅游者行为意向之间起中介作用

H17:敬畏情绪和国家归属感在红色精神文化氛围和旅游者行为意向之间起中介作用

H18:敬畏情绪和文化认同感在红色精神文化氛围和旅游者行为意向之间起中介作用

H19:敬畏情绪和国家归属感在红色制度文化氛围和旅游者行为意向之间起中介作用

H20:敬畏情绪和文化认同感在红色制度文化氛围和旅游者行为意向之间起中介作用

根据上述 H1—H20 的假设关系路径,构建概念模型:

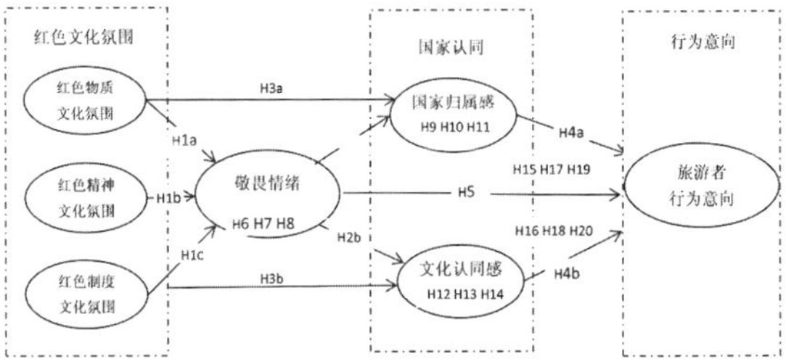

图1 理论模型

Fig1 Theoretical model

二、研究设计

(一)案例地址选择

湖南韶山毛泽东同志纪念馆坐落在湖南省韶山市韶山冲,包括生平展区、专题展区、旧址群等部分,旧址群包括毛泽东故居、毛泽东读私塾旧址南岸、毛泽东开展过农民运动的旧址毛氏宗祠、毛鉴公祠、毛震公祠和毛泽东父母墓地以及周边部分山林、水田、水塘等总建筑面积 32955 平方米,是全国唯一一家系统展示毛泽东主席生平事迹、思想和人格风范的纪念性专题博物馆,现为国家一级博物馆。作为全国优秀爱国主义教育示范基地、重要革命纪念地、首批全国红色旅游经典景区,毛泽东同志纪念馆一直都担负着弘扬爱国主义精神、传播红色革命文化、联系海内外同胞的崇高使命。通过承办大型全国性的革命纪念活动、接待各国政要等，扩大了在国际国内的影响力，向全世界展示了崇高的红色文化，是文化自信的积极诠释。

（二）问卷设计与变量设定

根据相关文献和研究模型，测量红色文化氛围与旅游者行为意向之间的内在联系，并考虑敬畏情绪和国家认同作为中介，因此将潜变量分成三个部分：前因变量是红色文化氛围（物质文化氛围、精神文化氛围、制度文化氛围），中间变量是敬畏情绪和国家认同，结果变量是旅游者行为意向。因此，问卷设计如下：

1. 红色文化氛围

红色旅游文化氛围的测量参考旅游地文化氛围量表（许春晓，2016[4]），但考虑到红色旅游地中红色文化的特殊感染力和影响力，共三个维度选取了12个测量项，红色物质文化氛围（宣传语体现文化内涵，游步道与整体特色相契合，在旅游地能够经常听到文化主题音乐，纪念品与文化内容相扣，表演活动的文化内涵突出），红色精神文化氛围（居民具有强烈的自豪感，居民宣扬特色文化，服务人员展现出积极的精神状态，服务人员宣扬特色文化），红色制度文化氛围（服务人员行为举止规范，整体环境协调，游客行为举止文明）。

2. 敬畏情绪

Keltner 和 Haidt[5] 认为，敬畏情绪的诱因包括认知诱因（人类历史进程中形成的伟大理论等）、社会诱因（现实领袖和精神领袖等）和物理诱因（自然事物、文化产物、人类成就等），其两个核心维度是感知到的浩大（perceived vastness）和适从的需要（a need for accommodation）。因此，个体敬畏情绪的产生过程实际上就是通过对各种诱因的感知并形成内心评价的过程，一方面在感知到外在力量的盛大、宏伟、强劲，从而产生自我认知的微弱、渺小、无力的内在心理；另一方面自我认知的内在心理根据感知的环境，改变和调整自己的行为，从而更能适应环境的需要。2012年 Coghlan[27] 用质性研究的方法，以文字云的形式描述了旅游者关于敬畏情绪的感受，认为旅游者的敬畏情绪体验包括：生理反应部分、可比较的独特感受、心理感受的改变。田野[24] 在此基础上，根据 Kelter 和 Haidt 对敬畏情绪的界定，与其他学者①一起通过焦点小组的方式，在敬畏情绪文字云上选取了9个具有代表性的题项。参考多位学者的量表，考虑到红色文化和红色旅游的特殊性，共选取10个测量项，即令人震撼的、对情绪强烈影响的、难忘的、鼓舞人心的、令人崇敬的、令人肃然的。

3. 国家认同

根据 Smith[10](P19-41)、管健[12]、Pollmann[13] 和吴鲁平[14] 的研究，将国家认同分为两个维度：国家归属感和文化认同感，再根据红色文化和红色旅游的需要，分别选取了5个测量变量共10个测量项：国家归属感（对国籍的认可、与国人的紧密联系、对国家的感情依赖、对公民权利和义务的认可、拥护国家政策），文化认同感（对国家政治体制的认可、对国家传统和生活习惯的认可、对国家历史的了解、对国家成就的自豪感、国民有着共同的利益）。

4. 旅游者行为意向

在社会学习论中，认为行为意向受强化作用的影响，并被强化作用支配，即旅游者因某些利他、合作、分享、帮助等行为意向而受到表扬和赞许，从而对这些行为进行强化认识，并逐渐形成习惯。实际上，即使不通过直接强化，在借助外界情境的替代强化方式下，也可以促进行为意向。比如社会榜样的力量，在从小被教导的潜移

① 西南某大学旅游学院具有丰富旅游研究经验的老师。

默化中，即使没有被直接强化，也能通过对榜样的学习做出行为意向。同样，媒介宣传和情境感染也能对行为意向产生较大作用。

考虑到红色旅游文化的特殊宣传效果和情境感染力，根据王建明[28]、罗俊[29]、迟毓凯[30]等的研究，对行为意向的测量共选取了6个测量项：保护红色文物和环境、尊重革命英雄、参加志愿者活动、分享红色旅游经历、推荐参观红色旅游目的地、游览过程中制止不文明行为。

本研究涉及红色文化氛围（包含红色物质文化氛围、红色精神文化氛围、红色制度文化氛围）、敬畏情绪、国家认同（包含国家归属感、文化认同感）、旅游者行为意向，共计7个潜变量无法直接进行测量，因此使用结构方程模型并借助统计软件AMOS 26.0和SPSS 26.0进行信效度分析、结构模型分析、中介效应分析。

（三）预调研与问卷优化

为保证问卷的科学合理，在进行正式调研前进行了预调研，通过线上和线下两种形式发放问卷，线上线下形式均在调研地通过导游员在旅游空隙向游客发放问卷。2021年3月，研究团队进行了预调研，共计发放问卷179份，剔除无效问卷（全选同一选项或漏选）15份，共得有效问卷164份。根据预调研数据对量表进行优化，提出了因子荷载较低的题项，并结合被调查者的反馈和有关专家的意见和建议，修订了预调研问卷当中语意模糊、易产生误解、过于学术化的题项，确定了最终量表用于正式调研。

（四）正式调研的数据收集

2021年4—6月，研究团队在全国经典红色旅游景区湖南韶山毛泽东同志纪念馆进行正式调研，在韶山毛泽东同志纪念馆的生平展区、专题展区、旧址群区，采用随机抽样和滚雪球的方法，向现场旅游者发放问卷，同时采用纸质问卷和网络问卷的发放形式，主要是在参观区域的休息区和参观结束区进行发放，为保证旅游者填写问卷的积极性，对每位参与问卷调查的旅游者均发放了小礼品。全程共发放问卷550份，回收541份。其中线下问卷283份，线上问卷258份。在剔除数据缺失和数据异常后，获得有效问卷515份，有效率为95.19%。

三、实证分析与模型检验

（一）描述性统计

如表1所示，样本中人口统计学特征如下：性别特征方面，男性为51.5%，女性为48.5%，男女比例较为均衡；年龄特征方面，18～40岁占比最高，为75.7%，18岁以下和50岁及以上的占比最低，共占4.8%；收入特征方面，分布较为均衡，其中3000元以下的占比15.5%，3001～5000元的占比19.4%，5001～10000元的占比44.7%，10000元以上的占比20.4%。学历特征方面，大专或本科占比最大，为71.8%，初中及以下和高中或中专占比最少，共占2.9%；职业特征方面，政府或事业单位职员和私企职员占比较多，分别为28.2%和33%，退休人员最少，仅占比1%；来韶山毛泽东同志纪念馆参观的次数方面，1次和3次及以上的占比较多，分别为42.7%和44.7%，2次的较少，占比为12.6%。

表1 样本人口统计学信息

Tab. 1 Demographic information of Sample

特征	维度	频数	百分比%
性别	男	265	51.5%
	女	250	48.5%
年龄	18岁以下	15	2.9%
	18～30岁	215	41.7%
	31～40岁	175	34%
	41～50岁	100	19.4%
	50～60岁	5	1%
	60岁以上	5	1%

续表：

特征	维度	频数	百分比%
收入	3000 元以下	80	15.5%
	3001～5000 元	100	19.4%
	5001～10000 元	230	44.7%
	10000 元以上	105	20.4%
学历	初中及以下	5	1%
	高中或中专	10	1.9%
	大专或本科	370	71.8%
	研究生及以上	130	25.2%
职业	政府或事业单位职员	145	28.2%
	国企职员	35	6.8%
	私企职员	170	33%
	自由职业	40	7.8%
	在校学生	50	9.7%
	退休人员	5	1%
	其他	70	13.6%
参观次数	1 次	220	42.7%
	2 次	65	12.6%
	3 次及以上	230	44.7%

（二）信度效度检验

如表 2 所示，根据需要，运用 SPSS26.0 对调查样本（N＝515）进行信效度检验，首先进行了 KMO 检验和巴特利球体检验。检验结果显示，KMO 值为 0.915，Bartlett's 球形检验值显著（*Sig.*＝0.000），红色文化氛围（红色物质文化氛围、红色精神文化氛围、红色制度文化氛围）、敬畏情绪、国家认同（国家归属感、文化认同感）、旅游者行为意向，共 7 个潜变量的 Cronbach'sα 系数均在 0.9 以上，大于 0.7 的标准。7 个潜变量对应题项的因子载荷值（Std.）全部都大于 0.6，这表示 7 个潜变量对应的各个题项均具有较高的代表性。

随后，通过各维度的平均方差提取值（AVE）和组合信度（CR）来验证测量模型的可靠性。在分析数据后得出，组合信度 CR 为 0.932，大于 0.8 的可接受值，所有变量的 AVE 值都在 0.509～0.597 之间，均大于 0.5，题项的标准化因子载荷系数均在 0.6 以上。同时，红色文化氛围、敬畏情绪和国家认同因子模型与样本数据的拟合度：$X^2/df=1.74$，RMSEA＝0.038，GFI＝0.925，CFI＝0.961，NFI＝0.914，TLI＝0.957，IFI＝0.962，均符合标准，表明模型与样本数据拟合情况良好。再计算各维度平均方差提取值（AVE）的平方根，如表 3 所示，AVE 平方根值均大于其他维度之间的相关系数，表明各维度之间具有较好的区分效度，这些都说明量表的内部有较高的一致性，信度很好，测量模型的整体效度较优。

表 2　组合信度和聚敛效度分析

Tab. 2　composite reliability and convergent validity analysis

维度	题项	Cronbach 系数	标准化因子载荷	均值	标准差	CR	AVE
红色物质文化氛围	MC1	0.840	0.809	4	0.856	0.841	0.516
	MC2		0.71	4.03	0.926		
	MC3		0.713	4.05	0.861		
	MC4		0.7	4.05	0.878		
	MC5		0.65	4.13	0.83		

续表：

维度	题项	Cronbach 系数	标准化因子载荷	均值	标准差	CR	AVE
红色精神文化氛围	SC1	0.842	0.732	4	0.799	0.845	0.577
	SC2		0.802	3.92	0.863		
	SC3		0.791	4.02	0.861		
	SC4		0.709	3.88	0.94		
红色制度文化氛围	IC1	0.806	0.787	3.8	0.948	0.807	0.582
	IC2		0.772	3.98	0.962		
	IC3		0.729	3.99	0.882		
敬畏情绪	AE1	0.879	0.732	3.97	0.775	0.874	0.538
	AE2		0.748	3.99	0.884		
	AE3		0.76	3.96	0.912		
	AE4		0.808	4.11	0.887		
	AE5		0.668	4.06	0.903		
	AE6		0.675	4.06	0.885		
国家归属感	NS1	0.883	0.765	4.09	0.926	0.876	0.586
	NS2		0.746	4.04	0.984		
	NS3		0.803	4.06	0.998		
	NS4		0.74	4.1	0.965		
	NS5		0.773	4.04	0.996		
文化认同感	CI1	0.844	0.692	3.99	0.845	0.838	0.509
	CI2		0.721	3.96	0.986		
	CI3		0.71	3.96	0.983		
	CI4		0.73	3.96	0.967		
	CI5		0.712	3.95	0.994		
行为意向	PB1	0.901	0.74	3.89	0.993	0.899	0.597
	PB2		0.786	3.9	0.925		
	PB3		0.797	3.96	0.975		
	PB4		0.79	4.04	0.982		
	PB5		0.753	4.01	0.984		
	PB6		0.768	3.96	0.927		

表3　判别效度分析

Tab. 3　Discriminant validity analysis

	红色物质文化氛围	红色精神文化氛围	红色制度文化氛围	敬畏情绪	国家归属感	文化认同感	亲社会行为
红色物质文化氛围	0.718						
红色精神文化氛围	0.089*	0.760					
红色制度文化氛围	0.148**	0.191**	0.761				
敬畏情绪	0.296**	0.286**	0.273**	0.766

续表：

	红色物质文化氛围	红色精神文化氛围	红色制度文化氛围	敬畏情绪	国家归属感	文化认同感	亲社会行为
国家归属感	0.347**	0.267**	0.339**	0.435**	0.713		
文化认同感	0.286**	0.272**	0.279**	0.356**	0.233**	0.733	
行为意向	0.346**	0.345**	0.335**	0.449**	0.475**	0.365**	0.771

注：*. 在 0.05 级别（双尾），相关性显著；**. 在 0.01 级别（双尾），相关性显著；斜对角数字为 AVE 平方根值

（三）结构方程模型和假设检验

运用 AMOS26.0 软件对模型进行检验，采用最大似然估值法判别模型效果，得出模型拟合指标为：$X^2/df = 1.603$，RMSEA = 0.034，NFI = 0.908，RFI = 0.9，GFI = 0.915，IFI = 0.963，TLI = 0.96，CFI = 0.963，如表 4 所示均符合标准，表明模型与样本数据拟合情况良好。

为检验研究假设是否成立，采用结构方程模型进行分析红色文化氛围、敬畏情绪、国家认同、旅游者行为意向的影响关系，如表 5 所示。(1)在红色文化氛围对敬畏情绪的影响路径方面，红色文化氛围 3 个维度对于敬畏情绪的均产生显著正向影响（红色物质文化氛围 $\beta = 0.252$、红色精神文化氛围 $\beta = 0.245$、红色制度文化氛围 $\beta = 0.183$），因此研究假设 H1a、H1b、H1c 均成立；(2)在敬畏情绪对国家认同的影响路径方面，敬畏情绪对国家归属感（$\beta = 0.341$）、文化认同感（$\beta = 0.22$）均产生显著正向影响，因此研究假设 H2a、H2b 均成立；(3)在红色文化氛围对国家认同的影响路径方面，红色文化氛围 3 个维度对国家归属感均产生显著正向影响（红色物质文化氛围 $\beta = 0.279$、红色精神文化氛围 $\beta = 0.186$、红色制度文化氛围 $\beta = 0.23$），并且红色文化氛围 3 个维度对文化认同感均产生显著正向影响（红色物质文化氛围 $\beta = 0.191$、红色精神文化氛围 $\beta = 0.203$、红色制度文化氛围 $\beta = 0.155$），因此，研究假设 H3a、H3b 成立。(4)在国家认同对行为意向的影响路径方面，国家归属感（$\beta = 0.368$）和文化认同感（$\beta = 0.28$）对行为意向均产生显著正向影响，因此研究假设 H4a、H4b 均成立；(5)在敬畏情绪对行为意向的影响路径方面，敬畏情绪对行为意向产生显著正向影响（$\beta = 0.322$），因此研究假设 H5 成立。

表 4　模型适配度指标

Tab.4　Model fitness index

拟合指标	X^2/df	RMSEA	NFI	RFI	GFI	IFI	TLI	CFI
实际值	1.603	0.034	0.908	0.9	0.915	0.963	0.96	0.963
理想值	<3	<0.08	>0.9	>0.9	>0.9	>0.9	>0.9	>0.9

表5 假设路径分析结果
Tab. 5 Results of hypothesis path analysis

假设	假设路径	点估计值	标准误差	临界比值	p	检验结果
H1a	红色物质文化氛围→敬畏情绪	0.252	0.04	6.289	* * *	成立
H1b	红色精神文化氛围→敬畏情绪	0.245	0.047	5.22	* * *	成立
H1c	红色制度文化氛围→敬畏情绪	0.183	0.037	4.906	* * *	成立
H2a	敬畏情绪→国家归属感	0.341	0.066	5.165	* * *	成立
H2b	敬畏情绪→文化认同感	0.22	0.058	3.786	* * *	成立
H3a	红色物质文化氛围→国家归属感	0.279	0.049	5.639	* * *	成立
H3a	红色精神文化氛围→国家归属感	0.186	0.056	3.325	* * *	成立
H3a	红色制度文化氛围→国家归属感	0.23	0.046	5.043	* * *	成立
H3b	红色物质文化氛围→文化认同感	0.191	0.044	4.371	* * *	成立
H3b	红色精神文化氛围→文化认同感	0.203	0.051	4.012	* * *	成立
H3b	红色制度文化氛围→文化认同感	0.155	0.04	3.836	* * *	成立
H4a	国家归属感→行为意向	0.368	0.054	6.837	* * *	成立
H4b	文化认同感→行为意向	0.28	0.061	4.58	* * *	成立
H5	敬畏情绪→行为意向	0.322	0.068	4.764	* * *	成立

注：* * * $p<0.001$，

（四）中介效应检验

为了检验敬畏情绪和国家认同在红色文化氛围与旅游者行为意向之间的中介效应，运用统计软件AMOS26.0中的bootstrapping方法（5000个bootstrap样本数）检验敬畏情绪和国家认同的中介效应。如表6所示，在间接效应中，Bias-Corrected 95% CI的情况下，所有路径从下界值到上界值均不包含数值0；Percentile 95% CI的情况下，所有路径从下界值到上界值也均不包含数值0，这表明两种情况下敬畏情绪和国家认同在红色文化氛围与旅游者行为意向之间的间接效应均存在，即红色文化氛围通过敬畏情绪和国家认同影响旅游者行为意向，因此，假设H6～H20均成立。

表 6　中介效应检验结果

Tab. 6 Results of mediating effect

变量	点估计值	标准误差	Bias - Corrected 95% CI		p	Percentile 95% CI		p
			Lower	Upper		Lower	Upper	
红色物质文化氛围→敬畏情绪→行为意向	0. 077	0. 025	0. 153	0. 001	0. 023	0. 148	0. 001	0. 032
红色物质文化氛围→国家归属感→行为意向	0. 03	0. 012	0. 064	0	0. 01	0. 058	0	0. 012
红色物质文化氛围→文化认同感→行为意向	0. 015	0. 006	0. 033	0. 001	0. 004	0. 029	0. 005	0. 006
红色物质文化氛围→敬畏情绪→国家归属感→行为意向	0. 098	0. 048	0. 164	0	0. 046	0. 161	0	0. 03
红色物质文化氛围→敬畏情绪→文化认同感→行为意向	0. 051	0. 018	0. 099	0. 001	0. 017	0. 096	0. 001	0. 021
红色精神文化氛围→敬畏情绪→行为意向	0. 063	0. 019	0. 131	0. 001	0. 016	0. 126	0. 001	0. 028
红色精神文化氛围→国家归属感→行为意向	0. 025	0. 009	0. 056	0	0. 007	0. 049	0	0. 011
红色精神文化氛围→文化认同感→行为意向	0. 012	0. 004	0. 03	0. 001	0. 003	0. 026	0. 005	0. 006
红色精神文化氛围→敬畏情绪→国家归属感→行为意向	0. 055	0. 014	0. 113	0. 003	0. 013	0. 111	0. 004	0. 025
红色精神文化氛围→敬畏情绪→文化认同感→行为意向	0. 046	0. 012	0. 104	0. 001	0. 011	0. 099	0. 002	0. 023
红色制度文化氛围→敬畏情绪→行为意向	0. 061	0. 017	0. 129	0. 001	0. 014	0. 122	0. 003	0. 028
红色制度文化氛围→国家归属感→行为意向	0. 024	0. 008	0. 054	0	0. 006	0. 049	0. 001	0. 011
红色制度文化氛围→文化认同感→行为意向	0. 012	0. 004	0. 028	0. 002	0. 003	0. 024	0. 007	0. 005
红色制度文化氛围→敬畏情绪→国家归属感→行为意向	0. 087	0. 042	0. 155	0	0. 038	0. 151	0	0. 028
红色制度文化氛围→敬畏情绪→文化认同感→行为意向	0. 044	0. 015	0. 095	0. 001	0. 013	0. 09	0. 001	0. 02

四、研究结论与启示

(一)研究结论

本研究从红色文化氛围、敬畏情绪、国家认同和行为意向的关系出发,构建了红色文化氛围下旅游者行为意向倾向的理论分析框架,并以经典红色旅游景区湖南韶山毛泽东同志纪念馆为研究实地,运用结构方程模型,进行实证分析,得出了以下结论:

1. 红色文化氛围有利于旅游者产生敬畏情绪,从而显著正向影响旅游者的行为意向

根据上述研究内容,具体来说,红色物质文化氛围、红色精神文化氛围和红色制度文化氛围对敬畏情绪均产生正向影响,进而也正向影响旅游者的行为意向,且敬畏情绪在红色文化氛围和旅游者行为意向之间起到中介作用。研究发现,通过宣传用语、游览设计、主题音乐、旅游纪念品和表演活动等红色物质文化氛围,旅游地居民与服务人员的精神面貌和对游客态度等红色精神文化氛围,以及服务人员与游客的举止规范和整体环境等红色制度文化氛围,在游览过程中不断对旅游者产生积极正面的影响,从而使旅游者对所游览的红色旅游地产生敬畏情绪。在敬畏情绪产生后,旅游者积极的情绪态度使之产生积极的行为意向,从而在保护文物和环境、尊重革命英雄、参加志愿者活动、分享红色旅游经历、推荐参观红色旅游目的地、游览过程中制止不文明行为等方面有更正面的表现形式,对社会行为规范的发展起到积极的推动作用。因此,本研究不仅验证了“环境—情绪—行为”之间的影响关系,同时揭示了“红色文化氛围—敬畏情绪—行为意向”之间的影响机理。

2. 红色文化氛围显著正向影响旅游者的国家认同,从而有利于旅游者产生行为意向

具体研究发现,红色文化氛围的三个维度均显著正向影响旅游者的国家认同,进而正向影响旅游者的行为意向,且国家认同在红色文化氛围和行为意向之间起到中介作用。即在红色文化氛围下,旅游者的国家归属感和文化认同感能对其行为意向产生正向影响,这表明国家认同在红色文化氛围和旅游者行为意向之间起到了重要作用。红色旅游的过程既是唤起旅游者认同自身身份、拥护国家政策和政治体制、认同国家历史和传统的过程,也是旅游者通过行为意向认同红色文化、保护红色文化、宣传红色文化、推荐红色文化的方式,表达道路自信、理论自信、制度自信、文化自信的过程。本研究合理解释了红色文化氛围、国家认同和旅游者行为意向之间的关系,并建立了“红色文化氛围—国家认同—行为意向”之间的影响机制,为今后红色旅游目的地扩大政治思想教育功能、提升公民“四个自信”提供决策参考和理论支持。

3. 敬畏情绪对国家认同产生正向影响,且敬畏情绪和国家认同在红色文化氛围和旅游者行为意向之间同时起到中介作用

研究表明,情绪 ABC 理论适用于红色旅游情景,敬畏情绪能增强旅游者对国家认识、接纳和欣赏的程度,以及在国家历史、文化、经济、政治等方面的认可程度,从而唤起旅游者的国家归属感和文化认同感。红色文化氛围作为对旅游者的系列刺激事件,并不直接作用于旅游者的行为意向,而是通过旅游者产生敬畏情绪和国家认同来正向作用于旅游者的行为意向。因此,本研究验证了“环境—情绪—认同—行为”之间的影响关系,并建立了“红色文化氛围—敬畏情绪—国家认同—行为意向”之间的影响机制。

(二)管理建议

根据本研究得出的结论,对红色旅游景区的建设和发展提出以下建议:

1. 对红色物质文化氛围、红色精神文化氛

围、红色制度文化氛围进行深入挖掘和强化。例如，将红色文化结合时代前沿信息和公众偏好，在景区展示体现文化内涵的宣传语和主题音乐；关注Z时代年轻消费群体的消费习惯，开发系列红色文创纪念品并树立品牌特色；制定科学的服务程序和服务标准，从内到外培养服务人员积极的精神状态和示范性行为举止，与社区联动培养居民的地方自豪感，激发居民宣传红色文化的动力，营造整体红色文化氛围以促使游客举止文明。以上措施将有助于旅游者产生积极情绪，从而提升旅游者在情绪感染和体验教育方面的效果。

2. 将激发和坚定公民道路自信、理论自信、制度自信、文化自信作为红色旅游目的地思想政治教育的主要内容，以真实深刻的革命历史为依据，通过创新红色旅游的参与方式和体验方式，引导旅游者回忆革命历史，激发爱国热忱，使旅游者更加坚定地跟随国家发展方向和未来命运、坚持学习中国特色社会主义理论、坚定相信社会主义制度的优越性、坚决认同中华优秀传统文化历史和社会主义核心价值观。

3. 经典红色旅游景区应采用示范性教育手段和内容为红色旅游地文化氛围的塑造树立标杆，深化红色旅游的思想政治功能，通过立体式多角度展示革命历史、传统文化、建设成就和未来蓝图，引导旅游者产生敬畏情绪，激发旅游者的国家归属感和文化认同感，从而使旅游者产生积极正面的行为，强化旅游者的道路自信、理论自信、制度自信、文化自信，实现中华民族伟大复兴。

（三）研究局限和展望

本研究仍存在一些局限：（1）本次研究的数据收集对象是以韶山毛泽东同志纪念馆的游客为主，其中一部分游客是在参观完纪念馆后填写的调查问卷，一部分游客是在参观纪念馆的过程中填写的问卷，一部分填写网络问卷的游客则是游览状况不明，因此，难以形成统一的旅游状态数据，应采用多种抽样方法以实现数据的完整统一。（2）本次研究数据的收集地为博物馆型，在案例地类型选择上不够丰富，单一的案例地研究结果的代表性仍不够典型，未来应增加研究案例地的类型，将研究结果拓展应用到更多类型的红色旅游地。（3）本次研究验证的红色文化氛围—敬畏情绪—国家认同—行为意向的关系，还可进一步加入游客文化背景、旅游经验、旅游伴侣的影响等调节变量，以完善关系链。

参 考 文 献

［1］刘梓汐，罗盛锋. 我国红色旅游研究进展及趋势——基于 CiteSpace 计量分析（2009－2019）［J］. 社会科学家，2020，（11）.

［2］Kotler P. Atmospherics as a marketing tool［J］. Journal of retailing, 1973, 49（4）.

［3］Turley L W，Milliman R E. Atmospheric effects on shopping behavior: a review of the experimental evidence［J］. Journal of business research，2000，49（2）.

［4］许春晓，朱湘平. 旅游地文化氛围的内涵及其测定方案［J］. 湖南财政经济学院学报，2016，（1）.

［5］Keltner, D., & Haidt, J. Approaching awe, a moral, spiritual and aesthetic emotion［J］. Cognition and Emotion，2003，17（2）.

［6］Shiota M N, Keltner D, Mossman A. The nature of awe: Elicitors, appraisals, and effects on self－concept［J］. Cognition &Emotion, 2007, 21（5）.

［7］吕丽辉，王玉平. 山岳型旅游景区敬畏情绪对游客行为意愿的影响研究——以杭州径山风景区为例［J］. 世界

地理研究,2017,(6).

[8] 范玉强,陈志钢,刘涛慧,等.红色旅游情境下敬畏情绪对游客满意度的影响研究——以延安为例[J].西北大学学报:自然科学版,2021,(2).

[9] 曹毅,陈贝贝,迟立忠.大学生特质感恩对国家认同的影响——价值观的中介作用[A].中国心理学会第二十二届全国心理学学术会议摘要集[C].2019:2.

[10]Smith A D. National Identity[M]. Harmondsworth: Penguin Books,1991.

[11]陈达云.少数民族大学生国家认同教育创新初探[J].中南民族大学学报:人文社会科学版,2009,(5).

[12]管健,郭倩琳.我国青年国家认同的结构与验证[J].南开学报:哲学社会科学版,2019,(6).

[13]Pollmann A. National attachment among Berlin and London head teachers: the explanatory impact of national identity, national pride and supranational attachment[J]. Educational Studies, 2008, 34(1).

[14]吴鲁平,刘涵慧,王静.公民国家认同的特点及其与对外接纳度的关系研究——来自ISSP(2003)的证据[J].国际社会科学杂志:中文版,2010,(1).

[15]Worden N. National identity and heritage tourism in Melaka[J]. Indonesia & the Malay World, 2003, 31(89).

[16]Soper A K. Developing mauritianness: National identity, cultural heritage values and tourism[J]. Journal of Heritage Tourism, 2007, 2(2).

[17]赵志峰,孙国东,李志伟.红色旅游社会效应研究——基于认同视角的探讨[J].四川师范大学学报:社会科学版,2016,(1).

[18]张红艳,马肖飞.新格局下基于国家认同的红色旅游发展[J].经济问题,2020,(1).

[19]张圆刚,刘鲁.红色旅游资源地游客国家认同的影响因素与多元路径研究——基于模糊集定性比较分析[J].自然资源学报,2021,(7).

[20]王庆生,明蕊.长征国家文化公园建设及其国家认同研究:基于文旅融合视角[J].中国软科学,2021,(S1).

[21]Arnold M B. Emotion and personality[M]. Cassell and Co. Ltd, 1961.

[22]Packer J, Ballantyne R, Uzzell D . Interpreting war heritage: Impacts of Anzac museum and battle field visits on Australians' understanding of national identity[J]. Annals of Tourism Research, 2019,76(5).

[23]Alexander Maki,Dwyer Patrick C,Blazek Susanne,Snyder Mark,González Roberto,Lay Siugmin. Responding to natural disasters: Examining identity and prosociality in the context of a major earthquake[J]. The British journal of social psychology,2019,58(1).

[24]田野,卢东,张博坚,等.组织成员敬畏感对组织公民行为的促进作用研究[J].软科学,2016,(3).

[25]黄秋珊.敬畏情绪对道德行为的影响及心理机制探究[D].杭州:浙江大学,2018.

[26]卢东,张博坚,王冲,等.产生敬畏的游客更有道德吗?——基于实验方法的探索性研究[J].旅游学刊,2016,(12).

[27]Coghlan A, Buckley R, Weaver D. A framework for analysing awe in tourism experiences[J]. Annals of Tourism Research, 2012, 39(3).

[28]王建明,吴龙昌.亲环境行为研究中情感的类别、维度及其作用机理[J].心理科学进展,2015,(12).

[29]罗俊.行为意向情境依赖性的检验——来自田野实验和神经实验的证据[D].杭州:浙江大学,2015.

[30]迟毓凯.人格与情境启动对行为意向的影响[D].上海:华东师范大学,2005.

The Effects of Awe Emotion and National Identity on Tourists' Behavioral Tendency in the Red Cultural Atmosphere

——A Dual Mediation Model

YI Ying - ying[1], YU Deng - ke[2]

(1. School of Commerce, Xiangtan University, Xiangtan 411100, China;

2. Hunan Police Academy, Changsha 410100, China)

Abstract: Red tourism is a spiritual theme activity with ideological and political education function, although there are researches in the academic world, few of them deeply explores the influence of awe emotion and national identity on tourists' behavioral tendencies under the red cultural atmosphere. This paper takes Shaoshan Comrade Mao Zedong Memorial Hall as a research case, constructs the relationship model between the red cultural atmosphere, reverence emotion, national identity and behavioral tendencies, and draws the following conclusions through empirical research: (1) The red cultural atmosphere is beneficial to the tourists to produce awe emotion, which significantly and positively affects tourists' behavioral tendencies. (2) The red cultural atmosphere significantly and positively influences tourists' national identity and positively influences tourists' behavioral tendencies. (3) The emotion of awe has a positive effect on national identity, and the emotion of awe and national identity play a mediating role between the red cultural atmosphere and tourists' behavioral tendency at the same time. The results of the study clarified the influence mechanism among the red cultural atmosphere, awe, national identity and behavioral tendency, and provided theoretical support for the development of red tourism sites.

Key words: red cultural atmosphere; awe emotion; national identity; behavioral tendency

【责任编辑：王伟年】

红色歌曲的历史渊源、概念流变与传播特性研究

张月月

（重庆工商大学文学与新闻学院，重庆 400067）

【摘　要】红色歌曲作为一种特定的声乐体裁类型，是党的中国特色文艺实践成果之一，记录着中国共产党革命、建设、改革与发展的伟大奋斗历程。广义上的红歌内涵是不断发展的概念，由此形成了独特而鲜明的红色音乐文化影响至今。基于音乐与政治的关系，红色歌曲在中国的产生发展离不开国内传统歌谣的政治化流变、国际革命歌曲及马克思主义文艺理论的指导与传播等历史渊源。在与中国实际相结合的过程中，不同学者不同视角的研究使得红色歌曲的概念与内涵略有不同，塑造了其概念的流变性。红色歌曲在不断革新的时代变迁中也逐渐形成了其特有的政治性与阶级性、艺术性与功能性、大众性与实践性、媒介性与传承性等传播特性。

【关键词】红色歌曲；党史；历史渊源；概念内涵；传播特性

在2022年党的二十大报告中，习近平总书记明确提出“以社会主义核心价值观为引领，发展社会主义先进文化，弘扬革命文化，传承中华优秀传统文化”。红色歌曲（简称“红歌”）作为革命文化资源的重要组成部分，近年来日益受到音乐学、艺术学、新闻传播学等学科研究的重视。随着时代发展及相关研究的深入，在我党奋战新百年的今天，有必要把握音乐与政治的关系，即从声音政治的视角分析音乐与社会经济、文化、政治之间的互动。尤其需要对红色歌曲的历史渊源、概念流变与传播特性展开梳理与辨析，考察红歌在特定历史时期与社会组织结构力量的互动渊源，为后人展开红歌的多层面研究奠定概念与理论基础。

一、音乐政治的关系渊源与功能启示

以往，我们谈音乐的功能，总是以真善美圣的美学视角探讨音乐本体的曲式、和声、音色、对位等，谈声音旋律的运行之美，这已经假设了一个前提：音乐是超乎政治、经济、社会等实用层面的“纯粹物”。这种观点也逐渐被后来学者质疑。具有代表性的就是卢卡奇、布洛赫和阿多诺等人，他们从社会学视角考察音乐，并率先开启了声音的文化意义研究，特别是声音（或“调

［收稿日期］2023-2-19

［项目基金］重庆工商大学高层次人才科研启动项目“红色歌曲传播的媒介实践、功能及规律研究”（1921—2022）（项目编号：2355012）。

［作者简介］张月月（1991—　），女，安徽安庆人，博士，讲师，主要从事网络舆论与政治传播、传媒文化与艺术传播研究。

性")与它发生的历史之间的关系,这也属于音乐与声音的政治经济学研究范畴。法国学者贾克·阿达利在《噪音:音乐政治经济学》中指出:现代音乐是服从科学主义和理性秩序的,是一个新的社会和文化概念的表征结果,用以替换具有宗教倾向的神秘思想,所以它从本质上具有政治性内涵:"今天所谓的音乐往往只是权力的独白的伪装。"[1](P10)这说明音乐的声音与社会政治、经济、文化秩序、历史变迁等具有互嵌衍变的关系,声音是被权力社会化和政治化的,声音的力量和力量的声音是一体化建构,具有调节秩序,促进权力,协同治理的功能。[2]

在中国,音乐自古以来就与社会文化政治、舆论引导密不可分。《乐记》中有言:"声音之道,与政通矣。"[3](P3)音乐可以反映一个国家政治和社会习俗的起起落落。特定的音乐反映了特定的"世"的状况,这个"世"由一定的社会政治、经济发展和人民生活状况组成,反映了一个国家社会政治风俗的起起伏伏。音乐为政治服务,起源于古代原始社会,当时人们无法解释风、雨、雷、电、生、老、病、死等自然现象,加上祭祀活动中常见原始歌舞和原始巫术相结合的形式,久而久之对乐舞乃至一些乐器产生的神秘感充满敬畏,因而决定了巫乐形式是那一历史阶段的主要音乐类型。就政治层面而言,巫乐也成为统治阶级控制人民的政治工具。[4]国家产生以后,统治者利用音乐的神秘性来操纵和控制人民,以巩固民心统一。先秦诸子百家学说也倡导将音乐纳入政治框架中,大力挖掘和彰显音乐在政治构建中的地位和价值。

在中国封建社会的各个历史时期,音乐的兴衰都与社会现实和国家政治密切相关。例如,在盛唐时期,统治者在政治上推行"中国既安,四夷自服"的政策,在宗教、文化、艺术上采取兼容并包的政策。[5](P279-290)以唐代歌舞大曲为主体的宫廷乐得到大力发展,而"安史之乱"后,民不聊生,音乐发展随之衰落。在近代中国,革命战争及抗日战争催生了群众性的革命音乐运动等救亡运动的发展,涌现了一批爱国音乐家,他们创作的革命歌曲和群众抒情歌曲得到了社会舆论的支持,与社会现实及人民生活更紧密地结合在一起,产生了极其广泛的群众影响。这些都充分体现了音乐与政治互相促进,互相制约的必然联系,也就奠定了中国红歌与社会政治、文化以及民族国家关系探讨的文化基因和理论基础。尤其在当下中国社会价值观多元化的转型期,发展一种具有稳定政治内涵和意识形态符码的声音,为社会制度和社会主义建设服务很有必要。归根结底,红歌是伴随中国共产党在革命、建设、改革与发展过程中的文艺实践,体现了重要的政治文化传播价值。

二、红色歌曲的国际渊源与理论吸收

中国共产党成立前,已有一批先进的知识分子积极学习国际先进理论和思想文化,探索救国救民的道路,其间涌现了不少新思潮。中国的音乐家创作者多是共产党员或先进的革命者,深受国际革命文艺的舆论导向和先进文艺理论的影响,尤其受到近代欧洲革命和俄国革命歌曲影响,促进了红歌对国际革命歌曲因子的吸收。

(一)国际革命歌曲的历史经验与舆论导向

1.18 世纪末到 19 世纪法国革命歌曲的传播

欧洲"双元革命"代表着两种革命模式,即以法国为代表的政治革命和以英国为代表的工业革命,与英国工业革命的渐进性改良不同,"法国革命的目的不仅是要变革旧政府,而且要废除旧社会结构"。[6](P49)随着社会矛盾的加剧,最终走向彻底的暴力革命道路。"双元革命"下的政治和经济社会变革带来的是文艺领域的繁荣,最典型的是革命文艺的政治化和革命化。其以高度的民众参与性为特点,不仅影响了学院派艺术家的文艺创作,也促使大众化民间文艺与革命结合,由此形成的革命文艺正迎合了革命动员的需要。随着法国大革命的发展,18世纪90年代法国革命音乐迎来黄金时期,从大量民间曲调中,以戈塞克的《人民,觉醒吧》为代表的革命歌曲应运而生。革命也需要新的音乐作品以弘扬其合法性。在这种历史背景下诞生的《马赛曲》,成为资产阶级反封建的战歌,这是革命文艺形态的具体表现,并持续影响着世界革命文艺的生产。法兰西第一、第三、第四共和国均采用《马赛曲》为国歌,后来20世纪初的国际工人运动中,《马赛曲》被填上多种版本不同的歌词,成了工人歌曲流传于世。[7]

《马赛曲》在我国很早就受到国人注意,清末著名政治评论家王涛所著的《普法战纪》(1870—1871)一卷中,《马赛曲》歌词(王涛译为《麦绪二诗》)首次被翻译成中文。后来,《马赛曲》在辛亥革命中得到全国性流传,激发了中国人民反帝反封建的革命意志。1917年,刘班农在《新青年》杂志(第2卷第6期)发表的《灵霞关》笔记中,介绍了《马赛曲》作者的生平、创作过程及流传情况。李秋实在评价《马赛曲》等革命歌曲的作用时提到,革命歌曲是革命的"生命素",是它无限生力军的源泉。[8]《马赛曲》的磅礴激情曾经震撼了人民音乐家冼星海,这构成了他选择革命创作道路,逐渐成长为中国人民音乐先驱的重要因素。李秋实在1926年出版的《革命歌集》,是中国最早的革命歌曲集,其中汇集了第一次国内革命战争时期大多数人最喜欢的15首战斗歌曲的曲谱,其中包括被重新填词的《马赛曲》。[9]直到抗日战争时期,《马赛曲》成为中国人民救亡图存的战斗武器,坚定了中国人民的战斗意志。

此外,1871年春,法国巴黎公社成立,虽以失败告终,但它宣告了人类历史上第一个无产阶级政权的建立。最后,巴黎公社的政府委员、革命诗人欧仁·鲍狄埃忍痛写下了流传至今的气壮山河、悲壮雄伟的战歌——《国际歌》,并于1887年出版了收有他修改的《国际歌》在内的《革命诗歌集》。《国际歌》被誉为诗歌式的《共产党宣言》,歌词内容弘扬了马克思主义核心思想:工人阶级和劳动人民要求解放必须革命;世界无产者应团结起来,建立工农联盟的政党,共同斗争,共产主义理想最终会实现。[10](P36)《国际歌》自1887年正式发表特别是由狄盖特谱曲以后,诞生于法国里尔经过法兰西传遍全世界,歌声跨过千山万水,成为全世界无产阶级的战歌。1920年瞿秋白译成的中文版《国际歌》在中国首次出现,被分批刊登在1920年出版的广东共产主义小组的周刊《劳动者》上。1923年,萧三在莫斯科根据俄文将其歌词转译,后由陈乔年配唱的《国际歌》开始在中国传播;毛泽东主席1927年在井冈山又亲自教唱了《国际歌》。[11]此后,这首歌对中国人民的革命斗争和社会主义建设,都产生了莫大的鼓舞作用。

2.20世纪苏俄革命歌曲成为中国的"风向标"

欧洲18世纪的"双元革命"也波及俄国,19世纪初俄国开启了近代革命历程,以十二月党人为代表的贵族和以车尔尼雪夫斯基为首的平民知识分子先后走上与沙皇政权决裂的斗争道路,他们都曾把自己的政治思想和主张融入歌曲,将歌曲作为革命宣传鼓动的工具。[12](P16-17)虽然都因力量不足而遭遇失败,但给接下来的俄国无产阶级革命文艺留下了宝贵经验。在19世纪末到20世纪初,世界无产阶级革命运动的中心从近代的英法德等国转移至俄国,俄国成为世界无产阶级革命的中心,最终取得革命胜利,建立了社会主义国家。在这一过程中,革命文艺由于其巨大的宣传鼓动作用而备受无产阶级革命领袖的重视。列宁特别重视革命歌曲对无产阶级的宣传作用,他曾以《国际歌》为例分析道,一个有觉悟的工人,不管来自哪里,都可以凭《国际歌》的熟悉曲调找到同志和朋友。[13](P302-303)《国际歌》在十月革命后一度被当作苏联的代国歌,虽然后被禁止,但这也为其在中国无产阶级革命中的传播创造了经验条件。

该时期俄国无产阶级革命音乐创作的主方向,主要表现为三种途径:利用旧曲填新词、移植和改造外来革命歌曲、新创作革命歌曲,歌曲类型主要包括几类,第一类是红军战斗歌曲,数量在当时国内战争中占首位,旨在展示红军的高昂斗志及威武形象,比如改编自《密林里》的《我们是红色的战士》《嘿,沿着大路》等;第二类是群众参军歌曲,这源于早期俄国的革命歌曲,其中描述广大群众拥护红军、踊跃参军、为新生政权而勇于战斗的时代主题,代表作品主要就有《送别》《我们勇敢去作战》;第三类是游击队歌曲,此类歌曲主要包括展示游击战斗的生活场景和革命战士乐观主义精神这两大主题,代表作分别有《沿着西伯利亚大森林》和《小苹果》等;第四类是青年歌曲,青年歌曲在革命歌曲中的地位很关键,旨在宣扬爱国主义情怀和为建设国家勇于奉献牺牲的精神,代表作主要有《我们的火车头》《青年近卫军》等。[12](P51-57)革命歌曲传播层面,除了在党的地下报纸和杂志上刊登革命歌曲和评论文章外,党的地下印刷厂也定期出版革命歌曲集和附有革命歌曲的传单,并经常呼吁组织群众唱歌活动。苏俄革命歌曲的成功传播及其所体现的俄国无产阶级革命文艺的指导思想、理论基础、创作方法、宣传动员机制等,都被后来“以俄为师”的中国共产党所效仿和借鉴。因两者走的是同一条道路,坚守同一份理想信念,追求同一种革命目标,俄国革命歌曲及其传播方式为中国建党之初的革命歌曲起到了很好的“风向标”作用。在中国新民主主义革命时期,中国革命歌曲都与苏俄革命歌曲互动共振,这为早期红歌的发展与传播起到了推动作用。

(二)马克思主义文艺理论的指导

马克思主义文艺理论在中国的产生与发展,不仅是近代以来西学东渐背景下马克思主义在中国传播与发展的结果,也是中国文化艺术实践在社会历史条件下近代转型发展的结果。1917年的俄国“十月革命”以及中国1919年“五四”新文化运动,为马克思主义文艺理论在中国的广泛传播提供了一个极其难得的历史契机。马克思关于文艺理论的论述目前并没有一个专门和完整的论述,而是散见在其著作的各个篇章,因而我们有必要对其进行较为完整的归纳阐释。

首先,马克思、恩格斯从生产理论的角度研究艺术,认为艺术是人类特殊的精神生产。知识是人通过对自然的改造而形成的,任何反映社会生存和人类精神状态的文艺作品,都源自人类对物质世界进行认识和改造的产物。在无产阶级文艺实践中,马克思文艺理论是集体智慧的结晶,在社会实践中不断发展完善,对我国文艺实践,包括红歌的诞生和发展提供了有力的理论指导,产生了深远持久的影响。综合来看,其理论性分别表现在:时代性与人民性的结合;社会性与思想性的融合;现实性与审美性的统一;马克思主义文艺大众化、中国化。[14]这是在马克思唯物辩证法哲学基本原理基础上产生的,也是马克思文艺理论的几个重要本质特征。

具体来说,一是党性、时代性与人民性相结合。党性是文艺实践的阶级和意识形态属性的体现,文化要体现特定的政治上层建筑属性;时代性是指文艺创作要符合时代发展的规律,反映时代的变动,捕捉时代的精神脉搏;人民性是指文艺创作不是纯粹的主观意识活动,要来源于人民的生活实践。这一点在中国的新文化运动后兴起的左翼作家联盟身上就有体现,他们以阶段论为核心提出革命文学和战斗文学的主张,从而表明了文艺实践的政治倾向性。毛泽东1942年在《在延安文艺座谈会上的讲话》中指出:“我们的文学艺术都是为人民大众的,首先是为工农兵的。”[15](P10)这也体现了中国新文艺的性质是为人民大众服务。二是社会性与思想性的统一。马克思主义文艺理论主要强调了文艺实践的社会环境与社会功能,要符合社会发展的一般规律;且文学艺术品都得有思想性,具有启迪思想、深化思想的作用,对社会问题积极思考,进而产生一种社会认知和规范功能,因而需要在市场经济浪潮下,处理好精神文明与物质文明的平衡。三是现实性与审美性的融合。文艺的现实性应构成马克思主义文艺理论的重要方面,文艺创作要对社会现实忠实反映,同时正确表达历史,树立典型人物的典型形象。同时基于社会责任感以及道德感,思考文艺作品创作如何上升到审美高度,有人文关怀地将现实性抽象转化为审美性情趣。文艺作品在不同时代创作主体和风格的变化,也是从最初的政治性现实性走向审美性、市场性和政治性相结合的文艺实践。四是文艺与马克思主义大众化、中国化。文学艺术是深奥抽象的马克思主义相关原理的艺术化形式和大众化解读,将其内在原理和规律同中国具体国情和革命实践结合起来,最终实现马克思主义的中国化。因此,我们也可以说马克思主义大众化是其实现中国化的必要前提。就红歌本身而言,马克思主义大众化理论指导音乐创作,需要将马克思主义的系列术语与基本观念通俗化、理论语言形象化、功能更加具体化等。马克思主义文艺理论对中国的革命歌曲创作与传播实践及后来红歌的发展都产生了深远影响,很多红歌的诞生都离不开当时具体的革命思想和政治方针的引导。

三、红色歌曲概念的国内渊源与实践进化

追根溯源,我们谈红歌的概念,需要先从中国的“歌谣”谈起,包括“传统歌谣”“革命歌谣”“红色歌谣”等艺术形式。在中国传统歌谣与歌谣运动的政治化演变中,以及国家革命文艺与马克思主义文艺理论中国化的历史实践中,中国红色歌曲的概念逐渐形成与进化。

(一)中国传统歌谣的政治功能流变

歌谣是民歌、民谣的简称,作为一种可以吟唱和诵读的诗歌形式的民间文学,历史悠久。它与劳动人民的集体生活或集体生产场合紧密相连,内容主要反映社会生活和时代风貌,表达人民的思想情感、生活愿望等,是集体智慧创造的文艺成果。[16](P1)人民群众的歌谣传唱大多以口语为媒介,口头创作与流传,传播速度快、范围广,能够发挥协调动作、鼓舞情绪、醒脑解乏、表情达意的功能,产生强大的影响力。中国几千年来的歌谣种类繁多,钟敬文先生在《民间文学概论》中的歌谣分类法,主要基于民间歌谣的内容,将其分为以下六类:劳动歌、时政歌、生活歌、仪式歌、情歌和儿歌。[17](P173-179)其中,时政歌是阶级社会的产物,它无情地揭露鞭挞丑类,热情颂扬光明,是劳动人民政治斗争的有力武器。反映农民起义的歌谣,是时政歌中最富于斗争性的篇章,无情地揭露了帝国主义侵略、奴役中国人民的罪恶,同时歌颂民族英雄,充分表现了人民群众的爱国主义精神。在中国革命斗争的历史进程中,大量的时政歌主要是基调欢快的颂歌。而生活歌中的农民生活歌、妇女生活歌和新生活歌最有代表性,直接反映农民的日常生活。“儿歌”是在儿童中流传已久的歌词短小、韵律生动的口头歌曲,五四运动前后才逐渐采用“儿歌”

称谓,但内容大多是成人出于某种政治目的创作后教给孩子们传唱的时政歌谣,与一般儿歌不同。歌谣是时代和社会不断变迁的产物,社会条件不同,歌谣的内容和形式也因时因地发生流变。由于现实社会的需要,歌谣不仅是艺术演唱的形式,还逐渐充当起政治教化的工具,发挥着重要的社会价值等多功能性价值。

(二)歌谣运动与红色歌曲的政治溯源

国内歌谣的政治化主要是通过歌谣运动和“到民间去”运动促使的。中国的歌谣运动始于新文化运动时期由北大知名教授发起的全国性歌谣征集活动。1918 年 2 月 1 日,北大校长蔡元培在《北京大学日刊》上发表《校长启示》,以校长名义发出“征集全国近世歌谣”[18]的号召。此次征集活动面向全国,征集的歌谣目标有所选择,主要征集有深远寓意、反映各类人群形象、反映地方特色风土人情的。歌谣运动如火如荼开展,引发社会各界广泛热议,因而也就具有了社会性和时政性。20 世纪初中国早期革命党人在发动民族革命的过程中,为宣传民族民主革命思想,曾采用编唱歌曲、吟诗联句等方式吸引群众。1920 年代初期,具有政治意味的“到民间去”运动向歌谣运动渗透,其中的参与者认识到民间歌谣对于改良社会的独特意义,同样重视搜集民间歌谣的工作。中国早期马克思主义者积极探索歌谣与政治的关系,并提倡歌谣的政治化作用,他们除了对时政性歌谣进行搜集和传播,也注重根据政治形势适时创作新的时政歌谣。

正因如此,歌谣被历代政治集团广泛运用于革命战争中,成为革命动员、获取民众支持,进而夺取巩固政权的重要方式。作为政治组织的中国共产党亦如此,自 1921 年成立以来,就特别注重利用歌谣宣传党的政治纲领和路线,加强与广大民众的沟通,争取他们对共产主义理想的认同,反映了歌谣宣传中的强烈政治化倾向。如 1924 年,作为中共一大代表的陈潭秋在安源从事工人运动期间,就编写了一首《“五一”纪念歌》[19](P21),以宣传革命思想,号召工人团结加入战斗。在此之后,民间歌谣还被重新填词、重新编曲等二次改编,形成了为当时中共方服务的革命歌谣,发挥着“革命声音工具”的功能。而红歌在新民主主义革命时期的早期表现形式很多就是来源于歌谣,部分以“红色歌谣”的形式而被广泛传唱。

在整个新民主主义革命期间,红色歌谣在战争的不同阶段都有被创作和传唱,如土地革命时期流行于各大苏区的红色歌谣,较为出名的就是鄂豫皖苏区革命歌谣,包括抗日小调、进行曲,如钟扇调风格的《土地革命歌》,进行曲风格的《童子团歌》《拥护第三国际》等。这些革命歌谣与鲁迅等左翼作家主张并践行的革命化文学都在革命中发挥了重要作用,为中共苏区时期的革命歌谣创作和利用提供了理论根据和实践基础,积累了歌谣政治化运作的成功经验。于是,这一最初服务于民间劳动人民的歌谣,应时代和革命需求,被政治上层建筑赋予了国家意识形态色彩,逐渐演变和进化为一种稳定的、具有特殊政治象征内涵的声音政治。战争年代中共运用革命歌谣进行思想宣传和民众动员的实践经验,经过百年锤炼与发展,已演变为能为新时代中共意识形态追根溯源和正名的“声音媒介”,始终为党和国家发挥着重要的文化、政治与社会功能。

(三)红色歌曲基本概念的流变与界定

“红歌”是一个具有历史源流的词汇。经文献梳理发现,目前学界对其概念的界定出现诸多类似名称,如红歌、红色歌谣、革命歌谣、革命歌曲、红色音乐等,概念间存在交叉重叠现象,但基本含义大体相同。而之所以出现概念界定的不统一,原因集中在于年代更迭的限制上[20],也跟红色歌曲的国内外历史渊源有关。有学者指出红歌在《人民日报》人民数据库以检索到的时间线——1946年5月15日以前，已经有“红歌”这一概念。五四运动以来，在相当长的历史时期内歌曲领域存在所谓“红歌”与“黄色歌曲”的划分。[20]

在中共中央早期宣传决议文件及相关历史文献记载中，对“歌谣”与“歌曲”的使用兼而有之，但两者有区别。在早期中共苏区的歌谣多为口头传唱，由于战时苏区缺乏专业的音乐人才和印刷条件的限制，录制或印刷的歌谣只有歌词，很少有乐谱。为了扩大传播的影响，苏区党组织和人民群众以革命歌曲手稿、课堂教科书和人际交往等形式录制或印刷歌谣。这些歌谣有的可以按照传统曲调演唱，属于“歌曲”的范畴；有的则只有固定的节奏和韵脚，它们是没有旋律的口头民歌，属于传统意义上的“歌谣”。因此，“歌谣”可以理解为传统意义上“歌”与“谣”两种文化现象的集合体。有学者认为革命歌谣是指革命战争年代，也即中共成立的1921年至新中国成立的1949年期间，借鉴民间传统曲调填词改编或新创作的反映中共领导军民斗争的文艺作品，其中有曲调或无曲调的音乐作品皆可称为“歌谣”，而带有固定曲调的音乐作品则可称为“歌曲”。[14]由是观之，“红歌”与“红色歌谣”的概念有区别，红歌应指其中带有固定曲调的音乐作品。

虽然在五四时期和大革命时期并没有红色歌谣的说法，多以革命歌谣为名。但在整个新民主主义革命时期，红歌主要包含了“五四”后30年代的左翼歌曲、土地革命时期在苏区流行的“红色歌谣”、抗日救亡歌曲和解放战争歌曲等具体类型。[21]到1927年4月后，中国共产党开始独立领导武装斗争，歌谣才被灌注苏维埃革命的底色，称为“红色歌谣”。[22]但这里的“红色歌谣”跟“革命歌谣”实质含义一样，只是不同时期的叫法不同而已，主要表现为革命歌曲类型。[23]而早期研究中的革命歌曲就是现在所说的红歌，与当下红歌是“前世今生”的关系，相对于革命歌曲而言，红歌在内容的表达上则更侧重于反映时代发展的主旋律。[24]随着时代变迁和党的文艺思想的发展，红歌在不同时代被赋予了新的内涵和传播表征。

建党以来的红歌以“红色（革命）歌谣、革命歌曲、爱国歌曲、红色经典、红歌”等不同名称演变发展，体现了红歌概念的延展性。目前对红歌概念的界定可分为狭义与广义之分。狭义的红歌，指产生于新中国成立至1976年“文革”结束期间创作的歌曲和作品，这一阶段，以“歌颂领袖毛泽东、歌颂中国共产党、歌颂社会主义革命和建设生活各方面为主体内容”的歌曲大批诞生，红色几乎是社会生活呈现的唯一颜色。[25]从广义的红歌概念来看，“红歌”就是“赞扬、歌颂革命和祖国的歌曲，且普遍具有浓郁的感情基调，有较强的歌唱性、节奏感”。[26]即内容上“赞扬、歌颂革命和祖国”，音乐上具有较强的歌唱性、节奏感和抒情性的歌曲作品都可称为红歌。广义上的红歌实际上“已经成为各个时期各类健康进步、励志向上的优秀经典歌曲的代名词……”[26]从红歌传播的角度以及红歌内涵的时代变化来看，从广义上来理解和定义红歌更符合时代需要。

四、红色歌曲的多维传播特性分析

红色歌曲具有悠久的中国传统文化渊源，也有着国家革命文艺的创作与传播经验，体现了马克思主义中国化时代化的理论原理，在与中国具体实际相结合、与中国传统文化相结合的历史实践中，逐渐形成了它独有的多维传播特性。

（一）鲜明的政治性与阶级性

红歌是整个社会群体在特定历史时空内所

创造出来的音乐和艺术作品的总和。作为一种特殊的文艺作品形式,它诞生于革命年代,成熟于建设时代,发展于改革开放时代,融合于媒介化时代。“红歌”的概念之所以经久不衰,根本原因就在于其音乐艺术表征内在的根本属性:政治性。政治性指的是红歌是中国特色社会主义国家意识形态机器,是服务于政治上层建筑的艺术形式,是国家和政治文化的一种符号象征。另外,毛泽东说过:“在现在的世界上,一切文化或文学艺术都是属于一定的阶级,属于一定的政治路线的。”[27](P867)

这也在另一方面注定了红歌是为了维护无产阶级的阶级立场和根本利益而存在的,具有鲜明的阶级性。阶级性主要表现在红歌诞生于中国共产党领导的无产阶级革命历程中的“革命歌谣”或“革命歌曲”,在广大无产阶级革命实践中产生、传唱和发展起来的,伴随着新中国成立、建设和改革开放阶段传承至今。每一首红歌都是不同年代的艺术家们在深入考察社会现实和百姓生活而创造出来的作品,它们以反映当时革命题材的旋律,刻下了时代的“烙印”,也体现了鲜明的时代性。此外,中国共产党一直以最先进的理论武装自己,指导革命、建设和发展,在其领导下创作出的红歌主题紧贴时代脉搏,内容积极健康,表现勇敢顽强、自强不息、爱国主义等优秀精神和品格,也具有先进性。

(二)突出的艺术性与功能性

红歌从早期的社会主义革命年代诞生并发展至今,历经了革命歌谣、革命歌曲、建设性歌曲、中国梦和个人梦歌曲,在艺术性和功能性方面也经历了一个升级演化的过程。早期革命年代,由于战争的特定环境,它面对的普通大众文化水平不高,因而歌词必须明白易晓、通俗易懂。因而早期革命歌曲的音乐调式和结构更加紧凑简短,音乐形象较单一,以两句体、四句体为多,选录单一,歌词通俗简练,歌曲更多为政治性和阶级性服务。毛泽东在《在延安文艺座谈会上的讲话》中强调:“缺乏艺术性的艺术品,无论政治上怎样进步,也是没有力量的。”[27](P871)因而后期音乐创作的专业性不断加强,红歌的旋律和音乐结构更加富于变化,歌曲主题和类型更加丰富多样,且歌词运用比喻、对比、比兴等修辞手法,主题思想更为鲜明突出,同时体现了遣词造句、旋律丰富的艺术性,日益被人民群众广为传唱。其中,有表现革命与抗战精神的歌曲《义勇军进行曲》等;有歌颂军民鱼水情的歌曲《映山红》等;有歌颂民族团结和独立自主的《翻身农奴把歌唱》等;有表现新时代人民生活幸福美好的《在希望的田野上》等,以及表现中国梦主题的《我的中国梦》等。每一种类型的红歌以其独有的艺术性内容赋予了受众内在的情感、审美感知和丰富想象能力,带来精神和视听的满足。

此外,红歌的内涵与意图以及艺术性也直接决定了其思想性,思想性在《现代汉语词典》中解释为:文艺作品或其他著作中所表现的政治倾向,政治标准是衡量作品思想性的依据。[28](P1085)而功能性来源于思想性,早期的红歌为当时的革命政治服务,充分体现了“革命思想武器”和“政治动员”功能,而后逐渐过渡到艺术性与政治性结合,甚至以艺术性为主,表现为“情感抚慰”“记忆召唤”和“强化政治认同”等功能。在当下和平年代,红色依然具备发挥着爱国主义教育、美学教育、党史教育与舆论引导、情感与记忆召唤、艺术审美等功能。整体来说,红歌的艺术性与思想性、功能性相辅相成,艺术性表现在既有“下里巴人”般追求口语化与自然化的质朴之实,又有“阳春白雪”般在通俗易懂的基础上还追求优美生动、华丽精巧的文饰之美。艺术性愈强,其感染力就愈强,就愈能发挥其思想的功能性。红歌在不同年代发挥的主要功能会有所变化，但不变的是，它在时代的长河里始终扮演具有“政治隐喻”性质的“象征符号”。

（三）广泛的大众性与实践性

艺术创作的实践性与大众性分不开，实践性来源于“大众性”创作方针与思想的指导。历史经验和事实证明，只有来源于人民生活实践，满足人民大众需求的艺术作品才是真正为人民大众喜闻乐见的作品。早在 1905 年，深受马克思主义思想影响的无产阶级革命家列宁就指出“文艺应该是为千千万万劳动人民服务”，[29](P67)此外，马克思主义中国化、大众化的文艺思想也成为中国近现代文艺创作的指导方针。1942 年，毛泽东同志也曾明确指出“文艺为人民大众服务”[30](P121)，这为后来社会主义文艺的创作指明了方向。新民主主义的文化纲领确立了新文化的大众性。在革命斗争年代，红歌开创了广泛的大众性，通过红歌蓬勃的革命声势表现出劳动人民反帝反封建的明确目标，用歌声迎接革命胜利的到来。

“大众性”要求创作者们要深入实践，考察生活，捕捉素材。早期革命年代的红歌大部分来源于民间歌谣和小调的改编，音乐革命家们经常深入民间采风，深入百姓生活的具体实践，与当地人民一起工作生活、歌唱、调查和观察他们的劳作生活，用曲谱精确记录着曲调歌词和民情民风，收集整理不同地方民众所熟知熟唱的民歌而创作，包括根据鄂豫皖边区民众根据地灯调改编的《青年当红军》等小调，这些作品反映了人民大众真实生动的斗争生活和丰富的内心世界。随着时代更迭，当代红歌的创作始终坚持着“为人民服务、为社会主义服务”的方针，贴近人民，贴近生活，贴近实际。语言更为丰富，情感更为细腻，旋律更加优美，也进一步强调着人们对人性和情感世界的关注，群众性广泛，适合不同阶层、不同年龄、不同性别的人传唱。正因为这种“大众性”和“实践性”使得至善至美的红歌作品能够引领社会道德品质，满足广大人民群众多样化的文化消费需求。

（四）融合的媒介性与传承性

红歌一路传承至今，具有深厚的历史记忆，积淀了多种传播与表现形式，也构成了其媒介性和传承性的统一。诸如独唱、合唱、大型舞蹈史诗、电影插曲、现场演唱等多种作品呈现形式，同时通过报纸、唱片、广播、电视、电影、短视频等传播载体流传至今，以一种具有国家意志的精神文化力量鼓舞着无数海内外中国人。这一方面说明了“声音”属性的红歌传播需要寻找展现自身的载体，借用具体的承载媒介或媒介组织，具有媒介依附性和跨媒介性；另一方面引申来看，音乐自古以来在某种程度上担任着一种传播政治观念的媒介功能。在周代“礼”文化滥觞期，融诗、歌、舞于一体的中国古乐作为一种礼制秩序（关系）形塑的“媒介”和礼文化生成的物质力量，承载着人神之间信息传递、引渡神性、解密“天启”信息等媒介性功能。[31]“礼乐协同”进而成为中国传统社会治理中有效且系统完善的政治符号媒介。[32]作为声音形式的红歌，是渗透和传播政治意识形态的“艺术工具或符号”，是其思想观念的“转化载体”，这是一种功能性解释。但其根本属性是一种“声音”，正如某位学者所指出的，精神只有透过文化物件，才能在历史的长河中留下其传世的踪迹。[33]由此看来，只有“红歌+承载媒介”才能真正实现德布雷媒介学视野中的这种“主义”或“想法”的“传承”。

媒介学语境中的“传承”一词，包括所有承载集体记忆的对象，它是指信息在时间上的传递，包括在不同时间和空间范围内的流动，属于历史范畴。它始于技术性能（即媒体的使用）：一方面，通过到处连接形成一个网络（即社会）；另一方面，将以前与现在相互连接，形成延续性

（即文化传承性）。[34](P11)就红歌传播的跨媒介“物质性载体”而言，它的曲谱需要依赖纸质媒介呈现，它的音响需要借助各类乐器，它的口头传播需要借助人的身体；广播里的红歌需要借助广播，电影里的红歌的需要借助于电影屏幕等视觉媒介，红歌电视节目需要借助电视，现场大型舞蹈史诗中的红歌借助的是人身体和舞台舞美等的呈现，不同时代的媒介叠加出现，让红歌及其思想精神一直传承下来。但红歌的传承性，除了具体的物质性媒介和媒介性组织力量的存在，还体现在红歌本身艺术性的文本内容和精神价值等观念性东西、组织性思想。可以说，这些歌曲因其“物质性载体”和传播媒介而具有了多样化的跨媒介属性，即具有了一定的媒介性。同时因为红歌的“物质性载体”而让其表达的内容、思想、精神和情感等获得了实体力量，实现了媒介学意义上长时段中的“传承”。

习近平总书记始终高度重视建设和传承好红色文化，强调“用好红色资源，传承好红色基因”的重要性。红歌作为国家意识形态机器的一部分，对于记录与呈现中国共产党自成立以来进行革命、建设、改革与发展的奋斗历程具有重要的媒介功能意义。梳理与辨析红歌的历史渊源、概念内涵与传播特性，有利于红歌传播的后续研究，在新百年时代继续发挥强大的精神文化力量。

参 考 文 献

[1][法]贾克·阿利达.噪音：音乐的政治经济学[M].宋素风，翁桂堂 译.上海：上海人民出版社，2000.

[2]孙曙.声音的政治经济学：从《乡恋》到《中国好声音》[J].中北大学学报：社会科学版，2015，(2).

[3]吉联抗.乐记译注[M].北京：音乐出版社，1958.

[4]兰萌.论音乐与政治的关系[J].求实，2009，(1).

[5]徐忠.中国古代文艺政策史[M].南京：南京出版社，1993.

[6][法]托克维尔.旧制度与大革命[M].冯棠 译.北京：商务印书馆，2012.

[7]崎松.从《马赛曲》《国际歌》到《义勇军进行曲》[J].民族音乐，2005，(2).

[8]李长林.《马赛曲》在中国[J].法国研究，1989，(3).

[9]家敏.《马赛曲》在中国的早期流传[N].北京青年报，1995-12-04.

[10]马启莱.《国际歌》作者鲍狄埃和狄盖特[M].北京：商务印书馆，1971.

[11]高陶.《国际歌》是怎样翻译过来的[J].中国翻译，1983，(3).

[12]黄晓和.苏联音乐史1917—1953[M].福州：海峡文艺出版社，1998.

[13]列宁选集：第二卷[M].北京：人民出版社，2012.

[14]梅世昌.红色音乐与马克思主义大众化研究[D].湘潭：湘潭大学，2019.

[15]毛泽东.在延安文艺座谈会上的讲话[A].延安文艺编委会.“延安文艺丛书”：文艺理论卷[M].长沙：湖南人民出版社，1984.

[16]赵晓兰.歌谣学概要[M].成都：电子科技大学出版社，1993.

[17]钟敬文.民间文学概论（第2版）[M].北京：高等教育出版社，2010.

[18]蔡元培.校长启示[N].北京大学日刊，1918-02-01.

[19]陈潭秋.陈潭秋文集[M].北京：人民出版社，2013.

[20]陈伟，桂强.现代性视野中的“红色歌曲”与“黄色歌曲”之审视[J].文艺研究，2011，(3).

[21]梁威，谢林玲.红色音乐资源及其相关概念属性辨析[J].老区建设，2018，(16).

[22]王永华,钟以瑞.红色歌谣运动与革命意识形态话语建构——以中央苏区为中心的考察[J].南昌大学学报:人文社会科学版,2021,52(2).

[23]张建国.中国"红歌"传播现状及其音乐文化思考[J].中国音乐,2011,(3).

[24]邢晓萌.中国红色歌曲的概念界定及发展历程[J].当代音乐,2020,(1).

[25] 周耘.红歌:特定时代的历史记忆[J].黄钟(中国.武汉音乐学院学报),2012,(2).

[26]王新乐."红歌"随想[J].新闻爱好者,2010,(1).

[27]毛泽东选集:第三卷[M].北京:人民出版社,1991.

[28] 现代汉语词典[M].北京:商务印书馆,1992.

[29]列宁选集:第一卷[M].北京:人民出版社,1976.

[30]毛泽东选集:第二卷[M].北京:人民出版社,1991.

[31]谢清果,张丹.礼之起源——中国古乐的媒介功能观新探[J].郑州大学学报:哲学社会科学版,2019,(3).

[32]丁鼎.儒家礼乐文化的价值取向与中华民族精神[J].山东师范大学学报:人文社会科学版,2014,(6).

[33]唐士哲.思想、主义、信仰的后勤支援:评价德布雷的媒介学与《普通媒介学教程》[J].传播文化与政治,2019,(9).

[34][法]雷杰斯·德布雷.媒介学引论[M].刘文玲 译.陈卫星 审译.北京:中国传媒大学出版社,2014.

Red Songs: The Historical Origin, Conceptual Evolution and Communication Characteristics

ZHANG Yue - yue

(School of Literature and Journalism, Chongqing Technology and Business University, Chongqing 400067, China))

Abstract: As a specific vocal music genre, red songs are one of the Party's cultural and artistic achievements with Chinese characteristics, recording the great struggle of the CPC's revolution, construction, reform and development. Broadly speaking, the concept of red songs is constantly evolving, slowly forming a unique and distinctive red music culture. The emergence and development of red songs in China cannot be separated from the historical their unique characteristics of being pocitical, artistic, functional, populer, etc. of the politicized evolution of domestic traditional songs, international revolutionary songs and the guidance and dissemination of Marxist literary theories. Different scholars' studies from different perspectives have resulted in slightly different concepts and connotations of red songs, shaping the evolution of their concepts. In the process of continuous innovation, red songs have gradually developed

Key words: red songs; Party history; historical origin; connotation; communication characteristics

【责任编辑:陈　岭】

上海共产党人的左翼视域与文学创作(1927—1937)

陈红旗

(海南大学人文学院,海南　海口　570228)

【摘　要】1927年以后,上海文坛衍生出一个非常可观的左翼文学写作群体,其中值得关注的共产党人的文学作品非常多,这些作品体现了他们特有的优势、生命体验、精神追求和表达方式。从革命文艺时期到抗战文艺时期,上海共产党人以不同于自由主义知识分子、国民党御用文人和汉奸文人的心态感应着时代,又通过时代脉搏去想象或感应着以工人、农民为主体的底层民众的苦难遭际和反抗能量,这种感应和体验令上海共产党人产生了以"激愤"为情感特征的文学抒写和氛围营建。在某种层面上,正是活跃于上海的共产党人所取得的突出的文学成绩,造就了左翼文学的空前繁荣乃至左翼文学思潮成为20世纪30年代中国文学"主潮"的文坛奇观。

【关键词】上海共产党人;左翼视域;生命体验;精神追求

由于中国左翼文学思潮的兴起和壮大,1927年至1937年间成为"五四"新文化运动以后新文学的一个重要转折时段。如今,它已成为一种历史和文学的过去时,但它为当时以及后来的文学青年昭示了新文学与革命现代性相结合的另一种可能,那就是与无产阶级革命的结合。这种结合曾经引来诸多非议,但这代表了一代人尤其是中国共产党人对文学的演绎和文化的选择。这种结合带来的一个结果是,在普罗文学运动兴起之后,上海文坛衍生出一个非常可观的左翼文学写作群体,其中值得关注的共产党人的文学作品非常多。应该说,这些共产党人的作品难免带有时代、历史和艺术本身的局限,但也体现了他们特有的优势、生命体验、精神追求和表达方式。这同样是一种文学经验的获得与构建。

一、殷夫、田间、艾青、冯雪峰和中国诗歌会诗人的诗歌创作

从革命文艺时期到抗战文艺时期,上海共产党人以不同于自由主义知识分子、国民党御用文人和汉奸文人的心态感应着时代,又通过时代脉搏去想象或感应着以工人、农民为主体的底层民众的苦难遭际和反抗能量。这种感应和体验令上海共产党人产生了以"激愤"为情感特征的文学抒写和氛围营建。这种抒写和氛围透过诗歌这种文学形式得以充分呈现,也透过殷夫、田间、

[收稿日期]2023-03-04

[项目基金]国家社科基金重大项目"红色文艺与百年中国研究"(项目编号:21&ZD259);教育部人文社会科学研究项目"中国左翼文学的想象与叙述(1927—1949)"(项目编号:17YJA751006)。

[作者简介]陈红旗(1974—),男,博士,教授,硕士生导师,主要从事中国现当代文学与文化研究。

艾青、冯雪峰、蒲风等上海共产党人的诗歌创作得以具体呈现。这些呈现带有典型的时代色彩和左翼立场,也带有一定的时代局限和艺术缺陷,更带有别样的审美经验和抒情方式。

殷夫是“普罗派”诗人群中成就最高的诗人之一。1927年反革命政变时被捕入狱,出狱后不久加入中国共产党,是“左联”发起人之一。他的诗充满了对革命的热忱和对自由的渴望,正如他译介的裴多菲《自由与爱情》一诗所明示的:“生命诚可贵/爱情价更高/若为自由故/两者皆可抛。”他的红色鼓动诗超越了个体的喜怒哀乐和痛苦幻灭,在吟咏工人阶级的革命斗争生活中展现了“别一世界”[1](P512)的风采和诱惑,也实现了从“小我”到“大我”的人格升华和情志嬗变。《归来》中诗人呈现了自己对狂野青春和革命激情的渴望:“归来哟,我的热情/在我胸中燃焚/青春的狂悖吧!/革命的赤忱吧!/我,我都无限饥馑!”[2](P308)《血字》组诗中,诗人告诉读者,五卅运动中革命烈士的鲜血已经化为“血字”,刻画着“千万声的高呼”“几万个心灵暴怒”、叛徒的狞笑和五卅运动的光芒,也宣示了叛乱的开始:“‘五卅’哟!/立起来,在南京路走!/把你血的光芒射到天的尽头/把你刚强的姿态投映到黄浦江口/把你的洪钟般的预言震动宇宙!//今日他们的天堂/他日他们的地狱/今日我们的血液写成字/异日他们的泪水可入浴//我是一个叛乱的开始/我也是历史的长子/我是海燕/我是时代的尖刺。”[3](P332)《意识的旋律》奏出与敌人决战的最强音:“最高,最强,最急的音节!/朝阳的歌曲奏着神力!/力!力!力!大力的歌声!/死!胜利!决战的赤心!”[4](P336)《别了,哥哥》既感激哥哥对自己的爱怜、保护和抚养,又斩钉截铁地与隶属于统治阶级的哥哥告别,因为诗人更渴望追求自由、真理和光明:“但你的弟弟现在饥渴,/饥渴着的是永久的真理,/不要荣誉,不要功建,/只望向真理的王国进礼。//因此机械的悲鸣扰了他的美梦,/因此劳苦群众的呼号震动心灵,/因此他尽日尽夜地忧愁,/想做个 Prometheus 偷给人间以光明。”[5](P341)《我们是青年的布尔什维克》展现了无产阶级革命青年钢铁般的头脑、语言、纪律和意志,“我们”是新时代的主人翁、资产阶级的“死仇敌”和旧社会中的“小暴徒”,追求着共产主义的伟大理想:“我们生在革命的烽火里,/我们生在斗争的律动里,/我们是时代的儿子,/我们是群众的兄弟,/我们的摇篮上,/招展着十月革命的红旗。/我们的身旁是世界革命的血波,/我们的前面是世界共产主义。”[6](P360)

殷夫之外,田间是被闻一多誉为“时代的鼓手”[7](P197)的左翼诗人。他虽然在1938年才加入中国共产党,但早在1933年就考入培养左翼作家的革命摇篮——上海光华大学,并于1934年加入“左联”,曾参加左翼刊物《文学丛报》《新诗歌》《每周诗歌》的编辑工作。其诗集《未明集》(1935)、《中国牧歌》(1936)在现代白话诗歌的民族化、大众化、拟实化、形象化方面做了很多艺术探索。《我厌恶这春天》表达了战争阴影下诗人的黯淡心境:“平静吧!世界的疯狂呵!/残废的战士的笳声,/像冬夜被放逐在海外囚人的哭泣。”[8](P9)《祭冬天》折射了诗人对寒冬中底层民众辛酸度日情状的关切:“穷酸紧搂着悲哀的瘦影,/在风雨波浪中杂沓街阴,/长久了,没有温暖,也没有太阳,/淌着辛酸的泪,也迸着鲜淋的血。”[9](P10)《残废的战士》寄予着诗人对受伤战士的关切与同情:“灰黄的破旧的篷帐沭浴在沙漠中的黄昏,/崖边的朔风,抖起了怕人的血腥味,/细雨的泼洒一如残废的战士的泣音。”[10](P15)《母亲的泪》呈现了母亲丧子的极度悲痛,她的泪如玛瑙般坠下,滴在儿子的相片上,因为“年青的儿子是着着灰色的制服,/荷着黑色的枪杆的,/向孤独的母亲,/带着笑的走了"[11](P16),永远也回不来了。《妻的梦》展现了妻子的担心和绝望,"北风吹来了血腥的气味",她的丈夫和其他女人的丈夫一样被战争所吞噬,"发晕"的世界留给她的只有"凄凉的灯光""苦脸"和不断逼近的死亡暗影。[12](P19-20) 如果说《未明集》展现了田间坚持为底层民众写诗的艺术追求,那么《中国牧歌》则展现了他对东北人民抗日斗争精神的歌赞。《中国牧歌》分为"夜的诗""唱给田野""向田野出发""十月诗篇""站""北方"六辑,共收抒情短诗33首。在这些诗作中,诗人用抽象词语来表现着"热烈"情绪或"革命"道理,建构了一个"没有笑的祖国",它由战争下的田野、田野上的战争、黑色的大地、蓝色的森林、血腥的空气、战斗的春天的路、忧郁而无光的河、甜蜜的玉蜀黍、青青的油菜、残废的战士、凝视着尸骨的郊野的垂死的战马、战士的歌唱、斗争的音乐、农民的生活与战斗所组成。[13](P88-89) 在诗中,诗人沉痛地呼唤"田野,我底母亲"(《唱给田野》),表达了对日寇侵略中国,尤其是给东北人民带来深重苦难的愤怒,为此他激昂地号召广大民众燃起"斗争的火焰"(《走向中国田野的歌》),呼吁东北民众拿起枪炮向日寇"射击吧"(《松花江》)。这些诗句充满了"燃烧""粗野""愤怒"[14](P149) 的意味,"表达了作者对苦难祖国的挚爱和对千万民众的召唤——召唤他们为祖国的自由解放而战"[15](P279),抒发了诗人对日寇侵略行径的激愤之情,充满了浓郁的战斗气息,以致胡风慨叹道:"这些充满战争气息的,在独创的风格里表现着感觉的新鲜和印像的泛滥的诗,是那个十七八岁的眼色温顺的少年人写出的么?"[13](P87)《中国·农村底故事》(1936)共分为《饥饿》《扬子江上》和《去》三部分。这首叙事长诗以红军长征为背景,抒写了中国农村的苦难和农民的反抗斗争情状,后被国民党以"鼓吹阶级斗争"为由查禁。在诗中,诗人劈头就告诉读者,"饥饿,/像一杆枪!/中国呵,/它/夜一样/打击我们的胸膛"[16](P350),而造成饥饿的罪魁祸首就是日寇,接着诗人借助扬子江的水流、芦笛的言语和无情的火焰去诉说"奴隶的,/叫号"[17](P415),并暗示民众将如泛滥的扬子江一样将日寇卷入洪流中淹死:"扬子江/在泛滥了,/民众们/去吧!"[16](P350) 田间的诗虽然有"俏劲有余而深奥醇厚不够"的缺点,但他善于利用新诗的自由体形式,又能够博采中华民谣的长处,并以"飞迸的热情,新鲜的感觉,奔放的想象"将自己的诗熔铸成一种"独创的风格"。[17](P415)

相比于殷夫和田间的激昂与愤怒,艾青的诗要深沉和厚重得多。《透明的夜》中,油灯像野火一样,映出杀牛场的牛血、血染的手臂和"溅有血点的/屠夫的头额",也映出"火一般的肌肉"以及那里的"痛苦,愤怒和仇恨的力"。[18](P19)《芦笛——纪念故诗人阿波利内尔》中,诗人从"彩色的欧罗巴"带回的芦笛居然被上海巡捕房视为禁物,延此他忍不住痛斥那些唱着《马赛曲》却"淫污"着法国大革命精神的叛徒,并发誓要在上海的"巴士底狱"中用芦笛吹送出"对于凌侮过它的世界的/毁灭的咒诅的歌"。[19](P29-31)《马赛》中,诗人自称"败颓的少年",他见识到资产阶级邮轮可怕的容量和饕餮般的鲸吞能力,它能使东方大地遭受广大、深邃的打击,在短短的半个世纪内已使几个民族在它们的历史扉页上"涂满了污血和耻辱的泪";同时,他深知西方资本主义国家的"罪恶和秘密的眼",那里繁殖着无理性的暴力和贪欲,已是"财富和贫穷的锁孔""掠夺和剥削的赃库",一如马赛早已成为"盗匪的故乡"和"可怕的城市"。[20](P46-48)《一个拿撒勒人的死》中,诗人借助古老的圣经故事,再现了耶稣之死的情景,这个被誉为"以色列王"

的拿撒勒人在被犹大出卖后“预言”：这个世界要受到“森严的审判”，帝王将受到谴责，而“盲者，病者，贫困的人们/将找到他们自己的天国”，“看明天/这片广大的土地/和所有一切属于生命的幸福/将从恺撒的手里/归还到那/以血汗灌溉过它的人们的”。他希望人们不要懊丧和悲哀，他积极传递着拯救世人的福音，却不幸被宗教反动势力诬为“作乱的魁首”“匪徒们的领袖”后钉上了十字架。虽然这位“人之子”牺牲了，却如一粒死去的麦子一样将结出许多“子粒”和希望。[21](P63-67)《小黑手》中，诗人叙述了他看到的悲哀一幕：

小吉普赛
伸出小黑手
拿了一只香蕉
放进饥饿的嘴里

水果铺子的女主人
飞快地走出水果铺子
夺去了小黑手里的香蕉
而且，向小黑脸上打着

小吉普赛哭了
用小黑手
擦他的小黑脸
他一直把哭声
带到他祖父那儿
他张开饥饿的小嘴
（用我听不懂的话）：
——那是吃的东西
我怎么不能吃？[22](P123-124)

这一幕反映了资本主义社会里穷人的辛酸与悲哀以及明晰的阶级分野。《马槽》中，诗人以圣母在阴冷暗夜和众人叱骂中于马槽里艰难生下圣子的故事为素材，歌赞了玛利亚的坚毅和伟大，这正如她对耶稣的教诲，“今天起/你记住自己是/马槽里/一个被弃的女子的儿子/痛苦与迫害诞生了你/等你有能力了/须要用自己的眼泪/洗去众人的罪恶”。[23](P114)诗人告诉读者，出身低贱不等于人格卑微，以爱“殉道”的耶稣证明了这一点，而革命者就如同耶稣一样，他们往往出生于社会底层，但革命情怀与牺牲精神令他们形象伟岸，这与耶稣的神格其实是类同的。艾青的诗践行了他要永远与那些正直、勤劳而又困苦的人群在一起的理念，他不但抒写了他们的灵魂之美，更相信只有他们才能把世界从罪恶和苦难中拯救出来。

值得关注的是，20世纪30年代中国文坛活跃着一个非常注重文艺大众化的诗人群体，这就是中国诗歌会诗人群。1932年9月，穆木天、杨骚、蒲风、任钧等在上海发起和成立了中国诗歌会。中国诗歌会中的中共党员虽然不多，只有穆木天、蒲风等数人，但这个社团是在中国共产党的领导和“左联”的影响下成立的，所以成员的思想主张倾向于大众化，这正如他们在《中国诗歌会缘起》中所表示的那样：“在次殖民地的中国，一切都浴在急雨狂风里，许许多多的诗歌的材料，正赖我们去摄取，去表现。但是，中国的诗坛还是这么的沉寂；一般人在闹着洋化，一般人又还只是沉醉在风花雪月里……把诗歌写得和大众距离十万八千里，是不能适应这伟大的时代的。”[24](P406-407)同时，中国诗歌会所办刊物《新诗歌》的《发刊诗》也表达了这种“捉住现实”“歌唱新世纪的意识”的创作态度：诗人们既看到了黄浦江上帝国主义军舰横行、吴淞口外日本国旗“飘翻”和千金寨数万矿工被活埋的可悲现实，也看到了抗日义勇军和工农大众反帝情绪日益高涨的可喜局面，更明确了“我们要歌唱这种矛盾和他的意义，/从这种矛盾中去创造伟大的世纪”[25](P1)的责任意识。作为一名共产党员，蒲风不仅是中国诗歌会中的佼佼者，更以他的诗传递了中国共产党的阶级斗争理念和工农红军的重要讯息。在《鸦声》中，诗人以乌鸦的飞行轨迹和俯视视角，呈现了统治者和恶人们的剥削、压迫、劫掠、屠杀引发民众激烈反抗的情景：到处都有“残酷的屠杀”和“草菅人命的屠场”，但“新鲜的旗帜在飘扬”。[26](P57)这首诗隐喻着国民党的屠杀无法压制民众反抗浪潮之意。在《动荡中的故乡》中，诗人把国民党当权派比作“鬼”：他们整天做着敲诈老百姓的“鬼的勾当”，面对帝国主义者的侵略却坚守“不抵抗”的“唯一的信条”；他们才不管什么正义和公理，只知道搜刮民脂民膏和“铲地皮”；他们既不抗日也不准中国共产党和老百姓抗日，却大发“防空公债”“国防公债”。[27](P68-69)这就把国民党政府卖国求荣、贪得无厌的丑恶嘴脸揭露得淋漓尽致。《地心的火》中，诗人以地心之火终将冲破地壳的压制，来映衬黑暗势力无法压制奴隶起来反抗的悲壮之音，来隐喻革命火种足以燎原和“宣布黑暗的死刑”。[28](P73)《茫茫夜——农村前奏曲》中，诗人以母子隔空对话的方式，呈现了一个农村青年参加“穷人军”走上革命反抗之路的心路历程。当母亲在茫茫黑夜中呼唤儿子“青”归来时，她不理解儿子为什么要远离故里、到处乱跑，而风在替儿子唱着“答歌”的过程中，为被压迫民众发出了一系列愤怒的质问：

为什么我们劳苦了整日整年
要饱受饥寒，凌辱，打骂？
为什么他们整年饱吃寻乐
我们却要永远屈服他？
为什么天灾人祸年年报？
为什么苛捐杂税没停过？
为什么家家使用外国货？
为什么乞丐土匪这么多？
为什么？……[29](P89)

这些质问展现了人间的不平与革命者的觉醒。最后，诗的结尾以雷鸣风雨中夹杂着“晓鸡啼音”，来隐喻无产阶级革命必将推翻旧世界和迎来胜利曙光的深意。

上述左翼诗歌的创作和影响，清晰地呈现出中国共产党人在把“革命/政治”和诗歌结合起来推动上海左翼诗歌思潮发展，尤其是推动诗歌大众化过程中所起到的重要作用。这些诗作并不完美，往往有着明晰的说教意味、工具理性和口号化倾向，但诗人们努力贴近大众的语言、生活和思维的做法是值得称道的，他们努力表现诗歌的民族性、革命性和现代性的艺术追求是值得肯定的，他们努力建构现代白话诗歌的雄健之美和刚硬风骨是值得歌赞的。他们的一些诗作堪称生命之诗，比如罗亦农的《就义诗》：“慷慨登车去，相期一节全。残躯何足惜，大敌正当前。”[30](P190)他因叛徒贺治华、何家兴出卖而被捕牺牲，在上海狱中写下的这首绝命诗，无疑体现了一位共产党员视死如归的革命精神、铮铮铁骨和英雄气节。

二、茅盾、丁玲、柔石、沙汀、萧军等的小说创作

自梁启超高扬小说为“文学之最上乘”以来，小说的地位神奇地上升，逐渐成为后世衡量一个时代文学成就高低的主要标志。反观左翼文学的整体情状，相比于诗歌、杂文和戏剧创作，茅盾、丁玲、柔石、张天翼等中国共产党人的小说创作代表了1927年至1937年间左翼小说乃至整个左翼文学界的最高成就。客观地说，“左翼十年”间上海的左翼小说创作鱼龙混杂，艺术粗

糙的“半成品”比较多,但共产党人的小说以意旨明透和水平高超而独占鳌头。这种意旨的明透与接受马列主义学说的指导和启蒙民众观念的确立密切相关,而创作水平颇高与共产党人将历经多轮的生死考验下的生命体验成功转化为艺术体验直接相关。在某种层面上,正是活跃于上海的共产党人所取得的突出的小说成绩,造就了左翼小说的空前繁荣乃至左翼文学思潮成为20世纪30年代中国文学“主潮”的文坛奇观。

在创作左翼小说的过程中,中国共产党人透过上海发达的媒体,借助杂志、报纸和文艺副刊,以对昂扬民气、阶级矛盾、军阀混战、反帝斗争的积极关注,迅速反映了白色恐怖、反帝斗争和天灾人祸等社会现实。这些共产党人,借助左翼小说或隐或显地吐露着他们的革命理想和政治抱负,他们的叙事以反帝、反资本主义和反国民党独裁统治为主,故事情节多来自“血与火”的革命斗争实际。尽管这些小说集约了共产党人非常宝贵的直觉感受和创作体验,但它们似乎总是少不了政治宣言和宣传说教的意味。这里,我们不妨以太阳社成员的小说创作为例。蒋光慈的《最后的微笑》写工人王阿贵被工头张金魁开除后,一度被绝望情绪所控制,但在观看蚂蚁护巢之战后立刻醒悟要去反抗,待他用偷来的手枪杀死张金魁之后,他想起了沈玉芳老师讲过的话:“凡是被压迫者反抗压迫者的行动,无论是什么行动都是对的。既然如此,那么一个被压迫者将一个压迫他的人杀死,这事当然也是对的了。压迫人的人都是坏人,被压迫的人都是好人,好人应当把所有的坏人消灭掉。”[31](P64)在《咆哮了的土地》中,蒋光慈借出生于地主之家的革命知识分子李杰之口宣称,改造农村的问题症结不在于杀死作恶的地主,而在于“促起农民自身的觉悟”。[32](P17)钱杏邨的《玛露莎》写俄文报馆送报工友和索柴夫在被妻子玛露莎抛弃和被俄国流亡贵族驱逐出宴会之后,立刻认可了俄国无产阶级革命的必要性和看清了俄国贵族失败命运的必然性:“认识了布尔什维克的消灭阶级是具有着怎样的意义了,我看清了贵族的前途是一种没有的坟墓了。”[33](P392)刘一梦的《雪朝》书写了农村革命战士在军阀镇压下的挣扎与抗争,令人只觉得“心痛”和“愤激”。[34]戴平万的《村中的早晨》反映了农村暴动的情状,小说写敌军来镇压时,农民的反应是坚决且自信地说:“我们一定要打败他们,现在正是他们的最后的日子了!”[35](P691)其《前夜》的宣传意味更为浓郁,小说写“我”(楠哥)在恋爱之梦破灭后,一口气读完了朋友赠送的鼓动革命的理论书籍之后,不仅一扫失恋的低落情绪,全身充满着“奋斗之力”,而且知悉了“我们的反抗的主力军”,并燃起了激昂的革命斗志。华汉的《马林英》书写了一个威武不屈、从容就义的革命女英雄马林英的传奇故事。她革命意志坚定,因此在接到守忠赤诚如火的求爱信时只觉得对方“革命情绪薄弱”和“可怜”。小说还借助一家外国报纸的新闻报道歌赞了她神奇的演说能力,在被押上刑场枪杀前,她的激情演讲令士兵们明白了谁是真正的敌人,在明白自己不过是“有钱人忠实的养犬”之后,他们个个如醒后狂吼的怒狮一般,“他们的心仿佛都燃烧起了不能浇灭的烈火”[36](P384),于是一场军事哗变发生了。洪灵菲的《前线》写霍之远在大革命高潮期发生思想“突变”后加入中国共产党,当反革命政变和大屠杀惨剧来临时,他因革命立场和党员身份与恋人林妙婵一起被逮捕入狱,但他冷静地表示:“我们都完了!可是真正的普罗列塔利亚革命却正从此开始呢!”[37](P120)透过上述“普罗小说”可知,这些共产党人并不忌讳用小说形式来传递自己的政治主张和政治寓意,至于小说创作作为一种精神生产的复杂性和突变式革命英雄的不合理性,并不是他们关注的主要问题。

在上海共产党人的小说中,就算是表现男女双方真挚情爱的小说,也充溢着以革命伦理、阶级立场、道德批判而非审美构形层面来建构、评判人物言行的价值取向。这种取向与当时中共中央制定的反帝反封建反资本主义的政治方针和变革乃至推翻国民党统治下既成专制制度的斗争方向是一致的。蒋光慈的《冲出云围的月亮》批评了以女兵王曼英为代表的小资产阶级知识分子在大革命失败之后颓唐、颓废、堕落和虚无的人生观,且只有当王曼英重新拥有洁净的女体和革命思想之后,才配得上坚定的革命者李尚志给予她的爱情;而在《丽莎的哀怨》中,俄国贵族妇女丽莎由于无法舍弃自我的阶级身份认同,最终沦为流落他乡的妓女,在悔恨、绝望和梅毒的折磨下投江自杀,与其悲剧命运形成鲜明对照的是其姐姐薇娜——一个革命党人的"好运",她在无产阶级革命胜利之后获得了国家主人翁的政治身份。华汉的《两个女性》写玉青陷入与丁君度、云生的三角恋关系中,而她之所以选择嫁给丁君度,是因为后者既痴情、奋进又理论高蹈,可是在大革命失败之后,丁君度变得日益颓废、虚无,这令玉青对他备感失望和厌恶,转而被有着坚定的革命信仰的云生所吸引,即便在云生牺牲后也要继承他的革命事业继续向前冲。在这里,男性革命者不仅具有刚毅的雄性之美,更拥有令女性无法拒绝的成熟的男性魅力,而意志薄弱者不但会丧失妻子的爱,更会如令人作呕的粪坑蛆虫一般被无情唾弃。丁玲的《一九三〇年春上海(之一)》写妻子美琳瞧不起丈夫子彬幽闭于象牙塔中赚取稿费,最终"出走"并融入朋友若泉所在的革命大众之中;《一九三〇年春上海(之二)》写富家小姐玛丽是一个典型的个人享乐主义者,而她的情人望微是一个富有献身精神的革命者,一旦望微更加看重革命工作,他与玛丽的爱情就变得"不值什么",那么双方分道扬镳也就成为必然。胡也频的《到莫斯科去》和《光明在我们的前面》:前者写的是张素裳的爱情抉择故事,她的丈夫徐大齐虽然贵为一名国民党政府要员,却敌不过共产党人施洵白的革命风度和人格魅力,就算施洵白最后被徐大齐设计害死,张素裳也要继承施洵白的遗志"到莫斯科去",因为他不但给予她智慧、革命思想和社会主义信仰,更是引领她"走向光明去的人";后者写无政府主义者白华经历着爱情与信仰的冲突,而只有当她走向革命实际和接受共产主义信仰时,她才能与共产党人刘希坚真正走到一起。同样是"革命加恋爱"小说,同样是面对时代的风云际会,同样是面对大革命失败之后的惨淡时局,有着坚定信仰和宏大抱负的共产党人在审视这些政治问题或社会现象时,似乎并没有什么选择困难,也不会产生太多困惑。他们的心灵探寻、精神探求不一定能够被世人所理解和认同,他们的小说也未必见得有很强的可阅读性,但它们构成了上海左翼文学运动中一段非常重要的小说历史,它们不仅与上海的左翼文学繁荣时代紧密契合,更呈现出新的革命兴味、爱情视角、叙事维度、伦理观念、道德取向和审美特性。

在20世纪20年代的一段时间内,中国共产党人与其他左翼作家一样,都曾习惯于聚焦小资产阶级知识分子的思想情感和心理世界,但自"左联"参与和倡行文艺大众化运动之后,情况有了明显变化。寓居上海的共产党人愈发自觉地将视点聚焦到以工人和农民为主体的大众身上,并在与时代尤其是无产阶级革命的联系中,体认着自我作为无产大众中的一员的阶级认同感和身份归属感。丁玲的《水》写一群遭水灾的难民放弃幻想、发动暴动、准备夺回自己的粮食的故事,其价值在于"首先着眼到大众自己的力量""其次相信大众是会转变的"。[38](P236)茅盾的

《子夜》既重点描写了以吴荪甫为代表的民族资本家和以赵伯韬为代表的买办资本家的生死对决,也隐喻了以工人和农民为主体的无产阶级革命力量的日益强大。柔石的《为奴隶的母亲》以一个被典卖为生育工具的母亲的悲剧故事,既展现了农村典妻的陋俗,也寓示了农村变革和反封建思想的必要性与紧迫性,而这种变革靠农村自己的演化是很难实现的,只有靠外来的激进的革命力量的推动才有根本变革的可能性。沙汀于1927年夏加入中国共产党,1929年因成都的白色恐怖来到上海,与老乡合办"辛垦书店",后与艾芜成为好友。沙汀的《法律外的航线》写一群游走在法律之外的"有主义"的民众为生活所迫,沦为长江中游激流险滩和悬崖峭壁间的"神匪",他们抢富商分田地,抢劫运送枪支的船只,与外国水兵进行激烈枪战,从而呈现了中国农村的革命骚动和躁狂的生活画面。艾芜的《人生哲学的一课》写"我"挣扎着流浪到昆明,尽管吃尽苦头,但每条骨髓、每根血管、每颗细胞里都燃烧着"我要活下去"的原始、单纯的求生念头,不管这个社会多么难以立足,"我"都要像钢铁一般顽强地生存下去。而这种顽强的生命意志正是中华民族备受摧折而屹立不倒的奥秘所在。1933年,草明和欧阳山逃亡到上海并加入"左联"。草明的许多作品发表在《申报·自由谈》和《文学》上,如短篇小说《倾跌》《没有了牙齿的》《骗子们》《大涌围的农夫》《表兄弟》《阿玲妹》,中篇《绝地》等。《倾跌》写"我"、阿屈、苏七三个女孩在丝厂里做女工,被丝厂解聘后回乡找不到生路,只好一同到省城谋生活,经过熟人介绍,"我"去做了保姆,苏七和阿屈则沦为私娼被警察抓进监狱。底层劳动人民辛辛苦苦做工,却没有任何制度能够保障他们过上有尊严的生活,这只能说明既存政治制度和经济体制不合理,是应该被改革或推翻的制度与体制。

辩证地说,小说不一定非得趋向于政治问题和社会元素,但小说一定有理由去反映社会变动和历史变迁,这根源于"人是天生的政治动物"(亚里士多德)。对于上海的共产党人而言,小说"服务"于政治固然会窄化、抑制小说的审美品格,但参与革命斗争和社会生活也可以扩展小说的表现空间。这里,我们不妨以梁斌的创作情况为例来进行分析。梁斌于1933年加入"左联",于1937年加入中国共产党,其最负盛名的小说莫过于新中国成立之后创作的《红旗谱》三部曲(《红旗谱》《播火记》《烽烟图》)。《红旗谱》反映了第一次国内革命战争前后农民、知识分子的革命诉求和斗争情况,它与《红日》《红岩》《创业史》一起,被文学史誉为"三红一创",可谓影响巨大而深远。在某种意义上,《红旗谱》的产生与20世纪20年代以来中国共产党重视宣传的方针政策有着极为密切的关系。对此梁斌并不讳言,他说:"我在酝酿、创作《红旗谱》和《播火记》的整个过程中,反复学习了毛主席的《湖南农民运动考察报告》《中国革命战争的战略问题》《新民主主义论》《论持久战》《论联合政府》等著作,认真学习了党的各个历史时期的政策和文件。"[39](P291)而从更为开阔的历史眼光来加以审视,我们就能够清晰地看到政治斗争、社会生活、阶级矛盾、党派立场对《红旗谱》三部曲的情节建构、形象塑造、审美构形的复杂影响。例如:《红旗谱》中"反割头税斗争"情节的原型来自《农村的骚动》(1933),后者写一个村庄的农民因私盐侦缉队的横征暴敛引发的抗税运动是自发形成的,而《红旗谱》中的反割头税斗争是在中国共产党党组织的精心策划和组织实施下进行的;《播火记》中高蠡暴动的情节源自《夜之交流》(1936),后者将高蠡暴动写成一场由乌合之众盲目发起的混乱行动,而《播火记》中声势浩大的高蠡暴动是在中国共产党的领导下充分发挥农民的主体性潜能之后实现的；《红旗谱》中朱老忠形象的原型是小说《三个布尔什维克的爸爸》(1941)中的宋姓老人，而后者所处的历史时段——从“四一二”反革命政变到“高蠡暴动”再到抗日战争——也是《红旗谱》中朱老忠活动所处的历史时段；1941年创作的五幕话剧《五谷丰登》和短篇小说《抗日人家》都是围绕抗日主题的文学创作，它们也从不同侧面强化了《烽烟图》中的抗日人物形象与故事情节，等等。有学者说：“显然，从1930年代《农村的骚动》《夜之交流》到1950年代后期的《红旗谱》，有一个从民间视角和原生态历史向阶级视角和阶级化历史的转变过程。”[40](P147) 这是非常有道理的，因为政治斗争、社会形势的影响因素的确在20世纪30年代前后上海共产党人创作的小说中随处可见。从艺术本体的角度来看，上海共产党人把小说作为宣扬政治意识形态的工具和开展文化战线斗争的“武器”，似乎削弱了小说的纯艺术性和审美品格，但从推动社会变革、文化革新、阶级斗争乃至时代进步的角度来看，这无疑提高了有着“街谈巷语”“道听途说”本质特征的小说的社会地位和时代影响力。

无独有偶，上海共产党人小说创作的变化与其他事物乃至社会思潮的变化一样，显示出由时代精神的“传声筒”到向更为复杂情势发展的运思理路。在20世纪20年代，伴随着五卅运动、1927年反革命政变的发生，普罗小说主要书写的就是反帝国主义侵略和反国民党统治下的白色恐怖。到了20世纪30年代，伴随着中国共产党政治、军事和文化政策方面的转变，上海共产党人的小说创作也发生了明显的改变。这里，我们当然不能把这些小说创作与社会变动和历史变迁等同起来，但也不得不承认它们随时代变化而变化的整体趋向是相似乃至相同的。抗日元素和题材的吸纳就是明显例证，“九一八”事变后，瞿秋白、冯雪峰起草了左联执委会决议《中国无产阶级革命文学的新任务》，其中第一条“新任务”就是：“在文学的领域内，加紧反帝国主义的工作；加紧反对帝国主义战争，特别是进攻苏联与瓜分中国的帝国主义战争的工作。”[41](P4) 这种设定也是无产阶级革命文学从“幼稚”走向“真正的健全”的必由之路。顺应这种要求，很多左翼作家创作了描写“一·二八”事变的作品，而一些共产党人也开始以东北人民抗日事迹为题材创作了一些小说，如张天翼的《最后列车》、艾芜的《咆哮的许家屯》、华汉的《义勇军》等。在抗日小说创作队伍中，东北作家群的创作是最为自觉和典型的。萧军的《八月的乡村》描写东北人民革命军在吉林磐石一带与日寇进行殊死搏斗，歌赞了陈柱司令和铁鹰队长带领人民革命军英勇战斗、顽强不屈、可歌可泣的抗日义举，就连鲁迅也夸赞《八月的乡村》是描写东三省被占领的小说中“很好的一部”：“这《八月的乡村》，即是很好的一部，虽然有些近乎短篇的连续，结构和描写人物的手段，也不能比法捷耶夫的《毁灭》，然而严肃，紧张，作者的心血和失去的天空，土地，受难的人民，以至失去的茂草，高粱，蝈蝈，蚊子，搅成一团，鲜红地在读者眼前展开，显示着中国的一份和全部，现在和未来，死路与活路。凡有人心的读者，是看得完的，而且有所得的。”[42](P296) 舒群的《没有祖国的孩子》写朝鲜少年果里被视为没有祖国的孩子，但他勇于刺杀日本兵，获得了曾经嘲笑他的苏联学生的尊敬，他有着复国理想，但在坐船漂流到关内时因高丽人身份被捕入狱。端木蕻良于1936年初抵达上海后，着手写作长篇小说《大地的海》，并在《文学》上发表了《鸶鹭湖的忧郁》《遥远的风沙》等短篇小说。《鸶鹭湖的忧郁》写鸶鹭湖村里帮地主“看青”的来宝、玛瑙与“偷青者”由敌对到和解的过程，展示了他们想要参加义勇军抗日的觉醒意识。《遥远的风沙》写土匪煤黑子被一支抗日小分队收编，由于他身上有着不愿遵守纪律、喜欢抢劫等恶习，差点被队长“双尾蝎”枪毙，但在遭遇日寇的“奴才的狗子”攻击时，他作战勇敢、悉心照料伤员，他的转变终获战友们认可。这部小说表达了大敌当前国人应摒弃前嫌共同抗日的道理。《大地的海》歌赞了以艾家父子为代表的东北农民强悍的原始生命力和抗日卫国、守护东北大地的民族意识，他们根本不惧日寇，正如小说所写的艾老爹之子的心理活动：“如一个热心的猎人听见远地里兽群发出猕猴般的吼声在诱惑他去打猎一样，眼睛发亮的往外热心的看着，他的心早已随着那鼓舞的松涛回到另一个充满战斗的热情的神圣的世界去了。”[43](P199)这里，英勇的东北人民把在战场上打日本鬼子视同狩猎场上打猛兽一样，这份自信和洒脱在当时阴沉、忧惧的抗日战争氛围中显得颇为可贵。

上述小说的艺术水平很高，它们是左翼小说中非常重要的有机组成部分。无论是形成“革命加恋爱”的小说模式，还是打破这种模式和框架并推动左翼小说走向更为成熟的现实主义文学道路，这些上海共产党人都在起着拓荒者和引领风潮的作用。由于茅盾、丁玲、张天翼等一批小说名家的努力和进取，左翼小说在当时文坛的名气越来越大，并形成了新老结合的队伍格局和砥砺前行的健康态势，不仅为左翼小说创作的繁荣做出了不可磨灭的贡献，而且为抗战小说的兴起做好了前期准备。上海共产党人的小说创作，在思想内容上展现了中国无产阶级革命浪潮的低谷和高峰，在题材上突破了“五四”以来新文学太过注重书写身边琐事和小资情调的局限，在体裁上通过抒情小说、讽刺小说、心理小说等领域的探索丰富了左翼小说的艺术形式，在艺术个性上通过深入揭示社会生活的各个层面有所创新。以是观之，上海共产党人的小说创作，其本身就构成了一段非常重要的小说历史，并以其独特存在主动融入“红色的三十年代”和无产阶级革命文学思潮之中。

三、陈独秀、瞿秋白、唐弢、胡风、聂绀弩、徐懋庸等的杂文创作

“左翼十年”间的中国，无论是政治领域还是文艺领域都不断上演着各种闹剧或悲喜剧，各类人物、事件和论争纷纷登上历史舞台，乘着时代风潮挟势弄权、兴风作浪、翻云覆雨、拨弄是非、招摇撞骗、欺世盗名和谋取私利。1927 年反革命政变之后，腥风血雨的大屠杀一度令上海共产党人感到无比震惊和眩晕，但经过短暂的悲痛、迷茫和苦闷，尤其是在上海租界站稳脚跟之后，他们找到了文艺的新任务——反帝国主义和反国民党统治，面对无情的背叛、凶残的杀戮和黑暗的现实，他们并没有觉得国事不可为。他们知道革命必然要流血、牺牲，只有付出巨大代价才能换来政治改革和推翻既存专制制度的胜利。面对备受压制和陷入低潮的无产阶级革命形势，无比愤怒的上海共产党人该怎样发泄心中的怒火和悲抑之情？最便捷的方式当然是痛骂、批判、讽刺、讥嘲种种豺狼当道、魑魅魍魉、暴虐无道的帝国主义者和国民党“反动派”，以及无耻文人的帮闲、帮忙与帮凶的言与行。为此，这一时期上海共产党人的杂文呈现出了揭露与批判的锐利文风，愤激、怒斥、责骂、批评的言辞随处可见。

作为一种中国共产党人善用的“战斗的‘阜利通’(feuilleton)”的杂文、杂感，必然将怒火密集对准国民党背叛、倾轧、屠戮共产党人的反革命行径。1927 年 3 月，郭沫若在从安庆去往武汉的途中写就的《请看今日之蒋介石》是一篇著名的骂蒋檄文，他直言蒋介石是一个“阴贼险狠

的大叛徒”，痛骂其叛党叛国叛民众的反革命行为罪恶滔天、罄竹难书：“他的总司令部就是反革命的大本营，就是惨杀民众的大屠场。他自己已经变成一个比吴佩孚、孙传芳、张作霖、张宗昌等还要凶顽、还要狠毒、还要狡狯的刽子手了。”[44](P3) 郭沫若还警告党内同志，蒋介石勾结流氓地痞、奉系军阀、帝国主义者形成了反共联合战线，他已经成为极度危险的“国贼”，必须打破对他的“迷恋”，要想取得革命胜利就必须“反蒋”。可惜的是，该文在汉口《中央日报》上发表之后，并未引起以陈独秀为核心的中共中央领导人的重视，这才有了“四一二”和“七一五”反革命大屠杀时的格外惨烈与措手不及，并导致中共中央不得不从上海迁到汉口来进行改组。后由新成立的中共中央政治局临时常务委员会(由张国焘、周恩来、李维汉、李立三、张太雷五人组成)发表《中国共产党中央委员会对政局宣言》，改变了陈独秀的妥协退让政策，并继续推进反帝反军阀反封建余孽的无产阶级革命事业。

也是在1927年，为了揭露国民党专制独裁及其勾结帝国主义压迫劳苦大众的罪行，为了及时报道中国共产党领导革命群众反抗国民党的镇压和迫害，中共中央在上海秘密出版了理论机关刊物《布尔塞维克》，由瞿秋白任编委会主任，后于1932年停刊。该刊报道了大量事实，虽然也宣传了“左”倾错误路线，但刊载了诸多批驳国民党改组派和托陈取消派错误言论的文章，对于进步思想文艺界认清政治时局和社会现实有很大的帮助。同时，该刊发表了大量政论和杂谈，这些政论尤其是杂谈文采飞扬，立场鲜明，言语犀利，有如匕首一样直接刺向敌人的要害部位。比如苏吉的《革命叛徒的写真》揭露与批判了汪精卫、顾梦余、孙科、陈公博、徐谦的叛徒和走狗行径：“这些所谓领袖都是三民主义的叛徒，屠杀民众的主谋，简单说句话破坏国民革命，做了帝国主义资产阶级之走狗，与蒋介石政见相同没有丝毫分别！”[45](P16) 陈独秀在《蒋介石的进步真快呀！》中讥嘲了蒋介石的善变：“帝国主义眼中的赤军领袖，一变而为反赤的纯粹国民党员，再变而为基督将军，蒋介石的进步真快呀！但不知他三变而成个什么东西？”[46](P32) 就这样，上海共产党人在这个刊物上骂蒋介石、骂地方军阀、骂国民党西山会议派、骂帝国主义及其走狗、骂国民党党媒的诬蔑和诽谤，骂得可谓痛快淋漓、入木三分而又干净利落。

国民党为了消灭中国共产党，不但将中国共产党诬蔑为破坏国民革命的匪徒，还不顾日寇侵华野心的暴露而一味发动内战进行所谓的“剿匪”，即先后五次发动对红军的“围剿”。对国民党犯下的诸多罪行，上海共产党人自然是严厉批判并给予充分揭露。以瞿秋白的文章为例。他在社论《国民党死灭后中国革命的新道路》中指出，国民党要清党反共就是要排斥一切工农共产党员，并变成“纯粹豪绅资产阶级的反动党”，这是帝国主义所愿意看到的；国民党抛弃反帝立场，做屠杀工农的豪绅资产阶级的代表和刽子手，做反民族反民权反民生的政党，而中国革命的“新道路”是两大阵营——豪绅资产阶级(帝国主义)与工农贫民兵士(国际无产阶级)的对决，结果必然是帝国主义统治的终结、国民党的“死灭”与中国苏维埃政权的“建立”。[47](P24-30) 顺延这种批判理路，他又写了很多杂文来批判国民党当权派的卑污及其统治之下的乱象丛生。在《“匪徒”》中，他揭露了国民党官僚不思抗日、反而把枪口对准同胞以及诬蔑工农红军为“匪徒”的无耻言行，他怒斥道：“这是多么无耻。中国的绅商根本就没有反日的战争，日本资产阶级派到满洲和上海的军队，恰好是替中国绅商巩固后方的，因为中国绅商的前线是在‘剿匪’的那一边。”同时，他犀利地质问道：“为什么半年以来没有一个兵派到山海关以外去？为什么上海的战争要强迫停止？为什么一切动员的军队和运输的军火正在不断地向着所谓‘匪区’前进?!”[48](P431)这些质问如同铁的事实一般，揭露了国民党假借抗日名义进攻苏区、屠杀同胞的罪行。《曲的解放》以曲的形式写下“热汤混账——逃亡！/装腔抵抗——何妨?”“人前指定可憎张，/骂一声不抵抗！”[49](P55-56)等句子，讽刺国民党奉行“不抵抗主义”的行径。“热汤”指的是1935年2月日寇进犯热河，孰料省主席汤玉麟不战而逃，以致热河全省沦陷。对于如此严重的失职和不抵抗行径，瞿秋白痛心疾首、愤怒不已，遂创作《迎头经》加以讥嘲。面对日寇的入侵，国民党军队不敢应战，远远地设防“不抵抗”，却欺骗世人说“日军所至，抵抗随之”。相比而言，义勇军士兵不过是“极勇敢的小百姓”，他们不知道什么“迎头式的抵抗策略”，只知道抗击日寇，可在承德被汤玉麟放弃之后，国民党北平军委分会居然命令军队“固守古北口，如义军有欲入口者，即开枪迎击之”。[50](P58-59)国民党这种“言抗日，杀无赦”的投降派做法直令亲者痛仇者快。他还在《民族的灵魂》中一针见血地指出，国民党的民族主义文学倡导者之所以倡导追求民族灵魂和民族意识，其实是为了“巩固奴婢制度”和保持自己的地位，至于是否抵抗日寇侵略的问题，“不过是一个‘把中国小百姓送给日本做奴婢，还是留着他们做自己的奴婢’的问题”。[51](P382-383)瞿秋白的杂文创作情形启示我们，不同于“五四”时期新文学作者采取杂感形式是为了宣传科学、民主、自由和个性解放，“左翼十年”间上海共产党人之所以竞相进行杂文创作，主要是因为他们将杂文作为泄愤和嘲骂国民党当权派的一种介体、工具和手段。

上海共产党人的杂文积极批判帝国主义对中国的侵略、剥削和压迫，尤其是想把中国变成殖民地的险恶用心，进而宣扬了联合抗日的道理，并大力歌赞了中国共产党领导下的反帝反国民党专制统治的革命斗争。仍以瞿秋白的创作为例。“九一八”事变之后，瞿秋白充分意识到了成立抗日民族统一战线的重要性。是故，他在猛烈抨击国民党当权派“不抵抗主义”和“攘外必先安内”政策的同时，热情地夸赞上海战争中敢于和日本鬼子开战的将士为“真正群众的彻底的新英雄”。[48](P430-432)他主张把所有国际上反法西斯主义的资产阶级知识分子视为“同路人”，把他们拉到无产阶级革命阵营中来，提醒世人千万不要让“军事化的资产阶级”及其奸细在文化战线上“夺掉无产阶级的新的同路人，新的同盟军”。[52](P546)争取“同路人”并不意味着不分敌我，为此他警示国人要小心那些混在抗日民族统一战线中假装成“红萝卜”的“第三种人”：“红萝卜是一种植物，外面的皮是红的，里面的肉是白的。它的皮的红，正是为着肉的白而红的。这就是说：表面做你的朋友，实际是你的敌人，这种敌人自然更加危险。”[53](P407)他更在《流氓尼德》和《财神还是反财神?》中讥嘲道，欧洲资产阶级的老祖宗是海盗出身，因此做生意的方式是：“一只手拿着算盘，一只手拿着宝剑，生意做到那里，也就是抢到那里。”而国民党当权派自甘堕落做了这些强盗后代的奴才，不但学会了强盗的巧取豪夺，还学会了依托“流氓学说”建立起来的“流氓制度的政治”，至于他们的“杀敌救国”实际上是“为着实行无抵抗主义，杀无抵抗主义的敌人，保全海盗的奴才的国”。[54](P383-387)当然，国民党在做这些坏事时，是有“财神”支持的，这些财神除了有“英国种，美国种，法国种，日本种的……杂种财神”，还有本土的小财神——绅商或曰民族资产阶级，后者利用做生意的方法，吸干了农民的血汗，掌握了穷人的生命，“以至于税收机关，收租法庭，像天罗地网似的布满了全中国”，但是因为“世界上的大财神——国际的帝国主义的资产阶级,垄断着中国的市场,支配着中国的经济命脉”[55](P400-402),所以这个“大财神”才是国民党当权派的真正主子。正是因为识破了帝国主义的殖民阴谋和国民党当权派的奴才本色,因此瞿秋白把摆脱帝国主义殖民统治和国民党专制统治的希望寄托在中国共产党的身上。他相信,无产阶级才是“现代的人类的领袖阶级”,他们不怕“承认自己的意识形态是阶级性的,是党派性的”。[56](P543)针对1933年为“国货年”的说法,他认为“国货年”除了作为《子夜》的滑稽陪衬以外,没有丝毫别的用处:“本来,这是‘子夜’,暄红的朝日没有照遍全中国的时候,哪里会有什么真正的国货年。”[57](P210)而“暄红的朝日”喻指的就是能够破除人间黑暗的无产阶级先锋队——中国共产党。此外,他还把国民党眼中的“匪徒”——中国工农红军视为“中国真正彻底的新英雄”,因为他们是真正能够打倒军阀、打赢帝国主义、解放中国和创造新中国的人民军队:“他们的当兵和打仗,才是完全的新的态度,他们不是为着个人的饭碗,他们是为着中国民众自己的政权,他们是为着一个新的社会制度。”[48](P430)这里,瞿秋白既展露了中国共产党的政治追求,也高扬了共产党人的志愿与抱负。这种志愿和抱负未必多么宏伟、远大,却展现了共产党人最值得尊敬之处,那就是为了一个遥远但光辉的政治目标,坚定不移地走不求名利回报的“利群”之路,以及牺牲自我成就他人的“献身”之路。

与此同时,“左翼十年”间的上海共产党人也在积极关注着各种社会怪现状、世态人心的丑陋表现和文坛乱象。唐弢的《好现象》嘲讽了那些空喊报国口号的上海租界华人、商人、学生、爱国狂、自杀者和文人雅士,主张救国的关键是“呐喊后的实行”。[58](P266)《新脸谱》讽刺那些丑陋的上海文人不断更新自己的“脸谱”,表面上五彩纷呈、花团锦簇,内里却是青面獠牙、怪声怪气,甚至戴上“洋脸谱”招摇撞骗、狐假虎威,令人生厌,而这些其实都是“国货”,并非什么“新发明”。[59](P267-268)《歌哭》表达了对国民党不抗日却对国内舆论实行高压政策导致“沉默”局面的失望与愤怒:“压迫、杀戮的环境,对于这个民族已经成了习惯,神经日益麻痹,不再有喜怒,也不再有歌哭了。”[60](P270)《书愤》一针见血地揭露了国民党政府的本质,他们毫无恺撒的血性和哥伦布的胆量,只剩下贪婪、残虐、阴险、专横、残酷和卑怯,为此他“愤恨”地嘲骂道:“但现在是掏尽脂膏,流尽血汗,却不过几座空城头,几条铁路线,一面又疑神疑鬼,畏首畏尾,子弹只知道征逐平民,刺刀最喜欢追随妇孺。这是残忍的泡沫,那下面正是卑怯的渊薮。”[61](P277)相比于唐弢,胡风和周扬更喜欢对文坛乱象加以批评。《作家与草莓》中,胡风由立野信之的《草莓》谈开去,认为这部小说对农村社会结构的解剖、农民感情的刻画有其独到之处,但某些喜欢坐在房子里“在白纸上高揭起什么旗子一类的大文”的“作家”却对这种扎实的创作活动“不屑一顾”。[62]这篇文章讥嘲的是那些喜欢拉起“小资产阶级的文学之旗”的上海文人,对于这些酷爱“拉大旗作为虎皮”,甚至在花柳病房里也要拉起旗子来的所谓“英雄”,作者禁不住要“嗤之以鼻”。[63](P8)《战争与和平》写日本要用战争来征服中国,全世界爱和平的人士和日本的革命民众都在反对这场战争,奇怪的是居然有中国文人认为日本人反对战争是为了“假装时髦”和欺骗中国人,为此胡风尖锐地讽刺道:“日本的大众要用他们底自由,血,生命来骗中国人,那骗法真是笨得出奇。远不如我们的聪明人,只要在白纸上写上黑字就够。”[64]《“西崽哲学”》告诉读者,“西崽哲学”就是“不抵抗主义的哲学”,作者讽刺这种中国国粹并非千年不变,但到了1933年时已达“大成”。[65]明眼人一看就知道这是在讽刺国民党的投降派做法。《辩证法与江湖诀》讽刺那些用辩证法来“研究远东的渔业经营”和“整理医学”[66]的所谓“高士”,不过是喜欢搬弄名词术语唬人的“八股先生”而已。《流氓哲学》揭示了士大夫与流氓的共同之处,他们信奉的都是名利哲学,为了名利他们什么都做得出来,为了忍辱图存就算做汉奸也在所不辞,作者的结论是:“撕碎这些虚无党底假面才能够廓清浮绕在身边的森森然的鬼气!”[67](P465)《存文》宣示了一个非常简单的道理,“文章报国”得有一个“国”在,为此“就得保存这一块土地”[68](P54),否则如江亢虎那样在台湾大谈复兴中国古代文化不过是无视国难的“空谈”而已。《两种童话》告诉读者,无论汉奸卖国贼怎样用“排日即国贼”之类的话语来加以掩饰,无论象牙塔里的国民党官老爷们如何不信,人民群众却对日寇的残忍和杀戮知道得清清楚楚,而要想摆脱奴隶命运,事实告诉人们:“只有联合一切可能的力量起来反抗,发动抗日的民族革命战争一条路。”[69](P34)《把目光放到“战壕”以外》警示思想文艺界,文场如战场,但要避免那些“盲目的射击”[70](P344),以免破坏抗日民族统一战线。周扬的《国防文学》引进了苏联的“保卫文学”这一文学形态,并依此大力提倡中国的“国防文学”[71](P3),其目的是想“在中华民族处于生死存亡之际,用‘国防文学’作品作为拯救中国的一种特殊武器”。[72](P16)这篇文章是引发现代文坛“两个口号”之争的缘起之一。

与唐弢相比,聂绀弩也是“鲁迅风”杂文流派中的代表作家之一,他们都学到了鲁迅杂文的精髓,但唐弢是“刻意学鲁”,而聂绀弩是“随意为之”[73](P3),在性格狂狷、落拓不羁之外自有其作为一个杂文家的独异性。比如《蛮子气开宗明义章》展现了国人拉帮结派、是非不分的坏习惯,如果是一派的,就算对方有很多坏处也被要求不能批评或只能往好了说,其内里是一种典型的流氓逻辑:“就算我真坏。一个人既然敢坏,就不能怕人说,就不能因为人说了就回头。谁要是不,谁就不是英雄好汉,谁就不是我们那儿的人种,谁就没有蛮子气,不懂蛮子气。”[74](P148)在《施蛰存先生底看法》中,聂绀弩认为施蛰存对苏联文学的认识犯有机械形式主义错误,因此“无论他怎样痛恨文艺底政治化”,其看法都“蒙蔽”了他的正直,使他“不自觉地为政治上的某种势力尽了最大的政治任务”。[75](P16)在《创作活动的路标》中,聂绀弩认为“国防文学”口号固然有“简单,容易说,容易记,发生了相当的适用性”的优点,但帝国主义者也可以利用这个口号在本土进行宣传,而“民族革命战争的大众文学”口号完全没有这个缺点,它有利于读者知悉是为了争取中华民族革命战争的胜利,“它具体地明确地指出了现中国新的现实的特质”,且只有它才与“新的现实吻合,毫无遗憾”。[76](P340-341)这是有道理的,因为“国防文学”口号涉及反帝运动的领导权问题,如果不是在无产阶级先锋队——中国共产党的领导下来开展反帝运动,那么就等于中国共产党在为国民党保卫“国防”,鉴于国民党是帝国主义的奴才的情形,这就等于没有真正的反帝运动了。

在“鲁迅风”杂文中,徐懋庸的杂文创作同样值得关注,他与唐弢并称杂坛“双璧”。1933年至1935年在上海期间,是徐懋庸创作杂文的一个高峰期,其杂文大多发表在《申报·自由谈》《涛声》《文学》《人间世》《新语林》《太白》《芒种》等报刊上,思想“常不免浮躁凌厉”,主要内容是“隔靴搔痒地批评时事”和“蜉蝣撼树地唐突名流”,文风则“自以为很多孩子气”。[77](P26)《苟全性命法》告诉读者,“近来文人容易失踪,而且一失踪便成‘大团圆’,这样的世界,实在有讲究苟全性命法之必要”。为此,他介绍了“陈眉公法”——“上士闭心,中士闭口,下士闭门”。可是,“闭门之计拙”,因为容易招来“在秘密开会,或以为在制造炸弹”的嫌疑;“闭口”也不妥,因为“多感”要作咏怀诗,纵然“言至玄远”,但要提防“‘索隐’家”;“闭心”的实例是有的,比如后汉时期的任永——“见妻淫于前,匿情无言,见子入井,忍而不救”,问题是:“但你能做到吗?”[78]该文以反讽笔法揭露了国民党的残酷杀戮令很多文人“失踪”的事实,立论极为尖锐,愤怒之情跃然纸上。《暧昧的语言》讥讽中国有很多音同形同却含义不定的字词,例如“社会主义”被指包罗“共产主义”“无政府主义”“三民主义”甚至“法西(斯)主义”,而“革命”的意义也“日益暧昧起来”,一群又一群自称“革命”的人在杀来杀去,结果“革命又革命,愈革愈复杂”,如此难免令人做事“彷徨”、说话“含糊”。[79](P2)这就讽刺了国民党的政治高压和迫害异己导致世人不得不保持沉默和说话模糊的情状。《关于时轮金刚法会》揭破了富人热衷于参加金刚法会的谜底,他们并非真的迷信因果报应,更不是为了“国内灾患,世界和平”[80](P7),而是为了获得更大的名利。《墨索里尼的劝农》指出,墨索里尼“劝农”的用意是在“欣赏太平的景象和表示‘太爷’的德政”,实际上农民都是热爱土地的,而真正爱民的“太爷”是不扰民且给予人民“劳动的机会”[81](P26-28)的。徐懋庸虽然自嘲为“知识界的乞丐”[82](P119),但其杂文涉及的知识内容非常丰富,文风也非常敏锐和犀利,不仅批判了国民党统治下的黑暗现状,而且精到地评析过很多中外名人,计有柏拉图、甘地、斯大林、王尔德、高尔基、罗斯福、萧伯纳、培根、泰戈尔、孔子、金圣叹、鲁迅、周作人、刘半农、江亢虎等。

“左翼十年”间上海共产党人的杂文创作,穷形尽相地揭露或讥嘲了国民党统治下的各类丑闻和帝国主义的殖民恶行。这些杂文以揭举、抨击弊政和黑暗现象为要义,所征引的内容都有实事作为依据,所指摘之处往往令当权者和侵略者无可辩驳。这些杂文作者曾被讥嘲为“杂感家”,曾被污蔑为文艺界的“匪徒”和“暴徒”,他们的观点并不能涵盖整个左翼文艺界的批判和讽刺内容,但是当他们将杂文的“匕首”“投枪”效应发挥到极致时,他们早已超越了文学的边界,也因此引发了不少文学内外的论争和纷争。这些杂文本身已成为这一时期文学的一种“问题”,它们从宣泄愤怒和说出事实开始,到据理力争、绝地反击,再到游刃有余地进行暴露和讽刺,正标示出上海共产党人在政界与文界的夹缝中挣扎、战斗、奋进和开疆拓域的过程,这一过程也被认定兼具革命史和文学史的价值。

四、田汉、欧阳予倩、陈白尘、夏衍、曹禺、于伶、冯乃超等的戏剧创作

戏剧的广场性和直观性可以令其比其他文学形态发挥更为快捷、有效的宣传作用,对于这一点上海共产党人早有察觉。不过,与抗战时期上海共产党人戏剧作品中强烈的政治性和宣传性相比,1927年至1937年间上海共产党人的剧作要更具思想性和动人力量。与庞大的电影从业人员和演剧队伍相比,从事戏剧创作的上海共产党人相对较少,计有田汉、欧阳予倩、陈白尘、夏衍、曹禺、冯乃超、于伶等数人,尽管如此,他们的戏剧创作所取得的艺术成就仍然足以代表“左翼十年”间左翼戏剧的最高成就。还有,他们真正践行了中国共产党赋予“剧联”工作的核心理念和具体方针:“第一,强调艺术服从政治、艺术为政治服务,使话剧成为当前政治斗争的一个武器;第二,坚持话剧和群众结合,号召话剧跳出

‘市民层’的圈子,组织流动演剧队,到工厂去,到农村去,即使在剧场演出的时候,也要降低票价,尽可能地组织工人、学生观众;第三,是坚持团结,防止关门主义。”[83](P112) 显然,这些工作方针及其内蕴的政治理念,是我们理解20世纪30年代上海共产党人进行戏剧创作和开展戏剧运动的重要线索。

就“左翼十年”间上海左翼戏剧的整体构思来说,共产党人喜欢把政治意图潜隐或曰沉潜到剧本之中,于是纯粹的社会问题剧、爱情剧、伦理剧日益减少,而在各种剧本中融入政治问题或政治意识已成为一种常态。这一方面是限于白色恐怖的政治氛围和上海共产党人自我保护与政治自觉的结果,一方面是源于进步知识分子追求时代精神和照顾受众的情感需要与政治诉求的结果。1930年1月,由中国共产党直接领导的剧团——上海艺术剧社首次举行公演,上演了德国女作家路·米尔顿的《炭坑夫》、美国辛克莱的《梁上君子》、法国罗曼·罗兰的《爱与死的角逐》三部剧作,这次公演在上海党组织和赤色工会的筹谋、运作下,观众多为学生、群众中的“进步分子”,所以演出的现场效果很好。4月,艺术剧社举行了第二次——也是最后一次公演,演出了两个剧目:冯乃超创作的独幕剧《阿珍》和依据德国小说家雷马克原作改编的《西线无战事》。按照夏衍的说法,这次演出从艺术角度来看算不上成功,但由于剧本和演出都进行了“大胆的革新”,因此这种革新精神在当时的话剧界还是“发生了一定的影响”,至于推动整个话剧界发生转变的主因,还是弥漫在广大知识分子中间的那种不满现状、要求革命的时代精神:“大家痛感到在那个苦难的时代,群众要求于话剧的已经不只是曲折的故事,巧妙的对话,精湛的演技,而是更能反映人民群众的现实生活和斗争的戏剧了。”[84](P120-121) 艺术剧社的寿命只有半年时间,其贡献并不在于举行了两次公演活动,也不在于创办了《艺术》与《沙仑》杂志,而在于正值上海知识分子苦闷彷徨、找不到正确出路之时,它立场鲜明地提倡“无产阶级的戏剧”,在戏剧领域实现了反文化“围剿”的“突围”,从而为“剧联”的成立准备了重要的条件。这一口号的提出,既源自苏俄戏剧的影响,也源自中国共产党明确的阶级分野,那就是与资产阶级等剥削阶级的立场、身份和意识的剥离。

须注意的是,这种阶级立场、身份和意识的剥离自1927年反革命政变发生时就已经被明确化了。因此,在上海共产党人的戏剧创作中,最常见的是压迫/反抗的阶级斗争模式。这种模式有利于展现阶级意识的觉醒、敌我矛盾的激烈冲突和不可调和性,但也拘囿了诸多左翼戏剧的整体构思、选材立意、谋篇布局和艺术风格。不妨以冯乃超的创作为例。冯乃超的《同在黑暗的路上走——A Dramatic Sketch》[85](P90-97) 写一个工人成功化解了一个小偷和妓女之间的矛盾,并说服他们联合起来反抗黑暗社会的故事。这是一个典型的萌芽期的左翼文学“半成品”,概念化非常明显,以至于被鲁迅批评为“拙劣到连报章记事都不如”[86](P43),但该剧作的立意非常明确,那就是无产大众之间不能内斗,要携手反抗专制制度和反动势力。《支那人自杀了》通过塑造忍耐与享乐两种类型的工人形象,歌赞了工人阶级队伍中觉醒者的反抗精神,一旦无产阶级觉醒并起来反抗斗争,那么整个世界都是他们的。剧中还写道,当工人老汪被残杀后,青年学生们的阶级意识被唤醒了:“我们对于这件事情,绝对不容袖手旁观的。并不因为被害者是我们的同国人,因为他是我们同一个阶级的人,同是被压迫的,同是被虐待的人。我们能够听天由命地屈服么?不!对于一切的不平,一切的罪恶,我们要斗争去!”[87](P118)《县长》描写了各个阶层民众的觉醒,群众在统治者残酷的压榨下开始反抗,并喊出了“打倒土豪劣绅,打倒新兴军阀”的革命口号。《阿珍》(与龚冰庐合写)塑造了阿珍的大姐、二姐为民牺牲的革命者形象,她们积极参加中国共产党组织的革命活动,为那些即将饿死者奔走呼号、斗争,结果为着“大家”被反动派所残杀。她们的父母和阿珍虽然备受反动派的恐吓,但并未屈服,最终从恐惧中跳脱出来并毅然走上了革命道路。应该说,这些剧本的故事情节比较简单,使人感到“单调”,“给予观众的印象是单弱的”[88](P62),但从另外的角度来看,也算是为读者指出了日常斗争的政治出路,至少其呈现出来的阶级情感和斗争精神是比较丰满的。或者说,在功利化的戏剧观的作用下,以冯乃超为代表的上海共产党人的早期剧作的艺术成就并不高,这是受创作者艺术才能、特殊的社会历史文化语境和左翼戏剧形式等制约的结果。这些作品确实不宜给予左翼戏剧“丰碑”的地位,但它们内蕴的政治激情是不容抹杀的,这在那段共产党人受难时期显得尤为难得和不易。

大体来说,1927 年至 1937 年间上海共产党人的剧作与那个时代的激愤情绪是相吻合的,他们在抒怀表意、呐喊歌哭的过程中不可避免地重复着常见的批判黑暗社会、宣扬阶级斗争和反帝反封建反资本主义的叙事模式。比如,田汉的戏剧创作就是最典型的例证。田汉于 1932 年加入中国共产党。作为一个浪漫主义作家,田汉入党并非偶然,这可以从 1930 年初他的“转向”——公开向世人宣布转向无产阶级——中发现一些端倪。事实上,田汉“转向”后的创作佐证了左翼戏剧常见的思想主题和叙事模式,题材上多关注工农革命和战争问题,比如《年夜饭》《梅雨》《一九三二年月光曲》《洪水》《战钟》《回春之曲》等。应该说,田汉在 20 世纪 20 年代也写过工人、农民和战争题材,但“转向”之后的关注点、出发点和情绪表达都有所不同,即从同情底层民众的苦难遭际转向无产阶级革命斗争的方向指引。《火之跳舞》写工人阿二的妻子因嫉妒与阿二发生口角和厮打,惹得阿二怒泼灯油延烧草房并酿成浦东大火。这一悲剧的根源是阿二因失业无法拿钱回家才导致妻子产生怀疑和嫉妒心,至于阿二为何会失业,作者并没有想得太清楚,只是将其归结为社会问题。尽管《火之跳舞》没有从根本上探讨如何解决工人的失业问题,但从思想意识上看,描写自杀题材的浪漫抒情哲理剧《古潭的声音》与前者“在作品的意识上似乎有相当的距离了”。[89](P318)反过来,《火之跳舞》《一致》等剧与《年夜饭》《梅雨》《一九三二年月光曲》《乱钟》《顾正红之死》相比,也存有相当的思想“距离”,因为这些作品体现了田汉对阶级斗争意识的强化,他意识到只有通过无产阶级革命才能令工人摆脱被压迫和被榨干血汗的悲惨命运。同理,同样是描写战争题材,《苏州夜话》《江村小景》等剧只是哀叹民众饱受战争之苦的无奈、痛苦和绝望,但“转向”之后,田汉的视野要更为开阔和富有政治意义上的进步性。又如,陈白尘虽然在 1950 年才入党,但其经历和创作早就与中国共产党开辟的文化战线及相关斗争融为一体。1930 年,他加入“剧联”,1932 年因参加反帝大同盟等抗日救亡宣传活动被国民党当局逮捕入狱,在狱中秘密进行文学创作,其独幕剧《虞姬》就是在狱中完成的。1935 年出狱后在上海当“亭子间作家”时“写作极勤”[90](P173),在短短的两年内仅剧作就创作了近十部。他的喜剧《征婚》《二楼上》《恭喜发财》讽刺了当时社会上拜金、势利、虚伪、腐败等丑恶现象。《征婚》写诗人阿芒的三个夫人都因嫌弃他穷困而弃他远去,为此他冒充阔佬登征婚广告准备报复那些拜金女,富有戏剧性之处在于,第九号应征者居然是他的第二个太太,他遂在盛怒之下对她进行了严厉斥责，声称要用金镣铐把她锁起来，要用金棉花把她的喉咙塞起来，要用金丝笼子把她关起来，要用金块子把她的灵魂胶起来，要用金刀子杀死她。这位夫人于是大哭，请求破镜重圆。可是当“恶作剧”真相揭开之后，这位夫人竟然找借口再次弃他而去。“这部剧作虽然写的是婚恋题材，但夸张、漫画的手法、嬉笑怒骂的方式、对婚姻问题中的种种丑恶现象的无情嘲笑与揭露，已显示出讽刺喜剧的战斗锋芒。”[91](P279)《二楼上》写几个穷大学生发现东西被盗后惊慌沮丧、相互指责，继而以“知足者常乐”为借口进行自我安慰，随后他们相互之间卖弄学问、夸夸其谈，甚至以同情和博爱之名大谈如何观照“强盗”的生存困境，可一旦发现小偷还在二楼上，他们立刻对“暴徒”高声詈骂和拳打脚踢。这就嘲讽了小资产阶级知识分子怯懦自私、自欺欺人、自命清高和心口不一的丑态。《恭喜发财》写小学校长刘少云借抗日名义动员学生上交“救国储金捐”来中饱私囊，没想到他用学生捐款购买航空奖券后居然中得大奖，本想庆贺一番，却不想引来了诸多贪官污吏，他们都想从奖金中分一杯羹，可谓丑态百出。该剧是一部优秀的政治讽刺喜剧，作者辛辣地嘲讽了那些在民族国家危急时刻，借抗日之名大发横财的丑恶势力，因为正是这些经济蛀虫的侵蚀和国民党的腐败无能，才导致当时国家的经济秩序和经济基石被严重破坏。应该说，在上海共产党人的剧作中，读者很难看到那种在通俗话剧中最为常见的情爱主题、个人悲欢离合的际遇，它们也追求感官的刺激，但更注重传播革命思想、斗争精神和阶级意识，注重人性的探究和讨论社会重大问题，这与共产党人依托政党意识预设的创作主旨、题材内容和宣传意图息息相关，所以剧作的说白、对话中常常出现明显的政治说教和宣传内容，就连普通喜剧或社会剧的故事情节中也内蕴着政治寓意或曰政治文化密码。

对于“左翼十年”间的上海共产党人来说，反对国民党的专制统治是出于“家仇”，但反对帝国主义尤其是日本帝国主义则出于“国恨”和“国仇”。因此，上海戏剧工作者中的共产党人都写过抗日题材的剧作。“九一八”事变之后，田汉“突击”创作了一系列抗日题材剧，如《乱钟》《扫射》《姊姊》《暴风雨中的七个女性》《战友》，这些剧作及时反映了进步知识分子和爱国民众凝聚而成的抗日御侮的民气，它们具有非常强劲的振奋人心、激励士气的鼓动力量，也具有非常好的抗日宣传效果。欧阳予倩于1931年10月加入中国左翼戏剧家联盟，并组建了“现代剧团”。1932年回广州创作独幕剧《同住的三家人》《不要忘记》，前者揭露了国民党当局巧立名目掠夺老百姓财富的腐败与罪恶，后者猛烈抨击了帝国主义者与国民党反动派相互勾结后扼杀民众抗日爱国运动的罪行。1933年在《矛盾》杂志上发表话剧《上海之战》，写在上海租界的英美日三国军政长官沆瀣一气、狼狈为奸、一起密谋侵占上海，租界的工部局租用铁甲车和坦克给日寇进攻上海使用，接着日寇制造两个和尚被中国工人打伤事件并以封锁抗日会等团体的理由进犯上海，且妄称四个小时就可以占领上海。在蒋光鼐、蔡廷锴将军的指挥下，在上海民众的鼎力支持下，在没有援军的情况下，十九路军和第五军英勇抵抗了一个多月，最后因南京国民政府坚持不抵抗政策无奈退守昆山。在该剧中，作者借蔡廷锴将军之口喊出了爱国志士最朴素的抗战话语：“弟兄们，我们准备好了，到战场上去罢！尽管我们的军械不如敌人的锋利，用我们的血，用我们的肉，也要和敌人拼个死活！”[92](P341) 1937年2月26日欧阳予倩与周扬、夏衍等121位进步的文艺、电影、戏剧、音乐工作者联合发表了《反对意国水兵暴行宣言》。同年，他创作了京剧《渔夫恨》,该剧以梁山众英雄死的死、散的散为故事背景,写萧恩和女儿萧桂英生活在一个小渔村里,因抗渔税被逼杀了恶霸丁子燮一家,从而影射了日寇的残暴统治必将激起中国老百姓的愤怒和反抗的客观事实。

同样运用借古讽今手法、暗喻抗日理念的剧作家还有陈白尘和夏衍。1935 年至 1937 年间,陈白尘的历史剧有两部,即《石达开的末路》和《太平天国·第一部·金田村》。《石达开的末路》既歌赞了石达开不惧千刀万剐的英雄气概,也渲染了其"末路英雄"的挣扎、无奈、不甘与悲壮色彩,更演绎了其率军远征、走上末路和太平天国内部互相倾轧、自取灭亡的悲剧情状。该剧以真实的历史人物的遭遇和太平天国运动的失败命运,暗喻了抗日主体力量之间发生对抗和分裂不利于抗战取得胜利的道理。《太平天国·第一部·金田村》演绎了清道光二十七年(1847)洪秀全、冯云山在广西桂平宣传"拜上帝教"、发动金田起义的过程,书写了太平军经永安封王、蓑衣渡失利、南王冯云山和西王萧朝贵阵亡之后,依然众志成城,最后终于胜利占领武昌的故事,赞扬了起义将领们以大局为重、凝聚共识、团结一心、不畏强暴、勇猛拼杀的战斗精神,这才是这场农民起义不断取得胜利的关键所在。这两部历史剧都具有非常明晰的现实意指,并寓示了社会各界联合抗日的可能性、可行性和必要性。与陈白尘相比,夏衍并不是一个典型性剧作家,他在 1930 年受党组织的指示以非作家身份参加"左联",并创作了诸多优秀话剧,在恪守党的政治路线的同时,"能照顾实际生活的土壤,尽量给剧中人以个性和血肉,包住政治的骨骼"[93](P277),从而令其剧作呈现出一种"袭人"的"现实主义的力量"。[94](P425)《自由魂》通过书写秋瑾参加抗清革命和争自由的壮举,重构了鉴湖女侠的传奇故事。她因国家贫弱备感伤心,为日本与俄国在中国境内打仗而感到气愤难平。从日本学习归来之后,她与革命家王金发合作,在金华、安庆等地发动起义,后因叛徒蒋纪出卖而被捕牺牲。秋瑾是一个为民族国家的生存而奋斗、牺牲的爱国者,其女侠风范和烈士遗风足以令后世的汉奸走狗们辱身败名、枉称为人。《赛金花》重塑了满族姑娘赛金花的"奇女子"本色,她曾为求生存沦为妓女,后被大使洪文卿纳为小妾,成为清朝第一位"出使俄德荷奥四国钦差大臣夫人"。八国联军入侵北京时,清朝官员个个怯懦畏死,赛金花以一介女流身份,利用自己与联军统帅瓦德齐的朋友关系,及时制止了八国联军在北京滥杀无辜的暴行,从而救下了无数普通百姓。她的善举和壮举令人赞叹,被老百姓誉为北京的观世音菩萨,可一旦她失去利用价值,清朝官员们立刻以"妨害风化罪"的名义将她赶出京城。赛金花的经历暴露了清朝官员的腐败无能,嘲骂了汉奸卖国贼的厚颜无耻。就这样,夏衍通过对比手法呈现了人性的美好与丑陋,传递了爱憎分明的政治立场,是故有学者说:"夏衍作为左翼剧作家,其政治意识形态与人道主义思想是密切联系在一起的。在他的剧作中,'人性'视角成为表达政治理念的切入途径。"[95](P65)应该说,相比于抗日诗歌的俗白、抗日小说的直露、杂文讥嘲的隐晦,抗日话剧因对话场景的营造和思想感情的直陈要显得更为生动、逼真和夺人心魄。由此,我们愈发理解中国共产党长期以来将戏剧作为重要的宣传教育工具的必然性和应然性。

与夏衍受党组织安排参与"左联"工作相似,于伶成为上海"剧联"负责人的过程也是如此。1932 年于伶在北京加入中国共产党,同年被"剧联"总盟调至上海"剧联"工作。1935 年上海"剧联"党团书记赵铭彝被捕后,上级党组织决定由于伶继任"剧联"党团书记。于伶在上海"剧联"时期,"热心从事演剧艺术、话剧创作,思考斗争策略的改变、演剧艺术的提高,在参加话剧运动的同时,开始重视话剧文学的创作和剧目的选择"[96](P34)。为此,他编写和创作了《回声》《汉奸的子孙》《神秘太太》等抗日题材剧。《回声》(即《梅世钧之死》)写上海大康纱厂的日本监工,以"捣乱分子""义勇军"的莫须有"罪名",重殴勤劳善良的工人梅世钧致死,梅世钧的惨死警醒了奴隶般的中国工人,他们在工人老彭的带领下把汽笛的回声"拉成长的怒吼",并决定奋起反抗、发动罢工斗争。《神秘太太》写抗日志士史灿堂舍身炸掉日本人的火车,他的妻子则用筐盛着儿子和一封求过路的仁人君子收养其子的信,一起挂在她上吊自尽的树上。《盟誓》歌赞了东北同胞的抗日精神。《撤退,赵家庄》以"丰台事件"为原型,重构了中国军队在丰台英勇抗日的战斗情景。另外,于伶还著有《忍受》《夏夜曲》《警号》《三小姐的职业》《蹄下》等抗日剧作。上述十部独幕剧结集为《汉奸的子孙》,由上海生活书店出版。透过于伶的剧作可知,上海共产党人非常注重选择现实题材,并以服务现实政治尤其是抗日战争的需要为重要依据,因而阶级出身之别已经变得不那么重要,只要是愿意抗日者,无论出身如何都是可以联合、团结的爱国志士,这就突破了过往左翼文学中常见的比较窄化的阶级立场、身份认同和思想观念。

美国学者肯尼思·华尔兹说:"人性的邪恶,抑或人类错误的行为,导致了战争的爆发,而个人的美德,如果能够得到广泛的普及,则将意味着和平。"[97](P30)是的,日寇大肆侵略中国无疑体现了日本国民人性的至恶,也正是这种人性恶的泛滥造成了抗日战争的绵延不绝。为此,上海共产党人在抗日题材创作领域取得突出成绩的同时,更在人性的挖掘和艺术表现上取得了不俗的造诣。当然,这里的人性挖掘主要指向的是中国国民,因为日本帝国主义者的人性之恶无须挖掘,它们早就已经在战争中完全展露出来了。这里,我们不妨以曹禺的创作为例。曹禺是一个非典型性的左翼作家,其剧作的左翼色彩并不明显,需要仔细辨析才能得以辨识。《雷雨》令曹禺声名鹊起,比如鲁迅在与美国记者埃德加·斯诺谈话时说过:"(中国)最好的戏剧家有郭沫若、田汉、洪深和一个新出现的左翼戏剧家曹禺。"[98](P373)1936年至1947年间曹禺曾生活在上海。1936年,《日出》在上海《文季月刊》上得以连载,同年12月,萧乾主编的天津《大公报》"文艺"副刊上登载了一系列关于《日出》的评论和曹禺谈《日出》创作的文章。参与评论者有茅盾、巴金、靳以、朱光潜、沈从文、叶圣陶、李广田、杨刚、黎烈文、荒煤、陈蓝、李影心、李蕤、萧乾、英国学者谢迪克等。透过相关评论可知,评论界虽然对《日出》有所批评,但总体评价非常高,所以《日出》才能在1937年获评"大公报"文艺奖,这并非重点,重要的是曹禺自己的判断和抉择。《雷雨》中的工人代表鲁大海对资本家及其走狗的怒斥和控诉,《日出》结尾工人的打夯声与歌唱"日出东来漫天大红",这些描写并非偶然,它们其实是一种左翼元素、左翼倾向和左翼思想得以呈现的典型征象。曹禺固然迟至1956年才加入中国共产党,但早在清华大学读书时,其倾向于认同中国共产党激进思想的心理就已经展露无遗,他对工人阶级的"先锋性"就有所认识和认同。例如,"九一八"事变之后,他积极参加救亡运动,有一次他在火车上遇到一个工人,对方侃侃而谈,知识丰富得惊人,将很多时事、道理讲得既平易又浅显,还认为学生的爱国行动做得对,他说:"这个陌生的朋友,激起我一些思想和感情,使我开始知道,在受苦,受压迫的劳动大众里,有一种有头脑的了不起的人,这种人叫作'产业工人'。这些模糊却又深深印入脑内的认识和印象,在后来写《雷雨》的时候,给了我很大的帮助。”[99](P141)这不仅令他塑造了《雷雨》中的鲁大海形象,也令《日出》中的工人呈现出惊人的群体力量。而对于电影演员阮玲玉因“人言可畏”自杀的惋惜和愤慨,对于社会不平现象的痛恨,对易卜生、契诃夫、萧伯纳、高尔基等作品中呈现出的“革命”“变革”和“反抗”思想的认同,令他更加痛恨“人群中一些冥顽不灵的自命为‘人’的这一类的动物”,令他“恶毒地诅咒四周的不公平”,令他觉得人间除非“去掉这群腐烂的人们”才能获得“光明”。[100](P27)针对荒煤批评《日出》“突出了现象”而忘了“突出的‘现实’”的批评,曹禺辩解道:“果若读完了《日出》,有人肯愤然地疑问一下为什么有许多人要过这种‘鬼’似的生活呢?难道这世界必须这样维持下去吗?什么原因,造成这不公平的禽兽的世界?是不是这局面应该改造?或者根本推翻呢?如果真的有人肯这样问两次,那已经是超过了一个作者的奢望了。”[100](P41)应该说,这样的创作动机、思想主题、情感倾向、形象塑造,令我们很难将《日出》从左翼文学作品中剥离出来。曹禺把人生世相本来面目揭开给人看的写法,令他书写了陈白露的自杀身亡、金八的罪恶滔天、潘月亭的荒淫无耻、李石清的阴险奸诈、“小东西”的无依无靠、翠喜的忍辱卖身、黑三的残忍歹毒、顾八奶奶的空虚无聊、胡四的扭捏作态、张乔治的虚伪冷漠、黄省三的毒杀全家、方达生的成熟转变……如果说,写作《雷雨》时曹禺被一种朦胧的“复杂而又原始的情绪”支配着,那么写作《日出》时他是被满腔愤懑和悲哀的情绪推动着,到了《蜕变》则是被既惭愧又感动、感激的情绪引领着。之所以如此,是因为他在1940年看到了中华民族蜕变和民族革命战争胜利的“大的希望”[101](P360),而这希望正是中国共产党和其他抗日军民用鲜血与生命换来的。

1927年至1937年间上海共产党人的剧作是中国左翼戏剧运动的重大收获,也在世界左翼戏剧史上占有一席之地。作为备受打压的一群文艺工作者,共产党人在上海的文艺活动因政治身份等原因而危险倍增,在这种情况下,他们依然能够创作出诸多优秀剧作,这本身就打破了纯艺术论者画地为牢的局限和程式。与通俗戏剧和爱美剧相比,左翼戏剧体现了别样的戏剧观和戏剧形式,而“左翼十年”间以文艺大众化、无产阶级革命宣传和反帝反封建反资本主义为主旨的共产党人的左翼戏剧,则在背离中国传统戏曲的写意性等美学原则之后为左翼戏剧在上海乃至中国的传播与展开蹚出了一条“血色”之路。

通观1927年至1937年间中国文学的存在情状可知,适应着时代浪潮和中国共产党的“新任务”及其明确的政治要求,上海共产党人参与其中的左翼文学找到了合适的表现形式、审美构形和思想主题,除了追求大众文艺、革命美学、民族形式、现实主义之外,还要坚决反帝反封建反资本主义,“反对民族主义,法西斯主义,取消派,以及一切反革命的思想和文学;反对统治阶级文化上的恐怖手段与欺骗政策”。[41](P4)这种以思想主题为基础或线索衍生出来的现实主义创作方法,观照以工农为主体的底层民众的政治诉求的写实主义的表现形式,强调革命美学或斗争美学的审美构形,很适合用来表现当时上海乃至中国混乱、黑暗的社会现实。很多上海共产党人已经意识到,同样的问题或素材,倘若站在劳苦大众的立场、视角和思维方式上去叙述或读解,就会显示出完全不同的宣传效果和阅读感受。比如张天翼笔下的官兵骂语不断,这有利于读者了解旧军阀部队中官兵的话语表达特点和情感表达方式。对于民间话语的关注、重视乃至“还原”,不仅意味着一种表达方式的改变,还意味着“大众化”的深入和“化大众”的新的可能性。当时代主题转向为抗战服务时，这种可能性助推了新文学前所未有的合流现象，也再次凸显了文学与大众、革命政治和主流意识形态结合之后惊人的倾覆性潜能。

参 考 文 献

[1]鲁迅. 白莽作《孩儿塔》序[M]//鲁迅全集:第六卷. 北京:人民文学出版社,2005.

[2]殷夫. 归来[M]//周良沛. 中国新诗库(四集). 武汉:长江文艺出版社,1993.

[3]殷夫. 血字[M]//周良沛. 中国新诗库(四集). 武汉:长江文艺出版社,1993.

[4]殷夫. 意识的旋律[M]//周良沛. 中国新诗库(四集). 武汉:长江文艺出版社,1993.

[5]殷夫. 别了,哥哥[M]//周良沛. 中国新诗库(四集). 武汉:长江文艺出版社,1993.

[6]殷夫. 我们是青年的布尔塞维克[M]//周良沛. 中国新诗库(四集). 武汉:长江文艺出版社,1993.

[7]闻一多. 时代的鼓手——读田间的诗[M]//闻一多全集:第2册. 武汉:湖北人民出版社,1993.

[8]田间. 我厌恶这春天[M]//田间诗文集:第一卷. 石家庄:花山文艺出版社,1989.

[9]田间. 祭冬天[M]//田间诗文集:第一卷. 石家庄:花山文艺出版社,1989.

[10]田间. 残废的战士[M]//田间诗文集:第一卷. 石家庄:花山文艺出版社,1989.

[11]田间. 母亲的泪[M]//田间诗文集:第一卷. 石家庄:花山文艺出版社,1989.

[12]田间. 妻的梦[M]//田间诗文集:第一卷. 石家庄:花山文艺出版社,1989.

[13]胡风. 中国牧歌·序[M]//田间诗文集:第一卷. 石家庄:花山文艺出版社,1989.

[14]田间. 中国牧歌·诗,我的诗呵!(跋语)[M]//田间诗文集:第一卷. 石家庄:花山文艺出版社,1989.

[15]姚辛. 左联词典. 北京:光明日报出版社,1994.

[16]张泽贤. 中国现代文学诗歌版本闻见录(1920~1949). 上海:上海远东出版社,2008.

[17]茅盾. 叙事诗的前途[J]. 文学,1937-2-1(第八卷第二号).

[18]艾青. 透明的夜[M]//艾青全集:第一卷. 石家庄:花山文艺出版社,1991.

[19]艾青. 芦笛——纪念故诗人阿波里内尔[M]//艾青全集:第一卷. 石家庄:花山文艺出版社,1991.

[20]艾青. 马赛[M]//艾青全集:第一卷. 石家庄:花山文艺出版社,1991.

[21]艾青. 一个拿撒勒人的死[M]//艾青全集:第一卷. 石家庄:花山文艺出版社,1991.

[22]艾青. 小黑手[M]//艾青全集:第一卷. 石家庄:花山文艺出版社,1991.

[23]艾青. 马槽——为一个拿撒勒人诞生而作[M]//艾青全集:第一卷. 石家庄:花山文艺出版社,1991.

[24]中国诗歌会缘起[M]//陈寿立. 中国现代文学运动史料摘编:上册. 北京:北京出版社,1985.

[25]《新诗歌》同人. 发刊诗[J]. 新诗歌,1933-2-11(第一卷创刊号).

[26]蒲风. 鸦声[M]//黄安榕,陈松溪. 蒲风选集:上册. 福州:海峡文艺出版社,1985.

[27]蒲风. 动荡中的故乡[M]//黄安榕,陈松溪. 蒲风选集:上册. 福州:海峡文艺出版社,1985.

[28]蒲风. 地心的火[M]//黄安榕,陈松溪. 蒲风选集:上册. 福州:海峡文艺出版社,1985.

[29]蒲风. 茫茫夜——农村前奏曲[M]//黄安榕,陈松溪. 蒲风选集:上册. 福州:海峡文艺出版社,1985.

[30]中共湖南省委组织部,等. 罗亦农诞辰一百周年纪念集. 长沙:湖南人民出版社,2002.

[31]蒋光慈. 最后的微笑[M]//方铭,马德俊. 蒋光慈全集:第三卷. 合肥:合肥工业大学出版社,2017.

[32]蒋光慈. 咆哮了的土地[M]//方铭,马德俊. 蒋光慈全集:第四卷. 合肥:合肥工业大学出版社,2017.

[33]阿英. 玛露莎[M]//阿英全集:第3卷. 合肥:安徽教育出版社,2003.

[34]编后[J]. 太阳月刊,1928-3-1(三月号).

[35]戴平万. 村中的早晨[M]//中国新文学大系(1927 - 1937)·第三集·小说集一. 上海:上海文艺出版社,1984.

[36]华汉. 马林英[M]//中国社会科学院文学研究所现代文学研究室. 中国现代短篇小说钩沉:第1卷. 太原:北岳文艺出版社,2018.

[37]洪灵菲. 前线[M]//瑞峰. 洪灵菲作品选. 北京:中央民族大学出版社,2005.

[38]何丹仁. 关于新的小说的诞生——评丁玲的《水》[J]. 北斗,1932 - 1 - 20(第二卷第一期).

[39]梁斌. 谈创作准备[M]//梁斌全集:第6册. 天津:百花文艺出版社,2014.

[40]罗执廷.《红旗谱》:本原历史与阶级话语的龃龉[M]//文学鉴赏与批评实践. 广州:花城出版社,2018.

[41]中国无产阶级革命文学的新任务——一九三一年十一月中国左翼作家联盟执行委员会的决议[J]. 文学导报,1931 - 11 - 15(第1卷第8期).

[42]鲁迅. 田军作《八月的乡村》序[M]//鲁迅全集:第六卷. 北京:人民文学出版社,2005.

[43]端木蕻良. 大地的海[M]//端木蕻良文集:第二卷. 北京:北京出版社,1999.

[44]郭沫若. 请看今日之蒋介石[M]//郭沫若选集:第二卷(第二版). 成都:四川人民出版社,1982.

[45]苏吉. 革命叛徒的写真[J]. 布尔塞维克,1927 - 10 - 24(第一期).

[46]撒翁. 蒋介石的进步真快呀![J]. 布尔塞维克,1927 - 10 - 24(第一期).

[47]秋白. 国民党死灭后中国革命的新道路[J]. 布尔塞维克,1927 - 10 - 24(第一期).

[48]瞿秋白. "匪徒"[M]//瞿秋白文集(文学编):第一卷. 北京:人民文学出版社,1985.

[49]瞿秋白. 曲的解放[M]//瞿秋白文集(文学编):第二卷. 北京:人民文学出版社,1986.

[50]瞿秋白. 迎头经[M]//瞿秋白文集(文学编):第二卷. 北京:人民文学出版社,1986.

[51]瞿秋白. 民族的灵魂[M]//瞿秋白文集(文学编):第一卷. 北京:人民文学出版社,1985.

[52]瞿秋白. 美国的"同路人"[M]//瞿秋白文集(文学编):第一卷. 北京:人民文学出版社,1985.

[53]瞿秋白. 红萝卜[M]//瞿秋白文集(文学编):第一卷. 北京:人民文学出版社,1985.

[54]瞿秋白. 流氓尼德[M]//瞿秋白文集(文学编):第一卷. 北京:人民文学出版社,1985.

[55]瞿秋白. 财神的神通[M]//瞿秋白文集(文学编):第一卷. 北京:人民文学出版社,1985.

[56]瞿秋白. "Apoliticism"——非政治主义[M]//瞿秋白文集(文学编):第一卷. 北京:人民文学出版社,1985.

[57]瞿秋白.《子夜》和国货年[M]//多余的话. 北京:中国友谊出版公司,2014.

[58]唐弢. 好现象[M]//刘纳. 唐弢散文选集. 天津:百花文艺出版社,2009.

[59]唐弢. 新脸谱[M]//刘纳. 唐弢散文选集. 天津:百花文艺出版社,2009.

[60]唐弢. 歌哭[M]//刘纳. 唐弢散文选集. 天津:百花文艺出版社,2009.

[61]唐弢. 书愤[M]//刘纳. 唐弢散文选集. 天津:百花文艺出版社,2009.

[62]古飞. 作家与草莓[N]. 申报·自由谈,1933 - 7 - 14(第四张第十四版).

[63]胡风. 解题[M]//胡风全集:第4卷. 武汉:湖北人民出版社,1999.

[64]顾肥. 战争与和平[N]. 申报·自由谈,1933 - 8 - 1(第六张第二十一版).

[65]古飞. "西崽哲学"[N]. 申报·自由谈,1933 - 7 - 20(第五张第十九版).

[66]古飞. 辩证法与江湖诀[N]. 申报·自由谈,1933 - 8 - 3(第五张第十七版).

[67]陈乔. 流氓哲学[J]. 太白,1935 - 8 - 20(第二卷第十一期).

[68]胡风. 存文[J]. 太白,1935 - 4 - 5(第二卷第二期).

[69]胡风. 两种童话[M]//胡风全集:第4卷. 武汉:湖北人民出版社,1999.

[70]胡风. 把目光放到"战壕"以外[J]. 中流,1936 - 11 - 20(第一卷第六期).

[71]企."国防文学"[M]//中国社会科学院文学研究所现代文学研究室."两个口号"论争资料选编:上册.北京:知识产权出版社,2010.

[72]陈漱渝.两个口号·三份宣言·四条汉子——鲁迅临终前的"愤懑"[J].山东师范大学学报,2016,(1).

[73]夏衍.聂绀弩还活着——代序[M]//聂绀弩还活着.北京:人民文学出版社,1990.

[74]聂绀弩.蛮子气开宗明义章[J].芒种,1935-4-20(第一卷第四期).

[75]耳耶.施蛰存先生底看法[J].新语林,1934-10-20(第六期).

[76]聂绀弩.创作活动的路标[M]//中国社会科学院文学研究所现代文学研究室."两个口号"论争资料选编:上册.北京:知识产权出版社,2010.

[77]徐懋庸.《不惊人集》前记[J].人间世,1934-6-20(第六期).

[78]徐懋庸.苟全性命法[N].申报·自由谈,1933-7-9(第六张第二十一版).

[79]徐懋庸.暧昧的语言[M]//打杂集.上海:生活书店,1935.

[80]徐懋庸.关于时轮金刚法会[M]//打杂集.上海:生活书店,1935.

[81]徐懋庸.墨索里尼的劝农[M]//打杂集.上海:生活书店,1935.

[82]徐懋庸.一个"知识界的乞丐"的自白[J].读书生活,1935-6-10(第二卷第三期).

[83]夏衍.中国话剧运动的历史与党的领导[M]//会林,绍武.夏衍戏剧研究资料:上册.北京:中国戏剧出版社,1980.

[84]夏衍.难忘的一九三〇年——艺术剧社与剧联成立前后[M]//会林,绍武.夏衍戏剧研究资料:上册.北京:中国戏剧出版社,1980.

[85]冯乃超.同在黑暗的路上走——A Dramatic Sketch[J].文化批判,1928-1-15(创刊号).

[86]鲁迅.文艺与革命[J].语丝,1928-4-16(第四卷第十六期).

[87]冯乃超.支那人自杀了[J].文化批判,1928-3-15(第3号).

[88]钱杏村.观艺术剧社第二次公演后[J].沙仑,1930-6-16(第一卷第一期).

[89]田汉.《田汉戏曲集》第五集自序[M]//田汉全集:第十六卷.石家庄:花山文艺出版社,2000.

[90]陈红,陈晶.陈白尘年谱[J].新文学史料,1989,(1).

[91]胡德才.中国现代喜剧文学史.武汉:武汉出版社,2000.

[92]欧阳予倩.上海之战[J].矛盾月刊,1933-3-5(第五、六期合刊).

[93]司马长风.中国新文学史:下卷.香港:昭明出版社,1978.

[94]唐弢.廿年旧梦话"重逢"——再度看《上海屋檐下》的演出[M]//会林,陈坚,绍武.夏衍研究资料.北京:知识产权出版社,2010.

[95]黄科安.左翼意识形态与人道主义的深度关联———论夏衍剧作独特的价值内涵[J].戏剧(中央戏剧学院学报),2008,(3).

[96]孔海珠.话剧运动和话剧文学并进——试论于伶对上海话剧的贡献[J].上海艺术家,1998,(3).

[97][美]肯尼思·华尔兹.人、国家与战争:一种理论分析.信强 译.上海:上海人民出版社,2019.

[98]曹树钧.论曹禺剧作在世界舞台上[M]//刘勇,李春雨.曹禺评说七十年.北京:文化艺术出版社,2007.

[99]张葆莘.曹禺同志谈剧作[M]//王兴平,等.曹禺研究专集:上册.福州:海峡文艺出版社,1985.

[100]曹禺.《日出》跋[M]//田本相,刘一军.曹禺全集:第五卷.石家庄:花山文艺出版社,1996.

[101]巴金.蜕变·后记[M]//田本相,刘一军.曹禺全集:第二卷.石家庄:花山文艺出版社,1996.

Left – Wing Perspectives and Literary Creation of the Shanghai Communists (1927—1937)

CHEN Hong – qi

(School of Humanities, Hainan University, Haikou 570228, China)

Abstract: Since 1927, the Shanghai literary circle has produced a very sizable group of Left – Wing literary writers, among whom there are a great many noteworthy literary works by communists, which embody their peculiar advantage, life experiences, spiritual pursuits, and modes of expression. From the period of revolutionary literature and art to the period of anti – war literature and art, the Shanghai communists experienced the times with a mentality different from that of the liberal intellectuals, scholars of the Kuomintang and traitors, and they imagined or experienced the sufferings and resistance power of the grassroots, mainly workers and peasants, through pulse of times. This kind of experience enabled the Shanghai communists to produce a literary atmosphere characterized by "indignation". On a certain level, it was these outstanding literary achievements of Shanghai Communists that created the unprecedented prosperity of Left – Wing literature and even the spectacle of Left – Wing literary thinking becoming the "mainstream" of Chinese literature in the 1930s.

Key words: Shanghai Communists; Left – Wing perspectives; life experience; spiritual pursuit

【责任编辑:龚奎林】

论红色经典《朝阳花》的版本修改与意义阐释

龚奎林[1],李翠榕[2]

(1.井冈山大学人文学院,江西 吉安 343009;2.吉水县白沙镇镇政府,江西 吉安 331600)

【摘　要】《朝阳花》是1961年由老红军马忆湘创作的革命历史小说,以自己的长征故事为原型,讲述一群女革命者在长征路途中艰苦奋斗追求党的故事。1963年修改本出版后1980年又出版了修改本,且后者相较前者改动较多,从文本插图、字词句、革命叙事和政治性的角度将两个版本进行对比,发现版本的再修改加强了主流思想和价值观念,有助于弘扬革命英雄主义精神。

【关键词】《朝阳花》;革命历史小说;版本修改

长篇小说《朝阳花》是湘西永顺籍红军女战士马忆湘1961年创作的一部历经时代洗礼的红色经典力作。作者把她长征中的革命故事、长征精神和半生心血写进了《朝阳花》,以长征故事为主线,着力描写了广大红军战士藐视困难的革命气概,深刻表达了如朝阳花一般矢志不渝的革命信仰,热情讴歌了以毛泽东为杰出代表的一代中国共产党人艰苦奋斗的革命精神。1980年,经过作者修改后,该小说再次出版修订本。本文主要对两个版本进行校勘和分析。

一、马忆湘《朝阳花》的创作历程

作者马忆湘1923年出生在湖南省永顺县龙家寨的一个贫苦农民家庭,因遭到地主的逼债,母亲不得已把年幼的她送走,给别人做童养媳,当时柔弱瘦小的马忆湘在婆家受尽虐待。1935年春,12岁的马忆湘听说"红军是穷人的队伍,不打人骂人",便暗下决心一定要参加红军,通过死缠烂打,身材非常瘦小的她如愿以偿当上了红军医院的看护员。参军伊始,部队的一位老首长给她取了"马忆湘"这个动听的名字,首长说:"你是湖南人,还出生在湘西,不能忘了家,就常回忆自己的家乡吧!"[1]

1934年10月,长征开始,党组织决定将年纪较小的红军留在当地,马忆湘虽然服从命令在老乡家躲藏了,但她有个坚定的念头:今生今世,活着是红军的人,死了是红军的鬼!于是,一个月后她打扮成叫花子,经过20多天长途跋涉终于追上了部队。最终,13岁的"红小鬼"马忆湘爬过雪山、蹚过草地,历经千辛万苦,奇迹般地走完了万里长征路,这是何等的可歌可泣。

新中国成立后,历经千辛万苦的革命者马忆

[收稿日期]2023-09-20

[项目基金]国家社科基金项目"新中国革命叙事文学的文本改编研究"(项目编号:21BZW146);江西省社会科学基金重点项目"新中国小说文本演变、版本汇校与善本集成"(项目编号:20WX02)。

[作者简介]龚奎林(1976—),男,江西新干人,文学博士,教授,主要从事红色文艺研究。

李翠榕(2002—),女,江西吉水人,主要从事中国现当代文学研究。

湘继续进行社会主义建设，她一直有着想把自身经历写成故事的想法。恰逢1956年，毛泽东在最高国务会议上提出“双百方针”，党中央号召老干部撰写革命回忆录，解放军总政治部在全军开展“人民解放军三十年”征文活动，这勾起了很多同志对“革命历史”的重述，都愿意把自己血与火的革命经历写出来，通过革命回忆录讲述战争的艰难困苦，呈现革命者的坚定执着。马忆湘虽然文化水平不高，但在革命中她学习了文化知识，逐渐提高了自己的文化素养，她很想把自己的奇特经历奉献出来。于是，马忆湘利用所学不多的知识，耗时多月写完了这篇一万多字的革命回忆录《在长征的道路上》，该文在中国青年出版社的回忆录丛书《战斗的历程》中刊出后，感动了无数读者，尤其是那种一心追赶红军的坚定执着的理想信念引起了社会各界的共鸣。因此，编辑部的同志就建议她在此基础上写一部自传体小说，以此作为革命传统教育的图书。于是马忆湘认真回忆，撰写故事梗概，然后通过口述、专人记录，共同整理研究和修改，历时三年，终于完成了长达20多万字的半自传体长篇小说《朝阳花》，于1961年11月由中国青年出版社首次出版。

在小说《朝阳花》中，马忆湘以她和战友们的亲身经历为素材，用朴素流畅的语言、真实可信的情景和细节、生动曲折的故事，描述了一个柔弱却坚定的湘西苦命女孩吴小兰反抗压迫、追求光明、参加红军、走过长征的感人事迹，成功塑造了王德明、看护长、小刘、柳莹等一批红军的光辉形象，再现了任弼时、贺龙等老一辈无产阶级革命家领导红军浴血奋战、创建湘鄂川黔革命根据地、经历艰苦卓绝的万里长征等历史画卷，讴歌了“红军不怕远征难”的革命英雄主义和“三军过后尽开颜”的革命乐观主义精神。

但在极“左”的特定时代，《朝阳花》受到批判，马忆湘受到批斗和折磨。粉碎“四人帮”后，平反后的马忆湘被任命为广州军区司令部管理局副政委，还当选为中国作家协会广东分会理事。1979年，中央人民广播电台全文广播了《朝阳花》，后又接连出版4次。马忆湘重新修改了这部小说，于1980年中国青年出版社出版修订本。

书名	出版社	版次	字数	印数	价格	页数
《朝阳花》	中国青年出版社	1963年7月第6次印刷版	24.1万字	28—36万册	0.78元	367页
		1980年1月第12次印刷修订版	24.1万字	77—88万册	0.85元	407页

二、马忆湘《朝阳花》的版本修改与意义阐释

美国学者韦勒克和沃伦在《文学理论》中谈到版本问题：“一个版本几乎包括了每一项文学研究工作。在文学研究的历史中，各种版本的编辑占了一个非常重要的地位：每一版本，都可算是一个满载学识的仓库，可作为有关一个作家的所有知识的手册。”[2](P56) 通过版本比对发现，1980年版本在1963年版本的基础上做了较大修改，全书改动了373处，其中较大改动约30处，本文将从三个方面对这些修改进行意义阐述。

（一）文本插图的修改

副文本这一概念最早是由法国文论学家热奈特提出，它是相对于正文本而言，指那些存在于文学作品的正文周围，调节作品与读者关系的材料，主要包括标题、序、跋、作者署名、插图、封面、题词、注释、附录等，起到了协调文本与公众、文本与潜在读者和真实读者之间关系的作用。[3] 副文本和正文本一样，会随着历史语境的变迁和

差异而有所改变。《朝阳花》1980 年版本就在1963 年版本的基础上进行了封面画的改变和八幅素描插图的增添。封面画和插图就是与正文本内容紧密关联的图像副文本，是对文字语言信息的重新阐释和艺术放大的图像语言符号，便于读者把握文本中意义指向。作者设计副文本就是为了获得理想的读者，让他们可以根据这些提示最大限度地接近文本意义和艺术意图。

封面是揭示书的主题和内容的载体，使读者一看封面就感觉出小说的内涵与分量。1963 年版本的封面画是一朵盛开的向日葵，与小说标题相统一，也是文中最重要的意象，象征着人民永远向着党、坚定不移跟党走的精神，隐喻出党是太阳，引领人民前进的方向。而 1980 年修改版的封面画是王盛烈的“三女雨中追红军”，这幅画也是《朝阳花》1961 年初版本中四幅国画插画的第三幅画。这幅“三女雨中追红军”一改 1963 版封面画意象的隐晦，直观地向读者展现三位女红军在崇山峻岭的暴风雨中顽强前进、追赶红军部队的场景，“红色”长期以来都是中国革命的精神象征之一，女主人公的红衣服在这样一个黑白画面中显得尤为突出，这幅画也正表现出她们艰苦奋斗、坚强不屈的伟大革命精神和对革命必胜的决心。于是，由单一的花转变为有生动情节故事的动态行走图，丰富了文本的价值意义，让读者更能一目了然知晓主题大意。

而插图主要是对某个精彩情节、形象进行生动描绘，在分担叙事抒情功能、具化人物形象、拓展表意空间等方面发挥了不可替代的特殊重要作用。德国启蒙运动代表人物莱辛在其美学巨著《拉奥孔——论诗与画的界限》中说：“绘画在它的同时并列的构图里，只能运用动作中的某一顷刻，所以就是选择最富于孕育性的那一顷刻，使得前前后后都可以从这一顷刻中得到最清楚的理解。”[4] 插图的这种特性，使得我们可以通过它来“管窥”文本，读图与读文既同步行进又互为补充，促进小说文本的传播与认同。[5] 1980 年的修改版在小说中增加了丁世弼和詹忠効的八幅素描插图，下面将对这八幅插画进行细致的分析描述。第一幅插图在小说第 40 页，第二章的第一节中，是小说主人公小兰做童养媳时的受难图，画面中“我”倒在柴房，一手按住被抽打了的肩一手撑着地面准备起身，脸上的神情尽是受到欺凌后的隐忍、愤恨、无奈和痛楚。但在文本表述中并未对这一时刻的画面进行描写，而是叙述了“我”作为童养媳在婆家的这段时间里受尽了怎样的欺凌。文段中“我痛得乱箭穿心”“怒火烧心”“想哭也不敢哭”等词都是对“我”的一些直接描写，读者可能会下意识根据这些关键词在心中勾勒出“我”的形象，此时恰当地出现一幅插图，将其内容外化为可视性的表达，读者在看到这样一幅图像时，与内心的联想产生碰撞，自然心领神会，加深了对文意的理解。第二幅插图在小说第 89 页，第四章的最后一节，画面中“我”刚加入红军，直挺挺地站着，戴着有红五星的八角帽在井边兴奋地照着自己的模样。对应着文中第 90 页：“我跑到井边，俯下身子，清澈透明的井水，像一面大镜子，照出了我的面影：方正的小圆脸，明亮亮的眼睛，梳得整整齐齐的头发，长长的帽舌，上面缀着红红的红角星。‘多神气！’我高兴得差点叫喊起来。”“我”发自内心的笑容和上一幅图中痛苦的样子形成鲜明的对比，这也说明加入红军是一项极为正确的选择，走了一条能够带领人民群众走出艰难困苦的阳光大道。第三幅插图是在小说第 147 页，第八章的最后一节，画面的中心人物是贺龙将军，他骑在高大的马上挥着手，周围的同志都笑看着他，“我”站在马前向他敬礼。文中 146 页对贺龙的描写是这样的：“只见他身穿一套合身的黑色军服，干干净净，腰中间宽大的皮带上，挂着一支闪闪发亮的小手枪。他头上戴着一顶长檐军帽，帽檐上面缀着一颗深红色的五角星。浓眉毛，眼睛炯炯有神，嘴唇上边一撮乌黑的小胡子，配着他那端正的方形脸盘，显得格外精神、英武。”通过塑造受人尊敬的英雄形象，启示大众追求正确的价值观和人生目标。第四幅插图为三女山中追红军图，“我”与陈真梅、温素琴在深山中艰难地前行，真梅架着因生病而行进艰难的素琴，素琴手里也拄着根木棍，“我”背着素琴的孩子走在前面开路，三位女红军凭借着坚定的毅力和不畏艰险的勇气翻越险山，离红军队伍一天天更近。第五幅插图是在第223页，画面中老大爷父子和三位女红军在河边商量如何打掩护，帮助她们渡河。第六幅是红军过雪山图，全文第十八章末尾，描绘的是红军队伍抵达雪山顶峰，山顶的大红旗正迎风飘扬，所有人都挥舞着手在庆祝这一成功的壮丽景象，“鸟瞰脚下，只见千里冰雪，银峰耸立，人在云上，云在脚下，祖国辽阔秀丽的河山，尽收眼底”。第七幅插图是在第十九章第六节，战友小刘牺牲了，同志们都悲伤地站在周边，神色黯淡，表情凝重。最后一幅插图在第379页，战友知道“我”丢粮食的事后，主动将自己不多的粮食分给“我”，“我摘下帽子接着。全政治部同志，每个人都给我抓了一撮青稞粉。真是‘众人拾柴火焰高’，一人一撮就是二十斤多。我的眼泪索落落地流下来，什么话也说不出来”。这些插图与文本有着密切的联系，插图主要是选择所在章节的某一重要情节进行直观的展示，帮助读者加深对作品人物、环境和事件的理解和把握。

（二）字词句的整理和修改

因马忆湘童养媳出身，没有上过学，都是在革命战争中进行的文化学习，语言认知略有不足，在版本修改时也对较多字词句进行了修订完善，更通顺合理，下面选取典型例子列表试做分析：

序号	1963年版本	1980年版本
①	嘴	咀
②	街	亍
③	蛋	旦
④	遭遇	遭迂
⑤	太阳如火	骄阳似火
⑥	婆婆	看护长
⑦	婆婆	老婆婆
⑧	长工肖普生	长工
⑨	“婆婆红军”老看护长谢淑惠	处处关心大家、像个“婆婆红军”的老看护长
⑩	毅清	孩子他爹
⑪	郎中先生	郎中
⑫	唐僧和尚	唐僧
⑬	下级	广大指战员
⑭	首长	贺总指挥和任政委
⑮	青天白日的国民党徽	国民党的狗牙徽
⑯	事务长	司务长
⑰	金阴人肯借粮给你这个外地人?!	金阴人肯借粮给你这个外地人?
⑱	还有老婆婆、满妹妹、细伢伢……。	还有老婆婆、满妹妹、细伢伢……
⑲	这时，我想起……	我想起……
……	……	……

这些字词句的整理和修改主要体现在以下五个方面。

首先，最显而易见的是小说文字由繁体转为了简体。中华人民共和国成立之初，我国成立了文字改革协会，随着近现代简化汉字运动的推进，简体字逐渐为大众所接受。简化汉字是当代中国文字改革的三项任务之一，是政府支持的国家行为。这一简化工作既是普及文化教育的需要，又是历代汉字规范工作的继承和发展，是汉字发展到现代性的必然。它主要是通过精简汉字的笔画和字数来降低汉字在印刷、书写、记认和阅读等方面的难度。[6] 自1956年国务院公布《汉字简化方案》后，中国正式走进“简化字时代”，因此，1980年版本中就使用了当时正在试行的第二批简化字，如将①“口水从嘴角里流出来”中的“嘴”改为“咀”，将②“街上有着几十家铺面”改为“亍上有着几十家铺面”，将③“鸡蛋、鸭蛋”中的“蛋”改为“旦”，将④“遭遇”改为“遭迂”……较繁体字而言，这些简体字、简化字更容易识记、学习与书写运用，但在当今的文字书写要求规范来看，我们现在更多的是使用1963年版中的字体书写形式，而没有使用1980年版中的这些简化字，因此，这本书留下了一次不成功的文字改革的痕迹。

二是词语使用更加书面化，更加严谨。一类是记叙性的语言表达更书面化，更讲究词语的推敲和句子的锤炼，例如⑤中将口语化的“太阳如火”修改为书面化的“骄阳似火”，为词句进行了修饰和润色，使语句具有更强的表现力和感染力。另一类就是称呼的使用更加严谨规范，例如表格中⑥⑦处都是对于小说中“婆婆”一词使用情况的修改，在1963年版中上了年纪的妇人都称为“婆婆”，是一种泛指，而在1980年版中，为了更好地将这些人物区别开，用职位“看护长”代替之前笼统的称呼“婆婆”，而收留小宝的“婆婆”则修改成了“老婆婆”，使得称呼变得更具体、更有指向性，小说语言也因此而更具严谨性。

另外，俗语的删减也较为明显。俗语是人民群众创造的，通过他们的口耳相传便世代流传开来，因此俗语具有通俗性和口语性。根据《朝阳花》两个版本的对比发现，1980年版本的小说相对于1963年版，大量地去除了口语化表述，更偏向文字的书面化。例如1963年版中“那还有飞机，腿不迈，力不费，嗡嗡几声，就到了你要到的地方”。到修改版中就没有了“腿不迈，力不费”这一通俗表达。又如1963年版中“我还想在别的菩萨上发点‘洋财’”修改成了“我还想在别的菩萨身上再找一下”，还有“两条牛皮对我来说真是‘救星’呀”也修改成了“两条牛皮对我来说真是比什么都要紧”……“洋财”“救星”等俗语都在之后的版本中被删除，减少了语言的通俗性。

三是人称受到时代性影响的改变。例如⑧到⑩中把人物的名字省略了，留下的只是其身份信息，在当时的时代背景下，由于政治环境的限制和意识形态的左倾，文学创作被要求服从于革命宣传的需要。因此，小说中社会主义思想强调“人民群众”的地位和作用，而个人的力量和价值则被相对贬低。例如第9个给看护长加上了“处处关心大家”的定语修饰词，删除了她自己的名字，人物的独立性被削弱，加强集体性，强调其在群体中的角色和作用。这样做的目的是更好地体现社会主义集体主义理念，并宣扬“个人服从集体、个人利益服从集体利益”的思想。而⑪到⑫中体现的是随着历史变迁，随着大众知识水平的提升，不同年代对同一事物的不同叫法，显然1980年版的表述更为简练。⑬到⑯的修改则受到了政治影响，削弱了阶级性，不再使用上下级等表达，对敌人的称呼也更加贬义厌恶、更带敌对性，意在使用强烈而情绪化的语言来批评敌人并争取对革命的支持。例如⑮中对国民党党徽的描述从“青天白日”变成了“狗牙徽”，故意使用贬义化的修辞，使他们失去人性，更凸显对国民党的憎恨和厌恶。

四是句子的重新句读和段落的重新划分。这类改动在小说中非常多，但在对比两版本、统计全书改动时没有把它们计算在内，因为如果将其计入改动，小说将会有上千次的改动处。段落的划分在后一版本中显得更为细致，而句读多为长句改为简单的短句，一定程度上降低了小说阅读的难度，更易于当时文化水平普遍低下的读者进行阅读和理解。如“发了疯的敌人像一大群鸭子叫着喊着，打退一批，紧接着又上来一批，……”改为了“发了疯的敌人像一大群鸭子，叫着喊着。我们打退一批，紧接着又上来一批，……”还有在1963年版中的语言表述中非常喜欢用“这时”连接后文，表述太过于烦琐，因此在80年版本中尽量删减了这一词语的使用，例如表中的⑲。

五是标点符号使用规则的改变。标点符号是辅助文字记录语言的符号，是书面语的有机组成部分，用来表示停顿、语气以及词语的性质和作用。随着时代发展，社会生活发生了巨大变化，需要根据实际使用状况和社会需求对原标准进行修订。例如1963年版中省略号不具备断句功能，一定要在其后加上句号，所以省略号在句尾时的形式是“……。”而在1980年版中则可直接用省略号进行断句，不再出现省略号加句号这一标点使用方法。

（三）革命叙事和政治性的强化

革命在革命历史小说的叙事中组织着有关历史的宏大叙事。革命叙事也叫革命历史叙事，通常运用现实主义手法描绘某个历史时期的社会和政治环境，展现当时的社会矛盾、阶级斗争以及革命进程，重构现代民族国家的集体历史记忆，以达到展现和传承发展伟大革命精神和民族精神，塑造符合时代趋势和政治需要的国民意识的目的。[7]因此，这种小说往往具有强烈的政治性，通过对历史事件和人物的再现和处理，传递着作者对社会和政治现实的观察和批判。

对比长篇革命历史小说《朝阳花》的两个版本发现，1980年的版本相较于1963年版中历史叙事的政治性、革命性更强，这一方面的修改也是为了更好地服务于小说的宏大主题和故事情节，增强读者的情感共鸣和思想冲击力，从而达到更深刻的文学艺术效果。集中表现在第三、五、八、十六、十九以及二十二章增写的内容中。在第三章中增写了“我”透过门缝第一次看到红军时的场景，红军队伍井然有序，纪律性强、思想觉悟高，叙述中他们的对话也始终围绕着革命这一个话题，其中出现了较多上一版没有的“以毛主席建立的井冈山根据地为榜样”“建立革命根据地”“发动群众，建立工农政权”等政治性鲜明的话语，强化了红军对毛泽东的作战方针和政策的理解，也帮助读者更好地理解和认识当时的政治环境和历史背景。在第八章战争胜利结束后的记叙中，1980年版又增叙了我和战友们在缴获的战利品旁的聊天，他们说道“根据党中央毛主席的回电指示，对部队进行了周密的布置，集中了优势兵力，抓住了敌人的弱点，又利用了地形地物，做到了对敌人各个歼灭，才打了这个大胜仗”。即“只要按照毛主席的指示行事，就没有打不败的敌人”[9](P145)，明确践行了以毛泽东思想为指导思想，并体现了对其思想的更加深刻的理解和认识。另外，1980年版把1963年版中红军在墙壁上宣传的大字标语从“红军万岁！”[10](P204)改为了“毛主席万岁！”[9](P225)这说明毛泽东思想的影响力在当时非常大，和时代背景高度吻合，因此在文化创作中加强对毛泽东思想的宣传和弘扬是非常重要的。

革命历史小说是典型的主流意识形态文学，它不仅以中国共产党作为历史叙事的主体，也就是以中国共产党党史为题材，全力以赴地表现党的思想和方针政策。[8]于是，革命历史小说叙事以突出革命斗争中党的领导作用来呈现“没有共产党，就没有新中国”的理念。作者在第十六章中补充了战友王德明给伤员讲故事这一情节,叙述了贺老总按照毛主席的出其不意、攻其不备的教导,轻松打倒反动派的故事,表现了毛主席高屋建瓴、运筹帷幄的革命斗争方法,体现了贺老总的机智灵活、沉着勇敢,这不仅是他一个人的优秀精神品质,也是以点带面,每个红军战士都具有的革命精神,用讲故事的方式侧面揭示了只有通过正确的革命路线和思想指导,才能赢得广大人民的支持,革命斗争只有在正确的党的领导下才能取得伟大成功,才能推翻反动派的统治,建立新中国。小说第十九章中的增添也是如此,"有这样好的党,有这样好的领导,有这样好的军队和这样好的人民群众,你们说,革命胜利的到来还会远吗?"此处表现了我们的人民群众对党高度信任,对我们的革命取得伟大胜利也有坚定的决心。同时它也明确指出了革命的胜利依靠的是我们毛主席的领袖作用,在关键时刻能够引导全党甚至全国人民前进,鼓舞战士士气,提高斗志,推动革命事业向前发展。以及在小说第二十二章中增写了大篇幅"我"和战友王德明以及严院长的对话,"你看在草地成年累月的烂草,积下了多厚的肥呀!将来革命胜利了,把部队带到这里来开荒种田,能收多少粮食啊"!这是红军战士在过草地时即使艰难困苦也对革命胜利满怀期待,对建设时代的憧憬洋溢着理想主义的热情和信心。正如文中说的"革命是不断向前发展的,一个革命者,共产党人,就要站得高,看得远,要看到光明的前程,要有远大的理想"。"我们的党,我们的军队经历了多少千辛万苦,不都是在极端艰难困苦中壮大起来的吗?世上无难事,只怕有心人,没有攻不破的坚,没有克服不了的困难,任何困难在共产党人面前都会低头。"[9](P385)这告诉我们读者,革命是一个不断发展和前进的过程,我们要拥有更长远的眼光,看到光明的未来和前景,同时要有宏伟的理想,这样做可以帮助人民群众更好地投入实现共产主义事业中,为实现社会进步和人民幸福而不断奋斗。正如习近平总书记指出,"红色是中国共产党、中华人民共和国最鲜亮的底色","要讲好党的故事、革命的故事、根据地的故事、英雄和烈士的故事,加强革命传统教育、爱国主义教育、青少年思想道德教育,把红色基因传承好,确保红色江山永不变色"。[11]这些情节的增加让我们的红色故事讲得更加生动具体,增加了坚定的理想信念,全心全意听党指挥跟党走,树立了远大的理想目标,把主人公之前穷人翻身的思想升华到解放全中国的大格局中,并将党的伟大精神更好地传承下去。

另外,1980年修改版小说紧扣时代主题,迎合了当时的政治话语体系,将革命干部鲜明化。小说中多处增添的"毛主席万岁!""毛主席的好战士""跟着毛主席"等政治话语表达,明确了毛泽东的正确思想和指导地位。例如1980年版本在第五章第104页中增写了罗政委对同志们传达遵义会议成功召开的好消息:"同志们!好消息啊!最近党中央在遵义召开了会议……毛泽东同志的正确路线战胜了'左'倾机会主义的错误路线,会议确定了毛泽东同志在党中央的领导地位……"[9](P104)这一段极具政治性的表述通过政委的话传达给读者,以弘扬伟大革命精神,契合时代精神的需要。并且还在其后写到"我们坚决拥护毛主席为我党的领袖。有毛主席的英明指导,有周恩来、朱德等同志坚定不移地站在毛主席革命路线一边,我们的革命事业将会是无往而不胜的"。这些直接性的话语更加明确了其政治方向,塑造了符合时代趋势和政治需要的国民意识。另外,在小说的最后,1980年版中增加了大量对向日葵"根深扎得稳""经得住狂风暴雨的袭击""四面寻找阳光"等特征描写,进而直接深化主题"朝阳花需要太阳,就像革命需要共产党、需要毛主席一样",点明中心思想,也使文本主旨"物象化"。

三、结语

通过对版本的研究我们可以看到一部文学经典的产生历程,更加深刻地把握作品的文学价值和历史形象,而且可以了解到一定时期内读者的文学阅读观和价值观的演变特征,从侧面把握整个社会的思想以及文化的变革。小说的正文本和副文本共同合成作品的意义内涵,封面画、插图、内容提要、繁简字等副文本标识都有着自身独特的作用,《朝阳花》1980 年版相比于 1963 年版改动还是较多,大至情节的增加,小至字词的修订,甚至连标点符号、段落都有所改动,而副文本的生成以及变迁使得正文本实现意义增值,从而促进了小说的加速传播,更能够实现文艺大众化和文艺化大众的文艺教育功能。

我们知道版本变迁不是简单的意识形态的产物,而是受到多方面制约和影响,作者通过对语言、内容、思想等的多处修改,加上对副文本的改动,让作品更加完美,更符合作者的意愿和时代的要求。因为"版本的修改主要是为了修正小说中存在的不合理、矛盾和缺失,使其内容更加合理、完整。如修改故事情节,使其更加连贯;增加或删减角色,使其更加完整和有机;修正历史事实,使其更加真实和客观"。[12]总之,通过版本的修改,《朝阳花》变得更具有时代性和政治性,加强了所传输的主导思想和价值观念,以及对革命英雄主义精神的弘扬。

参　考　文　献

[1]王承良. 马忆湘与红色经典《朝阳花》[J]. 湘潮(上半月),2012,(8).

[2][美]韦勒克,沃伦. 文学理论[M]. 刘象愚 译. 南京:江苏教育出版社,2005.

[3]蔡志全,裴艳丽. 副文本理论及其在文学研究中的现状述评[J]. 河北科技师范学院学报:社会科学版,2015,(2).

[4]夏惠慧. 十七年"红色经典"长篇小说插图与文本关系研究[D]. 长沙:湖南师范大学,2015.

[5]龚奎林."十七年"小说的图像叙事[J]. 文艺理论与批评,2010,(4).

[6]李朝胜. 改革·规范·创新 简化汉字与汉字字体设计[J]. 新美术,2022,(3).

[7]郭剑敏. 革命·历史·叙事[D]. 杭州:浙江大学,2006.

[8]瞿华兵. 当代小说革命历史叙事流变研究(1949-2010)[D]. 南京:南京师范大学,2018.

[9]马忆湘. 朝阳花[M]. 北京:中国青年出版社,1980.

[10]马忆湘. 朝阳花[M]. 北京:中国青年出版社,1963.

[11]习近平. 用好红色资源,传承好红色基因,把红色江山世世代代传下去[J]. 新长征(党建版),2021,(6).

[12]黄梅,等. 论《新儿女英雄传》的版本修改与意义阐释[J]. 井冈山大学学报:社会科学版,2023,(5).

The Revision and Interpretation of the Red Classic *Sunflowers*

GONG Kui－lin[1], LI Cui－rong[2]

(1. School of Humanities, Jinggangshan University, Ji'an 343009, China;

2. Baisha Town Government, Jishui County, Ji'an 331600, China)

Abstract: *Sunflowers* is a revolutionary historical novel written in 1961 by Ma Yixiang, a Red Army veteran. Based on the author's own experience of the Long March, the novel tells the story of a group of female revolutionaries who struggled hard to follow the Party on the Long March. The revised version was published in 1963 and then again in 1980, and the latter version was changed a lot compared to the former. This paper compares the two versions from the perspectives of illustrations, words and phrases, revolutionary narratives and politics, discusses the changes in the versions and explains their significance. The second revision reinforces the mainstream ideas and values and helps to promote the spirit of revolutionary heroism.

Key words: *Sunflowers*; revolutionary historical novel; version revision

【责任编辑:肖发生】

红色题材剧《烛光在前》在革命叙事上的新发展

李　晓

（盐城幼儿师范高等专科学校，江苏　盐城　224005）

【摘　要】红色题材剧《烛光在前》以中国共产党创始人张太雷烈士为原型，讲述其妻子陆静华引导儿女前赴后继、追随其足迹走上革命道路的感人故事。剧作采用视角转换、虚实结合的方式，以陆静华为主角的侧面、间接叙事方式，将宏大的革命叙事转化为一种对人物内心丰富情感世界的传达，同时作生活化的艺术处理和呈现，通过极具象征意义的“烛光”来结构全剧，隐喻默默奉献、牺牲和具有导引、激励意义、作用的革命精神与传统，在革命历史题材剧的叙事上取得了富有拓展性、变革性、丰富性的新探索。

【关键词】红色题材剧；烛光在前；革命叙事；新探索

“一株南烛独照丹。”（陆游《倚阑》）由曾三次获得全国戏剧创作最高奖曹禺戏剧创作大奖、被誉为当今天才剧作家的全国最著名年轻编剧罗周创作、常州市锡剧院演出的红色题材剧《烛光在前》，取材于中国共产党创始人、早期领导人、“常州三杰”之一的张太雷烈士的真实历史故事，讲述其妻子陆静华引导儿女前赴后继，追随张太雷足迹相继走上革命道路的动人故事。此剧入选江苏省“庆祝建党100周年重点剧目”，荣获第五届江苏省舞台艺术文华奖，入选并代表江苏晋京参加“庆祝中国共产党成立100周年优秀舞台艺术作品展演”活动，其在革命叙事上取得了富有创新性、发展性和丰富性的新探索，受到业内专家和广大观众的一致好评。

尽管是取材于革命历史题材的真实人物和事件，但剧作家在创作构思和艺术呈现上则别出心裁、独树一帜，其“对革命题材的表达另辟蹊径，通过富有戏曲意味的改写，实现了对革命精神的重新编码”，“根据张太雷仅有的一封家书，从其妻陆静华的独特视角出发，重新讲述了这段难忘的革命岁月，从而使已有的革命题材道出了新意”。[1]对于革命历史题材剧创作来说，其题材上的相似性、雷同性和同质化的现象几乎是难以避免的，因此剧作家必须在题材选择、题旨确立，以及在叙事方式和艺术呈现上有自己非同寻常的周密考虑与安排，即在艺术上的新探索，才能避免雷同化、类型化，进而形成其剧作独具的鲜明艺术个性和风格特色。在这方面，罗周对此

［**收稿日期**］2022-04-08

［**项目基金**］江苏高校“青蓝工程”资助项目（项目编号：［2021］11）；江苏高校哲学社会科学研究资金项目“新世纪江苏现代戏创作研究”（项目编号：22021SJA1952）。

［**作者简介**］李晓（1990—　），女，江苏盐城人，讲师，硕士，主要从事戏剧、文学与地方文化研究。

可谓驾轻就熟，总是显得得心应手，游刃有余，其几乎在每一部剧作的立意、构思和艺术呈现上都能别出心裁、另辟蹊径而不落窠臼，不仅能在与众多剧作家同类型作品的激烈比拼中横空出世，不落下风，而且还能与自己的同类型题材剧作做到“一戏一格”，彼此之间也各有特色、互不雷同。如同样是写革命者和爱人之间的真挚、深沉爱情、同样以一封红色家书为剧作主要道具和题材核心的红色题材戏剧作品，《烛光在前》与先前的《卿卿如晤》就有着明显的差异和不同，《烛光在前》重在表现革命先烈精神对妻子和家人的激励和影响，而《卿卿如晤》重在反映夫妇之间真诚深挚的爱情，前者多做间接、侧面反映，后者则多做直接、正面表现，正因为其各有鲜明特色，故而才显得珠联璧合、相映生辉，又能给观众留下难忘而深刻的印象。对于红色题材剧的创作来说，现代戏《烛光在前》堪称典型和范例，其有着一种标杆般的指导、启发、借鉴的重要意义和作用。

一、采用视角转换、虚实并用的表现手法

作为向建党一百周年献礼的纪实性现代戏《烛光在前》，其是以革命先烈、中国共产党早期的创始人、领导人之一的张太雷为历史原型而创作的一部红色题材剧。

张太雷，是中国共产党的创始人之一，中国共产党参与共产国际工作、联系的第一位红色使者，中国社会主义青年团的主要创始人、青年运动的卓越领导人、江苏省首位中国共产党党员、广州起义的主要领导人、忠诚的共产主义战士。

张太雷，1898年6月生，江苏常州人。原名张曾让，因其志在“愿化作震碎旧世界惊雷”而改名。中学时与先期入校的瞿秋白在民主革命思想的熏陶下，关心国家大事，还大胆抨击时弊，经常在一起探讨救国救民的革命真理和道路。1915年，张太雷考入北京大学，后转入天津北洋大学（现天津大学）学习。其将自己从俄籍汉学家鲍立维那里得到的有关十月革命的消息和马克思主义的书籍，分送给周围的同学、好友阅读，借此来传播十月革命的火种。五四运动中，张太雷积极投身活动，成为天津地区爱国运动的青年骨干之一。在这场轰轰烈烈的运动中，张太雷和周恩来结下了战斗友谊，并和敬仰已久的李大钊建立了联系，参加了北京大学马克思主义学说研究会，不久又加入北京共产主义小组，成为中国共产党最早的58名党员之一。其在北洋大学法科毕业后，便坚定地走上了无产阶级职业革命家的道路。

张太雷是第一位被派往共产国际工作的中国共产党人。其曾担任共产国际远东局书记处中国科书记，作为中国共产党的代表出席在莫斯科召开的共产国际三大，不仅介绍同在莫斯科的瞿秋白加入了中国共产党，还积极致力于中国青年团与少共国际的联系，先后出席少共国际二大、三大、四大，并连续当选为少共国际执委会委员。1924年1月21日，革命导师列宁逝世时，张太雷瞻仰了列宁遗容，参加了列宁的葬礼。

1927年，蒋介石在上海发动四一二反革命政变，4月18日，发布“秘字第一号命令”，通缉鲍罗廷、陈独秀、张太雷等共产党人和国民党左派。27日，中共五大在汉口召开，张太雷被选为中央政治局候补委员，并调任中共湖北省委书记。7月12日，中共中央召开政治局会议，改组中央领导机构，张太雷和周恩来、李维汉、李立三、张国焘5人组成临时中央常务委员会。8月7日，中共中央在汉口召开著名的八七会议，会上成立了由瞿秋白主持工作的临时中央政治局，张太雷当选为中央政治局候补委员。

张太雷正是在中国革命的危急关头，被中共

中央派到广州领导和指挥武装起义的。11月,张太雷出席在上海召开的中共临时中央政治局扩大会议。为了反抗国民党反动派对中国革命的残酷镇压,会议根据粤桂军阀战争爆发、广州城防空虚的有利时机,决定由张太雷担任总指挥,前去广州组织武装暴动。会议一结束,张太雷便吻别刚出世不久的孩子,匆匆从上海转道香港到达广州。一到广州便立即以中共广东省委名义,决定由其和黄平、周文雍3人组成领导起义的革命军事委员会。12月10日晚,广州起义打响。12日,敌人攻占了起义军的一个重要前线阵地,作为广州起义总指挥的张太雷立即驱车奔赴第一线指挥战斗,途中遭敌人伏击而壮烈牺牲,时年仅29岁。张太雷用热血、青春和生命表现和实践了自己"为人民谋永远幸福"的历史初心与铿锵誓言,他的精神也永远激励后人奋勇前行。2009年9月,张太雷入选100位为新中国成立做出突出贡献的英雄模范人物。[2]

百年征程波澜壮阔,百年初心历久弥坚。作为向中国共产党建党一百周年献礼的革命历史题材剧,不仅其本身有着一种得天独厚的红色历史题材的优势,而且借助于革命叙事上的创新手法,由原本事件中的张太雷个人形象转化为塑造其妻子陆静华及儿女等全家人的艺术群像,浓墨重彩、深情唯美地再现了建党百年来中国革命历史上一个个共产党人及家庭所表现出来的一种大爱和牺牲。此剧既生动形象地表现了中国革命斗争历程的风雨如磐,又反映了一家人前赴后继、牺牲奉献的博大深厚的家国情怀,更由此昭示了革命者坚定信念、执着信仰、追寻光明的伟大而深远的历史意义。

《烛光在前》之所以能从同类型的众多革命历史题材剧中脱颖而出,其不仅在题材的选择上和立意上独具慧眼和匠心,在艺术呈现上同样也有对革命叙事的新探索,在人物塑造的艺术探索上亦取得了新的发展,更由此取得了以先烈事迹激励人、以革命精神启迪人,以阶级情感化育人的杰出艺术效果。"其独具匠心的题材视角、平凡又伟大的形象塑造,以及含蓄质朴又饱含温情的艺术呈现,同时抵达了情感厚度与思想高度、历史深度和时代高度,彰显了超凡脱俗的艺术品格。"[3]对一部红色题材剧作品来说,其"写什么"固然重要,但更重要的是"怎么写"。故其在叙事和艺术表现上有自己的新探索、新发展,这才是最重要和最根本的。剧作家另辟蹊径、富有成效的探索实践,主要表现在题材视角的新颖和虚实并用的艺术手法上,即以张太雷妻子陆静华为剧作的主角,让张太雷成为故事推进发展的配角和背景;虚写张太雷参加革命活动、广州武装起义的英勇斗争、壮烈牺牲,实写其革命信仰、斗争精神于妻子儿女、普通大众的巨大社会和深远历史影响,进而达到虚写和实写的有机融合。

作为革命历史题材剧的《烛光在前》,其不是从正面来表现和反映张太雷参加革命活动,尤其是广州武装起义的英勇斗争、壮烈牺牲的光辉事迹,而是把重点放在讲述其牺牲后妻子陆静华在黑云压城、白色恐怖的严酷境况下冒着生命危险,依靠自己替人织补、帮工而肩负起整个家庭生活的重担,侍奉瘫痪在床的婆母,精心抚育儿女长大,引导、激励儿女相继走上了革命道路。正如剧名所揭示的那样,张太雷烈士"为人民谋永远幸福"之坚定信仰和历史初心,就像一支暗夜里的烛火,不仅带给黑夜中的一家人和社会大众以一丝温暖的亮色,而且照亮了陆静华和儿女们等后来者前行的道路。也正是在其信仰、精神的鼓舞、激励和感召下,其一家人才如此前赴后继、追随其革命足迹而投身革命斗争洪流。概言之,剧作表现的重点不是放在张太雷如何英勇斗争、壮烈牺牲的悲壮事迹方面,而是放在其牺牲后其坚定信仰、革命精神对妻子、儿女的重大而深远的历史影响上。同样,即使是以张太雷夫人陆静华为主人公,剧作也没有着意去表现其带领儿女如何同国民党反动派做顽强不屈的英勇斗争上,而是将重点安排在其送儿女追随丈夫足迹的一送再送、一别再别的生死离别上,借此来表现革命者家庭、家属为中国革命斗争所做出的无私奉献和牺牲,反映出一个普通母亲的坚韧和伟大。这样一来,就使得陆静华成为剧作当仁不让、名副其实的主角,而原本的故事主人公张太雷则转为了配角,实际上其更多的时候都是不在场的,然其精神则又是时时刻刻都在场的,只是作为故事的背景存在而已。剧作题材选择、题旨确立、艺术呈现的视角是极其新颖而独特的,其整体构思和切入点也都颇为巧妙而精当。显然,剧作的这一整体构思安排可谓是独具匠心、出人意料而又耐人寻味的,故而才显得新颖奇特而不落窠臼。将剧作中心和重点放在烈士对后人的深远影响上,这一总体构思和切入角度都极为巧妙,其既从陆静华这个原本平凡而又崇高的普通女性身上,表现出先烈一家人对革命胜利的坚定信念,为革命所做出的奉献和牺牲,赞美了为民族解放事业和民众永远幸福而抛头颅洒热血壮烈献身的无数革命先烈,讴歌了为共产主义的崇高信仰而前仆后继、舍家为国的英勇牺牲、无私奉献的共产党人的革命精神、光辉传统。[4]

较为常见的是,革命历史题材剧创作多是讲述革命先烈投身革命、义无反顾,视死如归、英勇牺牲之史诗般的悲壮故事,重在表现革命先烈致力于为民族解放、为民众幸福所进行的伟大革命斗争的坚定信念与崇高信仰,以体现其所承载的家国情怀、革命传统、红色文化等精神意义和价值取向。显然,现代戏《烛光在前》与这种从正面讲述革命历史、塑造英雄人物的创作传统、习惯迥然相异,而是巧妙地从侧面切入,通过对一封烈士的红色家书的成功运用来结构全剧,由此而回避了通常的对先烈革命事迹的正面描绘和表现。剧作家匠心独运地将原本的主要人物的张太雷作为剧作的次要人物,即作为剧作故事、事件发生的时代背景来处理,给观众以一种出乎意料的新奇之感而纷纷拍手称妙。

锡剧与越剧颇为相似和接近,其是以善于表演才子佳人式的旦角戏为主,长于对女性人物形象塑造和温婉情感的开掘,侧重于细腻婉转表现人物内心的所闻所感、所思所想,以情写人,以情感人,以情动人。剧作家除了在艺术呈现上追求别出心裁、另辟蹊径外,还有很重要的一点,就是要使得剧作高度契合锡剧这一地方戏剧艺术的历史传统和表演特征。因此,从张太雷夫人陆静华这一人生伴侣的独特角度,来观察和表现张太雷投身革命、献身疆场的光辉事迹,既是对始终在场之平凡而又伟大之女性形象的深度开掘,亦是在剧中深入表现张太雷这一重要革命历史人物的红色题材剧之最好切入口、最妙突破口和最佳角度的最佳选择,同时也更为切合锡剧的表演传统与特征。正是在张太雷革命行动和光辉事迹的影响下,陆静华这样一个平凡而普通的家庭女性,不仅对丈夫投身革命、领导武装起义等革命行动的理解与支持,而且在丈夫英勇牺牲后,在白色恐怖中冒着种种生命危险、终日提心吊胆地顽强生存下来,还要默默独自承担起照顾婆母和子女的家庭重任,更是努力克制自己作为一个母亲对儿女先后投身革命斗争的安全担忧、不舍而毅然决然地进行引导和支持,勉励他们努力去继承丈夫未完成的遗志和事业,以及由此表现出其对民族解放、革命胜利的执着信念和坚定信仰。正是在这真挚夫妻情、深厚母子情等质朴、纯真人性的表现中,折射出其情感的真挚、胸怀的宽广乃至人格的伟大。中国革命的最后胜利,固然要归功于无数革命的仁人志士视死如归、英勇不屈的顽强斗争,同时也有着更多的革命者家属默默的支持、奉献和牺牲。剧作不仅着意表现了张太雷一家人前赴后继、顽强不屈的英勇斗争,更是将革命历史题材中属于个体的为革命胜利做出重大贡献的独特价值内容也由此淋漓尽致地充分表达出来,饱含深情地诉说了被宏大革命时代潮流裹挟着的普通人所做出的巨大奉献和牺牲,以及由此对前线将士和后方民众所激发出来的一种磅礴而无穷的精神力量。从革命斗争的侧面来洞察和表现时代风云,并对此做侧面、间接的艺术表现,正是《烛光在前》采用的新颖而独特的叙事视角。这样的叙事方式,由对先烈的个人表现转化为对一个革命家庭的人物群像的呈现,使得烛光的引导、指路作用得以突出,又使得一家人前赴后继投身革命的发展过程与光辉事迹得以重点呈现。这种革命话语叙事下所砥砺的“史诗”个性,既保证了这一革命历史题材符合地方戏曲锡剧艺术本体特征对于主旨传达、人物形象塑造、情感表现的自身规律,还体现了红色题材在戏曲艺术中的独特审美趣味,成为红色题材剧创演的一种方向和途径。

《烛光在前》的故事呈现,采取的是一种回忆和倒叙的讲述方式,其所着意设计、安排和展现的每一个节点,都是女主人公陆静华及其一家人革命历程中的重要时刻、情感变化的高光时节、精神展示的闪亮节点。这一叙述方式和效果的成功选择,正是该剧取得巨大成功的重要前提和根本保证。剧作家将目光投向了革命家庭中的情感、生活与人物命运,把家庭生活作为戏曲表现的重点对象,却又不沉溺于对真实世相的描摹, 而是在一种家国情怀的基调和底色里,将大写、特写的“人性”之温度、深度与高度如盐化水般地融入其中。这样一来,张太雷既是剧作叙事主体和核心意象符号,其重要身份、革命信仰、崇高精神则自始至终贯穿全剧。这种虚实结合、虚实并用,以及视角转换、主角换位的整体构思与艺术呈现,是对宏大革命叙事的一种丰富、超越和拓展,取得了极佳的戏剧效果。当观众看着张太雷的子女们相继走上革命的道路,他和妻子陆静华的人物形象也就在舞台上真正地立起来、活起来。

二、将宏大革命叙事转化为普通人的情感表达

剧作在采用视角转换、虚实结合艺术手法的同时,将剧作表现的重点落在陆静华与丈夫、儿女的生离死别上,即采用一种向内转的艺术手法,由原本激烈的外部冲突转向对人物丰富而深沉内心世界的展现。显然,这种别出心裁、不落俗套的叙事手法,将原本激烈的战火硝烟、敌我冲突与革命先烈英勇斗争、壮烈牺牲的宏大革命叙事转化为一种对人物丰富内心世界的情感表达和呈现。显然,《烛光在前》这种以超越个体小我、融入民族大我的姿态,极有利于唤醒广大观众曾经共有的红色记忆与情感体验。

剧作没有在张太雷身上过多用墨,也没有着意去表现其妻子儿女如何继承先烈遗志,前赴后继,与敌人展开殊死的英勇斗争,而是巧妙地将剧作重点放在一个妻子与丈夫、与儿女的一而再、再而三地反复上演的生死离别上。这样一来,就很自然地由对革命的宏大叙事转化为一种个人情感的艺术传达上来,既使得人物的丰富而隐秘的情感世界得以淋漓尽致地充分呈现,又使得人物的形象更为真实、丰富和饱满,不仅让其在舞台上立起来,更让其在舞台上活起来,观众还由此感受到人物和事件的真实,拉近了和剧作的情感距离,受到的思想教育和艺术感染也就更强,以情化人的戏剧效果也就更突出、更明显。

张太雷牺牲了,妻子陆静华在黑夜如磐、白色恐怖的环境下一直过着诚惶诚恐、提心吊胆的日子,好不容易将儿女抚养成人,然而他们就像

雏鸟长大后就振翅高飞而要离开妈妈了，这让一个母亲陷入了是送是留的两难境地，其往往是既难以接受又不得不最终为其送别壮行，因为她知道，孩子长大了，参加革命，走其父亲走过的路，这是理所应当，但作为一个母亲其又不能不无时不刻地为他们的人身安全而担忧，然自古家国两难全，于是舍家为国便成为其自然而又必然的最终选择。故在送别丈夫的十年后，再次送儿女相继走上战场，于是便在一个母亲与儿女之间反复上演了生死离别的情感大戏，即作为剧作重点内容的“三送三别”。

一折“剪信”，送别次女张西梅。一个16岁的女孩要参加革命队伍去抗日前线，作为一个母亲，此刻怎能不为其安全担忧和揪心，然这是其在走她父亲曾走过的革命道路，其又怎能阻拦，故其才毅然决然地持鼓励、支持的态度，并由此拿出自己多年来密藏的张太雷的亲笔家书，首次向儿女们道出了藏在心底十年的秘密：“惊雷震荡，以唤太平！你们爹爹，是个共产党员，是中国共产党创建人之一。”就这样，一家人相逢在一封红色家书中。为保守秘密和安全起见，陆静华特意剪去了信的抬头和落款，让西梅带上作为去上海投奔革命的重要凭证，更是作为张家人的传家之宝，成为其投身革命的精神力量和动力源泉。西梅越过敌人的封锁线，来到新四军这个革命队伍的大家庭中。其将自己的名字“西梅”改为“西蕾”，以表达其继承父亲遗志、成为革命蓓蕾之坚定信念、革命信仰。二折“议去”，母亲本欲送西屏去延安，结果因西屏惦念母亲独自劳苦艰难而最终未能“送”成，然母亲因此的情感冲突却一点也不轻松。三折“掷衣”，送别幺儿一阳。此折可谓奇峰突起、达到高潮。姐姐留下了，小儿一阳却执意要随交通员去延安，然其害怕母亲因分离而担忧、痛苦，故躲在船舱里不与母亲见面；母亲明知儿子就在船上也故装不知，于是上演了一场见而未见、隔船送别的“戏中戏”。母亲借与交通员的对话，特意向躲在船上不愿露面的儿子透露了其父亲张太雷领导广州起义英勇牺牲的壮烈情景，并将张太雷的遗物——一块其牺牲时被子弹打坏的怀表裹在一阳的衣服包裹里一起抛掷到船上，为儿子远去壮行，借此激励儿子承父志、继父业，坚定其走革命道路的信念和为大众谋幸福的信仰。那行船前的一句“太雷离家时就知道有这一天，细妹离家时就不怕有这一天”，她在向儿子，向世人，向观众，袒露其一个母亲最真实的人性、情感和灵魂，尽管其中有百般的不舍，亦有千种的担忧，更有万分的坚定，母子亲情、革命豪情融合成一种博大深广的家国情怀，一位母亲的伟大、光辉、生动形象跃然在舞台之上。四折“起名”，通过为幼子取名，倒叙和补写当年送别丈夫投身革命的生死离别。

作为一个妻子和母亲，陆静华先是毫无怨言地送丈夫出征，然后又是送儿女走上革命道路，一送，再送，三送，四送，又有哪一次送别不是生离死别，其之所以在河边对着藏身船上的一阳说广州起义、讲太雷之死，这是因为她深知，革命之路极其凶险，此别极有可能是母子间的最后诀别和永别，其能不害怕、不恐惧，不心痛、不心碎？故而一留再留，这正是一个母亲人性、亲情的充分流露，然她又不能阻拦，其哪一次不是承受着这种生离死别的情感熬煎与精神折磨。显然，表面上是写其意在于“留”，实际上都是为了表现和烘托后面的“送”，而“送”则让其超越了人性和亲情，走向了道义和精神的崇高与伟大。直到此刻，相互包容、理解的母爱亲情与博大的家国情怀才彼此真正融合到一起，使得革命道义和人性亲情交相辉映、相得益彰，既体现了陆静华柔弱外表下的坚韧性格之主体特征，同时也凝结了具有时代意义和历史特色的革命内蕴，使得剧中人物既有着强大的艺术生命力，还具备了极具时代特色的艺术审美价值。也正因为剧作家总是将主人公置于人性情感和革命道义选择的风口浪尖之上而显得惊心动魄,尽管送别子女走上革命道路,其有不舍、不忍,然其每一次壮行送别的最终选择,既体现了人性、人情的巨大光辉,又反映了革命道义的价值取向,更显示出博大深广之家国情怀的有机结合与高度统一,使得观众亦为之而动情、动心和动容。诚如国家一级编剧王俭评价的那样:“该剧体现了英雄气壮和儿女情长的交织互动、时代洪流与亲情暖流的交汇奔涌,是红色主题作品中的一股鲜明亮色。”[5] 即以剧中最重要道具之一的那封红色家书来说,“这封家书虽充满信仰的光辉、壮士的豪情,但字里行间却处处弥漫着爱侣厮守与离别的诸多‘生活’,将浩气融入柔情中”。[6] 因此,将革命叙事转化为人性、人情的传达,并没有降低革命历史题材剧思想深度、艺术高度,反而增强了剧作的人性、情感的温度和热度,不仅显得更真实可信,而且还使得人物形象更为饱满、立体和鲜活,使之成为文艺人物画廊中的“这一个”,更形成剧作的独特而鲜明的艺术个性和风格,进而在红色题材剧的创作中既不落窠臼、脱颖而出,又别具一格、独领风骚。

三、对革命叙事做生活化的艺术处理

作为红色题材剧的《烛光在前》,没有通常革命历史剧那种重在表现“革命”“主义”“牺牲”等“高大上”的英雄人物、英勇壮举和豪言壮语,全剧都是在写陆静华的家庭日常生活,显得很生活化,很接地气。此处以倒叙(补叙)的第4折“起名”来说,这是剧中仅有的正面表现张太雷与陆静华夫妻爱情家庭生活的。此时,陆正临盆待产,一直在外从事革命斗争的张太雷好不容易才抽空回了一次家,只见“床上烂絮填薄被……缸中只有米半杯”,方知家中生活如此穷愁潦倒、窘困不堪,作为一个从不过问家中柴米油盐问题的职业革命家,其真不知妻子是如何维持一家老小生活而艰难度日的,至此才发现自己先前那种“家里用钱不要太省”“上了年纪,该当吃好一点,穿好一点”之话语的苍白,竟然全不管何处来钱,何以度日!故连他自己也自嘲地说,这是多么“荒唐”,又是多么“幼稚”。这种自责、悔恨,显然是心疼妻子要照顾年幼孩子和年迈母亲,还要经受各种人身安全等的精神折磨和情感煎熬,由此体现对妻子和家人的深深愧疚之情。尽管谈的只是柴米油盐等家庭日常生活问题,体现的则是夫妇情笃而真挚的爱情,更是表现了无数革命先烈舍家报国的奉献和牺牲的宽广胸襟与崇高精神。这种生活化的艺术处理,不仅没有故意拔高烈士的思想和精神境界,使他成为一个“高大上”的神话式人物,相反却显得很真实、接地气,因为那些无数的英雄人物也都是普通大众逐步发展而成长起来的,由此拉近了和观众之间的情感距离。

这折戏里还有一个重要场景,即张太雷夫妻面临重逢后的再次别离。张太雷颇为担心家里生病卧床的老母、襁褓中的幼子,要让妻子独自承担照顾整个家庭的重担实在是于心难安。陆静华顺势说道:“那你便留下来!”张太雷便借着讲起同是“常州三杰”之一的瞿秋白母亲凄惨而艰辛的持家故事,向其道出了自己离家、参加革命的真正原因,就是要打造一个新社会,“让天下再无饥饿的孩子、再无辍学的少年、再无绝望的母亲”。陆静华对其所从事的革命活动并不清楚,但是依然表示对其的理解和支持,尽管对丈夫的离去百般不舍,自己在家中苦熬,却对丈夫没有半句怨言,最后还是坚定地支持丈夫的行动。其话语质朴,充满生活气息。陆静华正是这样一位充满情感矛盾与冲突、饱尝精神痛苦与挣扎的坚强女性。作为妻子，她爱自己的丈夫，希望丈夫能陪伴在自己身边。但她顾大局、识大体、明大义，为了实现丈夫“谋将来永远幸福”的革命理想，总是选择承当、坚韧、奉献和牺牲，而义无反顾地支持丈夫和子女们的选择。在西梅要去投奔革命队伍时，陆静华深知其性格刚强，办事果断，而且意志坚定，一旦看准的事情就很难改变主意，其在不知父亲身份、遭遇的情况下就已经积极要求投身革命了，作为一个母亲，是多么的担心其的人身安全，故要求长女西屏“看着她”“看牢她”“看紧她”，然也知道其参加革命的主意已定，是万难改变的了，故才将家书取出，向孩子们道出藏在自己心底十年的秘密，更以送信为其壮行。

同样，写长女西屏守家也是如此。当周恩来副主席与陈毅司令员从西蕾那里得知张家的情况后，就立即派专人来接其一家人去延安。陆静华因婆母多年来瘫痪在床，自己更答应过丈夫要为婆母养老送终故而实在难以成行，但支持大女儿去延安。长女西屏感受到了母亲的艰辛和不易，故毅然地决定自己陪母亲留守家中，要做出这样的人生决断是多么的艰难和不易啊。这质朴无华的话语，既体现了母女间一种难得的人性和亲情，更反映了其和母亲一种更为宽广博大的家国情怀。表面上，参加革命是为国，守护亲人是为家，实际上，国和家是一体的。在某种意义上，为家也是为国。没有千万个家庭的支撑，国家何以建立，革命又何以取得胜利。因此，弟妹参加革命是为国，自己留守家庭亦是为国，可谓殊途而同归，只是形式不一样罢了。显然，这样欲送而未送成的艺术安排，更有人情味，更有生活气息，也更为真实可信。可谓一笔并写两面，使得母亲、女儿的光辉形象都得以艺术的呈现。其不仅匠心独运，而且意味深长。

陆静华教长女西屏腌萝卜干的情节，更是为剧作生活化的艺术处理增色不少。陆静华用腌萝卜干的过程象征、暗喻人生要经受的磨炼，萝卜是人，腌制的过程便是人生路上要经历的各种曲折、坎坷和磨难。显然，人也只有挨过“洗泥淖”“受千刀”“苦哀号”“压得牢”这些磨难的煎熬和锤炼，才能脱胎换骨，苦尽甘来。陆静华认为人生本来如此，她以身示范，为儿女们做榜样，为了瘫痪在床的婆母，为了兑现自己曾经对丈夫的承诺，其自己愿意留在家中服侍婆婆、为其养老送终，而让长女西屏去延安参加革命队伍。正是在她的影响和带动下，西屏才愿意并自觉和母亲一起留下照顾婆婆。这些生活化的内容，很真实，很接地气，也很感人。正是这种生活化的内容，让陆静华、张太雷、张西屏的人物形象一下子在舞台上立起来、动起来、活起来，给观众留下深刻而难忘的印象。

四、“烛光”强烈而鲜明的象征意义

此剧的构思、立意和叙事风格，是十分鲜明和奇特的。就剧名和立意而言，“烛光在前”之“烛光”，正是共产党人革命精神、政治信仰的象征，也是对共产党人不忘“历史初心”的烛照。张太雷，既是中国共产党创建人之一，也是广州起义的领导人，更是中国革命史上壮烈献身的革命先烈，以其为代表的共产党人的革命初衷、历史“初心”，就是要为天下人，包括自己的妻儿“谋将来永远幸福”，故舍家为国，引领妻儿义无反顾，走向并投身革命，为民族的解放和中国的复兴，抛头颅洒热血，献身疆场。他们就是引导后来人奋勇前进的灯塔、航标和烛火。习近平总书记指出：“中国共产党一经诞生，就把为中国人民谋幸福、为中华民族谋复兴确立为自己的初心使命。”[7]为广大民众“谋将来永远之幸福”，为中华民族伟大复兴，是中国共产党人的历史初心和神圣使命。红色题材剧《烛光在前》将中国共产党的全心全意、完全彻底为人民服务的立党宗旨、远大目标和神圣使命，与革命先烈的“谋将来永远之幸福”的美好生活之人生追求、历史初心有机地结合与高度统一起来，既充满革命浪漫主义精神，又具有浓郁的生活气息。

剧作有一个形象和意蕴深邃丰广的重点而核心的意象，这就是剧作中的“烛光”。舞台上那始终闪耀着微弱光芒的如豆烛火，是冲破漫漫黑夜里的一道亮光。当剧作大幕拉开，陆静华手持灯火开启了故事的讲述，也正是那一盏如豆的烛火，不仅像一把利剑刺破了笼罩在舞台上和四周的重重黑暗，也由此点燃了观众心头的一丝温暖。在此后的场景叙事中，这盏虽然微弱却时刻闪耀的烛光总是出现在舞台上。正是在烛火的照耀下，陆静华和儿女打开了那封令人心沉、心重、心碎的红色家书，儿女们才知道父亲作为共产党创始人的革命职业家的身份，以及母亲藏在心底已十年的天大秘密；同样是在如豆的烛光下，陆静华带领长女西屏一起腌萝卜干，向儿女讲述人生须历练的深刻道理；儿子一阳要像姐姐西蕾那样投奔革命，陆静华端着烛灯出外去找儿子，在儿子藏身的船上放下灯，对着藏身不露面的儿子痛说革命家史，讲述其父张太雷遇难的悲壮场景；直到第四折张太雷真正登场时，这盏如豆的烛火才从舞台上悄然隐去。显然，编剧和导演正是以灯火烛光来象征、隐喻张太雷其人的光辉形象及其革命精神。无疑，这一烛火，既暗示了张太雷的光辉形象和精神意义，也从感情上慰藉了妻子对其的不尽思念，还引导了子女走上革命的道路，投身革命的历史洪流。

“烛光”，不仅是革命先驱张太雷视死如归、义无反顾投身革命的牺牲与奉献精神的象征和隐喻，同样也是陆静华默默奉献与牺牲精神的写照和映射。剧中的陆静华，“就像那盏曳着微光的烛火一样，饱含着奉献，牺牲与守护，她们无怨无悔地奉献出自己全部的青春年华，成为照亮家庭的烛光，又何尝不是一种独出机杼的引领”。[1]正是陆静华等无数革命者家属的承担、奉献与牺牲，才使得革命者和仁人志士毫无后顾之忧地全身心投入革命事业和战斗中去，“张太雷们”军功章上的一半是属于在后方无私支援、默默燃烧的“陆静华们”。陆静华作为张太雷的妻子，她虽然没有自己走上战场，但正是她才成就了丈夫和儿女。在张太雷牺牲后，她不仅忍悲含痛，将秘密藏在心底，默默承受这无尽的哀伤和对家人安危的担忧，还通过自己缝补、腌菜，以及为人打工度日，历尽艰辛地将三个儿女拉扯长大，更指引西蕾、一阳相继走上了革命道路。这既是一个母亲的执着与坚韧，也是一个母亲的力量和意义。张太雷，无疑是烛火，而陆静华，就是那个高举烛火的人，儿女们正是在他们双双的共同引领下而奔赴革命前线的。因此，烛火，起到了“一物双美”的艺术作用，即脂评《红楼梦》所言之“一击两鸣法，二人之美，兼可知矣”。(《红楼梦》第七回“脂评”)“如果说张太雷是那烛光，陆静华就是那擎起烛光的人。从这个意义来说，以陆静华为第一主人公，无疑是承载张太雷题材的最佳选择。”[8]

至于张太雷为儿子取名为“一阳”，不仅事件本身极具家庭生活气息，而且意蕴深刻而丰富，“一阳”，既是一线光明、一道霞光，更是一轮朝阳、一轮旭日。就像毛泽东《星星之火，可以燎原》中描绘的那样：“它是站在海岸遥望海中已经看得见桅杆尖头了的一只航船，它是立于高山之巅远看东方已见光芒四射喷薄欲出的一轮朝日，它是躁动于母腹中的快要成熟了的一个婴儿。”[9](P106)同样，“一阳”，它是新中国的象征，是新世界的隐喻，是新生活的写照，由此反映出其对中国革命必定胜利的坚定信念和乐观主义精神,给人以希望,给人以鼓舞,给人以力量。诚如有论者所言:“该剧在全国庆祝建党100周年众多剧目中独树一帜,通过妻子陆静华和儿女的往事来展现张太雷的精神,视角独特、新颖别致,从而让‘烛光’愈发闪亮。”[5]

革命火种是扑不灭的。如果说在漫漫的长夜中,中国共产党就像灯塔、火炬一样,照亮了中国革命前进的道路,而作为党的创始人和重要领导者之一的张太雷烈士,就像那冲破漫漫长夜黑暗的一盏烛光,也正是这星星之火终引起了中国革命熊熊燃烧的漫天大火,迎来了民族的解放和新中国的诞生。张太雷的革命事迹和精神,就像烛光,不仅照亮了其身边的妻子儿女和众多的革命者,而且也照亮了我们后来人奋勇前进的人生道路。这正是剧作取名《烛光在前》的深刻用意所在。显然,剧作巧妙地对先烈张太雷投身革命、壮烈牺牲的光辉事迹进行一种虚写,将其作为妻子儿女献身革命的引路人和榜样,而以其妻子儿女则在他的影响下前赴后继、顽强斗争、英勇牺牲、无私奉献的革命事迹作为剧作的表现重点进行实写,这种虚实结合的艺术笔法,可谓一笔两面,通过红色家书,既表现出张太雷烈士对妻子儿女的巨大而深远的影响,又反映了以妻子儿女为代表的无数后来者前赴后继、赴汤蹈火投奔、参加革命,为民族解放、为革命胜利做出无私奉献的历史初心和时代精神。“从幼年起,就有一团烛光在我心中闪耀,随着时间的推移,这烛光愈加明亮灿烂,它给我温暖,给我鼓励,给我信仰,给我支撑。追寻着这烛光,我走着自己坚实、无悔的人生。这烛光是我的父亲张太雷为民众解放事业不懈追求、英勇奋斗的崇高灵魂。”[10]剧作不仅以“烛光”统领全剧,用“烛光”照耀全剧,可谓无时不在,无处不在,更是自始至终地与剧题中的“烛光”遥相呼应、切合与联系。诚如戏曲专家所言:“该剧从张太雷的精神‘烛光’如何引领妻子儿女为理想而奋斗的视角,审美化、艺术化地在戏剧舞台上,再现了中国共产党人的‘初心’和‘使命’的薪火相传。”[5]荧荧烛光,寄托绵绵哀思;铭记历史,不忘革命初心,唯此才能接好革命的接力棒。正是这“烛光”,不仅将张太雷和儿女们先后投身革命洪流巧妙地联系起来,而且揭示了革命先烈对后来者的重大而深远的引领、影响等重要作用。更重要的是,由其所形成的象征引领与奉献的烛光精神,与其他诸多如刘胡兰精神、雷锋精神一样共同构成中国革命精神和红色传统,具有一种超越年代、穿透历史的永久性指导、引领和鼓舞、激励意义和作用,既是我们深入学习中共党史、中国革命史的生动、形象的鲜活教材,也是我们进行社会主义建设和改革开放取之不竭用之不尽的宝贵精神财富和永远前进的力量源泉。[11]

用好红色资源、赓续红色血脉,传承红色基因。习近平总书记在庆祝中国共产党成立100周年大会上讲话指出:“一百年前,中国共产党的先驱们创建了中国共产党,形成了坚持真理、坚守理想,践行初心、担当使命,不怕牺牲、英勇斗争,对党忠诚、不负人民的伟大建党精神,这是中国共产党的精神之源……历史川流不息,精神代代相传。我们要继续弘扬光荣传统、赓续红色血脉,永远把伟大建党精神继承下去、发扬光大!”[7]《烛光在前》,是向革命先烈致敬,是向伟大的中国共产党致敬,是我们学习中共党史、中国革命史、传承红色基因的生动教材。

参考文献

[1]雷雯静.超越题材局限 以信仰迎接苦难——锡剧《烛光在前》对革命题材的独特表达[J].大舞台,2021,(5).

[2]留勤.“愿化作震碎旧世界惊雷”——纪念张太雷烈士[J].档案与建设,2011,(5).

[3]查姿孜. 锡剧《烛光在前》:创新表达革命历史题材[N]. 扬子晚报,2021 - 10 - 16(09).

[4]马奔. 大型原创锡剧《烛光在前》正式试演[N]. 扬子晚报,2021 - 04 - 02(13).

[5]郑雨露. 常州锡剧《烛光在前》在江苏大剧院首演[N]. 常州日报,2021 - 04 - 13(01).

[6]刘飞. 永恒的烛光——观锡剧《烛光在前》[EB/OL]. http://jx. cnr. cn/ys/20210608/t20210608_525507421. shtml.

[7]习近平. 在庆祝中国共产党成立 100 周年大会上的讲话[EB/OL]. https://politics. gmw. cn/2021 - 07/15/content_34998329. htm.

[8]方标军. 大地般深沉的爱——评锡剧《烛光在前》[J]. 剧影月报,2021,(2).

[9]毛泽东选集:第一卷[M]. 北京:人民出版社,1991.

[10] 张西蕾. 烛光前追思父亲[EB/OL]. http://dangshi. people. com. cn/n/2015/0306/c85037 - 26649044. html.

[11]李晓. 红色题材剧创作的新境界——评淮剧《送你过江》[J]. 红色文化资源研究,2020,(1).

New Developments in the Revolutionary Narratives of the Red Drama *Candlelight in Front*

LI Xiao

(Yancheng Kindergarten Teachers College, Yancheng 224005, China)

Abstract: The red drama *Candlelight in Front* takes the martyr Zhang Tailei, the founder of the Communist Party of China, as a prototype, and tells the touching story of his wife Lu Jinghua, who guided their children to go forward and follow his footsteps of revolution. Through the perspective shift and the combination of the real with the imaginary, the drama transforms the grandiose revolutionary narration into the conveyance of the rich emotional world of the Characfers. The drama is structured with the "candlelight" as the core, which symbolizes silent dedication, sacrifice, and the revolutionary spirit and tradition that has the significance and role of guidance and inspiration, and has made a new exploration of the narrative of the revolutionary historical drama that is full of expansion, change and richness.

Key words: red drama; *Candlelight in Front;* revolutionary narratives; new explorations

【责任编辑:龚奎林】

中央苏区红色标语的语言修辞艺术探析

郭明净，杨玉凤

（龙岩学院，福建　龙岩　364012）

【摘　要】红色革命标语是中央苏区进行宣传动员的重要手段。中央苏区红色标语作为苏区红色文化和红色艺术的重要组成部分，其鲜明的语言修辞艺术有力地促进了革命宣传动员作用的发挥，极大促进了苏区政权建设、土地革命、红军发展以及苏区经济社会文化等各方面的发展建设。中央苏区红色标语具有语言特色鲜明、修辞丰富、语言风格接地气、句式规范讲究等特点，具备规范、合体、达意、合期待、整体完整等语言艺术标准。

【关键词】中央苏区；红色标语；语言；修辞；艺术

中央苏区红色标语是中国共产党运用现代汉语语言艺术创造的红色革命文化成果。受苏联标语口号影响，并充分结合我国语言文化形态特征，中共不断完善革命标语的语体和形式，形成了极具特色的“红色标语体”，并且创立了体系化、可操作性强的中央苏区标语宣传教育管理模式。可以说，中央苏区红色标语生动地展现了马克思主义的中国化与大众化，在革命战争年代发挥了“战斗匕首”的作用，有力地推动了苏区革命和发展建设进程。

一、中央苏区红色标语的概念内涵

“标语”一词于五四新文化运动时期从日本引进中国。[1]英文单词 slogan 来表示标语和口号的意思更为贴切。[2]朗文当代高级英语辞典（英英英汉双解）将 slogan 释义为：a short phrase that is easy to remember and used in advertisements, or by politicians, organizations etc. 汉语释义为：一个容易记忆的短句，在广告、政治、组织等中被使用。[3](P1775)从传播学角度来看，标语主要由表义的文字符号和实体性的载体共同构成，是一种具有一定目的性和鼓动性的传播媒介，对人们的态度改变和社会行为有一定的导向作用。[4]标语是具有很高的劝导性、指向性的文字或语言，其作用是指导或规范人们的行为。不同于日常用语，标语需要明确、具体的内容，表达清晰易懂的主旨。[5](P64)

所谓红色标语即中国人民在中国共产党的领导下，用文字的形式展示于公共场所，反映新民主主义革命诉求的具有宣传鼓动作用的简短

［收稿日期］2024－04－30

［项目基金］福建省社科基金项目“红色标语与中央苏区宣传思想政治工作研究”（项目编号：FJ2019C005）。

［作者简介］郭明净（1986－），男，安徽宿州人，硕士，副教授，主要从事大学生思想政治教育、中央苏区红色文化研究。

杨玉凤（1969－），女，福建龙岩人，硕士，教授，硕士研究生导师，主要从事中国特色社会主义理论和思想政治教育、中央苏区政治与马克思主义中国化研究。

句子。[6]中央苏区红色标语即中央苏区时期，中国人民在中国共产党的领导下，用文字的形式展示于公共场所，反映新民主主义革命诉求的具有宣传鼓动作用的简短句子。

毛泽东认为，宣传工作要注重实效，绝不是为了宣传而宣传。宣传工作要从实际出发，要有针对性，要讲究宣传艺术，最大限度发挥宣传工作的实际效果。[7]在《毛泽东选集》中提及的宣传方式就有十几种，如标语、传单、宣言、壁报、布告、报纸、歌谣、图画、演讲、群众大会、谈话、戏剧、电影以及募捐活动等。其中，毛泽东则一贯主张采用标语、口号等形式丰富、广大民众喜闻乐见的方式来开展宣传工作。

二、中央苏区红色标语的语言特色

语言艺术是指在不违反语言的文法、修辞、逻辑的前提下，创造性地应用语言而使人产生愉悦感并带来良好接受效果的方法和技巧。[8]标语是一种语言艺术。[9]它的适用场合一般是公共场所，对象一般是公众，语言表达形式一般是书面语。同时，为了达到较好的语言表达效果，标语多采用拟声、拟人、排比、隐喻、回环等易于大众接受的修辞方式。利用书写、镌刻、印发、张贴标语口号及歌谣等开展方针政策宣传，是中央苏区进行大规模革命宣传动员的重要手段。在中央苏区各地，处处可见红色宣传标语，其内容丰富、特色鲜明，内容涵盖了苏维埃建设的多个方面，成为红色苏区的一道亮丽风景线。[10]

做好党的宣传工作的关键取决于宣传工作能否吸引群众、掌握群众。毛泽东曾提出，要善于把党的政策转变为人民群众的具体行动，善于使我们的每一个运动、每一个斗争，不但领导干部懂得，而且广大的人民群众都可以懂得，都可以掌握，这是“一项马克思列宁主义的领导艺术”。[11]要达到吸引群众，首先就是要大力倡导民族的、大众的文风，反对“党八股”“洋八股”。就是要把深邃的理论转化为通俗易懂的语言，把抽象的转化为鲜活生动，老百姓喜闻乐见的语言。1933年10月26日，《中共福建省委工作报告大纲》指出：有些干部连“帝国主义”“苏联”是什么都不明白。在宣传工作的方式上一般是刻板的、空洞的，很少适合于群众需要的宣传艺术。[12](P517)红色革命标语作为文字简明通俗的宣传方式，具有极强的感染力和渲染力，很受苏区群众的欢迎，通俗浅显的文字很容易被群众所理解和接受，达到了很好的宣传效果，有力地推动了土地革命、红军和苏维埃的各项工作。为了尽可能满足苏区民众的需要，红军每到一个地方，当地方言就第一时间进入标语口号中。[13](P4)

由于早期中国革命深受俄国十月革命的影响，中央苏区红色标语也在无形中延续了俄文标语的某些语体特征。俄文标语作为20世纪初期的语言产物，它是十月革命带来的全新语言现象。其特点表现为：一是，由中央和地方的党政机关拟定，具有权威性；二是，被号召的对象是社会某个阶层乃至全世界无产者；三是，内容紧密联系党的政治任务、工作重心。[14]从中央苏区红色标语的内容和形式上看，我国苏区红色标语与俄文标语具有相似的特点，充分说明中央苏区红色标语与苏联俄文标语存在一定源流关系。不仅如此，中央苏区红色标语除了具备这些特点外，还带有自身的鲜明特色。

（一）鲜活：注重语言来源的地方性和口语化

语言艺术必须密切联系客观实际，才能充分发挥与实践的互动。马克思主义的中国化与大众化语言艺术正是遵循这一根本原则，才使得中央苏区红色标语能够发挥其独有的关键作用。中央苏区时期标语口号的受众多为广大劳苦群众或红军士兵，他们普遍文化水平较低，文盲率高。标语口号要想真正走进大众的视野和头脑，其语言必然要充分联系大众的生活实际，更多吸收地方性、口头性语言，真正让标语口号看得明白、听得懂。标语口号的鲜活、接地气也是标语口号大众化的内在要求。实际上，从现有保存的大量中央苏区红色标语以及相关历史文献中发现的标语口号来看，尽管中央苏区红色标语整体上具备书面语言的性质，但与此同时，它也吸收了大量地方性、口头性的语言因素。值得一提的是，中央苏区时期标语的制定者和书写者们都十分重视针对不同的对象、场合等客观实际，提出和书写符合地方特色和实际且针对性强的标语。可以说，中央苏区红色标语以其灵活、生动的表现形式充分表达了不同的社会需求。

（二）浓缩：注重语言表达的渗透力与鼓动性

一般说来，中央苏区红色标语多采用大众化语言，语言往往通俗、平易，但又精绝、醒目。看似寥寥几个字或几句话却是对事实或道理的高度浓缩，让道理和事实变得浅显易懂，具有极强的渗透力与鼓动性。中央苏区红色标语将马克思主义的基本原理同中国革命的具体目的、任务结合起来，准确、生动地运用大众易于且乐于接受的语言形式表达出来，有效地实现了马克思主义大众化宣传效果。如，在江西省崇义县思顺乡长江村岭下组何屋民居发现的红色标语“红军是工人农人的军队。白军是豪绅地主的军队。欢迎白军士兵打土豪加入红军”；在江西省南康市隆木乡瑞坑村邓仁峰家发现的，中国工农红军第五军第三师十团书写的红色标语“红军是工农的军队，白军是军阀的军队，消灭地主武装来武装工农，反对富农保护中农，红军是工农自己的军队，红军是保护工农，白军是屠杀工农”。对于白军官兵来说，看到这样的标语他们明知道是宣传，却又很难不为内容所动。这在很大程度上是红色标语的独特语言魅力所致。

（三）定向：注重标语内容对宣传对象的吸引力和冲击力

作为一种语言工具，标语的目的性很强。为了达到良好的传播效果，标语在语义的设计、语体的选用上除了必须充分考虑其内容的吸引力、语句的冲击力外，还必须综合考量标语运用环境的差异。中央苏区红色标语明确、具体的目的性使得其战斗定向作用更加明显。它充分发挥了在引导广大苏区民众参与政权建设、巩固革命后方、发展根据地经济生活、支援红军前方作战等方面的强大宣传动员作用。由此，也标志着中共动员、组织群众工作的进一步深入。此外，中央苏区红色标语在内容上具有庞杂性和丰富性特点，其内容涵盖了政治、军事、经济、文化、社会的方方面面。据不完全统计，根据革命的需要，中央苏区时期制定的红色标语包含宣传中国共产党和红军革命主张，宣传中央红军长征及游击战争等方面。目的性强，内容因需而定，也让中央苏区红色标语持续焕发持久生命力。

（四）形象：注重语义表达的形象化和符号化

从语义的角度看，中央苏区红色标语在两个方面具有鲜明创新：一是确立了形象化的语言原则；二是对标语语义的精心组织和符号化。[15] 中央苏区时期，宣传语言形象化已经成为苏区标语的一个基本要求和重要语言特征。标语口号的制定者和宣传员们通过运用娴熟的句法，将形象化的语言通过固定句法等形式巩固下来，形成了中央苏区标语口号相对固定的语体，虽然标语内容时有更新，但是标语的特殊句式结构得以传承下去。此外，中央苏区时期特别注重对标语语义的精心组织和符号化。根据不同地方的具体实际，结合地方特色制定更有针对性的标语已经成为苏区宣传工作的共识。毛泽东就曾指出：“到一个地方要有适合那个地方的宣传口号和鼓动口号,又有依照不同的时间,如秋收与年关,蒋桂战争时期与汪蒋战争时期,制出不同的宣传口号和鼓动口号。"[16](P99)中央苏区红色标语作为中国共产党政治符号的传播载体,需要通过对客观实际的符号化和概念化,进而再将符号化、概念化的内容转化为大众化语言,使之被大众认知和理解。符号化、概念化内容转化为大众化语言的过程实际上就是精心组织语义、语言形象化的过程。

中央苏区红色标语的成功运用,不仅展现了马克思主义基本原理同中国革命具体实践相结合的强大生命力,而且充分体现了中共运用红色标语发展马克思主义大众化的语言艺术。中国共产党在革命斗争的艰苦环境中实现的在宣传思想政治工作中对语言艺术的纯熟运用,也标志着它逐渐从稚嫩走向成熟。

三、中央苏区红色标语的修辞艺术

修辞控效理论认为,修辞学是语言运用领域的话语控效科学,它根据语言交际的特点和要求,有效调控交际的进程和各种参与要素,采用有针对性的语言策略,促使语言传意者所预期的语言效果有效达成。[17]修辞控效理论从语言交际的动态视角来考察语言行为和语言现象,强调语言活动的人际性质和交际效能,将表达置于动态的、完整的语言交际过程和社会环境中。从修辞控效理论视角来看,中央苏区红色标语的创作者们力图以最有效的语言策略引导苏区广大民众产生标语创作主体所期待的理解和反应,从而实现标语创作主体的交际意图。该理论一方面强调传意者的作用,另一方面重视受众和语境的作用,认为成功的语言交际活动,依赖于传意者、受众和语境的良性互动。在标语中巧妙运用修辞格,可以有效增强标语语言的表现力、吸引力,使人易读、易记,让标语宣传收到点铁成金的奇效。[18]

中央苏区红色标语注重运用修辞手法提高语言表现力。修辞手法的运用,赋予了红色标语顽强的生命力,实现了标语内容的具体化、形象化,有利于激发苏区广大民众的情感共鸣。通过唤起受众的感知觉,引发价值认同;通过在受众脑海中勾画出土地革命和新民主主义政权建设的美好图景,从而潜意识地美化标语内容,增强标语的影响力。从受众的喜、怒、哀、乐等情感角度出发将标语内容表达出来,实现感性劝导功效。具体分析如下:

(一)运用对比修辞的标语

中央苏区红色标语中运用最多的修辞之一即是对比。通过将国民党与共产党、红军与白军、国民党政府与苏维埃政府、红军官长与白军官长等放在一起做比较,形成强烈反差,让苏区广大受众在比较中分清好坏、辨别是非善恶。这类标语如:"国民党抽取苛捐杂税,共产党取消苛捐杂税""红军是工农的军队,白军是军阀的军队,消灭地主武装来武装工农,反对富农保护中农,红军是工农自己的军队,红军是保护工农,白军是屠杀工农""国民党是土豪劣绅的政府。苏维埃是无产阶级的政府"。

(二)运用排比修辞的标语

在原中央苏区发现的大量长标语中,很多标语运用了排比的修辞手法。通过利用意义相关或相近,结构相同或相似和语气相同的词组或句子并排、段落并排,达到加强语势的效果。标语中排比修辞的运用,有效地增强了标语的气势,拓展和深化了标语的内容表达。排比句式读起来语气连贯,节奏感强,加之排比项的意义范畴相同,对标语内容本身起到强化作用。概而言之,中央苏区红色标语中排比修辞的运用,使得标语在行文上增强了节奏感和表达效果,深化了标语主旨的表达。这类标语如:"夺取赣州,活捉马昆!夺取赣州，武装拥护苏联！夺取赣州，武装保护苏联！夺取赣州，消灭军阀混战”“参加革命战争，反对帝国主义！参加革命战争，向白色区发展！参加革命战争，反对第二次世界大战！”

（三）运用对仗修辞的标语

在中央苏区红色标语中，两两相对最为常见。对仗中经常出现的同类对仗有“土豪与劣绅”“工人与农人”“帝国主义与军阀”等；对立对仗有“红军与白军”“苏维埃政府与国民党政府”“贫农与富农”等。这类标语如：“进门杀土豪，出门斩劣绅”“穷人不打穷人！士兵不打士兵。”“男女平权，工农专政”！

（四）运用比喻修辞的标语

比喻是根据事物之间的相似点或者类似点，把某一事物比作另一事物或用某一情境来比另一个情境。由于中央苏区时期民众普遍文化水平偏低，标语的制作者们为了把党、苏维埃和红军的宗旨、目标和任务以及马列主义思想理论传递给广大普通民众，就需要通过一种形象化手段把深奥的道理变得浅显，把抽象的内容变得具体。比喻式标语通过把一种事物看成另一种事物，想象化再现了原来事物的本质面目，让广大苏区民众形成了深刻认识。如，为了说明国民党代表豪绅地主阶级利益，勾结帝国主义军阀，形象地把国民党比喻为“国民狗党”，意为国民党是地主豪绅阶级以及帝国主义军阀的代言人、“看门狗”。这一比喻可谓形象生动，抓住了国民党剥削、虚伪本质，从而使民众对国民党的本性有了一个不同于往常的深刻认知。这类标语如：“国民党是土豪劣绅洋奴恶棍军阀官僚的狐群狗党！”“推翻国民狗党”“创造铁的红军”。

（五）运用借代修辞的标语

借代是指不直接把所要说的事物名称说出来，而用跟它有关系的另一种事物的名称来称呼它。为了表达效果的需要，中央苏区红色标语中偶尔也使用借代的修辞手法。通过借一物来代替另一物出现，有时能达到意想不到的表达效果。借代修辞的使用使标语内容更加形象具体。如在红色标语中常不直接说出所要表达的人或事物，而是借用与它密切相关的人或事物来代替。如，“奋勇杀敌，活捉鲁胖子”标语中，被替代的“鲁涤平”是“本体”，替代的“鲁胖子”是“借体”。这一妙用的效果在于，可以引人联想，使标语更加形象、生动和具体。鲁涤平作为国民党高级将领可能普通民众很难记得住他，而通过“鲁胖子”这一形象借代，民众却记住了这个嗜好美食、身材肥硕的敌人。借代修辞虽然在中央苏区红色标语中使用不多，却起到了以简代繁、以实代虚、以奇代凡、以事代情的奇效。这类标语如：“工农翻身闹革命，红军剧社演工农，推翻暴政打财主，祖国河山处处红。”

（六）运用设问修辞的标语

设问即是有问有答，自问自答。它也是中央苏区红色标语中使用的修辞手法之一，通过设问的运用，在效果上起到很好的强调作用。为了强调某部分内容，故意先提出问题，明知故问，自问自答。中央苏区红色标语通过紧紧抓住受众关心的问题，运用设问，达到了引发受众注意、启迪思考的目的。同时设问修辞的使用也让标语内容层次分明、结构紧凑，有效地突出了某些内容，使标语起波澜，富于变化。这类标语如：“革命同志谁领导，列宁主义共产党领导。革命同志真真是好，土豪劣绅一起打倒。革命不久都成功了，同志们好好努力工作”“谁是世界创造者？有我们劳苦的工农”。

（七）运用反问修辞的标语

中央苏区红色标语中运用反问修辞的不多，通过反问，达到增强语气的效用。这类标语如：“国民党说抗日反帝，为什么把东三省送给日本呢？国民党是屠杀工农的刽子手！”“白军士兵是工农出身为什么要来打自己的工农红军”。

四、中央苏区红色标语的语言风格

（一）语言口语化

标语语言口语化是中央苏区红色标语语言的一大重要特征。这一方面由广大苏区民众普遍较低的文化水平所决定；另一方面由标语的创作要求“实事求是、充分结合地方特点和需求”所决定。口语化的语言风格，真正让红色标语成为大众化的宣传工具。无论是识字不多的普通民众，还是不识字的文盲，只要看到或听到简短、口语化的标语，就会印象深刻，瞬间明了它的意思。这也使得中央苏区红色标语在传播上打破了“单向性”的宣传，更像是标语的创作者同受众间的交流。这种源自内在的思想交流显然是双向性的，创作者以受众的需求为出发点提出和表达受众诉求，受众接收标语内容后感同身受，进而加深了对创作者的理解和支持。这类标语如：“共产党是穷人的党”①“欢迎白军弟兄”②“共产党真真救穷人”③“穷人不打穷人”④。

（二）语气温和化

温和的语气更容易走进受众的头脑，引发情感共鸣，从而最大限度发挥标语的说服、劝诫功能。中央苏区红色标语中有一部分是面向白军士兵，鼓动他们反水投红；还有面向广大苏区青年，动员他们积极加入红军。这类标语有一个共同点，即注重说理、语言通俗浅白、语气温和化。温和而充满说理性的红色标语，犹如革命烽火岁月里的一缕阳光，照进了白军士兵的眼里，走进了他们的心底。不断有白军士兵的反水投红，加入土地革命和反帝反封建的革命运动中，真正让红色标语成为在政治上有力打击敌人的第二武器。此外，充满鼓动性的红色标语也成为扩红运动中最响亮的号角，不断鼓动着苏区民众沸腾的血液。这类标语如：“青年群众，你想解放自己痛苦，应该自动加入红军去，才能打倒帝国主义及一切地主……”⑤“白军士兵们要想家里妻子老母有饭吃，只有拖枪过来当红军，才是你们的出路！”⑥

（三）语感幽默化

用幽默的方式说出严肃的真理，比直截了当地提出更能为人接受。[19]中央苏区时期的红色标语主要用来宣传党政军的宗旨、方针、政策以及马列主义理论。从内容角度看，宣传目的的规定性决定了红色标语在整体上比较严肃、严格、客观。即便如此，幽默在中央苏区红色标语中也有应用，因为即使是最严肃的警告，如果能用幽默的方式说出则比一本正经的描述要精彩、生动得多。这类标语如：“打倒蒋光头万岁”⑦“打倒白军白鬼”⑧“反对浪漫行动”⑨“国民政府就是刮民政府。”⑩

五、中央苏区红色标语的句式特征

（一）多采用非主谓句

非主谓句是由单个词或主谓短语以外的其

---

① 发现于原中央苏区所在地闽西苏区，现存于福建省龙岩市新罗区大池镇红斜村平高路20号。
② 发现于原中央苏区所在地闽西苏区，现存于福建省龙岩市新罗区万安镇松洋村松洋东路1号旁无人居住的民房墙。
③ 发现于原中央苏区所在地闽西苏区，现存于福建省龙岩市永定区凤城镇龙寨村。
④ 发现于原中央苏区所在地闽西苏区，现存于福建省龙岩市永定区虎岗镇杉树下承裕堂。
⑤ 发现于原中央苏区所在地闽西苏区，现存于福建省龙岩市上杭县才溪镇毛泽东才溪乡调查纪念馆。
⑥ 发现于原中央苏区所在地闽西苏区，现存于福建省龙岩市连城县罗坊乡肖坑村。
⑦ 发现于原中央苏区所在地闽西苏区，现存于福建省龙岩市永定区培丰镇洪源村景星楼大厅。
⑧ 发现于原中央苏区所在地闽西苏区，现存于福建省龙岩市上杭县才溪区苏维埃政府旧址。
⑨ 发现于原中央苏区所在地闽西苏区，现存于福建省龙岩市上杭县官庄乡德康村刘加炳老房子。
⑩ 摘自《红军标语》，红军第四军政治部1929年4月17日于于都发布。

他短语构成的单句。中央苏区红色标语是为宣传动员苏区广大劳苦民众而作，受众自然是所有中共领导和控制下苏区的人以及其他特定群体如红军、白军等，因此在不影响标语语义表达的情况下，多采用非主谓句式，力求句式简短，结构紧凑。红色标语中普遍主语被省略，这是因为不需要补出或无法补出，广大受众根据自己的实际情况对号入座即可。这样的标语有很多，列举红军第四军政治部于1929年4月17日于于都发布的《红军标语》为例说明。如“取消帝国主义在中国的特权”“不还帝国主义的账”“建立工农兵代表会议政府”等。

（二）多采用肯定和否定句式相衬相叠

在同一标语中使用肯定和否定两种句式形成对比，有助于受众在比较中做出正确选择。中央苏区红色标语中还有一部分标语采用肯定和否定句式相衬相迭的句式，让苏区广大受众在鲜明的肯定与否定的对比中做出正确的判断。以红军第四军政治部于1929年4月17日于于都发布的《红军标语》为例说明。如“国民党勾结帝国主义，共产党打倒帝国主义”。“国民党禁止民众开会，共产党帮助民众开会。”“国民党压迫士兵，共产党解放士兵。”

（三）多采用整句或整句与散句相叠

整句是排列在一起的一对，或是一组结构相同或相似的句子。中央苏区红色标语多采用整句或整句与散句相叠的句式，其结构相同或相似，形式整齐、音韵和谐、节奏协调、气势贯通，起到了很好的加强语势、强调语义的作用，给苏区广大受众以深刻、鲜明的印象。如标语中较多使用的对偶句、排比句、反复句都属于整句的范畴。整句大量应用使得红色标语在形式上整齐，节奏上鲜明，音调上和谐，更加易于上口，且语势强烈。而散句长短交错，结构多样，整句与散句相迭也会收到意想不到的效果。有的标语在散句中套叠着整句，整齐中富有变化，使标语显得活泼自然，充满生活气息。仍然以红军第四军政治部于1929年4月17日于于都发布的《红军标语》为例说明。如“请看国民党的三民主义。民族主义——投降英法日美。民权主义——不准民众开会。民生主义——加租加息加税”。

（四）大量使用祈使句

祈使句（Imperative Sentence），表示要对方做或不做某事，带有祈使语气的句子。中央苏区红标语中祈使句的使用最为广泛。无论是对外宣传中共、苏维埃与红军的宗旨、方针、任务，还是发布命令、通告、动员令，都少不了对受众提出要求、请求或命令、劝告、叮嘱、建议，而这正是祈使句所具备的。祈使句的句末一般用感叹号，但是有些祈使句的语气较弱，可以用句号结尾。中央苏区的标语创作者们通过运用祈使句标语向广大民众发出命令或指示，提出要求、建议、劝告。此外，在祈使句标语中通常省去主语，句末用惊叹号或者句号，用降调。这类标语如：“打倒其他一切帝国主义！”“武装保护苏联！”“优待红军家属！”据统计，1933年7月2日《红色中华》第90期发布的《“八一”纪念的口号》共31条，其中祈使句口号27条，占总口号的87%。红军第四军政治部1929年4月17日于于都发布的134条红军标语中，有74条标语为祈使句，占总标语数的55%。由此可见，祈使句是中央苏区红色标语中使用最广泛的一种句式结构。

六、中央苏区红色标语的语言艺术评价标准与实例分析

从中央苏区红色标语创作主体的角度来看，他们旨在追求“语言功力管准确，思维情况管生动，情趣管品位”的效果。[20](P62) 从受众的角度看，标语内容接受过程同时也是审美活动，即赞同与反对、接受与拒绝的参与过程。在这一过程中，

还有可能转化为受众二次传播的中介过程，抑或成为受众更主动的再创作过程。从语境的角度看，中央苏区红色标语的实践主体不仅强调适应语境，而且认为语境手段也是取得实效的策略因素之一，并大力提倡积极利用与主动创设语境。

中央苏区红色标语语言艺术性的实现有赖于修辞控效行为的有效实施。这需要遵循三个基本原则：促效性原则、语效最优原则、协调性原则。[21]所谓促效性原则即促进标语实践主体所期望的特定语言效果的成功实现，它朝向特定的交际目的而运用语言策略。所谓语效最优原则即以最经济、快捷的手段取得最大的效果显现，它以求得最优的语言效果为宗旨，以标语实践主体的付出为参考。所谓协调性原则即在兼顾多方面的效果要求的同时，综合考虑效果间的协调，并调控这些效果，以期合力完成特定的交际任务，确保不得为取得某一单方面的特定效果而牺牲其他方面的效果。

（一）规范

中央苏区红色标语宣传工作随着中共领导革命斗争的深入而日趋完善和体系化。标语口号创作群体的专门化和专业化保证了标语口号的规范性，保障了标语口号宣传效果。在实际运用中，规范性要考虑规范度和规范场两方面的问题。下面分别简要举例分析。

1. 规范度

所谓规范度主要是指“规范”在质量上和程度上的规定性。首先，标语的语言内容必须合乎中央苏区时期中央和各地方的法律法规。其次，标语的语言文字形式要符合中央苏区时期国家通用语言文字规范的一般要求，语义通顺连贯是基本的要求。如标语“红军是工农的军队”发现于江西省瑞金市瑞林镇长沙村民居，书写于1929—1934年间。1928年5月25日，中共中央发出第51号通报，规定各地工农革命军一律改称“中国工农红军”，简称红军。[22]从名称来看，红军是中国工农红军的简称，中国工农红军自然又是代表工农利益的。所以说“红军是工农的军队”，言简意明，规范准确。标语“工农兵解放万岁”所指苏维埃，即土地革命时期中国共产党建立的苏维埃临时政府。

2. 规范场

规范场主要指“规范”在范围上的规定性。著名语言学家吕叔湘先生曾说过：“要把通不通和好不好分开来谈，通不通是约定俗成的问题，多数人都这样说，就算是通。”“至于好不好，那是另一个问题。这得从万事万物皆有所宜的角度来看。说话用字得看场合，到什么山唱什么歌。”这段关于规范和规范场的精辟论述，告诉我们，讨论标语规范不能脱离具体的不同场域和对象，讨论中央苏区红色标语语言规范也应当如此。如“勇敢的贫苦工农当红军去”“工农兵团结起来”“奋勇杀敌，活捉鲁胖子”“欢迎白军弟兄打土豪分田地”“打倒蒋介石活捉鲁涤平”“白军士兵是工农出身，不要拿枪打工农”。以上标语的对象分别为勇敢的贫苦工农、工农兵、红军、白军、红军、白军，具体明确。不仅如此，这些标语的指向性也十分明晰。比如，勇敢的贫苦工农要当红军去；工农兵要团结起来；红军要奋勇杀敌，目的是活捉鲁胖子（鲁涤平）。“打土豪分田地”是中国共产党领导的中国工农红军在土地革命战争时期提出的主要宣传口号之一。八七会议后，中共将“打土豪、分田地”确立为土地革命的核心内容。在这样的历史背景和情境下提出的“欢迎白军弟兄打土豪分田地”，实际上是红军对白军进行的政治瓦解策略。欢迎白军弟兄打土豪分田地，就是在动员白军士兵反水，拖枪过来当红军。

（二）合体

合体指标语语言符合类别体式。中央苏区

红色标语根据内容可以粗略划分为宣传党、苏维埃和红军的政策、方针、主张等类型,简洁明晰、准确规范是苏区红色标语语言的基本特点,但不同的类型也有各自侧重的语言要求和特色。

宣传中国共产党和红军革命主张的标语重“述实”,即重在陈述和阐明中共和红军的性质、宗旨和任务,反对什么、消灭谁、保护谁、打倒谁分明。这类标语如:“共产党是工人农民的政党”“红军是工农的军队”“红军是保护穷人利益的军队”“反对开小差”。号召开展土地革命斗争、打土豪分田地的标语重“立场”,强调站在贫苦工农的立场,为了争取群众、维护工农利益和工农解放同地主豪绅和国民党做斗争。这类标语如:“进门杀土豪,出门斩劣绅”“实行土地革命”“农民打土豪分田地。”“焚毁田契借约”。鞭挞讽刺国民党反动派与封建统治的标语重“揭露”,注重揭露国民党反动派的残酷罪恶,鞭挞讽刺国民党反动派和封建统治,语言犀利。这类标语如:“白军是军阀的军队”“国民党是屠杀工农的刽子手”“国民党是土豪劣绅洋奴恶棍军阀官僚的狐群狗党!”拥护、颂扬共产党红军和苏维埃标语重“分明”,开宗明义、简洁明了地指出拥护谁、打倒谁,语言政治色彩鲜明。这类标语如:“拥护全苏大会”“红军是穷苦工农的救星”“打倒国民党政府,拥护共产党”。宣传统战政策瓦解敌军标语重“情理”,强调从情和理两个方面说服和劝诫白军士兵,达到以情化人、以理服人的效果,其语言多从对方视角出发,通俗而深刻。这类标语如:“红军中官兵夫薪饷吃穿一样,白军里将校尉起居饮食不同”“白军士兵是工农出身,不要拉枪打工农。”宣传开展政权、经济、文化与卫生等建设标语重“实际”,注重根据政权、经济、文化与卫生工作实际提出号召,其语言果断、坚决。这类标语如:“工作要是实际化!”“打倒高抬物价的奸商”“男女平权”。

(三)达意

所谓达意指标语的语言形式和手段必须最大程度地传达标语创作者的意图。虽然红色标语的属性很多,但告知性是其最基本的属性。红色标语的根本目的不是创作艺术产品,也不是创造红色文化,而主要是实现向苏区广大受众告知功能,包括宣传、鼓动、号召、警示、教育、劝诫、引导等表意效果。从这个角度来看,红色标语的艺术性是服从和服务于告知性的,其艺术性并不主要体现在语言技巧本身的丰富和精妙,而主要体现在告知功能的实现上。如“共产党是为工农兵劳苦群众谋利益的!”“打到漳州去,巩固闽西苏区。”标语在达意方面效果明显,虽然其用语常规、平实,没有特殊修辞和句式的变换,采用最简单的陈述语句陈述事实,但是并没有影响它告知功能的实现,反而在达意效果上更好。

(四)合期待

标语作为传播的载体,要想充分发挥其传播效力,其内容必须符合当时社会和广大受众的需求。社会期待要求红色标语及时、准确地传播正确的社会道德准则和价值观念。平等、温情、新奇、幽默的标语更易迎合大多数受众的审美趣味。总的来说,红色标语只有同时合乎社会期待和大众需求,才能真正实现交际目的,让标语产生真正的预期效果。这类红色标语代表了苏区广大劳苦大众的心声,迎合了绝大多数民众的需要,同时符合中共领导下开展土地革命和苏维埃政权建设的需要,因而在广大受众中产生了广泛而深远的影响。这类标语如:“反对帝国主义瓜分中国,反对土豪劣绅压迫农民剥削穷人,反对资本家压迫工人,反对地主剥削贫农,反对军阀压迫士兵,废除一切苛捐杂税,实行增加工资减少工作时间,实行男女平权!”“赤白区域的穷苦贫农团结起来彻底分田地,焚烧田契借约,不还租，不还债，粮不还，取消一切苛捐杂税，土豪的谷子不要钱，发给穷人”。

（五）整体和谐

整体和谐包含两个层面内涵，一是语言表达形式与内容的和谐；二是语言因素与语境的和谐两方面。中央苏区红色标语在整体和谐上表现得非常完美，充分实现了表达形式与内容，语言各因素与语境的相互协调。

1. 语言表达形式与内容的和谐

语言表达形式与内容的和谐指的是标语通过词汇、语法、修辞等语言策略恰当地表达内容，以提高表达效果。从词汇的角度来说，打倒、拥护、反对、消灭、粉碎、夺取等使用比较普遍，带有极强的政治色彩和鲜明的价值取向；从语法角度来说，祈使句、陈述句较为普遍，以短句居多，复句以并列复句为常见；从修辞策略的角度来说，辞格运用和修辞风格灵活多样。这样的标语如：“不让敌人蹂躏苏区每一寸土地”“哥上前线打敌人，妹在后方勤耕耘，不信什么救世主，工农当家做主人。”

2. 语言因素与语境的和谐

语言因素与语境的和谐指的是标语的语言因素与语境各个关联要素的和谐。单纯的语言要素并不能取得最佳的语言运用效果，必须充分调动和发挥语境的交际潜能，形成语言要素和语境相辅相成的综合表达优势。新民主主义革命时期，推翻压在苏区人民头上的帝国主义、封建主义和官僚资本主义的三重压迫，打土豪分得属于自己的土地，翻身做主人，维护自身合法权益成为当时社会的主流价值取向。这类标语如：“中国共产党万岁，打倒第二次世界大战，保护女童工，救济失业工人，男女平权，实行八小时工作制，工农专政，建立苏维埃政府”“武装保护秋收秋耕”。

综上所述，中央苏区红色标语不仅在语言输出形式上合乎规范，语言风格上契合体式，语言内容上符合标语创作主体目的，内容及形式上契合社会期望和广大苏区民众的需求，而且与各个关联要素方面实现整体和谐，充分做到了表意效果、交际效果和社会效果的协调统一，达到了理想的宣传效果。

参 考 文 献

[1]杨娜.中央苏区标语传播研究[D].南昌：南昌大学，2014.

[2]苏若群.土地革命战争时期党的标语口号思想政治教育功能研究[D].北京：中国矿业大学（北京），2014.

[3]朗文当代高级英语辞典：英英英汉双解（2），北京：外语教学与研究出版社，2009.

[4]曾琪.论中央苏区红色标语的传播策略[J].东华理工大学学报：社会科学版，2019，（4）.

[5]林升栋，冯咏薇.标语的力量[M].厦门：厦门大学出版社，2018.

[6]杨宇光.中央苏区红色标语的历史考察与当代价值研究[D].南昌：南昌大学，2010.

[7]李斌.毛泽东倡导的党的思想宣传工作的原则和方法[J].党的文献，2013，（4）.

[8]李亿，彭高菊，王丽.社会主义核心价值体系民众认同的语言艺术研究[J].重庆邮电大学学报：社会科学版，2012，（4）.

[9]朱潇潇.苏区标语与中国马克思主义的大众化语言艺术[J].中共中央党校学报，2011，（4）.

[10]《中央苏区文艺丛书》编委会.中央苏区标语集[M].武汉：长江文艺出版社，2017.

[11]佚名.把党的政策变为群众的行动[J].中国农垦，1966，（5）.

[12]江西省档案馆，中共江西省委党校.中央革命根据地史料选编：上册[M].南昌：江西人民出版社，1982.

[13]李世明,田修思.指路明灯——长征标语口号[M].北京:国防大学出版社,2012.
[14]赵为,荣洁.苏联及俄联邦初期标语口号的使用特点、结构特征、功能之比较[J].外语学刊,1996,(4).
[15]朱潇潇.苏区标语与中国马克思主义的大众化语言艺术[J].中共中央党校学报,2011,(4).
[16]毛泽东文集:第一卷[M].北京:人民出版社,1993.
[17]王晖.试析交通标语的语言艺术标准——以修辞控效理论为视角[J].长江学术,2015,(4).
[18]朱慧.新颖奇警 亲切自然——谈广告标语设计艺术[J].铁道师院学报,1997,(5).
[19]王永刚.浅谈交通标语的语用特点及其人性化[J].文学教育(上),2011,(8).
[20]于根元.语言应用论集[M].北京:北京广播学院出版社,1999.
[21]王晖.试析交通标语的语言艺术标准——以修辞控效理论为视角[J].长江学术,2015,(4).
[22]谭兴元.我军名称的变化[J].政工学刊,2005,(8).

Analysis on the Rhetorical Art of Red Slogans in the Central Soviet Area

GUO Ming - jing, YANG Yu - feng
(Longyan University, Longyan 364012, China)

Abstract: The Red revolutionary slogan is an important means of propaganda and mobilization in the Central Soviet Area. As an important part of red culture and red art in the Soviet area, the red slogan of the Central Soviet Area, with its distinctive language and rhetoric art, effectively promoted the revolutionary propaganda and mobilization, greatly promoted the construction of the political power in the Soviet area, the agrarian revolution, the development of the Red Army, and the development and construction of the economic, social and cultural aspects of the Soviet area. The red slogans in the Central Soviet Area are characterized by distinctive language features, rich rhetoric, down - to - earth language style, and exquisite sentence patterns, and have language art standards such as standardization, combination, meaning, expectation, and overall integrity.

Key words: Central Soviet Area; Red slogans; Language; Rhetoric; ART

文化传播视野下的红军标语研究

黄　涓

（西华师范大学，四川　南充　637009）

【摘　要】作为中国革命史上独特的文化现象，红军标语在历史时期和当代社会都有着重要的影响力。本文从文化传播的视角，明确红军标语的概念内涵，探讨红军标语的传播内容、传播规范、传播方式和传播效果等方面的问题，从整体上把握红军标语的传播过程和传播效力。

【关键词】红军标语；文化传播；传播效果

红军标语主要指红军书写或镌刻的标语，也包括土地革命时期中国共产党领导下的各级党组织、各级政权机构、各种社团组织、各类武装力量书写或镌刻的标语，其表现形式多样，既有单一的文字类标语，也有图文并茂的标语。红军标语在土地革命时期是中国共产党和中国工农红军宣传和普及自己的理想信念、政治主张、军事策略、经济政策的重要方式，在当代是研究红军历史的实物见证，是红色文化中一种独特的文化现象。学界对红军标语的研究开始于20世纪八九十年代，主要研究某地或某处红军标语的存貌存状、价值类别等，成果数量较少，涉及的区域也很少。①2000年以后，在开展社会主义思想道德建设和发展红色文化旅游的推动下，学界对红军标语的关注开始增多，主要表现为发表了一批关于红军标语的专题研究论文②，出版了一批关于红军标语的书籍③，还召开了红军标语研究专题研讨会④。这些成果对红军标语的历史背景、主

［收稿日期］2022-12-16

［项目基金］南充市哲学社会科学研究规划项目（庆祝中国共产党成立100周年专项）“红军标语的历史演变与当代传播”（项目编号：NC21JD100B035）。

［作者简介］黄涓（1980—　），女，四川德阳人，硕士，副教授，硕士生导师，主要从事中共党史研究。

① 参见文星明. 奇特的红军标语. 四川文物［J］. 1984（6）；岳崇涛. 红四门暨南江城墙. 四川文物［J］. 1985（5）；郑会侠. 大南山革命石刻标语. 广东党史［J］. 1996（6）；周锡银. 红军长征时期有关民族政策的标语. 四川文物［J］. 1986（8）；周曰琏. 庐山留存的红军标语及其价值. 四川文物［J］. 1996（4）.

② 参见蔡东洲，黄涓. 从川陕苏区红军石刻看劳动者解放蓝图. 中共党史研究［J］. 2010（11）；赵爱玉，赵秀玉. 武夷山市余庆乔红军标语的内涵及年代分析. 福建文博［J］. 2011（3）；张国新. 川陕红军石刻：宣传中国苏维埃运动的独特形式和文化景观. 中国井冈山干部学院学报［J］. 2011（11）；周文斌. 炎陵红色标语的特点及其对当前文化宣传工作的启示. 湖南科技大学学报［J］. 2013（3）；孙平. 黔南红军标语的调查、保护与开发利用. 黔南民族师范学院学报［J］. 2009（10）；何新春，朱荣辉，杨文. 吉安红色标语的保护与利用调研. 苏区研究［J］. 2016（1）.

③ 参见中共旺苍县委党史研究室. 川陕苏区旺苍红军标语［M］. 白山出版社. 2015；李仲斌. 中国工农红军石刻标语的时代特点和语言风格研究文集［M］. 中央文献出版社. 2010；张崇鱼. 刻在苏区的永恒丰碑——中国工农红军石刻标语纪实［M］. 内部资料. 2013；中共巴中市委、巴中市人民政府. 川陕革命根据地红军石刻影印集［M］. 内部资料. 2010；中国井冈山干部学院. 苏区红色标语［M］. 内部资料. 2015.

④ 2010年9月，由中国中共党史学会、中国中共文献研究会等倡议，在四川巴中市召开了“中国工农红军石刻标语研讨会”。与会者130余人，提交了一批有影响力的研究论文。

要类型、存在形式、保护与利用等方面进行了专题研究，开启了红色文化调查、研究的新方向，提供了红色文化保护、利用的新思路，提炼了红色文化传承、弘扬的新亮点。当然也反映出一些疏忽和遗漏，如对红军标语的概念界定、红军标语的规范要求、红军标语的发展演变等重要问题缺乏系统深入的研究。

本文拟从文化传播的视角，对红军标语的传播内容、传播规范、传播方式、传播效果等问题进行探讨，以期弥补目前研究中的缺略，拓展红军标语的研究视野，从整体上把握红军标语的传播过程和传播效力。

一、统而不同的传播内容

红军标语所要传播的思想、信念、主张等主要是通过标语内容反映出来的，受斗争形势变化、地域特色等因素的影响，红军标语的内容既有一致性，又有差异性。红军标语的传播内容不是各地红军、各级政府自主确定，而是一开始就由各军政治部或省委宣传部进行过严格的规定，并且随着革命形势的变化而变化。对红军标语内容的整体规定可见于红四军政治部1929年4月发布的《红军标语》、红四军政治部1930年3月发布的《革命标语》和中国工农红军总政治部1935年6月9日发布的《渡过大渡河后适用的标语口号》等文件（见表1）。

表1 红军政治部发布的关于红军标语内容的规定

时间	1929年4月17日	1930年3月19日	1935年6月9日
单位	红四军政治部	红四军政治部	中国工农红军总政治部
文件	《红军标语》（1929年4月）[1](P13-20)	《革命标语》（1930年3月）[2](P38-46)	《渡过大渡河后适用的标语口号》[3](P127-131)

续表

时间	1929年4月17日	1930年3月19日	1935年6月9日
主要内容	（一）打倒帝国主义 （二）推翻国民党军阀政府 （三）建立工农兵代表会议政府 （四）工人利益 （五）土地革命 （六）士兵利益 （七）红军 （八）商人 （九）共产党 （十）共产青年团 （十一）青年与妇女 （十二）目前时局 （十三）地方口号	（一）反对帝国主义 （二）反对国民党 （三）反对国民党政府、建立苏维埃政府 （四）工人 （五）农民 （六）士兵 （七）商人 （八）青年 （九）妇女 （十）游民 （十一）红军 （十二）党 （十三）团 （十四）时局 （十五）苏联 （十六）特别的	（一）基本的 （二）反对刘文辉的 （三）反对中央军的 （四）发动群众斗争的 （五）关于革命委员会的 （六）关于红军主张的 （七）动员群众加入红军拥护红军的 （八）对川军士兵的 （九）对中央军士兵的 （十）对夷藏番回苗等少数民族的

由上表可见，1929年4月17日红四军政治部发布的标语内容涉及13个部分，其中前三条是十分明确的标语，后十条则需要下属师团在这些范围内根据实际情况加以创作。可见，既有标语内容的硬行规定，又有创作范围内的灵活性。

1930年3月19日红四军政治部根据古田会议精神和新的革命形势，对其颁发的标语内容进行了较大的修改和补充，涉及内容增至16个部分。与一年前颁布的标语内容比较，明确了建立苏维埃政权和拥护苏联的内容；宣传对象也更加广泛，除工农商青妇兵外，游民也被纳入宣传对象；此外，“特别的”被纳入标语设计创作范围。所谓“特别的”标语应是指那些针对特别事件、特别人物而设计创作的标语。如1930年11月，中央苏区第一次反“围剿”前夕，红一方面军前敌委员会发布的《宣传动员令》中，根据当时革命斗争形势的变化，专门开列了对白军的12条标语口号。[4](P27-28)川陕革命根据地1934年发布的《“五九”纪念宣传大纲》中，拟出了10条纪

念“五九”的标语等。[5](P1411)

1935 年 6 月 9 日中国工农红军总政治部发布的《渡过大渡河后适用的标语口号》，将标语宣传的主要内容分为十大类。仅从数量上看内容似乎减少了，但内容中第一项“基本的”，实则将以往红军标语的主要内容都涵盖了进去，后面的九条都是根据革命形势的变化而新增加的内容。与以往的标语创作范围相比，该文件最为明显的变化是红军标语的受众进一步扩大，增加了对白军士兵和“对夷藏番回苗等少数民族”等标语。这是因为这一时期处于红军长征期间，需要穿越白军控制区域，且已经进入了以少数民族为主的地域，因此针对白军的宣传和对民族政策的宣传自然也就开始成为标语宣传中的重要内容。

除这些纲要性内容外，党政军领导机关还将标语内容明确化、具体化，通过印发标语范本的方式直接提供给下级宣传机构遵照执行（见表 2）。这些标语范本既统一了红军标语的宣传口径，又细化了红军标语的书写内容，从而减少了红军标语内容上的随意性，也就解答了相同文字的标语在不同地区都反复存有的问题。

表 2　党政军领导机关印发的部分标语范本

时间	单位	名称	数量
1929. 4. 17	红四军政治部	《红军标语》[1](P13 - 20)	134 条
1930. 3. 19	红四军政治部	《革命标语》[2](P38 - 46)	173 条
1930. 11. 10	红一方面军前敌委员会	《宣传动员令》中对白军的宣传口号[4](P27 - 28)	12 条
1930. 11. 18	中共赣南行委	《宣传鼓动口号》[6](P33 - 37)	121 条
1931. 2. 5	江西省赤色总工会	《江西省赤色总工会宣传动员令》[7](P11)	18 条
1933. 3. 10	川陕苏区	《白军标语大纲》[8](P1252 - 1255)	63 条
1933. 3. 12	川陕省委	《少先队、童子团代表大会口号标语》[9](P1257 - 1259)	53 条
1933. 7. 17	川陕省委宣传部	《“八一”反对战争日和中国红军成立纪念日的标语大纲》[10](P1282 - 1288)	171 条
1933. 7	中央局宣传部	八一纪念的标语、八一纪念的口号[11](P50)	标语 16 条、口号 31 条
1933. 10. 26	川陕省委宣传部	《十月革命十六周年口号》[12](P1229 - 1230)	45 条
1933. 11. 29	中国共产主义青年团和川陕省委宣传部	《纪念广暴消灭刘湘标语大纲》[13](P1309 - 1310)	23 条
1933. 12. 16	中共江西省委宣传部	《通信第十五号》中的纪念列李卢标语口号[14](P47 - 48)	23 条
1934. 3. 7	中华苏维埃共和国湘赣军区政治部	《目前中心标语口号》[15](P48 - 49)	36 条
1935. 6. 9	中国工农红军总政治部	《渡过大渡河后适用的标语口号》[3](P127 - 131)	83 条

二、翔实具体的传播规范

传播规范是有效沟通传播主体与受众的桥梁,红军很早就注意到标语书写的规范问题。1929年,针对标语书写中存在的字迹不清、敷衍了事、错字漏字、提法和写法的差误问题,红四军政治部在江西于都提出了标语书写的九条注意事项,并发布了134条标语范例,在书写字体、书写符号、书写地点、书写落款和书写数量等方面均有规范和要求。

(1)不要写草字、省笔字。

(2)慢一点写,力求写得好看,不要性急乱涂。

(3)不要写错,不要遗落字,一个标语写完须查看一遍才走。

(4)全部一百三十四个标语分为下列三种写法。(甲)在县城及大市镇,须把一百三十四个全部写完,不可缺一个。(乙)县城市镇和大村庄,须写大字标语,凡有"*"记号都要写(共九十一个),因为大字标语的效力比小字大得多。(丙)行军沿路写的标语以"♁"为记号(共六十六),没有这个记号不必写。

(5)除各纵队政治部得制定地方口号之外,宣传队不得自由创造新鲜标语。

(6)军部直属队,一二三纵队,四个单位,每个单位均负担标语全部,各单位由政治部负责自行分工。

(7)一律用笔写上墙壁,不准偷懒改用纸贴。

(8)署名一律署"红军"两字,不准署杂色名义。标语落尾废止感叹号(!)改用断句号(。)

(9)凡比较语气标语,如国民党共产党比较,红军白军比较等,只可连写,不可分写。[1](P13-20)

这是红军第一次对标语书写提出规范性要求。这些要求翔实具体,富有可操作性,体现了当时红军对标语书写规范的重视。在制定标语和书写标语的主体上,明确规定只有第四军政治部才有权制定标语口号,纵队只能制定一些"地方口号",宣传队不得创作标语口号。在书写场地和书写数量上,明确了县城和大场镇要写全134条,一般市镇和大村庄则要求用大字写带有符号的91条,而行军途中只写带有另一符号的66条。在书写符号和落款署名上,明确规定结尾一律落款为"红军",只许用句号,不准用感叹号。

1929年10月,红四军前委宣传科编写了《宣传须知》,在第三部分"宣传的方式"中,共列举了标语、传单宣传大纲、口头宣传、壁板日报、画报、群众大会、演新戏、刊物、化装宣传、写木板丢在河内流到远处去、写信笺宣传品到各处去,共11种宣传方式,标语被列在第一位。该文件还对贴标语和写标语提出了具体操作规范,要求"贴标语或其他各种宣传品的时候,看什么地方贴什么标语和宣传品(如在农村必须写关于农民方面的标语及宣传品,在城市必须多贴关于工人及商人方面的标语和宣传品),不要不选择对象便乱贴,并要粘得十分稳定,使反动派扯不尽,抹不去"。[16](P21)写标语时要注意以下五项要求:

(1)写墙标语要选择位置,要写得高,使人能远远望见,使反动派不好破坏。

(2)写时不要错误,如草写,省笔字,掉了字。在一个地方不要重写标语,一个(条)标语写完后须看过一次才走。

(3)石灰或墨水不得水淡。

(4)写标语时如有人来看,就要与他解释所写标语的意义,不要哑巴式的只管写不开嘴。

(5)写标语要研究求进步,不要敷衍,不准写得杂乱无秩序,或写着商人招牌上使别人讨厌。

这五项要求清楚而明白,其要点有三:一是标语书写要选择对象,即在农村要针对农民,在城市则要针对工人。二是书写时要向观看者解释标语的含义。三是在具体书写地方上要求选取立面的高处以免被破坏,一处只写一条以免重复,不在商人招牌写以免讨厌,写完要校看以免错误。其后,红四军政治部又在 1930 年 4 月 16 日发布的《宣传员工作纲要》中,再次强调了红军标语书写位置的选择,要在“通衢大道行人易见之处”,要“悬挂于街道中间”[17](P216),用以增强标语的宣传效果。显然,红军标语的书写要求在不断地补充和完善。

到 1931 年 2 月第二次反“围剿”时,江西省赤色总工会颁布《宣传动员令》,提出各级工会纠察队书写标语的具体而细微的要求:“要写正字,笔还一笔,画还一画,不要草写;要看墙壁的长短,来布置标语,墙壁长,写长的标语,墙壁短则写短的标语(或写小点),不要一个标语写两垛墙壁;墙壁上如有原来的标语,是从右边认起,从右边写去,是从左边认起,便从左边写去,若颠方向写去,则使看者不容易看清白;标语符号不可省略;每条标语写完之后,一定要写出各机关的名义来。”[7](P10) 大概是由于工会纠察队文化程度低,这份文件在字体、笔画、版面安排和书写走向等方面交待得特别仔细,通过这些规范来提高标语书写水平,进而达到所期望的宣传效果。

为了督查这些规范和要求落到实处,政治部或党代表还会进行检查或派人巡视,要求“将各地失时间性和文字不通顺的标语擦去”[18](P92-93),及时纠正错漏,并予以赏罚,从而使红军标语书写的规范性大为提高。从现存的红军标语情况来看,虽受教育文化水平的影响,亦有存在错别字和不按规范要求书写的标语,但大多数红军标语的书写是符合规范要求的。红军标语中亦有不少标语不仅书写规范,还刻写精美,堪称书法上的精品,如红十一军第九十三师在四川苍溪一农舍正门錾刻的标语:“打倒帝国主义,建立苏维埃政权。”红军在平昌县禹王宫石墙上錾刻的标语“拥护中华苏维埃共和国中央政府”,红军在万源錾刻的标语“革命成功万岁”等。

三、密集覆盖的传播方式

从传播的角度来看,信息覆盖的密集程度与传播效果密切相关。红军标语从一开始就采取了密集覆盖的方式,以高频率的视觉刺激来保证传播的效果。关于红军标语的覆盖密度,红一方面军总前委曾在其发布的《宣传动员令》中提出要求,标语的书写“不但在屋外写,还要在屋内写。工友、农友在自己的屋子内,红军在宿营地屋子内,前壁后壁、堂屋内、厨房内、茅厕内一概给他们写得满满的,不要怕房子写坏了不好看,我们是穷人,根本不要什么好看”。[4](P27-28) 江西省赤色总工会也在其颁布的《江西省赤色总工会宣传动员令》中要求各职业工会纠察队和各革命团体“无论墙壁桥板、渡船堂屋房间茅房树林石壁,只要可以写的地方都要写好”。[7](P10) 此外,红四方面军在其发布的《红色战士必读》中也要求红军“个个要学写大字报,凡到一镇市乡村,要在当道的墙壁上都写口号、标语。每个战士都要注意将传单标语,沿途散发群众,并尽可能向人解释标语内容”。[19](P970) 从这些指示中我们可以看到,不管是屋内屋外,凡是能写字的地方,都要求有红军标语的存在。

为了实现标语的密集覆盖，红军需要克服一切困难进行标语创作。纸和墨本是千百年来文字书写的基本要素或载体，最初的红军标语也是用墨写在纸上然后张贴出来的。但由于红军中各种物资极度匮乏，缺纸少墨的现象十分普遍，在行军途中更为严重，因此，红军标语书写者们进行了因地制宜的探索和创新。按照谭冠三的回忆，红军“开始用纸张写的，后来，一则由于纸张容易坏，二则由于行军背一大捆纸不方便，就改用墨或棕作笔，在墙上写很大的字。我们还油印小标语，凡群众能看到，又能保存的地方都贴上”。[20](P493-494)可见，在斗争形势严峻的红军时代，标语创作者们想尽千方百计进行标语创作。没有墨，就用锅烟灰、石灰、铁矿石粉、土红、朱砂、普兰等制作颜料；没有笔，就用笋壳等农作物枝叶锤细后扎成“毛笔”；没有纸张，就将标语书写在木板、墙体、布料、石壁、柱头、城墙、牌坊、墓碑，甚至树干、风筝、孔明灯等各种能够使用的载体之上。

有了明确指示和克服困难的决心，红军是真正做到了“每到一地或行军途中，凡是能写的地方，都写上标语”。[20](P493)对此，连国民党人员都十分感慨，中共“对于宣传工作尤为注意，标语之多，满街满衢，门窗户壁，书无隙地”。[21](P71)由于革命历程的艰难曲折和年代久远，这些红军标语并没有被完整地保存下来。有的标语在书写后不久便被国民党和地方军阀破坏，有的被自然剥蚀损毁，有的因附着物的改建、扩建而拆除，但我们仍然可以从现存标语的情况来感受当时红军标语的密集覆盖程度。例如，福建省永安市所有乡镇都有不同数量的红军标语存留，仅小陶镇石峰村、小陶村，洪田镇马洪村三处发现的红军标语就达400余条[22]；再如，四川省原川陕革命根据地辖区的各地市州原有红军石刻标语逾万幅，至今仍存留的有2000余幅[23]；甘肃省张掖市临泽县倪家营子一座面积不大的神庙中保留着红军标语45条[24](P138)；广东省梅州市梅县梅南镇顺里村“来安楼”内至今仍保留着数百幅红军标语，文字清晰、内容完整的达140多幅，红军标语几乎是写满了这座房子里的所有墙壁。[25]

四、深刻持久的传播效果

一切传播工作的最终目标，是让受众接受自己要传达的信息，争取更多的认同和支持。红军标语的实际传播效果，可以从横向和纵向两个方面来理解。

第一，从横向来看，红军标语对士兵和群众产生了很大的影响力，有效地抵制了国民党的丑化宣传，很好地宣传了党和红军的政治、经济和文化建设主张，成为与群众沟通的简捷手段。

在土地革命时期，无论是“共产党”还是“红军”，以及他们的政治主张，对于老百姓而言都是十分陌生的新兴事物。而国民党利用老百姓对共产党、红军的不了解、不熟悉开展欺骗宣传，大肆污蔑，将共产党和红军妖魔化。正如毛泽东于1949年8月在《丢掉幻想，准备斗争》一文中所说：“共产党是一个穷党，又是被国民党广泛地无孔不入地宣传为杀人放火，奸淫掳掠，不要历史，不要文化，不要祖国，不孝父母，不敬师长，不讲道理，共产公妻，人海战术，总之是一群青面獠牙，十恶不赦的人。”[26](P1485)在这种宣传丑化下，红军初到一地，群众常常十室九空，特别是初到一些少数民族地区时，群众不仅因害怕而躲进深山，甚至还对红军充满敌意。1935年5月20日，司令员刘伯承、政委聂荣臻率领的红军先遣部队初进川西彝族地区时，便遭遇当地不了解红军的彝族武装的袭击。对于国民党的丑化宣传，最好的应对就是针锋相对地开展红色宣传，让红军标语成为战胜敌人的武器。正如红一方面军前敌委员会发布的《宣传动员令》提到的:"我们拿什么武器呢?我们拿下面那十二个口号做武器,我们要坚决相信那十二个口号才真正是缴敌人几万支枪的武器,我们要坚决相信那十二个口号的力量每一个抵得红军一军,我们提出那十二个口号,就立即增加了十二军红军的力量。"[4](P27-28)一般来说,红军进驻某地以后,两三个小时内便可开展起以标语为主的宣传活动,不仅能迅速消除群众误解,而且能使群众及时了解和接受党的政策。例如,1936 年 4 月,贺龙、任弼时率领的红二、六军团到达云南中甸,由于历代统治者的民族歧视和国民党当局的反共宣传,当地老百姓和喇嘛都因害怕红军而躲到了深山里。贺龙、任弼时了解情况后,颁发了《中华苏维埃共和国中央革命军事委员会湘鄂川黔滇康分会布告》,用标语等各种宣传形式申明红军部队严格执行中国共产党的民族政策,尊重藏族群众的生活习惯和宗教信仰,很快消除了群众对红军的恐惧,贺龙一行还被邀入归化寺做客。再如,1935 年 10 月,红军来到芦山后,走村入户,到处张贴《红军到地约法十章》,并书写大量标语口号,宣传"红军是帮助穷人找吃找穿的军队",在外躲避的群众得知后亦纷纷回家支持红军。

红军标语的宣传效果正如毛泽东所说:"很简单的一些标语、图画和演讲,使得农民如同每个都进过政治学校一样,收效非常之广而速。"[27](P34)可见,经过红军的宣传后,民众能很快接受党和红军的主张,苏区内"痛恨地主阶级,打倒帝国主义,拥护苏维埃及拥护共产党的主张,几乎成了每个群众的口头禅。最显著的是,许多不识字的工农分子,都能很长地演说,国民党与共产党,刮民政府与苏维埃政府,红军与白军,每个人都能分别能解释"。[28](P131)红军标语的传播效果,连国民党也称,经过红军宣传以后,"人心归附,如水下倾"。[21](P71)

红军标语的传播效果,从红军走后国民党和群众对标语的截然不同的态度上还可以更加深刻地体现出来。国民党对其恨之入骨,红军北上后,他们总是试图铲除、毁掉这些标语。直到 1946 年国民党四川省政府还在电令川北各县清除红军石刻标语。另一方面,人民群众却想尽办法将红军标语保存下来,用纸、木板、稻草等遮挡标语,或将标语藏在灶膛、墓穴、河底、山洞中保护起来。被誉为"石刻标语之王"的"赤化全川"标语就是当地群众在地主欲将这四个字铲掉之际,用糯米和炭灰泥土将标语字迹填平,才瞒过地主得以幸存的。

第二,从纵向来看,红军标语一直发挥着重要的宣传作用,其传播效果在当代仍在持续。

红军标语从产生到今天已 90 年了,虽然其所传播的主张、政策等已与今天的时代需求有所不同,但红军标语所反映的心系群众、艰苦奋斗、不胜不休的革命精神仍然具有十分重要的感染力,是当代取之不竭的宝贵精神财富,是开展革命传统教育的生动教材,也是老区人民脱贫致富的精神动力。

当代人既是红军标语传播的受众,同时也是将红军标语继续传播下去的新时期传播者。就目前各地红军标语的传播情况来看,红军标语在当代的传播主要有三种方式:其一,原址展示。为保持红军标语的人文和自然环境,最大限度地承载红军标语的信息,绝大多数红军标语,特别是写在私人财产上的红军标语、写在大树上的红军标语、刻在石壁上的大型标语等,一般采用原址展示模式。其二,异地陈列展示。主要是对那些环境条件差、濒临损毁的标语,需要对其进行抢救性剥离,并将标语揭取、修复、加固,然后迁移至博物馆或陈列馆保存。如湖南省炎陵县红军标语博物馆内保存的两百余条红军标语,基本上都是将濒危标语从原墙上截取后修复展出的。其三,数字化展示。在对红军标语相关数据进行数字化整理的基础上,采用先进的多媒体和虚拟现实技术,以影像、VR、DR等方式进行展示,展示品栩栩如生,游客犹如身临其境。目前,数字化保护和展示技术在红军标语上已经起步,虽然还没有广泛而全面开展,但其未来亦可像敦煌壁画、西安大明宫文化遗址等文化遗产的数字化展示一样,以更多更好的方式将红军标语向未来传播。

综之,红军标语是一个内涵丰富的概念,其传播内容由各军政治部或省委宣传部严格规定并随着革命形势的变化而变化,并通过密集覆盖、规范书写等手段进行传播,取得了深刻而持久的传播效果。这就使得红军标语不仅仅是研究土地革命时期的政治军事、经济社会、文化卫生、民族宗教等课题的宝贵实证资料,更是红色文化遗产的重要组成部分。因此,对红军标语研究的视野和深度仍然有着拓展和深化的空间,红军标语的调查研究、搜集整理和保护利用仍然任重而道远。

参 考 文 献

[1]红军标语(1929年4月)[A].赣州市文化局,赣州市文物管理局.红色印迹——赣南苏区标语漫画选[M].北京:文物出版社,2006.

[2]革命标语(1930年3月)[A].赣州市文化局,赣州市文物管理局.红色印迹——赣南苏区标语漫画选[M].北京:文物出版社,2006.

[3]总政办公厅.中国人民解放军政治工作历史资料选编 土地革命战争时期(三)[M].北京:解放军出版社,2002.

[4]宣传动员令(1930年11月)[A].赣州市文化局,赣州市文物管理局.红色印迹——赣南苏区标语漫画选[M].北京:文物出版社,2006.

[5]"五九"纪念宣传大纲[A].西华师范大学历史文化学院,川陕革命根据地博物馆.川陕革命根据地历史文献资料集成(下)[M].成都:四川大学出版社,2012.

[6]宣传鼓动口号(1930年11月)[A].赣州市文化局,赣州市文物管理局.红色印迹——赣南苏区标语漫画选[M].北京:文物出版社,2006.

[7]江西省赤色总工会宣传动员令(一九三一年二月五日)[A].中央档案馆,江西省档案馆.江西革命历史文件汇集(一九三一年)[M].内部资料,1988.

[8]白军标语大纲[A].西华师范大学历史文化学院,川陕革命根据地博物馆.川陕革命根据地历史文献资料集成(下)[M].成都:四川大学出版社,2012.

[9]少先队、童子团代表大会口号标语[A].西华师范大学历史文化学院,川陕革命根据地博物馆.川陕革命根据地历史文献资料集成(下)[M].成都:四川大学出版社,2012.

[10]"八一"反对战争日和中国红军成立纪念日的标语大纲[A].西华师范大学历史文化学院,川陕革命根据地博物馆.川陕革命根据地历史文献资料集成(下)[M].成都:四川大学出版社,2012.

[11]红色中华2[A].任质彬.红藏 进步期刊总汇1915—1949[M].湘潭:湘潭大学出版社,2014.

[12]十月革命十六周年口号[A].西华师范大学历史文化学院,川陕革命根据地博物馆.川陕革命根据地历史文献资料集成(下)[M].成都:四川大学出版社,2012.

[13]纪念广暴消灭刘湘标语大纲[A].西华师范大学历史文化学院,川陕革命根据地博物馆.川陕革命根据地历史文献资料集成(下)[M].成都:四川大学出版社,2012.

[14]通信第十五号[A].赣州市文化局,赣州市文物管理局.红色印迹——赣南苏区标语漫画选[M].北京:文物

出版社,2006.

[15]目前中心标语口号[A].赣州市文化局,赣州市文物管理局.红色印迹——赣南苏区标语漫画选[M].北京:文物出版社,2006.

[16]宣传须知[A].江西省文化厅革命文化史料征集工作委员会,福建省文化厅革命文化史料征集工作委员会.中央苏区革命文化史料汇编[M].南昌:江西人民出版社,1994.

[17]宣传员工作纲要[A].中共福建省委党校党史研究室.红四军入闽和古田会议文献资料[M].福州:福建人民出版社,1979.

[18]闽西苏维埃政府文化部宣传委员会检阅过去宣传工作规定今后宣传计划(1930年7月24日)[A].洪荣华.红色号角——中央苏区新闻出版印刷发行工作[M].福州:福建人民出版社,1993.

[19]红色战士必读[A].西华师范大学历史文化学院,川陕革命根据地博物馆.川陕革命根据地历史文献资料集成(中)[M].成都:四川大学出版社,2012.

[20]我记忆中的井冈山斗争[M]//刘云.中央苏区文化艺术史.南昌:百花洲文艺出版社,1998.

[21]沿河县邮政局长戴德初给贵州省邮务长的报告(1934年6月4日)[A].《湘鄂川黔苏区革命文化史料汇编》编辑小组.湘鄂川黔苏区革命文化史料汇编[M].北京:中国书籍出版社,1995.

[22]中共永安市委党史研究室.红色印迹 福建永安红军标语集锦[M].北京:中共党史出版社,2013.

[23]蔡东洲,黄涓.从川陕苏区红军石刻看劳动者解放蓝图[J].中共党史研究,2010,(6).

[24]朱玉,等.中国工农红军西路军调查研究卷(下)[M].内部资料,2014.

[25]邓辉彝.七十年前东江革命史上重地 梅县顺里村红军标语亟待保护[N].南方日报,2007-02-02.

[26]丢掉幻想,准备战斗(1949年8月14日)[M]//毛泽东选集:第四卷.北京:人民出版社,1991.

[27]湖南农民运动考察报告[M]//毛泽东选集:第一卷.北京:人民出版社,1991.

[28]江西省文化厅革命文化史料征集工作委员会,福建省文化厅革命文化史料征集工作委员会.中央苏区革命文化史料汇编[M].南昌:江西人民出版社,1994.

Study on Red Army Slogans from the Perspective of Cultural Communication

HUANG Juan

(China West Normal University, Nanchong 637009, China)

Abstract: As a unique cultural phenomenon in the history of Chinese revolution, Red Army slogans have an important influence on history and contemporary society. From the perspective of cultural communication, this paper clarifies the conceptual connotation of Red Army slogans, discusses the communication content, norms, methods and effects of Red Army slogans, and grasps the communication process and effectiveness of Red Army slogans as a whole.

Key words: Red Army Slogans; cultural communication; communication effect

【责任编辑:张玉莲】

红色文化资源在思想政治教育中研究现状及展望

——基于共词聚类和知识图谱分析

刘思来,李宗远,王　菊,谢小琴,罗国忠

(昭通学院教育科学学院,云南　昭通　657000)

【摘　要】本研究以 BICOMB2.01 、SPSS 24 和 UCINET 6 等软件为分析工具,以 CNKI 的 215 篇核心文献为对象,对近 15 年我国红色文化资源在思想政治教育中的研究情况进行共词聚类和知识图谱分析。研究表明:红色文化资源在思想政治教育中的研究成果较多,但高质量的应用研究偏少;红色资源丰富的区域研究成果相对较多,但具有区域特色的应用偏少;研究主题比较广泛,但学生视角和实施主体间联动偏少;中介性的实践活动可能是未来突破的方向。红色文化资源在思想政治教育中的研究未来可从以下几方面着力:加强红色文化资源在思想政治实践教育中创新应用,持续深化红色文化资源在思想政治教育中的研究质量,加强学生需求的关注、促进实施主体联姻,鼓励体现区域特色的地方性实践。

【关键词】思想政治教育;红色文化;红色资源;知识图谱

2014 年,习近平总书记在视察南京军区机关时指出,要把红色资源利用好、把红色传统发扬好、把红色基因传承好。[1] 2016 年,习近平总书记在全国高校思想政治工作会议上强调指出,要加强革命文化和社会主义先进文化教育,继承革命传统,传承红色基因。[2] 红色文化资源是思想政治教育的重要素材,具有独特的育人价值和教育功能。红色文化资源不仅能充实思想政治的课堂,还能拓宽思想政治教育的时空场域,对处于人生观、世界观、价值观和历史观形成阶段的大学生极具现实意义。目前,红色文化资源融入思想政治教育的研究梳理主要集中在价值与内涵、现状与问题、融入的影响因素与途径等方面。譬如,张钟艺(2022)从红色文化资源的概念、表现形式、价值、问题及对策等对红色文化资源在思想政治教育中的研究进行了梳理。[3] 苌自

[收稿日期]2022-10-11

[项目基金]云南省教育厅科学研究基金项目“云南地方性红色场馆资源在思想政治教育中的应用研究”(项目编号:2022J0962);云南省本科高校课程思政示范课重点培育项目“课程思政示范课《学前儿童社会教育》”(项目编号:云教发〔2021〕7 号)。

[作者简介]1. 刘思来(1993—),男,云南昭通人,助教,硕士,主要从事教育信息化、思想政治教育研究。

2. 李宗远(1965—),男,云南昭通人,教授,学士,主要从事教育学原理研究。

3. 王　菊(1993—),女,云南昭通人,助教,硕士,主要从事教师教育研究。

4. 谢小琴(1981—),女,甘肃民勤人,副教授,硕士,主要从事学前教育研究。

5. 罗国忠(1975—),男,四川苍溪人,副教授,硕士,主要从事社会心理和人力资源研究。

玉啸(2018)通过对2012—2016年的相关文献从融入情况、影响因素、融入方法等方面对红色文化融入大学生思想政治教育研究进行了分析。[4]杜向辉(2020)从红色文化资源融入思政理论课的育人价值、对课程建设的作用以及融入途径及经验进行了分析，并提出相应的策略。[5]综上，相关研究从某一个侧面反映红色文化资源在思想政治教育中的研究动态，但运用文献计量的方法进行梳理和分析的研究较少，已有文献计量分析的时间较早，不能系统地囊括近年来红色文化资源在思想政治教育中的研究动态。鉴于此，研究对近15年我国红色文化资源在思想政治教育中的研究情况进行梳理，为红色文化资源的思想政治教育的开展和研究提供一定的参考。

一、研究设计

(一)研究对象

通过高级检索，以“红色文化”“红色资源”和“思想政治教育”为主题词，在CNKI中以SCI、EI、核心期刊、CSSCI和CSCD等期刊来源进行检索，截止日期是2022年4月，经过合并与剔除，对得到的215篇文献为研究对象进行相关统计与分析。

(二)研究方法

研究以BICOMB2.01、SPSS 24和UCINET 6等文献计量分析工具，以发文年限、期刊来源与机构、作者分布、高频共引、共现聚类、知识图谱和中心度为分析框架，进行文献计量和可视化分析。

二、研究结果与分析

(一)论文年度分布

以“红色文化”“红色资源”和“思想政治教育”为主题词，在CNKI共检索到文献3730篇，如图1所示。其中，SCI、EI、核心期刊、CSSCI和CSCD等来源相关期刊文献共215篇，核心期刊来源文献占总文献数的5.76%。也就是说，红色文化资源在思想政治教育中的研究受到广泛关注，但高质量的研究成果偏少。由图1可知，红色文化资源在思想政治教育中的研究从2004年开始逐年递增。2004年为红军长征70周年，借此契机，掀起了红色文化热，红色文化资源的思想政治教育育人价值逐渐被重视。倪景泉的《开发红色文化资源 进行革命传统教育》一文利用红色文化资源开展革命传统教育，至此拉开了红色文化资源在思想政治教育的研究序幕。2012年党的十八大召开以来，党中央高度重视红色资源的利用和红色基因的传承，相关研究文献达到第一个增长峰值，红色文化资源在思想政治教育中的育人价值越来越被重视。

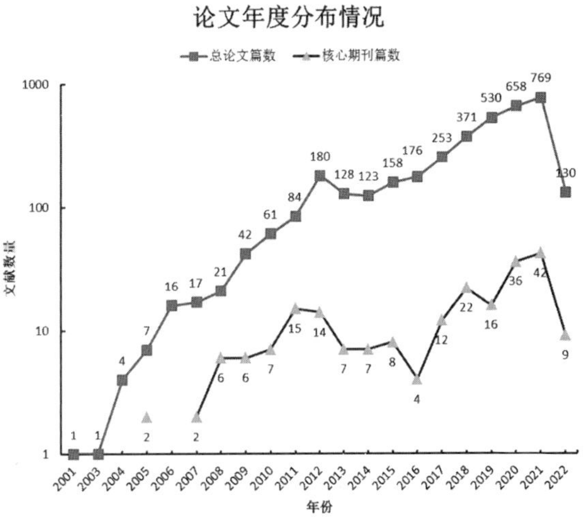

图1　研究论文的年度分布情况

(二)期刊来源分布

通过对215篇核心期刊论文统计发现，215篇文献来源共计78家期刊，说明关注红色文化资源在思想政治教育中的研究主题的相关期刊较多。刊发文章数量排名前10的为《中学政治教学参考》《学校党建与思想教育》《思想教育研究》《教育与职业》《思想理论教育导刊》《教育理论与实践》等期刊，刊发文章数量占总数的54.9%，如表1所示。进一步分析发现，在刊发文献数量前10的期刊中，思想政治教育相关的期刊共5家，占总期刊数的6%，这6%的期刊刊发文章数量占总数的40%，说明这些期刊是红色文化资源在思想政治教育中相关研究主题的探讨与交流的主要平台。

表1 期刊来源分布情况

序号	关键字段	出现频次	百分比%	累计百分比%
1	中学政治教学参考	31	14.4186	14.4186
2	学校党建与思想教育	31	14.4186	28.8372
3	思想教育研究	12	5.5814	34.4186
4	教育与职业	9	4.1860	38.6047
5	思想理论教育导刊	8	3.7209	42.3256
6	教育理论与实践	7	3.2558	45.5814
7	中国高等教育	6	2.7907	48.3721
8	人民论坛	6	2.7907	51.1628
9	思想政治教育研究	4	1.8605	53.0233
10	科技管理研究	4	1.8605	54.8837

（三）研究机构分布

215篇文献来源于256家机构或单位，共计频次为306。发文频次大于等于2的机构共计23家，其中，南昌大学6篇、贵州大学3篇、广西民族大学3篇，文献数量2篇的共计19家，占比7.4%，文献篇数为1的机构共233家，占比91%。对每一家机构或单位所属省份进行统计分析发现，红色文化资源在思想政治教育中的研究相关主题关注区域比较广泛，涉及31个省、自治区和直辖市。其中，前十的省份如表2所示。通过统计分析发现，地方性红色文化资源较丰富的区域，对红色文化资源在思想政治教育中的研究比较关注。其中，中国五大革命圣地所属省份均位列前十，江西省、江苏省、陕西省、河北省和重庆市等这些省市所属机构的出现频次较高，近5成，说明这些区域对红色文化资源在思想政治教育中的应用比较重视。安徽、云南、山西和甘肃（出现频次分别为3、1、3、3）等省份虽然拥有丰富的地方性红色文化资源，但关于地方性红色文化资源在思想政治教育中的相关高质量研究较薄弱。

表2 研究机构分布（部分）

序号	省份	出现频次	百分比	累计百分比
1	江西	44	0.1438	0.1400
2	江苏	32	0.1046	0.2446
3	陕西	25	0.0817	0.3263
4	河北	24	0.0784	0.4047
5	重庆	18	0.0588	0.4635
6	广西	17	0.0556	0.5191
7	湖北	17	0.0556	0.5746
8	贵州	16	0.0523	0.6269
9	北京	12	0.0392	0.6661
10	山东	12	0.0392	0.7054

（四）作者发文分析

通过对作者进行统计发现，215篇文献共涉及308位作者，其中发文篇数前10的作者如表3所示。通过统计发现，发文篇数大于等于2的作者数占总数的9.26%。作者数与发表论文数量之间具有一定的关系，如果发表1篇论文的作者数与所有作者数之比低于60%，则该领域已形成核心队伍[7]，如果高于60%，则未形成核心队伍。215篇样本文献中，发表1篇论文的作者数与所有作者数之比为95.45%，高于60%，说明红色文化资源在思想政治教育中的研究并未形成核心队伍，有待进一步深入研究。

表3　作者发文分析

序号	关键字段	出现频次	百分比%	累计百分比%
1	孙志勇	3	0.9259	0.9259
2	李康平	3	0.9259	1.8519
3	刘克利	2	0.6173	2.4691
4	廖运生	2	0.6173	3.0864
5	马晓燕	2	0.6173	3.7037
6	刘华政	2	0.6173	4.3210
7	冯译冉	2	0.6173	4.9383
8	李　霞	2	0.6173	5.5556
9	韦红霞	2	0.6173	6.1728
10	曾长秋	2	0.6173	6.7901

(五)高频共引分析

通过对215篇文献高频引用文献进行统计发现,被引频次大于50的共计27篇,其中,高被引前十的文献的名称、作者、发表年份、期刊和被引频次如表4所示。通过表4发现,被引频率最高的为尹晓颖、朱竑等人2005年发表在《人文地理》上,题为《红色旅游产品特点和发展模式研究》的文章,被引频率为219。通过对高被引文献分析发现,10篇高被引文献中有7篇涉及红色文化资源在思想政治教育中的融合路径或方法,6篇涉及红色文化资源的价值或功能,可以看出相关研究以宏观或中观的理论思辨为主,并形成一定的共识。

表4　高频共引分析

名称	作者	年份	期刊	被引频次
红色旅游产品特点和发展模式研究	尹晓颖;朱竑;甘萌雨	2005	人文地理	319
红色文化资源在大学生思想政治教育中的价值及实现	汪立夏	2010	思想教育研究	270
红色资源与大学生思想政治教育	张泰城;肖发生	2010	教学与研究	240
红色资源研究与高校思想政治教育	李康平	2007	高校理论战线	226
红色文化融入高校思想政治教育的价值与路径	范方红	2017	学校党建与思想教育	157
利用红色资源加强青少年革命传统教育	徐艳萍	2008	当代青年研究	153
论红色文化资源在大学生思想政治教育中的功能定位及实现路径	王春霞	2018	思想理论教育导刊	140
红色资源:当代思想政治教育的有效资源	刘虹;陈世润	2008	教育评论	134
论红色资源的思想政治教育功能	李霞;曾长秋	2011	求实	111
利用红色文化提升大学生思想政治教育成效	徐朝亮;周琰培	2009	继续教育研究	111

(六)共词聚类分析

对215篇文献进行关键词词频统计,共计关键词444个,关键词出现的频次为848次。其中,出现频次较高的前20个关键词如表5所示,其中排名前十的分别是思想政治教育、红色文化、红色资源、红色文化资源、大学生、高校思想政治教育、大学生思想政治教育、高校、红色旅游和高校思政教育。

表5 高频关键词(部分)

关键字段	出现频次	百分比%	累计百分比%	关键字段	出现频次	百分比%	累计百分比%
思想政治教育	79	9.3160	9.3160	爱国主义教育	9	1.0613	35.9670
红色文化	65	7.6651	16.9811	思政教育	9	1.0613	37.0283
红色资源	41	4.8349	21.8160	价值	8	0.9434	37.9717
红色文化资源	23	2.7123	24.5283	思想政治理论课	6	0.7075	38.6792
大学生	20	2.3585	26.8868	文化融入	6	0.7075	39.3868
高校思想政治教育	17	2.0047	28.8915	红色文化教育	6	0.7075	40.0943
大学生思想政治教育	16	1.8868	30.7783	革命传统教育	6	0.7075	40.8019
高校	16	1.8868	32.6651	路径	6	0.7075	41.5094
红色旅游	10	1.1792	33.8443	红色基因	5	0.5896	42.0991
高校思政教育	9	1.0613	34.9057	红色教育	5	0.5896	42.6887

将关键词的阈值设置为3,共生成34×34的关键词共现矩阵,将矩阵导入SPSS,进行聚类分析,生成聚类树如图2所示。结合关键词聚类树状图和样本文献内容,红色文化资源在思想政治教育中的研究归为如下聚类:(1)红色资源在思想政治理论课教育教学中的研究。(2)红色文化资源的实践育人及功能研究。(3)习近平相关论述的思想政治教育价值研究、红色教育及红色基因融入爱国教育相关主题的探讨。(4)新时代大学生思想政治工作研究。(5)红色文化在高校大学生思想政治教育中的概述研究。(6)新媒体时代红色文化融入高校思想政治教育研究。(7)红色文化资源促进革命传统教育和社会主义核心价值观教育研究。

1.红色文化资源在思想政治理论课教育教学中的研究

聚类1是红色文化资源在思想政治理论课教育教学中的研究。包含关键词思想政治理论课、教育教学和红色资源。该主题主要聚焦于如何将红色文化资源融入思想政治理论课教学中,以此提高思想政治理论课的教育教学质量。比如,在"中国近现代史纲要"课程中设置"红色文化生成与选择"专题,加强大学生对红色文化的思想政治教育。[8]思想政治理论课是思想政治教育的主渠道,红色文化资源为思想政治理论课教学提供了文化载体和实践平台,同时还能补充课程资源、丰富课程内容、创新教学方式。因而,该主题是重要的研究方向之一。不同研究者根据其教育价值,提出了不同的融合路径,主要有两种思路[9][10],一是在原有思想政治理论课的基础上增加一些基于红色文化资源的宣讲、论坛、选修课、专题教学和校本课程等思想政治理论课程。二是将红色文化资源融入思想政治理论课堂与管理中,与课堂教学内容有机结合,作为思想政治理论课素材的补充和内容的扩充。

2.红色文化资源的实践育人及功能研究

聚类2是红色文化资源的实践育人及功能研究。包含关键词红色文化资源、实践教学和育人功能。课外的实践活动是思想政治教育开展的重要阵地,如何将红色文化资源融入课外思想政治实践成为研究主题之一。在红色文化资源的实践育人功能方面,主要从红色基因传承和大学生教育与成长的角度去探讨,比如,李霞,曾长秋[11]认为红色文化资源具有思想导引、政治驾驭、道德示范、心理优化、审美熏陶等育人功能。马晓燕[12]认为红色文化资源具有理想信念导向、爱国情感激发、社会思潮引领、公民道德教化和创业精神强化等重要育人功能。红色文化资源的实践育人路径主要分校内和校外两个方面。其中,校内主要通过三条路径实现,一是营造红色校园文化;二是打造多样化的红色主题社会实践活动;三是在其他学科的教学和研究中融入红色文化进行育人实践,也就是基于红色文化资源的课程思政。校外实践育人主要包含两方面,一是利用网络空间开展红色思政教育,比如,影视艺术作品、红色网站和虚拟现实技术等;二是通过实地体验和参观等实践活动开展思想政治教育,比如"重走长征路"、革命遗址参观等。

3. 习近平相关论述的思想政治教育价值、红色教育及爱国教育研究

聚类 3 是习近平相关论述的思想政治教育价值研究、红色教育及红色基因融入爱国教育相关主题的探讨。包含关键词红色旅游、红色教育、思想政治教育价值、习近平、爱国主义教育和红色基因,共分为三小类。第 1 小类是基于红色旅游资源的红色教育研究。红色文化旅游资源是一种潜移默化的思想政治教育资源,是进行思想政治教育的途径之一。这一主题聚焦于红色旅游的思想政治教育价值的探讨、实现和基于具体景点的红色教育的开展。第 2 小类是习近平关于红色文化系列论述的思想政治教育价值研究。习近平关于红色文化的系列论述引领思想政治教育学科创新发展,涵养思想政治教育文化根基,指导思想政治教育生动实践,具有引领价值、涵养价值和指导价值,是新时代思想政治教育发展的行动指南。[13]第 3 小类是红色基因融入爱国主义教育研究。这一主题主要聚焦于红色基因的精神内涵、时代价值的探讨、红色基因融入爱国主义教育的基本原则和实践路径等方面,既涉及大学生、少数民族,也涉及青少年。

4. 新时代大学生思想政治工作研究

聚类 4 为新时代大学生思想政治工作研究,包含关键词新时代、思想政治工作、思政教育工作、大学生思政教育。思想政治工作是思想政治教育的常规模式,国际国内形势和思想政治教育环境的变化对思想政治工作来说既是机遇又是挑战,新时代下如何挖掘红色文化精神的内核来开展好思想政治工作成为一个重要的课题。该主题既有围绕红色文化融入大学生思想政治工作的价值、基本原则、存在的问题和融入路径等宏观层面的阐述,也有具体应用的探讨。比如,杜康华、邱建钢认为,红色文化融入高校大学生思想政治工作有利于学生学习思想政治内容、提高公民意识、树立理想信念和启发创新意识。[14]杜玉波提出以红色文化为滋养和根脉,推进社会主义核心价值观的培育践行和加强高校党的建设的思想政治工作路径。[15]在具体应用方面,比如,库来西 · 依布拉音[16]探讨如何运用革命文物加强新时代高校思想政治工作。

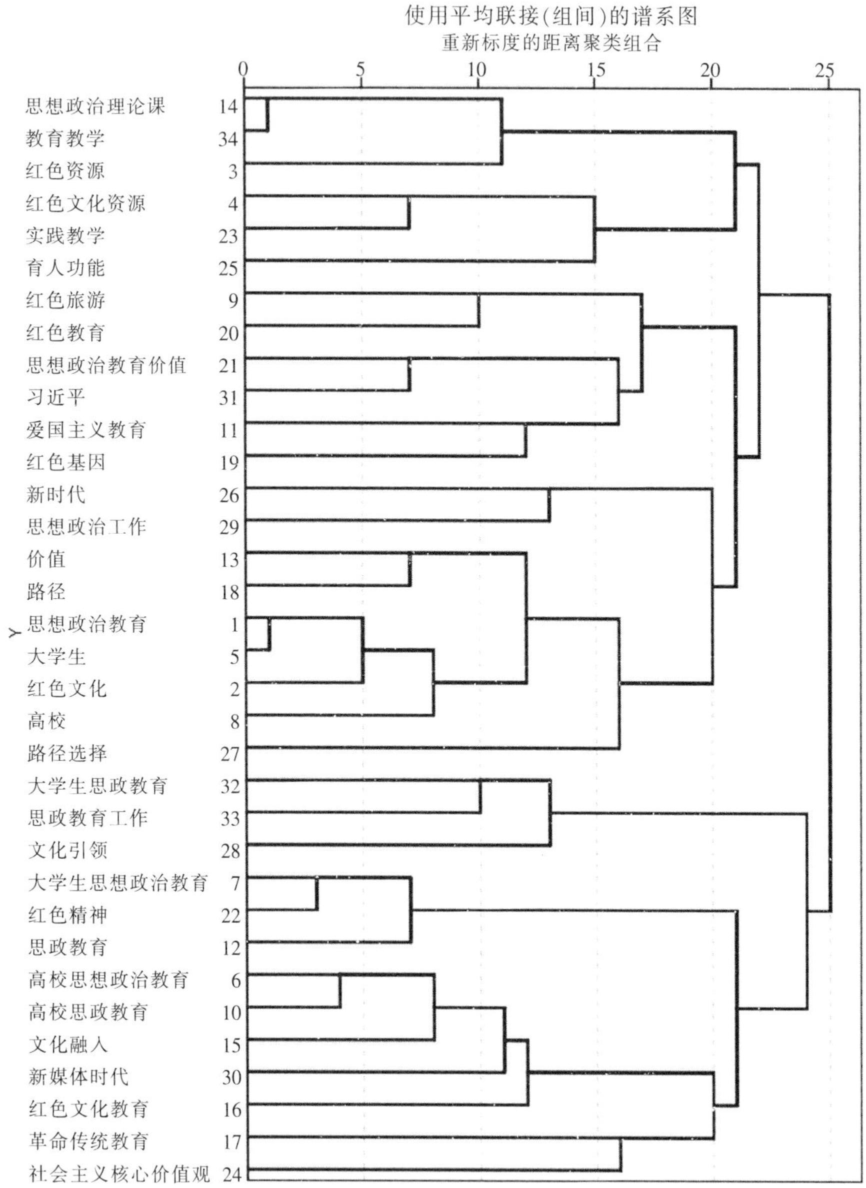

图2 关键词聚类层次树状图

5. 红色文化在高校大学生思想政治教育中概述研究

聚类5为红色文化在高校大学生思想政治教育中的概述研究。包含关键词大学生、思想政治教育、红色文化、高校、路径和价值。这一主题主要聚焦于红色文化在大学生思想政治教育中的宏观概述性研究,包含红色文化的内涵、形式、特点、功能,以及红色文化在思想政治教育中的意蕴、价值、困境、原因分析、路径等。红色文化融入思想政治教育具有文化意蕴、育人意蕴和政治意蕴。[17]目前,存在学生对红色文化认识偏颇、红色文化教育缺乏创新导致实效低、内容资源缺乏深挖和细化等问题。[18]针对红色文化在大学生思想政治教育中的实践路径,主要从创新课堂教学、建设校园文化、丰富实践活动、培育师资队伍、优化传播途径、创建教研基地、加强意识培养等[19]角度论述,并以学校和教师的视角为主,对学生、场馆方以及管理部门的关注度不够。

6. 新媒体时代红色文化融入高校思想政治教育研究

聚类6为新媒体时代红色文化融入高校思想政治教育主题,包括高校思想政治教育、高校思政教育、文化融入、新媒体时代等关键词。随着互联网、短视频等新媒体的发展,使得思想政治教育的场域从实体空间拓展到了虚拟空间,思想政治教育的话语体系面临着解构和重塑,如何从珍贵而厚重的红色革命历史中挖掘出其精神内核开展新媒体时代的思想政治教育成为重要课题。这一主题聚焦于新媒体时代思想政治教育面临的挑战与机遇,新媒体时代红色文化融入思想政治教育的路径等主题的探讨。在挑战与机遇方面,比如,陈俊认为,红色文化能够应对网络时代大学生道德观念面临的冲击和西方意识形态的渗透,还能让大学生从网络虚拟世界回到现实生活,助力健全人格的形成[20];在路径方面,主要从网络平台建设、基于新媒体的队伍建设、内容和形式创新、活动创设、融合模式创新等方面展开论述。

7. 红色文化资源与革命传统教育、社会主义核心价值观教育研究

聚类7为红色文化资源与革命传统教育、社会主义核心价值观教育相关主题,包含关键词革命传统教育、社会主义核心价值观。红色教育对于大学生形成正确的历史观、人生观、世界观、价值观具有很重要的意义。运用红色文化资源进行革命传统教育和社会主义核心价值观教育具有天然的优势,在精神内涵上具有高度的对接性。这一主题主要聚焦于如何利用红色文化资源开展好革命传统教育和社会主义核心价值观教育的相关概述和具体应用。比如,徐艳萍在分析红色资源的种类和育人作用的基础上,提出了利用红色资源加强青少年革命传统教育的主要途径和保障措施。[21]

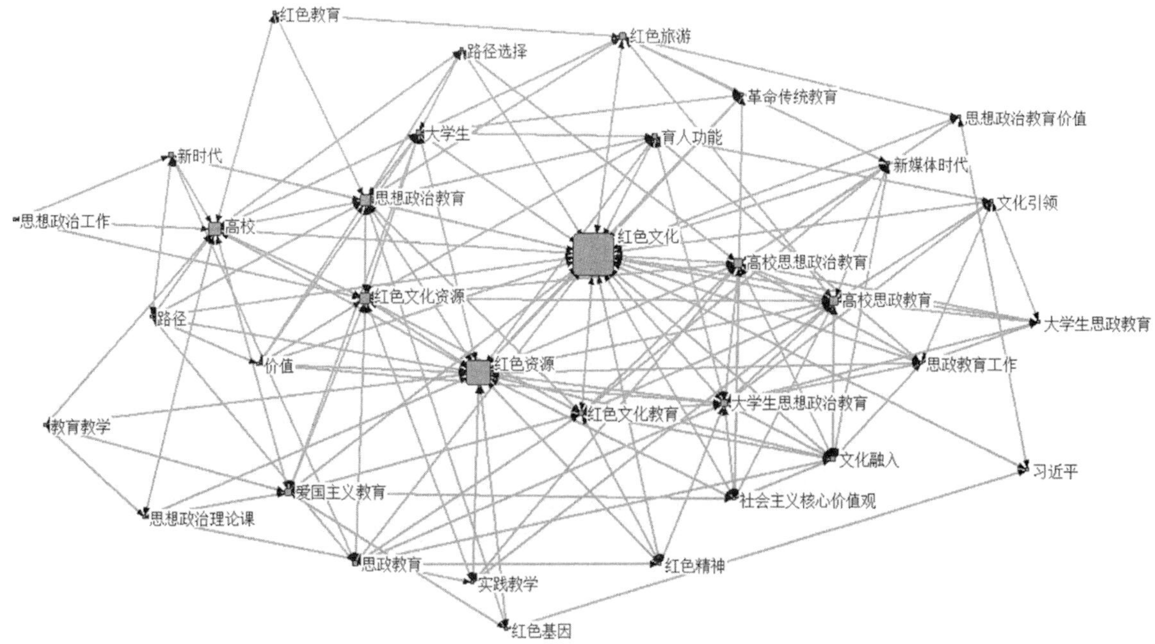

图3　知识图谱分析

（七）知识图谱分析

将34×34的关键词共现矩阵导入UCINET 6.0进行社会网络分析，生成社会网络知识图谱如图3所示。方形代表红色文化资源在思想政治教育中研究的关键词节点，节点之间的连线代表节点之间的关系，指向线条越多关键词之间共同出现的可能性越大。[22]图3表明，位于知识图谱中心的关键词几点为红色文化、红色资源、高校思想政治教育、大学生思想政治教育、文化融入、路径等，说明红色文化资源在思想政治教育中的研究主要集中在这些核心节点所构成的领域中。比如，红色文化资源融入大学生思想政治教育的路径等。革命传统教育、思想政治工作、社会主义核心价值观、红色旅游、思想政治理论课等节点处于边缘位置，说明红色文化资源在思想政治教育中的研究正在积极地探索融合创新模式，通过与红色旅游、思想政治理论课、日常思想政治工作以及革命传统和社会主义核心价值观教育的融合，以发挥红色文化资源的优势，提高思想政治教育的实效，促进高校立德树人之根本任务。

（八）中心度分析

运用UCINET 6.0对34×34的高频关键词共现矩阵进行中心度分析，基于红色文化资源是思想政治教育中研究的高频关键词接近中心度、点度中心度和中间中心度指标如表6所示。通过表6发现，思想政治教育、红色文化、红色资源、大学生、高校、价值、路径等高频关键词的点度中心度较高，表明红色文化资源在大学生思想政治教育的时代价值的挖掘，红色文化资源在高校思想政治教育中的实践路径探索等主题仍旧是未来研究的热点。关键词爱国主义教育、红色旅游、新时代、红色基因、思想政治理论课、实践教学、革命传统教育等接近中心度和点度中心度较低，中间中心度较高，表明对这些关键词构成的领域关注度不够。新时代高校红色基因的传承、红色旅游等思政实践教育活动、红色文化资源与思想政治理论课的融合、以爱国主义教育、革命传统教育为中介的红色资源下之思想政治教育等主题或许是红色文化资源融入思想政治教育今后的突破方向。

表6　高频关键词中心度指标（部分）

序号	高频关键词	接近中心度	点度中心度	中间中心度	序号	高频关键词	接近中心度	点度中心度	中间中心度
1	思想政治教育	63.462	95.000	30.237	11	爱国主义教育	57.895	11.000	14.261
2	红色文化	82.500	96.000	141.381	12	思政教育	53.226	15.000	5.348
3	红色资源	71.739	56.000	77.809	13	价值	55.932	17.000	1.602
4	红色文化资源	61.111	25.000	27.850	14	思想政治理论课	48.529	8.000	1.716
5	大学生	60.000	36.000	9.044	15	文化融入	56.897	17.000	4.054
6	高校思想政治教育	62.264	29.000	23.625	16	红色文化教育	60.000	14.000	9.627
7	大学生思想政治教育	61.111	29.000	14.324	17	革命传统教育	53.226	7.000	1.083
8	高校	62.264	32.000	35.914	18	路径	55.932	13.000	2.338
9	红色旅游	54.098	10.000	12.397	19	红色基因	49.254	4.000	3.192
10	高校思政教育	62.264	26.000	18.193	20	红色教育	44.595	3.000	0.535

三、结论与建议

(一)加强红色文化资源在思想政治实践教育中创新应用

从研究内容看,红色文化资源在思想政治实践教育中研究薄弱,缺乏创新性研究,缺乏深入挖掘,从实际效果检验是否达到研究预设目的的研究[23],尤其是在思想政治实践教育中的创新性应用更是目前的难点。通过中心度分析发现,红色旅游、思政理论课、爱国主义教育、革命传统教育等连接红色文化资源与思想政治教育的中介性教育实践活动可能是实践的方向。说明红色旅游、社会实践活动以及思想政治工作等中介性的实践活动是连接红色资源与思政教育之间的桥梁和媒介,因而可以作为融入思想政治实践教育的切入点。尤其是针对思想政治实践教育难题,从红色文化资源在思想政治实践教育中课程体系的建设、监管机制的健全、实践模式的创新、传播途径的丰富、实践平台的搭建、红色资源的整合、话语表达体系的完善[24]等方面切切实实解决思想政治实践教育面临的难题。在实践中不断探索和修正,使红色文化资源在思想政治教育中的应用逐渐规范化、制度化,课程化,在此基础上健全和完善相关的应用机制和评价模式,从而保证红色文化资源在思想政治实践教育中的质量。

(二)持续深化红色文化资源在思想政治教育中的研究质量

红色文化资源在思想政治教育中的研究始于2004年,逐年呈上升趋势。该主题相关文献3730篇,核心期刊来源文献占总文献数的5.76%,说明红色文化资源在思想政治教育中的研究受到广泛关注,但高质量的研究成果偏少。一些研究仍然是机械地重复陈旧的内容,时代感不强,空话、套话、政策和文件的解读话语居多,学科与学理研究意味不浓,缺乏学科支撑和理论深度。[25]其次,研究缺乏持续性。作者发文篇数大于等于2的作者数占总数的9.26%。发表1篇论文的作者数与所有作者数之比为95.45%,高于60%,说明红色文化资源在思想政治教育中的研究并未形成核心队伍,持续跟进的研究者较少。最后,从研究方法上看,红色文化资源在思想政治教育中的相关研究以宏观中观的理论性思辨和质性方法研究居多,量化研究较少。因此,一方面,应重视红色文化资源在思想政治教育中的定量研究,促进研究成果的推广和应用。另一方面,加强红色文化资源在思想政治教育中的高质量研究,尤其是加强研究的持续性,转变追政策热度的研究者较多、持续深耕细作的研究者较少之虚假繁荣现象。

(三)加强学生需求的关注,促进实施主体联姻

从研究主题来看,红色文化资源在思想政治教育中的研究涉及的主题比较广泛。包含了红色资源在思想政治理论课教育教学中的研究、红色文化资源的实践育人及功能研究、习近平相关论述的思想政治教育价值研究、红色教育及红色基因融入爱国教育相关主题的探讨、新时代大学生思想政治工作研究、红色文化在高校大学生思想政治教育中的概述研究、新媒体时代红色文化融入高校思想政治教育研究、红色文化资源促进革命传统教育和社会主义核心价值观教育研究等主题。从实施主体来看,研究以学校和教师的视角论述为主,对学生的关注度不够、场馆方和管理部门对促进资源开发、整合和利用的主动性不强。一方面,学生作为思想政治教育的主体之一,如若不考虑学生的关注点和兴趣,如若不兼顾学生的认同情况和接受方式,如若不与学生的实际学习生活紧密联系,将思想政治教育建立在学生思想动态和困惑之上,很难想象只有教师和

学校努力的单边活动能够切切实实地提高思想政治教育的效果。因而,加强对学生的调研和摸底,提高红色文化资源在思想政治教育中的针对性,使思想政治教育的供需精准匹配。另一方面,思想政治教育的育人主体不仅仅是学校和教师,还需要社会、政府管理部门和场馆方积极参与和支持,加强实施主体间的联动与协作,创新合作机制和模式,形成教育合力。

(四)鼓励体现区域特色的地方性实践

红色文化资源在思想政治教育中研究涉及的区域比较广泛,包括31个省、自治区和直辖市。江西、江苏、陕西、河北和重庆等省市地方红色文化资源比较丰富,所属机构出现频次较高,相较而言,地方红色文化资源较丰富的区域对红色文化资源在思想政治教育中的研究比较重视。不过,安徽、云南、山西和甘肃等省份虽拥有丰富的地方性红色文化资源,但高质量的研究成果相对较少。由于地方性红色文化资源具有一定的地域特点和区域差别,结合红色资源的地方特色和思想政治教育需要,加强地方性红色文化资源与思想政治教育有机融合,形成具有地方特色的创新应用模式和路径,充分发挥地方红色文化资源的教育功能,加强地方性红色文化资源的开发与整合,与区域风俗、经济和教育现状等特点融合,既能提高思想政治教育的质量,又能为地方红色文化传播和红色基因传承服务。

参 考 文 献

[1] 习近平. 贯彻全军政治工作会议精神,扎实推进依法治军从严治军[N]. 人民日报,2014－12－16.

[2] 孙慧. 红色文化融入高校思想政治理论课教学的路径探究[J]. 改革与开放:文教空间,2018,(15).

[3]张钟艺. 红色文化资源运用于高校思想政治教育研究综述[J]. 太原学院学报:社会科学版,2022,(1).

[4]苌自玉啸. 近五年红色文化融入大学生思想政治教育研究综述[J]. 河南科技学院学报,2018,(2).

[5]杜向辉. 红色文化融入高校思想政治理论课教育教学研究综述[J]. 江西理工大学学报,2020,(4).

[6]倪景泉. 开发红色文化资源 进行革命传统教育[J]. 求知,2004,(10).

[7] 刘思来. 何云飞. 孙立会,等. 近五年高职教育供给侧改革研究现状及趋势分析——基于CNKI共词聚类和知识图谱分析[J]. 职业技术,2022,(9).

[8]刘建民. 红色文化资源与加强大学生思想政治教育——以"中国近现代史纲要"教学为例[J]. 红色文化资源研究,2018,(1).

[9]李艳. 红色资源融入高校思想政治教育研究[J]. 学校党建与思想教育,2020,(8).

[10]李康平,李正兴. 论红色资源在高校思想政治理论课中的运用[J]. 教育学术月刊,2008,(8).

[11]李霞,曾长秋. 论红色资源的思想政治教育功能[J]. 求实,2011,(5).

[12]马晓燕. 基于实践体验的红色文化资源育人功能探究[J]. 思想理论教育,2019,(2).

[13]黄蓉生,丁玉峰. 习近平红色文化论述的思想政治教育价值探析[J]. 思想教育研究,2018,(9).

[14]杜康华,邱建钢. 红色文化融入高校大学生思想政治工作的价值思考[J]. 四川戏剧,2018,(6).

[15]杜玉波. 大力弘扬革命传统文化 切实加强和改进高校思想政治工作[J]. 中国高等教育,2016,(18).

[16]库来西·依布拉音. 运用革命文物加强新时代高校思想政治工作探究[J]. 学校党建与思想教育,2021,(24).

[17]卞成林. 红色文化创造性地融入高校思想政治教育的实践路径[J]. 社会科学家,2020,(5).

[18]韦红霞. 红色文化有机融入高校思想政治教育的路径思考[J]. 学校党建与思想教育,2018,(11).

[19]肖发生,张泰城. 红色文化资源融入高校德智体美劳育人研究述评[J]. 红色文化资源研究,2019,(2).

[20]陈俊. 网络时代红色文化融入大学生思想政治教育的途径探析[J]. 学校党建与思想教育,2014,(19).

[21]徐艳萍. 利用红色资源加强青少年革命传统教育[J]. 当代青年研究,2008,(5).

[22]杨蕴佳,李美凤,李文. 近十年国内高阶思维研究现状、热点与趋势——基于文献计量与知识图谱分析[J]. 现代教育技术,2021,(8).

[23]邓敏子,陈以洁,王琤,祝鹏,邬晚霞,杜俊霞. 红色文化资源融入高校思想政治教育研究综述[J]. 产业与科技论坛,2021,(22).

[24]杨帆,张泰城. 红色文化资源融入高校思想政治教育理论研究综述[J]. 红色文化资源研究,2018,(2).

[25]刘党英. 我国大学生红色教育研究文献综述[J]. 信阳师范学院学报:哲学社会科学版,2014,(5).

Status and Prospect of Studies on Red Cultural Resources in Ideological and Political Education

——An Analysis Based on Co - word Clustering and Knowledge Graph

LIU Si - lai, LI Zong - yuan, WANG Ju, XIE Xiao - qin, LUO Guo - zhong

(School of Education Science, Zhaotong University, Zhaotong 657000, China)

Abstract: Using BICOMB2. 01, SPSS 24 and UCINET 6 as analytical tools and 215 core literature from CNKI, this study analyzes the research on red cultural resources in ideological and political education in China in the past 15 years by co - word clustering and knowledge graph. The study shows that: there are many researches on red cultural resources in ideological and political education, but few high - quality application researches; there are relatively more researches about regions rich in red resources, but few about regional characteristics; the research theme is relatively broad, but the linkage between students' perspectives and the implementation subjects is on the low side; intermediary activities may be the direction of future breakthroughs in the research. In the future, the research on red cultural resources in ideological and political education can focus on the following aspects: strengthening the innovative application of red culture resources in ideological and political education, continuing to deepen the quality of research, strengthening the attention to students' needs, promoting the linkage of implementation subjects, and encouraging local practices with regional characteristics.

Key words: ideological and political education; red cultures; red resources; knowledge graph

【责任编辑：陈　岭】

红色文化资源与中国式现代化

——全国第九届红色文化资源理论研讨会会议综述

肖发生,曾昭镇

(井冈山大学 1. 马克思主义学院;2. 中国共产党革命精神与文化资源研究中心,江西 吉安 343009)

2023 年 11 月 4—6 日,全国第九届红色文化资源理论研讨会在中国井冈山成功举办。来自中国人民大学、华南师范大学、西南大学、深圳大学、鲁东大学、南昌大学、江西省社会科学院、中国井冈山干部学院、江西省委党校、科研院所、干部学院、党校、地方党史部门以及博物馆等 70 余名专家学者参加了会议。此次研讨会收到了全国 100 多篇学术论文,学者们围绕红色文化资源与中国式现代化这个主题,就红色文化资源与治国理政、红色文化资源与文化强国建设、红色文化资源与文化自信、红色文化资源与红色基因传承、红色文化资源与思政教育,红色文化资源与红色旅游、红色文化资源保护与开发利用等深入研究,反映了近年来全国红色文化资源研究的最新成果。

一、红色文化资源与治国理政研究

与会学者认为红色文化资源体现了深厚的治国理政理念和价值,是中国共产党在百年奋斗中的经验总结,在促进社会动员教育和社会治理现代化方面起到了积极作用。

(一)在中国式现代化的价值方面

南阳理工学院王伟认为井冈山精神与中国式现代化具有一致性,在实现中国式现代化的过程中,井冈山精神贯穿其中,具体表现为所蕴含的“依靠群众求胜利”为中国式现代化提供力量源泉,“坚定执着追求理想”为中国式现代化提供精神动力,“实事求是闯新路”为中国式现代化探索中国特色社会主义道路,“艰苦奋斗攻难关”为中国式现代化扫除障碍,因此需要挖掘井冈山精神所蕴含的精神助力中国式现代化的实现。华南师范大学袁琪认为中国式现代化源于中国共产党领导中国革命、建设、改革的全过程,伴随着党的百年奋斗历程,具有重要的理论特质和理论价值,即为外在表征、内在优势、集中体现、精神支柱、世界视野五个方面的理论特质和政党、国家、全人类三个方面的理论价值。

(二)在社会动员教育方面

常州大学胡勇军通过以上海考察中心为例,指出新中国成立初期举办的土改展览会是中国共产党治国理政的早期探索与实践,具有重要的政治价值意义,提高了人民群众的思想政治教

[收稿日期]2023-11-30

[作者简介]肖发生(1975—),男,江西泰和人,教授,博士,院长,主任,主要从事中共党史研究。
曾昭镇(1999—),男,江西吉安人,硕士研究生,主要从事马克思主义理论研究。

育,同时认为土改以实物、照片、图表和模型等载体直观了地主的种种罪行,不仅让人民群众受到了反封建教育,也激发了人们的爱国主义情怀,为巩固新政权和社会主义改造奠定了坚实的基础。

(三)在社会治理现代化方面

青海行政学院祁克军以青海省为例,指出要挖掘红色资源中所蕴含的红色文化,重构社会价值体系,修复失范的社会秩序,维护藏区、牧区的和谐稳定,培育民族地区社会价值观和文化认同根基,回应文化价值观重建诉求,是创新民族地区社会治理的重要突破口之一,从而更好地维护民族地区的经济社会稳定与团结。

此外,还有专家学者提出了延安设计在中国式现代化体系中的当代价值,认为从思想、体制和学科等方面来观察,延安设计给“为人民而设计”搭建了坚实的物质和思想基础,为实现中国式现代化进行了积极而宝贵的探索。

二、红色文化资源与文化强国建设

红色文化资源内涵丰富、形式多样,能够有效地促进社会主义现代化强国的建设,促进人才的培养。与会学者围绕中华传统文化传承、革命文化的功能、维护国家文化安全、红色文化传播路径、红色精神谱系和内涵进行了广泛而深入的研究。

(一)在中华传统文化传承方面

陕西师范大学黄伟志认为在中国共产党的百年奋斗历程中,始终坚持把马克思主义基本原理同中国具体实际相结合,同中华优秀传统文化相结合,形成了一系列的理论成果。在新民主主义革命时期、社会主义革命和建设时期、改革开放、社会主义现代化建设时期以及中国特色社会主义新时代,在把马克思主义基本原理同中国具体实际相结合中,形成了新的理论成果。中国石油大学张会芸以《人民日报》中“日记摘抄”为核心分析材料,探寻红色日记中的革命修养思想,感悟英雄人物在日记中所展现的革命修养目标,并提炼为实现这一政治目标所采取的政治理论学习、榜样人物学习、红色影视观看等修养方法,指出革命修养中所蕴含的深厚传统文化底蕴,是传统修养思想的创造性转化以及创新性发展。

(二)在革命文化的功能方面

李浩砥对革命文物的阐述和革命文化传播进行了深入研究。指出革命文物和革命遗产虽然称谓不一样,但是均作为革命文化的载体,都承担着革命文化的传播功能,在传播革命文化时,革命纪念馆需要创新展品阐述方式,以革命文物的视野来挖掘革命文物的内涵,增加展览中革命历史的科普内容,开发有红色文化特色的文创产品,从而使革命类纪念馆真正成为革命文化传播的大本营。山西省社会科学院赵树婷对前方鲁艺历史文化价值进行了探讨。指出前方鲁迅艺术学校是在党的领导下所创办起来的,在抗日战争中对文艺的引领发展发挥了重要的作用,是延安鲁艺精神在抗战前线的具体实践与弘扬,有着先天的战斗性、更大的灵活性与更强的革命性。

(三)在维护国家文化安全方面

浙江大学孙亚冲指出红色精神作为中国式现代化进程中积蕴形成的宝贵基因,复刻中华民族转危为安的精神密码,其中坚定不移的理想信念、敢于斗争的宝贵品格、勇于自我革命的强大魄力,决定了它与国家文化安全之间具有高度的价值一致性,在“面对新的赶考之路”来自思想文化领域的诸多风险,需要在弘扬追求真理的理想信念精神中、清醒自觉的主动精神中维护国家安全。

(四)在红色文化传播路径方面

宁夏大学民族与历史学院张琴教授从融媒

体视域下对甘宁青地区红色文化传播路径创新进行了研究。认为甘宁青地区是红色文化富集地,在传播上面临红色文化大众了解不够等问题,探讨了融媒体视域下红色文化传播路径问题,指出了甘宁青地区红色文化传播路径现状,比如发展红色文旅产业等;最后是对融媒体下甘宁青地区红色文化传播路径进行了探讨,认为要塑造甘宁青红色文化 IP,拓展不同媒介传播;引导甘宁青地区红色文化产业化发展,强化区域合作;发挥甘宁青地区红色文化资源优势,开辟第二课堂;融合甘宁青地区红色文化资源,打造传播矩阵,从而积极推动甘宁青地区红色文化的传播。陕西理工大学杨佳欣在中国式现代化背景下红色文化建设的创新发展模式和路径进行了探析。通过以陕西红色文化为例,探析了当前陕西红色文化资源创新发展中存在的问题,并以马克思主义系统论为视角,以中国式现代化为指导,从红色文化创新的主体、目的、与经济的发展关系、可持续发展、对外话语建设角度分析了中国式现代化背景下红色文化建设的创新发展模式和路径探析。赣南医学院马克思主义学院孙帮寨教授探讨了红医精神融入医学生思想政治教育的逻辑前提、重要意义和基本路径,指出红医精神是党在新民主主义革命时期党领导医疗卫生实践过程中形成的革命精神,具有重要的育人价值,也是大学生思想政治教育过程中的重要优质资源,对于大学生医学生具有重要的思想政治教育价值,并且从科学研究、实践教学、课外教学方面提出了红医精神的发展路径,如开展红色研学旅行以及开设网上课堂从而丰富医学生思想政治教育的内容,增强思想政治教育的思想性、理论性和针对性。赣南师范大学中国共产党革命精神与文化资源研究中心徐功献教授指出红色的精神特质与实践特质决定了红色文化社会化有着特定的前提基础和价值目标,认为要实现人们对红色文化的"知行合一",需要在红色文化的产品质量、传播理念、传播制度和"知行"转化等方面着力。西南大学王义平探究了文化线路保护遗产视角下长征国家文化公园建设的优化路径。指出长征国家文化公园建设需要借鉴文化线路遗产保护理念和规范,优化建设方式,具体则需要以"真实性"保护为导向的长征文化保护体系,深入挖掘阐述长征路线的突出普遍价值,创新方式加强长征文化的国际传播,实现对长征红色文化资源更加科学有效地保护利用。

(五)在红色精神研究方面

1. 在中国共产党人精神谱系上,井冈山大学井冈山研究中心主任、马克思主义学院院长肖发生教授围绕中国共产党人精神谱系中的共性和个性展开了讨论,并以井冈山精神为例,就中国共产党人精神谱系在生成逻辑、历史逻辑以及运行逻辑等方面的共性和个性进行了探讨。鲁东大学历史文化学院俞祖华教授围绕沂蒙精神的四个维度进行了阐释,第一从传统、当年和当下的时间关系看,第二从沂蒙、山东、全国的空间关系看,第三从党心、军心、民心的主体关系来看,第四从政治、媒介、学术、艺术的领域来看:沂蒙精神是四类话语共同发声所彰显的正能量。对于弘扬沂蒙精神产生了积极的作用。

2. 在思想内涵上,参会学者认为红色精神蕴含着马克思主义伟大真理,具有独特的地域特色。如西南大学中国共产党革命精神与文化资源研究中心讲师白云华指出红岩精神是新时代好青年铸魂塑行的宝贵精神资源,认为红岩精神是富有巴渝独特地域含义的文化形态,是中国共产党人精神谱系的有机构成,蕴含着坚如磐石的理想信念、和衷共济的爱国情怀等优秀品质,是培养新时代好青年的精神资源。王欣媛通过红军长征的宣传内容来看长征精神的思想内涵,指出包含了爱国团结、乐观勇敢、实事求是、信念坚定的深厚蕴含,并认为正是因为有这样的精神，红军才能够百折不挠，自强不息，最终获得长征的胜利。

三、红色文化资源与红色基因传承

红色基因见证了中国共产党带领广大人民群众在革命、建设和改革历史进程中的光辉革命历史，体现了中国共产党人的性质宗旨，同时也是取得伟大事业胜利的强大精神力量。与会专家学者们就生成逻辑、融合发展、发展路径等方面进行了探讨，同时也有专家从新的视角进行了研究，如从共生理论视域下的角度进行探讨，为红色基因的发展提供了新的研究成果。

（一）在红色基因的生成逻辑方面

南昌大学红色基因传承研究中心副主任杨帆教授阐述了习近平总书记关于红色基因重要论述的生成逻辑，表现为生成的实践逻辑、理论逻辑以及历史逻辑，也阐述了时代特征以及重大意义，认为为全面从严治党架构了具体的实践路径，对于推进新时代党的建设具有重大意义。

（二）在红色基因的实现路径方面

赣南师范大学胡聪指出红色基因为新时代廉洁文化建设提供了精神动力和行动指南，为新时代廉洁文化建设提供了营养和能量，要从需要的角度实现即深挖红色资源，不断丰富廉洁文化教育载体；强化学史力性，增强廉洁文化建设针对性和有效性；创新载体形式，增强廉洁文化吸引力和感召力。内蒙古大学王荣亮对新时代传承红色基因、赓续红色血脉的路径进行了研究，通过立足长征精神内涵，指出了长征申遗的现实意义以及对于增强中华文化具有重要的作用，认为新时代中国特色社会主义需要大力弘扬长征精神。学者孙昊从共生理论的视域下对红色基因与抗洪精神的融合路径进行了探讨，如以顶层设计为引领，以抗洪精神为核心，以红色辉煌为标识，并指出了二者的共生关系、共生规律，为新时代高质量发展和中国梦提供了强大的精神动力。

四、红色文化资源与思政教育

红色文化资源是优质的教育资源。在本次研讨会上，该议题的研究涵盖了红色文化资源育人的转化、实践路径、重要价值等多项研究成果，同时也有新的理论研究视角，如在精神谱系视域下、智媒时代角度的探讨以及对“大思政课”建设方面的深入研究。

（一）在红色资源育人转化方面

中国井冈山干部学院原副院长、井冈山大学原校长张泰城教授从育人转化的角度阐述了红色文化资源如何育人的问题，指出红色文化资源是优质的教育资源，红色文化资源的原生态形式很难直接进入高校教育教学的过程，因此用好红色文化资源育人必须做好“三个转化”，首先是红色文化资源转化为教育教学资源，其次是红色文化资源转化为课程资源，最后是红色文化资源转化为学习主体的素质能力。

（二）在红色文化资源育人路径方面

湖北师范大学张耀天教授基于当前大别山与“三权育人”契合体系面临的认知参差不齐、合理成效不足、育人断层的困境，从红色基因、红色资源、红色传统三个维度探寻大别山红色文化与“三全育人”体系深度融合的路径，从而增强研究生对红色文化的认知认同，实现育人路径。新疆师范大学博士研究生梅丽认为多途径用好红色文化资源是解决当前大学生爱国主义教育问题的最优方案，要从扩充红色文化资源的内容，完善红色文化资源教育机制，创新红色文化资源教育形式，加强党的领导等方面实现，从而提升大学生的爱国认知。王华彪指出要从寻觅红色文化、把握红色脉络，开设红色讲坛、凝练红色品牌，整合红色资源、拓宽红色阵地，感悟红色文化、砥砺红色精神等方式，并指出红色文化资源有利于培育时代新人。

(三)在红色文化资源融入思政教育的实现路径方面

西安电子科技大学夏永林教授认为主要从协同高校与政府、教师与课程、校园环境与文化精神等方面入手,探索传承红色基因长效机制,坚守思想政治教育原则和创新中国高等教育发展之路。阜阳师范大学梁家贵教授通过以大别山红色文化资源为例,认为融入高校理论教学实践的探索,要明确基本原则、思路方法、融入路径、学术思想、学术观点等方面的创新,要体现出学术价值和应用价值。井冈山大学井冈山研究中心张玉莲教授认为沉浸式的实践体验受到青年学生的青睐,在此形势下,红色走读,红色主题暑期实践将红色教育和社会实践的相结合中,要深刻诠释"因事而化、因时而动、因势而新"的理念,充分发挥"红色走读"在思政教育中的作用,在把握人才成长规律的基础上,从理论逻辑、现实逻辑、实践逻辑三个维度深入探索大思政教育模式。江西师范大学马克思主义学院博士研究生郭斓围绕红色文化融入大中小思政课一体化教学的逻辑理路与实践路径进行了探讨,指出了站位于"两个一百年"奋斗目标的历史交汇期,融入思政课一体化教学需要坚持宏微并济、引培共举、知行并进的要求与前进路向,打造纵向贯通、横向融通的融入场域。

(四)在"大思政课"的路径研究方面

学者们从革命文化视角、耦合机理方面做了深入研究,并从智媒体时代融入高校思政教育做了探讨。华中科技大学胡楠结合中国共产党独有的革命文化和红色资源,构建"大思政课"教育的重要素材,对学生思想政治理论、价值观念教育起着重要作用,认为要善用"大思政课"实现育人场域的多维度转变,从而发挥"大思政课"的应有价值。西北大学赵景龙从理论逻辑、价值逻辑和实践逻辑三个角度阐述了红色文化资源与"大思政课"建设的耦合机理,并指出了其现实意义以及坚持思政课的守正性与红色文化资源的创新性相统一等方面的建设路径。赵文莹从认识智媒体时代红色文化资源融入高校思想政治教育的价值意蕴基础上,分析了当前高校红色文化教育存在的问题,有针对性地从政府、社会、高校以及大学生四个角度提出了解决措施。

(五)在精神谱系视域方面

中国共产党人精神谱系是中国共产党成立以来带领全国各族人民在革命、建设和改革的过程中形成的伟大精神图谱。辽宁石油化工大学马克思主义学院李新仓教授从精神谱系下雷锋精神融入高校思想政治教育的多重维度进行了探讨,指出雷锋精神是中国共产党人精神谱系的重要内容,并在精神谱系视域下审视了雷锋精神对高校思想政治教育的价值意蕴,对于新时代弘扬雷锋精神和提高高校思想政治教育具有积极效能。在融入过程中,要把握好"四重维度",即历史维度、理论维度、价值维度和实践维度,推进雷锋精神融入高校思想政治教育的全方位、全过程、全领域,从而落实立德树人的根本任务和教育目标。

五、红色文化资源与红色旅游

红色旅游是传承红色文化资源的重要方式,也是保护红色文化资源的重要途径。本次会议的专家学者主要是从新时代文旅的融合、共同富裕、心理学的角度进行了深入研究。如南昌大学江西发展研究院院长黄细嘉教授对红色旅游与共同富裕的耦合关系、价值共创与实现路径进行了探讨。指出在新发展阶段,红色旅游高质量发展与扎实推进共同富裕统一于全面建设社会主义现代化和实现中华民族伟大复兴的历史进程中,二者的外驱力和内驱力决定了红色旅游与共同富裕是密切联系、相辅相成、互相促进的关系。大连理工大学马克思主义学院屈洪教授通过沉浸式的方式,从心理学的角度,运用情景问卷的方法进行了探讨,探究了红色旅游仪式感对游客政党认同的影响、作用机制，并且阐述了红色旅游仪式感与游客的政党认知、政党感情和政党评价的关系。拓展了红色旅游社会效应的研究视角、方法与内容，为红色旅游社会效应的发挥提供了参考。湘潭大学商学院刘建平教授围绕新时代文旅融合下革命老区西柏坡红色文化旅游高质量发展研究做了探讨。指出近年来文旅融合发展迅速，但是革命老区西柏坡仍存在景区周边管理不力，对青少年吸引力不足，文化资源挖掘不够等问题，因此需要从加强政府管理，完善乡规民约等多角度发展献言献策，从而推动红色文化旅游高质量，助力革命老区振兴发展。

六、红色文化资源保护与开发利用

对于红色文化资源保护与利用开发，专家学者主要是围绕其路径进行了研究。如中国人民大学学报编审、中国人民大学国家发展与战略研究院研究员林坚主要围绕红色文化资源保护、开发和利用的措施和路径进行了探讨，系统总结和梳理了红色文化资源的完整保护，并给予激活、展示、开发和利用，从建设展览馆等角度对红色文化资源进行保护、开发和利用提出了发展建议。

此外，专家学者对红色文化资源其他问题也给予了一定关注。如井冈山大学人文学院黄惠运教授探讨了井冈山红色文化在高校智育中的重要价值。指出井冈山具有光辉灿烂的革命历史，厚重的红色文化资源，是高校智育的宝贵财富，老一辈革命家的革命精神是大学生智育的宝贵资源，具有重要的思想引领价值和人生规划指引作用。天津理工大学魏莱从基于 VR 技术的角度对红色资源赋能高校思想政治理论课进行了探索，指出高校应当认识到红色文化资源对于高校思政课教学的重要性，要积极探索利用 VR 技术推动红色文化资源赋能高校思政课的有效路径，从而助力高校思想政治教育的现代化转型。

七、红色文化资源研究的趋势和展望

通过本次理论研讨会的深入交流，张泰城教授对红色文化资源的未来发展趋势进行了深刻的总结，指出了红色文化资源未来研究的几个方向，第一是红色文化资源研究如何融入思政教育，第二是红色文化资源研究怎么和专业课进行研究，第三是红色文化资源研究怎么融入实践教学，第四是红色文化资源怎么融入大思政课建设，第五是红色文化资源如何融入大中小一体化建设，第六是红色文化资源怎么融入社会教育。同时也阐述了资政育人的发展方向，分别是马克思主义中国化时代化大众化、关于党的建设，尤其是廉政建设，巡视制度建设，入党誓词的版本建设、社会建设、军事建设、作风建设等各方面的内容。

Red Cultural Resources and Chinese – style Modernization

——A Summary of the 9th National Symposium on the Theory of Red Cultural Resources

XIAO Fa – sheng, ZENG, Zhao – zhen

(1. School of Marxism, Jinggangshan University, Ji'an 343009, China; 2. CPC Revolutionary Spirits and Cultural Resources Research Center, Jinggangshan University, Ji'an 343009, China)

【责任编辑：陈　岭】

革命理想信念研究的有益探索

——评《苏区时期中国共产党理想信念的培育与当代启示研究》

朱培丽

（新乡医学院马克思主义学院，河南 新乡 453000）

坚定的理想信念，是中国共产党人在平常时锐意进取，逆境时奋发图强的精神动力。但坚定的理想信念如何才能培育出来？特别是在苏区时期，中国革命斗争环境和形势最为艰难险恶、挫折和曲折最为频发的社会历史条件下中国共产党如何培育？当时的实践经验对今天有何启示？马春玲教授的新作《苏区时期中国共产党理想信念的培育与当代启示研究》（人民出版社2022年版）对上述问题作了有益的探索和较深入的研究，具有重要的学术意义和现实价值。作为一部学术专著，该书在苏区时期理想信念培育研究方面有自己的学术见解，框架自成体系，具有鲜明的特点。

第一，论域颇具特色。相较于以往的研究，该书的研究视角有其独到之处。从马克思主义信仰研究角度看，当前多数学者是基于现代视野来探讨，历史视角的研究相对较少。而现有研究成果中，对理想信念的历史考察侧重于从马克思主义发展史、党史、思想理论教育史等方面，虽博大，但不够精深。关于苏区时期这一特殊历史阶段、苏区这一特定区域理想信念的研究，还较薄弱；从苏区史研究来看，学界对理想信念的研究，大多隐含在苏区思想建党、思想政治教育、马克思主义理论教育等方面。从马克思主义信仰视角系统和专门研究苏区的理想信念的成果尚不多见，而把苏区中国共产党作为理想信念研究对象的则更少。因此，该书以特定的历史时期（苏区时期）、以特殊的历史条件（中国共产党创建苏区）为研究背景，以党的思想建设的首要任务（理想信念）作为研究的切入点，运用历史与逻辑相统一的方法，探究苏区时期理想信念的培育，在研究论域上有自己的独到之处。该书从中国共产党改造旧中国、建立新中国的理想和政纲的角度，对苏区时期的概念作明确界定，指出："苏区时期是指从1927年大革命失败到1937年抗日战争爆发的十年，中国共产党人在苏维埃革命的旗帜下，在中国以创建苏维埃政权为中心，以武装斗争为主要形式，以土地革命为社会内容开展苏维埃运动的时期。"因此，该书围绕党的八七会议之后启动苏维埃革命到抗日战争爆发这个时间概念，论述了中国苏维埃从理论探讨转向实践和现实，强调创立、发展苏区始终贯穿在这一时期的革命实践中；围绕中国当时各地所发生的苏维埃运动这个地理概念，探讨中国共产党在

［收稿日期］2022-12-07

［作者简介］朱培丽（1982— ），女，河南许昌人，博士，副教授，硕士生导师，主要从事意识形态研究。

苏区进行理想信念培育的内容、途径、机制和经验。从而展示中国共产党在理想信念的精神力量鼓舞下创建苏区的历史画卷，进而得出苏区时期是中国共产党强化革命理想信念的重要时期和苏区是中国共产党理想信念的重要实践地的重要观点。

第二，框架自成体系。该书除了导言和结语外的六章内容，先梳理苏区时期中国共产党理想信念培育的渊源和背景，论述马克思主义经典作家对理想信念及其培育思想的源头，概括中华传统文化蕴含丰富的理想信念及其培育的智慧。然后考察苏区时期中国共产党理想信念培育的历史，比较深入地挖掘和运用相关史料。接着提炼苏区时期中国共产党理想信念培育的主要内容和特点，总结苏区时期中国共产党理想信念培育的基本经验，最后分析苏区时期中国共产党理想信念培育的现实启示。这样的结构安排，逻辑是较为清晰的，框架设计也较为合理，构建的研究体系较有特点：一是传承性。该书从理论来源、文化底蕴、历史背景、实践经验等方面分析苏区时期中国共产党理想信念培育的渊源和背景，体现了理想信念培育的传承性。二是历史与逻辑的统一性。对苏维埃运动兴起阶段、发展阶段和后期等不同历史阶段党的理想信念培育的过程进行分析，体现了理想信念培育历史与逻辑的统一性。三是系统性。对苏区时期中国共产党理想信念培育的主要内容、基本特征、途径和机制、基本经验等方面进行了探讨，体现了理想信念培育的系统性。四是时代性。对苏区时期中国共产党理想信念培育现实启示的阐述，体现了理想信念培育的时代性。

第三，凸显理想信念培育的理论层面。理想信念的培育，包括实践层面的探索，也包括理论层面的提升。该书在实践层面做了较好的研究，把理想信念培育与坚持红旗不倒的信念和苏区创建、巩固和发展的实践相结合；把理想信念培育融入苏区时期的政治、经济、军事、文化教育以及党的建设等方面实践中，构建理想信念培育途径和机制。同时该书注重把理论与实践有机结合，体现中国苏维埃理论二重组合对苏区时期理想信念培育的作用。一方面，党内“左”倾教条主义从共产国际指示出发，机械照搬俄国革命道路理论，并以此作为在中国如何实践苏维埃革命理想的理论指导。在这种苏维埃运动理论指导下，苏区时期理想信念培育不可避免地存在“左”的问题。但不可否认的是，中国苏维埃理论对当时的理想信念培育来说又有一定的积极意义。各地苏区建立之初，中国共产党都在政治、经济、文化教育上保障工农兵专政，坚持马克思主义的某些原则。如发动农民“打土豪、分田地”，开展土地革命；正确地主张武装斗争，建设红军；确立马克思主义在意识形态的指导地位，重视无产阶级意识的塑造；无论身处何种境遇，始终坚持共产主义的奋斗目标等等；坚持把无产阶级的阶级立场与为群众谋利益的政治立场相统一，等等。另一方面，以毛泽东为代表的中国共产党人，在开创苏区的实践中，把马克思主义基本原理同中国革命实际相结合，主张从实际出发，在实践中走出了一条通往共产主义理想的革命正确道路，逐步形成了符合客观实际的中国革命道路理论，即以农村为中心的中国苏维埃革命理论。这种苏维埃革命理论既区别于“左”倾教条主义的中国苏维埃理论，又吸收了它的优点，对理想信念培育来说具有重大的意义。

由于该书研究需把马克思主义理论与党史党建学科相结合，因此在马克思主义信仰理论与苏区史的结合方面存在一些不足，主要体现在以下两个方面：一是以马克思主义理想信念信仰理论对苏区时期中国共产党理想信念培育的阐述不够深入，尤其在论述培育途径和机制方面内容,理论阐述方面显得比较简单、不够透彻。这部分论述虽有新意,但因理论阐述不够深入,从而使培育途径和机制与苏区时期中国共产党理想信念的培育之间的关联度不够密切。二是史料虽翔实和丰富,但在史料运用方面的理论论述、阐发方面不够,易造成资料对视觉的冲击,从而影响思想的表达和读者的阅读。

总体来说,该书虽有上述不足,但在马克思主义信仰与苏区研究相结合方面取得了一些经验,从更开阔的视野对苏区时期中国共产党理想信念培育的思想渊源和背景、历史进程、主要内容和特征、途径和机制、历史经验和现实意义等进行了探索,深入探讨了"信什么""为什么信""怎么信"等关于理想信念培育的基本问题,从而拓展了对理想信念的研究,具有较强的学术价值,是一部值得学界更多关注的学术著作。

A Useful Exploration on the Studies of Revolutionary Ideals and Convictions

——Book Review of *Study on Ideals and Convictions of the Chinese Communist Party in the Soviet Period*: *Cultivation and Contemporary Revelations*

ZHU Pei－li

(School of Marxism Studies, Xinxiang Medical University, Xinxiang 453000, China)

【责任编辑:陈　岭】

图书在版编目（CIP）数据

红色文化资源研究. 第15辑 / 肖发生主编. -- 南昌 : 江西人民出版社, 2024. 12. -- ISBN 978-7-210-16111-0

Ⅰ. F592.3

中国国家版本馆CIP数据核字第2025PJ8701号

红色文化资源研究第15辑
HONGSE WENHUA ZIYUAN YANJIU DI 15 JI

肖发生 主编

责任编辑：李鉴和
装帧设计：章　雷

江西人民出版社 Jiangxi People's Publishing House 全国百佳出版社 出版发行

地　　址：江西省南昌市三经路47号附1号（邮编：330006）
网　　址：www.jxpph.com
电子信箱：jxpph@tom.com
编辑部电话：0791-86892125
发行部电话：0791-86898815
承 印 厂：南昌市红星印刷有限公司
经　　销：各地新华书店

开　　本：787毫米×1092毫米　1/16
印　　张：14.5
字　　数：350千字
版　　次：2024年12月第1版
印　　次：2024年12月第1次印刷
书　　号：ISBN 978-7-210-16111-0
定　　价：29.00元
赣版权登字-01-2024-922